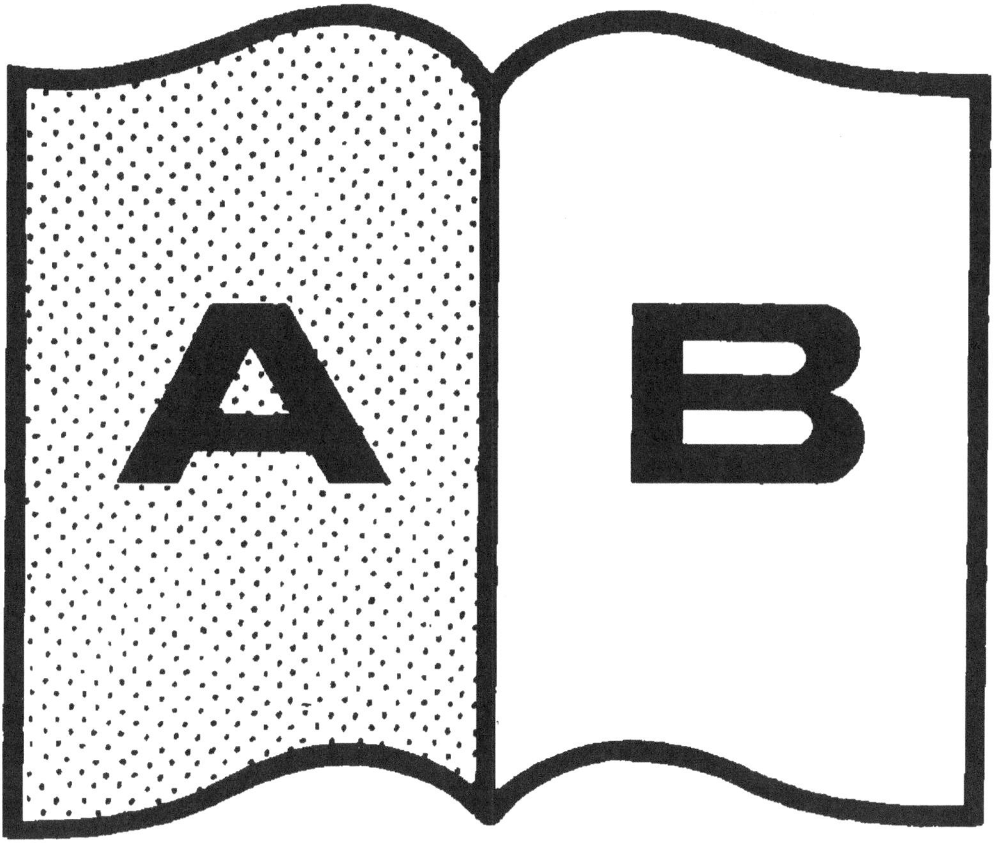

Contraste insuffisant

NF Z 43-120-14

RÉPERTOIRE

DE LA

LITTÉRATURE

ANCIENNE ET MODERNE.

IMPRIMERIE DE E. POCHARD,
RUE DU POT-DE-FER, N° 14, A PARIS.

RÉPERTOIRE

DE LA

LITTÉRATURE

ANCIENNE ET MODERNE,

CONTENANT :

1° LE LYCÉE DE LA HARPE, LES ÉLÉMENTS DE LITTÉRATURE DE MARMONTEL, UN CHOIX D'ARTICLES LITTÉRAIRES DE ROLLIN, VOLTAIRE, BATTEUX, etc.;

2° DES NOTICES BIOGRAPHIQUES SUR LES PRINCIPAUX AUTEURS ANCIENS ET MODERNES, AVEC DES JUGEMENTS PAR NOS MEILLEURS CRITIQUES, TELS QUE :

D'Alembert, Batteux, Bernardin de Saint-Pierre, Blair, Boileau, Chénier, Delille, Diderot, Dussault, Fénelon, Fontanes, Ginguené, La Bruyère, La Fontaine, Marmontel, Maury, Montaigne, Montesquieu, Palissot, Rollin, J.-B. Rousseau, J.-J. Rousseau, Thomas, Vauvenargues, Voltaire, etc.;

Et MM. *Amar, Andrieux, Auger, Burnouf, Buttura, Chateaubriand, Duviquet, Feletz, Gaillard, Le Clerc, Lemercier, Patin, Villemain,* etc.;

3° DES MORCEAUX CHOISIS AVEC DES NOTES.

TOME VINGT-HUITIÈME.

A PARIS,

CHEZ CASTEL DE COURVAL, LIBRAIRE-ÉDITEUR,

RUE DE RICHELIEU, N° 87;

ET BOULLAND ET Cie, PALAIS ROYAL, GALERIES DE BOIS, N° 254.

M DCCC XXV.

RÉPERTOIRE

DE LA

LITTÉRATURE

ANCIENNE ET MODERNE.

TILLOTSON (jean), né en 1629, dans le comté d'Yorck, fut d'abord presbytérien. Il embrassa ensuite la communion anglicane, et ramena plusieurs non-conformistes au parti des épiscopaux. Après s'être occupé de la lecture des Pères et particulièrement de saint Basile et de saint Chrysostome, il composa un grand nombre de sermons qui le firent assez généralement considérer comme le premier orateur de l'Angleterre.

Tillotson fut fait doyen de Cantorbéry, puis de Saint-Paul, clerc du cabinet du roi; et en 1691, archevêque de Cantorbéry. Il mourut à Lambeth, en 1694, à l'âge de soixante-cinq ans. On a de lui, outre 1 vol. in-fol. de *Sermons*, publiés pendant sa vie et traduit en français par Barbeyrac et Beausobre, un *Traité de la règle de la Foi et des Sermons* posthumes en 14 vol. in-8.

JUGEMENTS.

1.

La simplicité est le principal mérite de l'archevêque Tillotson; il a été long-temps admiré comme un écrivain éloquent, et comme un modèle pour la chaire. Mais on s'est mépris fréquemment sur son éloquence, si on peut lui donner ce nom; car, si dans l'idée de l'éloquence nous comprenons la force et la chaleur, les descriptions pittoresques, l'éclat des figures et l'arrangement régulier des périodes, Tillotson est excessivement défectueux dans toutes ces parties de l'art oratoire. Son style est toujours pur et clair, il est vrai, mais lâche et négligé, trop souvent faible et languissant; on trouve peu d'élégance dans la construction de ses périodes qui se traînent fréquemment sans harmonie : rarement il essaie de s'élever à la véhémence ou au sublime. Mais, malgré ses défauts, le ton de bon sens et de piété qui règne constamment dans ses ouvrages, sa méthode grave et sérieuse, féconde en instructions utiles, présentées d'un style pur, simple et naturel, le rendront digne de beaucoup d'estime, aussi long-temps que durera la langue anglaise non pas véritablement comme un modèle de haute éloquence, mais comme un écrivain simple et aimable, dont la manière annonce une grande bonté et un solide mérite. On doit observer que la simplicité du style peut s'allier avec une certaine négligence, et c'est le charme de cette simplicité qui obtient grace pour la négligence de l'écrivain ; mais l'exemple de Tillotson prouve que la négligence peut quelquefois être poussée au point de nuire au mérite de la simplicité, et de la faire paraître une manière flasque et traînante.

Blair, *Cours de Rhétorique.*

II.

On exalte beaucoup l'éloquence de Tillotson, archevêque de Cantorbéry ; j'ai lu ses sermons avec la plus sincère impartialité. Malgré l'imposante réputation qu'on lui fait sur parole, je n'en dirai cependant pas avec moins de franchise ce que je pense des ouvrages de ce prélat qu'on regarde assez généralement comme le premier orateur de l'Angleterre.

Lui déférer un pareil titre, c'est trop peu dire encore aux yeux de ses admirateurs qui n'ont pas rougi de l'élever au-dessus de nos plus grands orateurs modernes. Tillotson, mort en 1694, eut pour contemporains tous les grands hommes qui signalèrent en France l'éloquence sacrée dans le XVIIe siècle. Voltaire, dont l'excellent goût n'aurait pu soutenir la lecture suivie d'un volume ni même d'un seul discours composé par cet archevêque dépourvu de tous les dons du génie et plus encore de tous les attraits du style, n'en appelle pourtant pas moins Tillotson *le plus sage et le plus éloquent prédicateur de l'Europe.* On ne conçoit pas qu'un Français qui avait lu nos chefs-d'œuvre en ce genre, qu'un écrivain du premier ordre, que Voltaire enfin ait porté jusqu'à cet excès l'indulgence en faveur d'un verbiageur barbare, l'injustice envers nos plus grands orateurs, et enfin l'oubli du respect qu'il devait à son propre jugement. J'ai voulu m'expliquer à moi-même une si étrange admiration, en l'attribuant uniquement à son enthousiasme pour la tolérance, quelquefois beaucoup trop peu tolérant.

Tillotson écrit avec une basse prolixité qui, loin d'être déguisée dans la traduction française, devient au contraire plus frappante par la diffusion d'un traducteur tel que Barbeyrac, qui n'eut jamais ni élévation, ni couleur, ni précision, ni élégance; mais en avouant tous les défauts de cette version, le fond des sermons de l'archevêque de Cantorbéry n'en reste pas moins à une distance infinie des ouvrages de Massillon et de Bourdaloue. Tillotson est beaucoup plus théologien que moraliste; il ne traite guère que des sujets de controverse, il n'emploie que la formule languissante du syllogisme dans ses dissertations glacées et régulièrement didactiques; il ne connaît qu'une méthode sèche et monotone. On ne découvre point de mouvements oratoires dans ses prétendus discours, point de grandes idées, point d'onction, point de traits sublimes. Ordinairement il forme une division particulière de tous ses paragraphes; de sorte qu'on trouve trente ou quarante sous-divisions dans chacun de ses sermons. Ses détails sont arides, subtils et le plus souvent ils manquent de noblesse. Quant au style, objet d'une si décisive importance pour la gloire d'un

orateur, non-seulement Tillotson n'est pas compris dans la liste des grands écrivains; mais c'est précisément sa malheureuse manière d'écrire, qui lui fait le plus de tort dans l'opinion des meilleurs critiques anglais seuls juges compétents de son mérite en ce genre. Voici l'idée que nous en donne le docteur Hugues Blair, littérateur et prédicateur célèbre dans son *Cours de Rhétorique*, leçon XXIX *de l'Éloquence de la Chaire*, tome 3, pag. 41, traduction de M. Prévost. « L'archevêque Tillotson a une
« manière plus libre et plus animée que Clarke;
« mais on ne peut pas sans doute le considérer
« comme un auteur parfait. Sa composition est trop
« lâche et trop négligée, *son style trop faible*, *sou-*
« *vent même trop plat* pour mériter un si beau
« titre. » Enfin, Tillotson est tellement étranger à l'art de l'éloquence, qu'il ne fait presque jamais ni exorde, ni péroraison. Est-ce donc là un orateur qu'on puisse préférer hautement, ou même opposer avec quelque pudeur à nos incomparables prédicateurs français ?

MAURY, *Essai sur l'Éloquence de la Chaire.*

TITE-LIVE (TITUS-LIVIUS), célèbre historien latin. La préface latine, qui est à la tête de la nouvelle édition de Tite-Live, par Crévier, me fournira ce que j'ai dessein de dire ici au sujet de cet excellent historien.

Plus on a d'empressement de connaître un auteur célèbre par ses écrits, plus on a de regret de n'en savoir presque que le nom. Tite-Live est du nombre de ces écrivains qui ont rendu leur nom immortel, mais dont la vie et les actions sont peu connues. Il naquit à Padoue, sous le consulat de Pison et de Gabinius, cinquante-huit ans avant l'ère chrétienne. Il eut un fils, auquel il écrivit une lettre sur l'éducation et les études de la jeunesse, dont Quintilien fait mention en plus d'un endroit, et dont la perte doit être bien regrettée. C'est dans cette lettre, ou plutôt dans ce petit traité, qu'au sujet des auteurs dont on doit conseiller la lecture aux jeunes gens, il dit qu'ils doivent lire Démosthène et Cicéron, puis ceux qui ressembleront davantage à ces deux excellents orateurs. Il parle, dans la même lettre, d'un maître de rhétorique qui était mécontent des compositions de ses disciples, lorsqu'elles étaient fort claires et fort intelligibles, et les leur faisait retoucher pour y jeter de l'obscurité; et quand ils les rapportaient en cet état : *Voilà qui est bien mieux maintenant*, disait-il, *je n'y entends rien moi-même*. Croirait-on un pareil travers d'esprit possible? Tite-Live avait composé quelques ouvrages philosophiques et des dialogues mêlés de philosophie.

Mais son grand ouvrage était l'*Histoire romaine*, contenue en cent quarante ou cent quarante-deux livres, depuis la fondation de Rome jusqu'à la mort et à la sépulture de Drusus, qui tombe en l'an de Rome 743, et qui renfermait par conséquent ce nombre d'années. On trouve, par quelques époques de son *Histoire*, qu'il employa à la composer tout le temps qui s'écoula depuis la bataille d'Actium jusqu'à la mort de Drusus (environ vingt et un an). Mais il en produisait en public de temps en temps quelque partie; et c'est ce qui lui fit une si grande réputation à Rome, et qui lui attira du fond de l'Espagne l'honorable visite d'un étranger qui entreprit un si long voyage uniquement pour le voir. La capitale du monde avait de quoi occuper et satisfaire les yeux d'un curieux par la magnificence de ses édifices, et par la multitude de ses tableaux, de ses statues, et de ses anciens monuments. Celui-ci ne trouva rien de plus rare, ni de plus précieux dans Rome que Tite-Live. Après avoir joui à son aise de sa conversation, et s'être agréablement nourri de la lecture de son histoire, il retourna satisfait dans son pays.

On ne sait rien de plus de ce qui regarde personnellement Tite-Live. Il passa une grande partie de sa vie à Rome, estimé et honoré des grands et des savants comme il le méritait. Il mourut dans sa patrie à l'âge de soixante et seize ans, la quatrième année de l'empire de Tibère. Les Padouans ont honoré sa mémoire dans tous les temps, et ils prétendent conserver encore actuellement chez eux quelques restes de son corps, et avoir fait présent à Alphonse V, roi d'Arragon, de l'un de ses bras, l'an 1451, du moins l'inscription le porte ainsi.

Il serait bien plus à souhaiter qu'on eût pu conserver son *Histoire*. Il ne nous en reste que trente-cinq livres, dont quelques-uns même ne sont pas entiers : ce n'est pas la quatrième partie de l'ouvrage. Les savants se sont flattés de temps en temps de quelques lueurs d'espérance de recouvrer le reste, fondés uniquement, à ce qu'il paraît, sur le grand désir qu'on en avait.

Jean Freinshémius a tâché de consoler le public de cette perte par ses *suppléments*; et il y a réussi autant que la chose était possible. Freinshémius, né à Ulm dans la Souabe en 1608, avait fait ses études à Strasbourg avec un grand succès. En 1642 il fut appelé en Suède, et y remplit plusieurs places de littérature considérables. De retour dans sa patrie, il fut fait professeur honoraire dans l'université que l'électeur Palatin rétablissait à Heidelberg, où il mourut en 1660. La république littéraire lui a une obligation infinie d'avoir rendu à Tite-Live le même service qu'à Quinte-Curce, en remplissant par cent cinq livres de suppléments tout ce que nous avons perdu de ce grand historien de Rome.

On doute si Tite-Live avait lui-même partagé son *Histoire* de dix en dix livres, c'est-à-dire en décades. Quoi qu'il en soit, cette division paraît assez commode.

A l'égard des sommaires qui sont à la tête de chaque livre, les savants ne croyent pas qu'on puisse les attribuer ni à Tite-Live, ni à Florus. Quel qu'en soit l'auteur, ils ont leur utilité, puisqu'ils servent à faire connaître de quoi il était parlé dans les livres qui nous manquent.

Rollin, *Histoire ancienne*.

JUGEMENTS.

I.

Quintilien compare Tite-Live à Hérodote, et Salluste à Thucydide. Je serais tenté de croire que l'admiration des Romains pour la littérature grecque, qui avait servi de modèle à la leur, et ce vieux respect que l'on conserve pour ses maîtres, mettaient un peu de préjugé dans cet avis de Quintilien, d'ailleurs si judicieux et si éclairé. Quant à nous autres modernes qui avons une égale obligation aux Grecs et aux Latins, il me semble que nous préférerions Tite-Live à Hérodote, et Salluste à Thucydide, par la raison que les deux historiens latins sont bien plus grands coloristes et meilleurs orateurs que les deux historiens grecs. Les couleurs de Tite-Live sont plus douces, celles de Salluste sont plus fortes. L'un se fait admirer par sa facilité brillante, l'autre par sa rapidité énergique. Le goût de Tite-Live est si parfait que Quintilien le cite à côté de Cicéron, en indiquant ces deux auteurs comme ceux qu'il faut mettre de préférence entre les mains des jeunes gens : « Sa narration, dit-il, est singulièrement agréa-
« ble et de la clarté la plus pure. Ses harangues
« sont d'une éloquence au-dessus de toute expres-
« sion. Tout y est parfaitement adapté aux person-
« nes et aux circonstances. Il excelle sur-tout à ex-
« primer les sentiments doux et touchants, et nul
« historien n'est plus pathétique. »

Cet éloge est juste dans tous les points, et l'on peut ajouter que le génie de Tite-Live, sans jamais laisser voir le travail ni l'effort, paraît s'élever naturellement jusqu'à la grandeur romaine. Il n'est jamais au-dessus ni au-dessous de ce qu'il raconte. Ses harangues, que les anciens admiraient et que les modernes lui ont reprochées, sont si belles, que leur censeur le plus sévère regretterait sans doute qu'elles n'existassent pas, et je prouverai tout à l'heure que ce n'étaient pas des beautés hors de place, et qu'on ne peut pas lui appliquer le bon mot si connu, de Plutarque : *Tu as tenu hors de propos un très beau propos.*

Sa réputation s'étendit fort loin, même de son vivant, s'il est vrai, comme on le dit, qu'un habitant de Cadix, qui dans ce temps était pour les Romains une extrémité du monde, partit de son pays pour voir Tite-Live, et s'en retourna aussitôt après l'avoir vu. Saint-Jérôme, dans une lettre qu'il écrit à Paulin, dit très heureusement à ce sujet : « C'était sans doute une chose bien extraordinaire « qu'un étranger entrant dans une ville telle que « Rome y cherchât autre chose que Rome même. »

On sait que dans son ouvrage, composé de cent quarante livres, il avait embrassé toute l'étendue de l'histoire romaine, depuis la fondation de Rome jusqu'à la mort de Drusus, petit-fils d'Auguste. Il ne nous en reste que trente-cinq livres, et le temps n'a pas épargné davantage Tacite et Salluste. Ces pertes si déplorables pour ceux dont les lettres font le bonheur, ne seront probablement jamais réparées.

Il fut très aimé d'Auguste, ce qui ne l'empêcha pas de donner dans ses écrits les plus grandes louanges au parti républicain, à Brutus, Cassius, et particulièrement à Pompée, au point qu'Auguste l'appelait le *Pompéien*. Sous Tibère, l'historien Crémutius Cordus fut accusé devant le sénat du crime de lèse-majesté pour avoir appelé Brutus *le dernier des Romains*, et fut obligé de se donner la mort. On peut juger par ce seul trait quel progrès d'un règne à l'autre avait fait la servitude.

L'abbé Desfontaines a reproché à Tite-Live de s'être laisssé trop éblouir par la grandeur de Rome, et d'avoir parlé de cette ville naissante comme de la capitale du monde : je ne crois pas ce reproche fondé. Rome n'eut jamais plus de véritable grandeur que dans ses premiers siècles, qui furent ceux de la vertu, du courage et du patriotisme, et ce n'est pas quand son empire fut le plus étendu qu'elle eut le plus de gloire réelle. C'est en effet lorsqu'elle combattait pour ses foyers contre Pirrhus et contre Carthage, que le peuple romain se montra le premier peuple de l'univers ; et ce grand caractère, qui annonçait ce qu'il devint dans la suite, c'est-à-dire le dominateur des nations, devait se retrouver sous la plume de Tite-Live.

On l'accuse de faiblesse et de superstition, parce qu'il rapporte très sérieusement une foule de prodiges. Je ne sais s'il faut en conclure qu'il les croyait. Le plus souvent il ne les donne que pour des traditions reçues, et il ne pouvait se dispenser d'en parler. Ces prodiges étaient une partie essentielle de l'histoire dans un empire où tout était présage et auspice, où l'on ne faisait pas une démarche importante sans observer l'heure du jour et l'état du ciel. Je crois bien que du temps d'Auguste, et même avant lui, on commençait à être moins superstitieux; mais le peuple l'était toujours, et la politique savait et devait tirer parti de ce puissant ressort de la croyance générale, dont les effets sont généralement bons dans tout gouvernement, même quand la croyance est erronée. Il n'y a que l'irréligion qui soit essentiellement ennemie de tout ordre social et moral. Aussi de tout temps le sénat avait plié la religion et les auspices aux intérêts publics. Les livres des Sibylles, que l'on ouvrait de temps en temps, étaient évidemment comme les centuries de Nostradamus, où l'on trouve tout ce que l'on veut : mais on se moque de Nostradamus, et l'on révérait les Sibylles. Ces notions suffisent pour nous persuader que Tite-Live et les autres historiens se croyaient obligés de ne rien témoigner de ce qu'ils pensaient de ces prodiges, et se souciaient fort peu de détromper personne. Ce n'est pas pourtant que je voulusse assurer que Tite-Live n'eût sur ce point aucune crédulité : je dis simplement que ce qu'il a écrit ne peut pas être regardé comme une preuve de ce qu'il pensait. Il est très possible qu'avec un beau génie on croie à la fatalité et à la divination. On soupçonnerait volontiers, en lisant Tacite, qu'il croyait à l'une et à l'autre.

La Harpe, *Cours de Littérature*.

II.

Il règne dans toutes les parties de l'ouvrage de

Tite-Live une éloquence parfaite, et parfaite en tout genre. Soit récits, soit descriptions, soit harangues; le style, quoique varié à l'infini, se soutient toujours également, simple sans bassesse, élégant et orné sans affectation, grand et sublime sans enflure; étendu ou serré, plein de douceur ou de force, selon l'exigence des matières; mais toujours clair et intelligible, ce qui n'est pas une petite louange dans une histoire.

Pollion, d'un goût raffiné et difficile, prétendait découvrir dans le style de Tite-Live de la *patavinité*, c'est-à-dire, apparemment quelques termes ou quelques tours qui sentaient la province. Il se peut faire qu'un homme né et élevé à Padoue, eût conservé, s'il est permis de parler ainsi, un goût de terroir, et qu'il n'eût pas toute cette finesse, cette délicatesse de l'urbanité romaine, qui ne se communiquaient pas à des étrangers aussi facilement que le droit de bourgeoisie; mais c'est ce que nous ne pouvons pas apercevoir ni sentir.

Ce reproche de patavinité n'a pas empêché Quintilien d'égaler Tite-Live à Hérodote, ce qui est un grand éloge. Il fait remarquer le style doux et coulant de ses narrations et la souveraine éloquence de ses harangues, où le caractère des personnes qu'on y fait parler est gardé avec toute la justesse possible, et où les passions, sur-tout celles qui sont douces et tendres, sont traitées avec un art merveilleux. Cependant tout ce qu'a pu faire Tite-Live a été d'atteindre, par des qualités toutes différentes, à l'immortelle réputation que Salluste s'est acquise par sa brièveté inimitable : car on a dit avec raison que ces deux historiens sont plutôt égaux que semblables : *Pares magis quàm similes.*

Ce n'est pas seulement par son éloquence ou par la beauté et les agréments de sa narration, que Tite-Live a mérité la réputation dont il jouit depuis tant de siècles, il ne s'est pas rendu moins recommandable par sa fidélité, vertu si nécessaire et si désirée dans un historien. Ni la crainte de déplaire aux puissances de son temps, ni l'envie de leur faire la cour ne l'ont empêché de dire la vérité. Il parlait, dans son *Histoire*, avec éloge des plus grands ennemis de la maison des Césars, comme de Pompée, de Brutus, de Cassius et d'autres, sans qu'Auguste s'en soit trouvé offensé, de sorte qu'on ne sait ce qu'on doit le plus admirer, ou la rare modération du prince, ou la généreuse liberté de l'historien. Dans les trente-cinq livres qui nous restent de Tite-Live, il ne parle d'Auguste qu'en deux endroits seulement, et il en parle avec une retenue et une sobriété de louange, qui fait honte à ces écrivains flatteurs et intéressés, qui prodiguent sans discernement et sans mesure aux places et aux dignités un encens qui n'est dû qu'au mérite et à la vertu.

Si l'on peut reprocher quelque défaut à Tite-Live, c'est le trop grand amour de sa patrie, écueil dont il n'a pas eu toujours assez de soin de se garantir. Perpétuel admirateur de la grandeur des Romains, non-seulement il exagère leurs exploits, leurs succès et leurs vertus; mais il dissimule ou il diminue leurs vices et les fautes où ils sont tombés,

Sénèque le père impute à Tite-Live d'avoir fait paraître une basse jalousie contre Salluste, en l'accusant d'avoir dérobé à Thucydide une sentence, et de l'avoir défigurée en la traduisant mal. Quelle apparence que Tite-Live, qui copiait des livres entiers de Polybe, fît un crime à Salluste d'avoir copié une sentence c'est-à-dire, une ligne? d'ailleurs elle est parfaitement bien rendue. Comment accommoder cette accusation avec ce que dit le même Sénèque dans un autre endroit, que Tite-Live jugeait avec équité et candeur les ouvrages des beaux esprits? Je crois qu'on peut s'en tenir à ce dernier témoignage.

Il y a un autre grief contre lui bien plus grave et plus important. On le taxe d'ingratitude et de mauvaise foi, pour n'avoir pas nommé Polybe, ou pour l'avoir fait avec trop d'indifférence dans des endroits où il le copiait presque mot à mot. Il serait fâcheux qu'on pût lui faire ce reproche avec fondement; mais ne peut-on pas croire qu'en d'autres endroits de son histoire, qui ne sont pas parvenus jusqu'à nous, il a parlé de Polybe avec éloge, qu'il lui a rendu toute la justice qui lui était due, qu'il a averti par avance qu'il se faisait une gloire et un devoir de le copier mot à mot en plusieurs endroits, et qu'il le ferait même souvent sans le citer; pour ne point toujours répéter la même chose? Je parle ici un peu pour mon intérêt, car j'ai besoin sur cet article, qu'on use d'indulgence à mon égard.

Ces espèces de taches qu'on remarque dans Tite-Live, n'ont cependant point fait de tort à sa gloire. La postérité n'en a pas moins admiré son ouvrage non seulement comme un chef-d'œuvre d'éloquence, mais comme une histoire où tout inspire l'amour de la justice et de la vertu, où l'on trouve, avec le récit des faits, les plus saines maximes pour la conduite de la vie, où brille partout un attachement et un respect singulier pour la religion établie à Rome lorsqu'il écrivait (malheureusement pour lui elle était fausse, mais il n'en connaissait point d'autre), enfin où l'on voit une généreuse hardiesse et un pieux zèle à condamner avec force les sentiments impies des incrédules de son siècle. « Ce mépris des dieux (dit-il, III, 20.), si commun « dans le siècle où nous vivons, n'était point en- « core connu. Le serment et la loi étaient des règles « inflexibles auxquelles on conformait sa conduite, « et on ignorait l'art de les accommoder à ses in- « clinations par des interprétations frauduleuses. »

C'est par tout ce que je viens de dire, qu'on est en droit de justifier Tite-Live sur la prétendue superstition avec laquelle il affecte de raconter dans son histoire tant de miracles et de prodiges aussi ridicules qu'incroyables. La bonne foi demandait qu'il ne supprimât pas des choses qu'on disait être arrivées avant lui; qu'il trouvait dans ses mémoires et dans les annales, et qui faisaient partie de la religion reçue alors communément, quoique peut-être il ne les crût pas. Et il s'en explique lui-même assez souvent et assez clairement, attribuant la plupart des prétendus prodiges qu'on faisait tant valoir, à une ignorante et crédule superstition.

Rollin, *Histoire ancienne.*

TITE-LIVE.

MORCEAUX CHOISIS.

I. Discours de Pacuvius à son fils Pérolla.

Je suppose qu'on donne à un jeune homme pour matière de composition le discours de Pacuvius à son fils Pérolla. Voici quel en est le sujet. Capoue, par les intrigues de Pacuvius, et malgré l'opposition de Magius, qui tenait pour les Romains, et avec qui Pérolla était uni d'amitié et de sentiments, s'était rendue à Annibal, qui bientôt après y fit son entrée. Cette journée se passa en joie et en festins. Deux frères, qui étaient les plus considérables de la ville, donnèrent à manger à Annibal. Tauréa et Pacuvius, seuls de tous les Capouans, furent admis à ce repas, et le dernier obtint avec beaucoup de peine cette grace pour son fils Pérolla, dont les engagements avec Magius n'étaient pas inconnus à Annibal, qui voulut bien pourtant lui pardonner tout le passé à la prière de son père. Après le repas, Pérolla conduisit son père dans un endroit écarté, et là, tirant de dessous sa robe un poignard, il lui déclara le dessein qu'il avait formé de tuer Annibal, et de sceller par son sang le traité fait avec les Romains. Pacuvius, tout hors de lui-même, entreprend de détourner son fils d'une si funeste résolution. Ce discours, dans de telles circonstances, doit être fort court, et n'avoir que douze ou quinze lignes tout au plus.

Il faut commencer par chercher en soi-même des motifs capables de convaincre et de toucher le fils. Il s'en présente trois assez naturellement. Le premier se tire du danger où il s'expose en attaquant Annibal au milieu de ses gardes. Le second regarde le père même qui est résolu de se mettre entre Annibal et son fils, et qu'il faudra par conséquent percer le premier. Un troisième se tire de ce que la religion a de plus sacré, la foi des traités, l'hospitalité, la reconnaissance. Voilà le premier pas qu'il faut faire en composant, qui est de trouver des preuves et des moyens; et c'est ce qui s'appelle en rhétorique *Invention*, et qui en est la première partie.

Après qu'on a trouvé des raisons, on songe à l'ordre qu'il faut leur donner; et cet ordre demande, dans une harangue aussi courte que celle-ci, qu'elles aillent toujours en croissant, et que les plus fortes soient mises à la fin. La religion n'est pas pour l'ordinaire ce qui touche le plus un jeune homme du caractère de celui dont il s'agit : c'est donc par-là qu'il faut commencer. Son propre intérêt, son danger personnel, le touchent bien plus vivement : ce motif doit tenir la seconde place. Le respect et la tendresse pour un père qu'il faudra égorger avant que d'arriver à Annibal, passent tout ce qu'on peut imaginer : c'est donc par où il faudra finir. Voilà ce qui s'appelle en rhétorique *Disposition*, et qui en est la seconde partie.

Reste l'*Élocution*, qui fournit les expressions et les tours, et qui par la variété et la vivacité des figures contribue le plus à l'agrément et à la force du discours. Voyons comme Tite-Live traite chaque partie.

L'entrée, qui tient lieu d'exorde, est courte.

mais vive et touchante : « Per ego te, fili, quæcum-
« que jura liberos jungunt parentibus, precor quæ-
« soque, ne ante oculos patris facere et pati omnia
« infanda velis *. » Cet arrangement confus, *per ego
te*, convient fort au trouble d'un père qui est tout
hors de lui-même : *amens metu*, dit Tite-Live. Ces
mots, *quæcumque jura liberos jungunt parentibus*,
renferment ce qu'il y a de plus fort et de plus tendre. Cette proposition, *ne ante oculos patris facere
et pati omnia infanda velis*, qui représente le crime
et les suites funestes d'un tel meurtre, est comme
l'abrégé de tout le discours. Il pouvait dire simplement, *ne occidere Annibalem in conspectu meo
velis*. Quelle différence !

1er *Motif*, tiré de la religion. Il se divise en trois
autres, qui ne sont presque que montrés, mais d'une
manière fort vive et fort éloquente, sans qu'il y ait
aucune circonstance omise, ni aucun mot qui ne
porte. 1° La foi des traités confirmée par le serment
et les sacrifices. 2° Les droits sacrés et inviolables
de l'hospitalité. 3° L'autorité d'un père sur son fils.
« Paucæ horæ sunt, intrà quas jurantes quicquid
« deorum est, dextræ dextras jungentes, fidem
« obstrinximus, ut sacratas fide manus digressi ab
« colloquio extemplò in eum armaremus ? Surgis ab
« hospitali mensâ, ad quam tertius Campanorum
« adhibitus ab Annibale es, ut eam ipsam men-

* Mon fils, je vous prie et vous conjure par tous les droits les plus sacrés
de la nature et du sang, de ne point entreprendre de commettre sous les
yeux de votre père une action également criminelle en elle-même, et funeste
par les suites qu'elle aura pour vous.

« sam cruentares hospitis sanguine ? Annibalem pa-
« ter filio meo potui placare : filium Annibali non
« possum *? »

2ᵉ *Motif.* « Sed sit nihil sancti; non fides, non
« religio, non pietas: audeantur infanda, si non per-
« niciem nobis cum scelere afferunt **. » Ce n'est là
qu'une transition : mais combien elle est ornée !
Quelle justesse et quelle élégance dans cette distribution, qui reprend en trois mots les trois parties du premier motif; *fides* pour le traité; *religio*,
pour l'hospitalité; *pietas*, pour le respect qu'un
fils doit à son père. *Audeantur infanda, si non per-
niciem nobis cum scelere afferunt.* Cette pensée est
fort belle, et conduit naturellement du premier
motif au second.

« Unus aggressurus es Annibalem ? Quid illa
« turba tot liberorum servorumque ? Quid in unum
« intenti omnium oculi ? Quid tot dextræ ? Torpes-
« centne in amentiâ illâ ? Vultum ipsius Annibalis,

* Il n'y a que peu de moments que nous sommes liés par les serments les plus solennels, que nous avons donné à Annibal les marques les plus saintes d'une amitié inviolable; et, sortis à peine de cet entretien, nous armerions contre lui cette même main que nous lui avons présentée pour gage de notre fidélité! Cette table, où président les dieux vengeurs des droits de l'hospita-lité, où vous avez été admis par une faveur que deux seuls Campaniens par-tagent avec vous; vous ne la quittez, cette table sacrée, que pour la souiller un moment après du sang de votre hôte ? Hélas ! après avoir obtenu d'Anni-bal la grace de mon fils, serait-il bien possible que je ne puisse obtenir de mon fils celle d'Annibal ?

** Mais ne respectons rien, j'y consens, de tout ce qu'il y a de plus sacré entre les hommes; violons tout ensemble la foi, la religion, la piété; ren-dons-nous coupables de l'action du monde la plus noire, si notre perte ne se trouve pas ici infailliblement jointe avec le crime.

« quem armati exercitus sustinere nequeunt, quem
« horret populus romanus, tu sustinebis*? » Quelle
foule de pensées, de figures, d'images! et cela
pour dire qu'il ne peut pas attaquer Annibal sans
s'exposer à un danger certain de mourir. Quelle admirable opposition entre des armées entières qui ne
peuvent soutenir le visage d'Annibal, le peuple
romain même que ses regards font trembler, et
un faible particulier! *tu.*

3ᵉ *Motif.* « Et alia auxilia desint, memet ipsum
« ferire, corpus meum opponentem pro corpore
« Annibalis, sustinebis? Atqui per meum pectus
« petendus ille tibi transfigendusque est**. »

Je n'admire pas moins la simplicité et la brièveté
de ce dernier motif, que la vivacité du précédent.
Un jeune homme serait bien tenté d'ajouter ici quelques pensées, et d'étendre cet endroit. Pourriez-vous tremper vos mains dans le sang d'un père?
arracher la vie à celui de qui vous l'avez reçue, etc.
Mais un maître comme Tite-Live sent bien qu'il ne
faut que montrer un tel motif, et que vouloir l'amplifier, c'est l'affaiblir.

---

* Seul vous prétendez attaquer Annibal? Mais quoi! cette foule d'hommes libres et d'esclaves qui l'environnent; tous ces yeux attachés sur lui pour veiller sans cesse à sa sûreté; tant de bras toujours prêts à s'employer à sa défense; espérez vous qu'ils demeurent glacés et immobiles au moment que vous vous porterez à cet excès de fureur? Soutiendrez-vous le regard d'Annibal, ce regard redoutable, que ne peuvent soutenir des armées entières, qui fait trembler le peuple romain?

** Et quand même tout autre secours lui manquerait, aurez-vous le courage de me frapper moi-même lorsque je le couvrirai de mon corps, et que je me présenterai entre lui et vos coups? Car, je vous le déclare, ce n'est qu'en me perçant le flanc que vous pouvez aller jusqu'à lui.

Péroraison. « Deterreri hic sine te potiùs, « quàm illic vinci. Valeant preces apud te meæ, « sicut pro te hodiè valuerunt *. » Jusqu'ici Pacuvius avait employé les figures les plus vives et les plus pressantes : tout était animé et plein de feu ; ses yeux, son visage, ses mains en disaient sans doute encore plus que sa langue. Tout d'un coup il s'adoucit ; il prend un ton plus tranquille, et finit par les prières, qui dans la bouche d'un père sont plus fortes que toutes les raisons. Aussi le fils ne peut-il tenir contre cette dernière attaque. Les larmes, qui commencèrent à couler de ses yeux, firent voir qu'il était ébranlé. Les baisers du père, qui le tint long-temps tendrement embrassé, et ses prières redoublées avec instance, achevèrent de le persuader. « Lacrymantem indè juvenem cernens, « medium complectitur, atque osculo hærens, non « antè precibus abstitit, quàm pervicit ut gladium « poneret, fidemque daret nihil facturum tale. »

II. Combat des Horaces et des Curiaces.

La description de ce combat est, sans contestation, un des plus beaux endroits de Tite-Live, et des plus propres à apprendre aux jeunes gens comment il faut embellir un récit par des pensées naturelles et ingénieuses. Pour en bien connaître l'art et la délicatesse, il ne faut que la réduire à un

---

* Laissez-vous fléchir en ce moment, plutôt que de vouloir périr dans une entreprise si mal concertée. Souffrez que mes prières aient sur vous quelque pouvoir, après qu'elles ont été aujourd'hui si puissantes en votre faveur.

récit tout simple, en n'omettant aucune des circonstances essentielles, mais les dépouillant de tout ornement. J'en marquerai les différentes parties par différents chiffres, pour les mieux distinguer, et pour les pouvoir ensuite plus facilement comparer avec la narration de Tite-Live.

« Fœdere icto trigemini, sicut convenerat, arma
« capiunt. Statim in medium inter duas acies pro-
« cedunt. Consederant utrinque pro castris duo
« exercitus, in hoc spectaculum totis animis intenti.
« Datur signum, infestisque armis terni juvenes
« concurrunt. Cùm aliquandiù inter se æquis viri-
« bus pugnâssent; duo Romani, super alium alius,
« vulneratis tribus Albanis, expirantes corruerunt.
« Illi superstitem Romanum circumsistunt. Fortè is
« integer fuit. Ergo, ut segregaret pugnam eorum,
« capessit fugam, ita ratus secuturos, ut quemque
« vulnere affectum corpus sineret. Jam aliquantùm
« spatii ex eo loco, ubi pugnatum est, aufu-
« gerat, cùm respiciens videt magnis intervallis se-
« quentes; unum haud procul ab sese abesse; in
« eum magno impetu redit, eumque interficit. Mox
« properat ad secundum, eumque pariter neci dat.
« Jam æquato marte singuli supererant, numero
« pares, sed longè viribus diversi. Romanus exul-
« tans : *Duos*, inquit, *fratrum manibus dedi*, *ter-*
« *tium causæ belli hujusce, ut Romanus Albano im-*
« *peret, dabo.* Tùm gladium supernè illius jugulo
« defigit : jacentem spoliat. Romani ovantes ac gra-
« tulantes Horatium accipiunt. Indè ex utrâque
« parte suos sepeliunt (I, 25.). »

Il s'agit d'étendre ce récit, et de l'enrichir de pensées et d'images qui intéressent et qui frappent vivement le lecteur, et lui rendent cette action si présente, qu'il s'imagine non la lire, mais la voir de ses propres yeux; en quoi consiste la principale force de l'éloquence. Il ne faut pour cela que consulter la nature, et bien étudier les mouvements; examiner attentivement ce qui a dû se passer dans le cœur des Horaces, des Curiaces, des Romains, des Albains, et peindre chaque circonstance avec des couleurs si vives, mais si naturelles, qu'on s'imagine assister à ce combat. C'est ce que Tite-Live fait d'une manière merveilleuse.

« Fœdere icto trigemini, sicut convenerat,
« arma capiunt *. Cùm sui utrosque adhortarentur,
« deos patrios, patriam, ac parentes, quidquid ci-
« vium domi, quidquid in exercitu sit, illorum
« tunc arma, illorum intueri manus; feroces et
« suopte ingenio, et pleni adhortantium vocibus,
« in medium inter duas acies procedunt **. »

Il était naturel que chaque parti exhortât les siens, et leur représentât que la patrie entière était attentive à leur combat. Cette pensée est fort belle, mais le devient bien plus par la manière dont elle est

---

* Le traité conclu, les trois frères, de côté et d'autre, prennent les armes comme on en était convenu.

** Pendant que chaque parti exhorte les siens à bien faire leur devoir, en leur représentant que les dieux, la patrie, leurs pères et leurs mères, tout ce qu'il y avait de citoyens dans la ville et dans l'armée, ont les yeux attachés sur leurs armes et sur leurs bras, ces généreux athlètes, pleins de courage par eux-mêmes, et animés encore par de puissantes exhortations; s'avancent au milieu des deux armées.

tournée. Une exhortation plus longue serait froide et languissante. En lisant les derniers mots, on croit voir ces généreux combattants s'avancer au milieu des deux armées avec une noble et intrépide fierté.

« Consederant utrinquè pro castris duo exer-
« citus, periculi magis præsentis quàm curæ exper-
« tes : quippè imperium agebatur, in tam pauco-
« rum virtute atque fortunâ positum. Itaque ergò
« erecti suspensique in minimè gratum spectaculum
« animo intenduntur *. » Rien ne convenait mieux ici que cette pensée, *periculi magis præsentis quàm curæ expertes* : et Tite-Live en apporte aussitôt la raison. Quelle image ces deux mots, *erecti suspensique*, peignent à l'esprit !

« Datur signum, infestisque armis, velut acies,
« terni juvenes, magnorum exercituum animos ge-
« rentes, concurrunt. Nec his, nec illis periculum
« suum, publicum imperium servitiumque obver-
« satur animo, futuraque ea deindè patriæ fortuna
« quam ipsi fecissent. Ut primo statim concursu in-
« crepuere arma, micantesque fulsere gladii, horror
« ingens spectantes perstringit ; et neutro inclinatâ
« spe, torpebat vox spiritusque *. » On ne peut rien

* Elles étaient rangées de côté et d'autre autour du champ de bataille, exemptes à la vérité du péril présent, mais non pas d'inquiétude, parce qu'il s'agissait de savoir lequel des deux peuples commanderait à l'autre, et que la valeur d'un si petit nombre de combattants allait décider de leur sort. Occupées de ces pensées, et dans l'attente inquiète de ce qui allait arriver, elles donnent donc toute leur attention à un spectacle qui ne pouvait pas ne les point alarmer.

** On donne le signal, et ces braves héros marchent trois à trois les uns contre les autres, portant en eux six le courage de deux grandes armées. Insensibles de part et d'autre à leur propre péril, ils n'ont devant les yeux ajouter à la noble idée que nous donne ici Tite-Live des combattants. Ces trois frères étaient de part et d'autre comme des armées entières, et en avaient le courage : insensibles à leur propre péril, ils ne s'occupaient que de la destinée publique, confiée uniquement à leurs bras. Deux pensées magnifiques et puisées dans le vrai. Mais peut-on lire ce qui suit, sans se sentir encore saisi d'horreur et de frisonnement, aussi-bien que les spectateurs du combat? Ici les expressions sont toutes poétiques ; et l'on fait remarquer aux jeunes gens que ces expressions poétiques, dont il ne faut user que rarement et avec sobriété, étaient appelées par la grandeur même du sujet, et par la nécessité d'égaler par les termes le merveilleux du spectacle.

Ce morne et triste silence, qui les tenait tous comme suspendus et immobiles, se changea bientôt en cris de joie du côté des Albains, quand ils virent tomber morts deux des Horaces. De l'autre côté, les Romains demeurèrent sans espérance, mais non sans inquiétude. Alarmés et tremblants pour celui des Horaces qui restait seul contre trois, ils n'étaient plus occupés que de son péril. N'était-ce pas là la véritable disposition des deux armées, après la chute des deux Romains ; et le tableau qu'en fait Tite-Live n'est-il pas copié d'après nature ?

que la servitude ou la liberté de leur patrie, dont le sort désormais dépend uniquement de leur courage. Dès qu'on entendit le choc de leurs armes, et qu'on vit briller leurs épées, les spectateurs, saisis de crainte et d'alarme, sans que l'espérance penchât encore de part ou d'autre, restèrent tellement immobiles, qu'on eût dit qu'ils avaient perdu l'usage de la voix et de la respiration.

« Consertis deindè manibus, cùm jam non mo-
« tus tantùm corporum, agitatioque anceps telo-
« rum armorumque, sed vulnera quoque et sanguis
« spectaculo essent ; duo Romani super alium
« alius, vulneratis tribus Albanis, expirantes cor-
« ruerunt. Ad quorum casum cùm conclamâsset
« gaudio albanus exercitus, romanas legiones jam
« spes tota nondùm tamen cura deseruerat, exa-
« nimes vice unius quem tres Curiatii circumste-
« terant [*]. »

Je rapporterai le reste de ce récit sans presque y faire aucune réflexion, pour éviter une ennuyeuse longueur. Je dois seulement avertir que ce qui fait la principale beauté de cette narration, aussi bien que de l'histoire en général, selon la judicieuse remarque de Cicéron, « c'est la merveilleuse variété
« qui y règne partout, et les divers mouvements de
« crainte, d'inquiétude, d'espérance, de joie, de dé-
« sespoir, de douleur, causés par des changements
« subits et des vicissitudes inopinées, qui réveillent
« l'attention par une agréable surprise, qui tiennent
« jusqu'à la fin l'esprit du lecteur comme en suspens,
« et qui par cette incertitude même lui procurent un
« plaisir incroyable, sur-tout quand le récit se termine-

---

[*] Ensuite, lorsqu'en étant venus aux mains, ce ne fut plus seulement le mouvement des bras et l'agitation des armes qui servirent de spectacle, mais qu'on aperçut des blessures, et qu'on vit couler le sang, deux Romains tombèrent morts aux pieds des Albains, qui tous trois avaient été blessés. A leur chute, l'armée ennemie poussa de grands cris de joie ; pendant que de l'autre côté les légions romaines demeurèrent sans espérance, mais non sans inquiétude, tremblant pour le Romain qui était resté seul, et que les trois Albains avaient entouré.

« par un évènement intéressant et singulier *. » Il sera facile d'appliquer ces principes à tout ce qui suit.

« Fortè is integer fuit; ut universis solus ne-
« quaquàm par, sic adversùs singulos ferox. Ergo,
« ut segregaret pugnam eorum, capessit fugam, ità
« ratus secuturos, ut quemque vulnere affectum
« corpus sineret **. »

« Jam aliquantùm spatii ex eo loco, ubi pugna-
« tum est, aufugerat, cùm respiciens videt magnis
« intervallis sequentes: unum haud procul ab sese
« abesse. In eum magno impetu redit. Et dùm alba-
« nus exercitus inclamat Curiatiis ut opem ferant
« fratri, jam Horatius, cæso hoste victor, secundam
« pugnam petebat ***. »

« Tùm clamore, qualis ex insperato faventium
« solet, Romani adjuvant militem suum : et ille de-
« fungi prælio festinat. Priùs itaque quàm alter,

---

* Multam casus nostri tibi varietatem in scribendo suppeditabunt, plenam cujusdam voluptatis quæ vehementer animos hominum in legendo scripto retinere possit: nihil est enim aptius ad delectationem lectoris, quàm temporum varietates fortunæque vicissitudines..... Ancipites variique casus habent admirationem, expectationem, lætitiam, molestiam, spem, timorem. Si verò exitu notabili concluduntur, expletur animus jucundissimæ lectionis voluptatem. Cic. *Épist. ad Famil*, V, 12.

** Heureusement il était sans blessure; ainsi, trop faible contre tous ensemble, mais plus fort que chacun d'eux, il use d'un stratagême qui lui réussit. Pour diviser ses ennemis, il prend la fuite, persuadé qu'ils le suivraient plus ou moins vite, selon qu'il leur restait plus ou moins de force.

*** Déjà il était assez loin de l'endroit où l'on avait combattu, lorsque tournant la tête il voit les Curiaces à une assez grande distance les uns des autres, et l'un d'eux tout proche de lui. Il revient sur celui-ci de toute sa force : et tandis que l'armée d'Albe crie à ses freres de le secourir, déjà Horace, vainqueur de ce premier ennemi, court à une seconde victoire

« qui nec procul aberat, consequi posset, et alte-
« rum Curiatium conficit *. »

« Jamque æquato marte singuli supererant, sed nec
« spe nec viribus pares. Alterum intactum ferro cor-
« pus, et geminata victoria, ferocem in certamen ter-
« tium dabant: alter, fessum vulnere, fessum cursu
« trahens corpus, victusque fratrum ante se strage,
« victori objicitur hosti. Nec illud prælium fuit **. »

Quelle beauté d'expressions et de pensées! Quelle vivacité d'images et de descriptions!

« Romanus exultans: *Duos*, inquit, *fratrum manibus*
« *dedi: tertium causæ belli hujusce, ut Romanus Al-*
« *bano imperet, dabo.* Malè sustinenti arma, gladium
« supernè jugulo defigit: jacentem spoliat ***. »

« Romani ovantes ac gratulantes Horatium ac-
« cipiunt, eo majore cum gaudio, quo propius
« metum res fuerat ****. »

* Alors les Romains animent leur guerrier par des cris, tels que le mouvement subit d'une joie inespérée en fait pousser; et lui de son côté se hâte de mettre fin au second combat. Avant donc que l'autre, qui n'etait pas fort éloigné, eût pu l'atteindre, il couche son ennemi par terre.

** Il ne restait plus de chaque côté qu'un combattant: mais si le nombre était égal, les forces et l'espérance ne l'étaient pas. Le Romain, sans blessure, et fier d'une double victoire, marche plein de confiance à ce troisième combat. L'autre, au contraire, affaibli par le sang qu'il a perdu, et épuisé par la course, se traine à peine, et déjà vaincu par la mort de ses frères, comme une victime sans défense, présente la gorge à son vainqueur. Aussi ne fut-ce point un combat.

*** Horace, triomphant déjà par avance : « J'ai immolé, dit-il, les deux « premiers aux mânes de mes frères, j'immolerai le troisième à ma patrie, afin « que Rome devienne maîtresse d'Albe et lui fasse la loi. » A peine Curiace pouvait-il soutenir ses armes; il lui enfonce son épée dans la gorge, et ensuite le dépouille.

**** Les Romains reçoivent Horace dans leur camp avec une joie et une reconnaissance d'autant plus vives, qu'ils avaient été plus près du danger.

« Ad sepulturam indè suorum nequaquàm pa-
« ribus animis vertuntur ; quippè imperio alteri
« aucti, alteri ditionis alienæ facti. »

Je ne sais s'il y a rien de plus capable de former le goût des jeunes gens, et pour la lecture des auteurs et pour la composition, que de leur proposer de pareils endroits, et de les accoutumer à en découvrir eux-mêmes toute la beauté en les dépouillant de tous leurs ornements, et en les réduisant, comme nous l'avons fait ici à des propositions simples.

Rollin, Traité des Études.

III. Capitolinus au peuple romain.

Je choisis dans Tite-Live le discours que Quintius Capitolinus, un des plus grands hommes de son temps, et, ce qui alors signifiait la même chose, un des meilleurs citoyens, adressa au peuple romain dans un de ces moments où la discorde et l'animosité réciproque des deux ordres de l'état faisaient oublier les intérêts et les dangers communs pour ne s'occuper que des dissensions domestiques. Les peuples ennemis de Rome avaient profité de l'occasion favorable pour s'avancer jusqu'aux portes sans que personne se mît en devoir de les repousser. Le consul Quintius monte à la tribune, et parle ainsi :

---

* Après cela, chaque parti songe à ensevelir les siens; mais avec des dispositions bien différentes ; les Romains étant devenus maîtres de leurs ennemis, et les Albains se voyant soumis à une domination étrangère.

« Quoique je ne me sente coupable d'aucune faute,
« Romains, je me sens pénétré de honte en parais-
« sant devant vous. Quoi! vous savez, et la posté-
« rité l'apprendra, que les Èques et les Volsques,
« qui tout à l'heure pouvaient à peine résister aux
« Herniques, sont venus en armes jusqu'aux portes
« de Rome sous le quatrième consulat de Quintius,
« et y sont venus impunément! Quoique dès long-
« temps les choses en soient au point de ne présa-
« ger rien que de triste, cependant, si j'avais cru
« que cette année dût être l'époque d'une semblable
« ignominie, je m'y serais dérobé par l'exil, ou par
« la mort même, si c'eût été le seul moyen de sauver
« mon honneur. Donc, si vos ennemis avaient été
« vraiment des hommes, si des guerriers dignes de
« ce nom avaient eu entre les mains ces armes qui
« ont menacé nos remparts, Rome pouvait être prise
« lorsque Quintius était consul ! Ah ! j'avais assez
« d'ans et d'honneurs : je devais mourir dans mon
« dernier consulat. Qui donc ces lâches ennemis
« ont-ils méprisé? Est-ce nous, consuls? Est-ce vous,
« Romains ? Si la faute est à nous, ôtez-nous une
« dignité que nous ne méritons pas; et, si ce n'est
« pas assez, ajoutez-y des punitions; si la faute est à
« vous seuls, que les dieux et les hommes ne vous
« en punissent jamais : il suffit de vous en repentir.
« Non, vos ennemis n'ont pas compté sur leur cou-
« rage, encore moins sur votre timidité. Tant de fois
« vaincus et mis en fuite, forcés dans leur camp,
« dépouillés de leurs biens, passés sous le joug, ils
« vous connaissent assez, ils se connaissent eux-

« mêmes. La division des deux ordres, les querelles
« du sénat et du peuple, voilà la maladie de l'état,
« voilà le poison qui nous dévore et nous consume.
« Tandis que nous ne pouvons nous accorder en-
« semble, ni sur les bornes de l'autorité, ni sur
« celles de la liberté; que vous ne pouvez souffrir
« la magistrature patricienne, ni le sénat les ma-
« gistrats du peuple, le courage est revenu à nos
« ennemis. Mais, par les dieux immortels! que vous
« faut-il encore? Vous avez voulu des tribuns; pour
« avoir la paix, nous y avons consenti. Vous avez
« désiré qu'on élût des décemvirs; ils ont été créés:
« les décemvirs vous ont déplu, nous les avons
« forcés d'abdiquer. Devenus particuliers, votre
« ressentiment les a poursuivis : nous avons laissé
« condamner à l'exil et à la mort les plus nobles
« et les plus distingués des citoyens. Vous avez re-
« demandé vos tribuns; ils vous ont été rendus. Vous
« avez prétendu au consulat; et, quoique cette pré-
« tention nous parût contraire à nos droits, nous
« avons laissé passer au peuple les distinctions pa-
« triciennes. Le droit de protection accordé à vos
« tribuns, l'appel au peuple, la loi qui soumet le
« sénat aux plébiscites, tous nos privilèges détruits
« sous le prétexte de rétablir l'égalité, nous avons
« supporté, nous supportons tout : quel sera le terme
« de ces longs débats? Quand pourrons-nous avoir
« une commune patrie et ne faire qu'un seul et même
« peuple? Vaincus, nous sommes plus patients et
« plus paisibles que vous qui êtes les vainqueurs.
«N'est-ce pas assez pour vous de nous avoir réduits

« à vous craindre? C'est contre nous qu'on s'empare
« du mont Aventin ; contre nous que l'on se saisit
« du mont Sacré? Mais, quand le Volsque était prêt
« à forcer la porte Esquiline, prêt à monter sur nos
« remparts, personne ne l'a repoussé. Vous n'avez
« des armes, vous n'avez des forces que contre nous.
« Eh bien donc! quand vous aurez assiégé le sénat,
« quand vous aurez rempli la place publique de vos
« fureurs séditieuses, rempli les prisons de séna-
« teurs, allez donc avec ce même emportement et
« cette même fierté, allez jusqu'à la porte Esqui-
« line, sortez de vos murs; ou, si vous ne l'osez
« pas, regardez du haut des remparts, regardez vos
« campagnes ravagées par le fer et par le feu, vos
« dépouilles enlevées par l'ennemi; voyez fumer vos
« toits embrasés ; et dans ce désordre commun,
« quand Rome est menacée, quand l'ennemi triom-
« phe, en quel état croyez-vous que soient vos for-
« tunes particulières? Encore un moment, et chacun
« de vous apprendra les pertes qu'il a faites. Et
« qu'avez-vous ici qui vous en dédommage? Vos
« tribuns peut-être vous rendront ce que vous aurez
« perdu. Oui, sans doute, en déclamations, en in-
« vectives, en accumulant lois sur lois, harangues
« sur harangues. En ce genre, vous pouvez tout
« attendre d'eux; mais quelqu'un de vous en est-il
« revenu plus riche chez lui? En a-t-il rapporté à sa
« femme et à ses enfants autre chose que des haines,
« des animosités, des querelles publiques et parti-
« culières, dont les suites vous auraient déjà été
« funestes, si la sagesse d'autrui ne vous défendait

« de vos propres fautes ? Ah ! quand vous serviez
« sous vos consuls et non pas sous vos tribuns, dans
« les camps et non pas dans le Forum ; quand vos
« cris faisaient frémir l'ennemi dans les batailles,
« et non pas le sénat romain dans vos assemblées,
« alors, chargés de butin, possesseurs des terres
« de l'ennemi, riches de ses dépouilles, couverts
« de la gloire de l'état et de la vôtre, vous retour-
« niez triomphants dans vos foyers. Mais aujour-
« d'hui c'est vous, vous, Romains, qui laissez l'en-
« nemi emporter vos dépouilles. Demeurez donc,
« puisque vous le voulez, restez ici pour écouter
« vos harangueurs ; passez votre vie dans la place
« publique. Vous croyez vous dérober à la néces-
« sité des combats; elle vous poursuit : vous n'avez
« pas voulu vous mettre en campagne contre les
« Éques et les Volsques; ils sont aux pieds des murs.
« Si vous ne les en chassez pas, tout à l'heure ils
« seront dans cette enceinte, ils monteront au Ca-
« pitole, ils vous suivront jusque dans vos maisons.
« Deux ans se sont écoulés depuis que le sénat a
« ordonné de lever des troupes et de conduire une
« armée au Mont-Algide ; et cependant nous res-
« tons oisifs, occupés à nous quereller comme des
« femmes, et jouissant de notre loisir sans songer
« que ce loisir d'un moment va multiplier les guerres
« et les dangers. Je sais qu'on peut vous tenir des
« discours plus agréables, mais, quand mon carac-
« tère ne me porterait pas à vous dire des choses
« utiles et vraies, plutôt que des choses flatteuses,
« la nécessité m'en ferait une loi. Je voudrais vous

« plaire, Romains; mais j'aime encore mieux vous
« sauver; et à ce prix je n'examine pas même si
« vous m'en saurez gré. Il est dans la nature que ce-
« lui qui ne songe qu'à son propre intérêt, en par-
« lant à la multitude, trouve le moyen de paraître
« plus populaire que celui qui ne voit rien que l'in-
« térêt de l'état. Vous imaginez peut-être que tous
« ces flatteurs du peuple, ces harangueurs éternels,
« qui ne vous permettent ni de combattre au de-
« hors ni d'être tranquilles au dedans, sont fort
« occupés de vos intérêts. Quelle erreur! Leur élé-
« vation et leur profit, voilà ce qu'ils cherchent en
« vous soulevant contre nous. Nuls quand nous
« sommes tous d'accord, ils ne sont puissants que
« dans le trouble et le désordre; et ils aiment en-
« core mieux faire le mal que de ne pouvoir rien.
« Mais, si vous pouvez enfin vous lasser de tant
« de discordes, vous dégoûter de ces mœurs nou-
« velles, et redevenir semblables à vos ancêtres et
« à vous-mêmes, je m'engage (et si je manque
« à cet engagement, je dévoue ma tête à tous les
« supplices), je m'engage à vous venger dans peu
« de jours de ces déprédateurs de vos campagnes,
« à les mettre en fuite, à m'emparer de leur camp,
« et à reporter jusque dans leurs villes cette ter-
« reur de la guerre qui est venue jusqu'à nos por-
« tes, et ce bruit des armes qui retentit autour de
« nous. »

On remarque dans ce discours l'art vraiment
oratoire de rassembler tous les motifs de persuasion,
de s'insinuer dans les esprits, d'échauffer les âmes:

le ton en est noble et pathétique, le style plein de mouvement, la diction élégante et nombreuse.

La Harpe, *Cours de Littérature.*

TON. Dans le langage, on appelle ton le caractère de noblesse, de familiarité, de popularité, le degré d'élévation ou d'abaissement qu'on peut donner à l'élocution, depuis le bas jusqu'au sublime. Ainsi l'on dit que le ton de la tragédie et de l'épopée est majestueux; que celui de l'histoire est noble et simple; que celui de la comédie est familier, quelquefois populaire.

Ton se dit aussi des autres caractères que l'expression reçoit de la pensée, de l'image, du sentiment. Le ton triste de l'élégie, le ton galant du madrigal, le ton léger de la plaisanterie, le ton pathétique, le ton sérieux, etc.

On voit par là que non-seulement le style peut avoir, mais qu'il doit avoir plusieurs tons, relativement aux sujets que l'on traite et aux personnages que l'on fait parler. Et non-seulement dans les divers genres et sur des sujets différents, mais dans le même genre et dans le même ouvrage, le style doit prendre, sans détonner, différentes modulations.

.... Tristia mœstum
Vultum verba decent; iratum, plena minarum;
Ludentem, lasciva; severum, seria dictu.

(Horat., *De Art. poet.*)

Ces règles de convenance ne se bornent pas aux sujets que l'on traite, elles s'étendent jusqu'aux personnes qu'on a dessein d'intéresser ou de persuader en écrivant, et c'est dans ces rapports que les bienséances du style sont ce que l'art d'écrire a de plus difficile et de plus essentiel : *Caput artis decere.* (Cic.)

Dans le même sens, le langage de la société a son bon ton et son mauvais ton. Le naturel dans la politesse, la délicatesse dans la louange, la finesse dans la raillerie, la légéreté dans le badinage, la noblesse et la grace dans la galanterie, une liberté mesurée et décente dans le langage et les manières, et par-dessus tout, une attention imperceptible de distribuer à chacun ce qui lui est dû de distinctions et d'égard, c'est là, par tous pays, ce que l'on peut appeler le bon ton. Le mauvais ton est tout le contraire ; et jusque là le bon ton n'est autre chose que le bon goût mis en pratique. S'il est donc vrai qu'il y ait un bon goût reconnu par toutes les nations cultivées, il semblerait que, pour s'assurer d'avoir le bon ton, il suffirait d'acquérir le bon goût. Mais malheureusement il n'en est pas ainsi, et il y a des temps où le bon ton n'a presque rien de commun avec le bon goût.

Les bienséances, qui sont les premières règles du bon goût, ne sont pas toujours celles du bon ton. Il y a des indécences dont la tournure est du meilleur ton dans le monde, comme il y a des politesses du ton le plus provincial.

Le bon ton, dans ce qui s'appelle la bonne compagnie, est un système de convenances qu'elle s'est fait à elle-même et qui lui est particulier. Il interdit en général une familiarité déplacée, et par conséquent tous les mots, tous les tours de phrase qui supposent dans celui qui parle, la négligence des égards qu'il doit à la société. Rien n'est plus juste que cette loi, lorsqu'elle n'est pas trop sévère; mais quelquefois elle est minutieuse et se ressent de la petitesse et de la vanité de l'esprit qui l'a faite. D'un autre côté, il consiste dans une aisance noble, qui marque, dans celui qui parle, un usage fréquent du monde, et cette aisance a ses degrés de réserve, de modestie, de liberté, de familiarité, qui distinguent par des nuances, le bon ton de l'inférieur, du supérieur et de l'égal. Je me contenterai d'en indiquer quelques exemples.

Lorsqu'un inférieur parle à un homme qualifié, ce n'est point par son nom, c'est par sa qualité que l'usage veut qu'il l'appelle, et au contraire, lorsque les gens de qualité parlent entre eux, c'est rarement par leur qualité qu'ils s'appellent, c'est par leur nom : ils trouveraient trop d'affectation à se renvoyer mutuellement leurs titres.

Dans le style même de la tragédie, rien de plus en usage que de dire en parlant aux personnages les plus élevés : *votre père*, *votre fils*, *votre sœur*, *votre mère*, et dans le monde, rien n'est de plus mauvais ton. Si vous parlez d'une mère à sa fille, ou d'un fils à son père, ou d'un frère à sa sœur, le bon ton veut que vous disiez : *monsieur* un tel, *madame* une telle, comme s'ils ne leur étaient rien.

L'on voit même des gens qui ne veulent pas être appelés *mon père* et *ma mère* par leurs enfants : *monsieur* et *madame* leur semble moins ignoble, plus distingué. Mais y a-t-il rien de plus commun, de plus avili que ces appellations ? et les substituer aux noms sacrés de la nature, n'est-ce pas la plus ridicule des inventions de la vanité ?

Le bon ton du supérieur est de questionner souvent. Le bon ton de l'inférieur est de ne questionner jamais, ou le plus rarement possible.

Le privilège de l'égalité, de la familiarité, de la supériorité, est de parler à la seconde personne ; la déférence, le respect, la grande politesse veulent qu'on parle à la troisième. C'est un usage qui nous est venu d'Italie, avec l'*excellence*, l'*éminence* et l'*altesse*. En Allemagne on a renchéri sur cette formule de politesse, en ajoutant le pluriel à la tierce personne, quoiqu'on ne parle qu'à un seul : *que veulent-ils ? qu'ordonnent-elles ?*

Parmi les gens qui ne sont pas très familiers ensemble, la politesse la plus commune défend d'appeler par son nom celui à qui on adresse la parole directement et sans équivoque ; mais on affecte de nommer celui à qui l'on veut faire sentir sa supériorité : cela est du bon ton.

Si dans le monde on vous demande des nouvelles de votre femme, de vos enfants, de votre père ; si l'on vous parle de votre procès, de la perte que vous avez faite au jeu, de l'incendie de votre maison ; il est du bon ton de répondre froidement, légèrement, et en peu de mots. Rien de plus ennuyeux pour les autres que de les occuper de soi. Toutes les questions qu'on vous fait sur vos intérêts personnels sont des formules de politesse dont vous devez savoir ne jamais abuser : mais si l'on veut savoir la nouvelle du jour, ou une aventure plaisante, ou une anecdote scandaleuse, étendez-vous tout à votre aise : les détails sont permis, ils sont même importants; mais ayez soin de les choisir. Rien de commun, rien d'insipide, rien de triste et de languissant. La grace, la gaieté, la finesse piquante, le sel de l'enjouement, le sel, plus vif encore, d'un sérieux malin; et, soit dans vos récits, soit dans vos entretiens, une attention délicate à ne pas abuser de celle qu'on vous donne, et à ne l'occuper qu'autant que vous pouvez l'intéresser, ce sont là quelques-unes des règles du bon ton.

Depuis la cour jusqu'à la coterie la plus bourgeoise, la prétention du bon ton s'étend. Tout le monde, il est vrai, convient que la cour en est le modèle, mais, de proche en proche, on se flatte d'avoir pris le langage et les manières de ce grand monde. C'est le ridicule que Molière a joué tant de fois, sans avoir pu le corriger. Tel homme nous parle sans cesse du ton de la bonne compagnie, qui passe sa vie dans la mauvaise; telle femme se croit l'arbitre des bienséances, avec qui jamais une femme décente n'a osé paraître en public.

Mais la cour elle-même est toujours un juge infaillible, un modèle des convenances du langage? Elle a un ton qui la distingue, et qui est comme son symbole; mais son ton est aussi changeant que son esprit et ses mœurs. Le ton d'une cour galante et voluptueuse n'est pas le ton d'une cour guerrière ou dévote. Le ton de la cour de Henri III n'était pas le ton de la cour de Henri IV ; et, à bien des égards, le ton de la cour de Louis XIV sous Mme de Montespan n'était pas le même que sous Mme de Maintenon. Ce règne cependant avait pris un caractère de dignité qui se soutint, et qui fut véritablement un modèle de bienséance.

Louis XIV, naturellement porté, par l'élévation de son âme, à tout ce qui était noble et décent, avait perfectionné ce goût naturel dans la société des Mortemart, qui était l'école de l'esprit le plus épuré, le plus délicat, le plus aimable. De là cette politesse exquise, cette galanterie ingénieuse, dont il donna le ton à sa cour ; et ce ton, une fois donné, fut bientôt celui de la ville. Ninon de Lenclos l'avait reçu de ses amants, Mme de Maintenon l'avait pris dans le monde et chez Ninon même. Il s'altéra sous la régence ; encore le retrouvait-on dans la liberté même des soupers du régent ; et le tour d'esprit de ce prince en était un précieux reste : mais les jolies femmes qui égayaient ses soupers ne laissaient pas d'être d'assez mauvais modèles des bienséances du langage ; et ce n'était pas dans leur société que Fontenelle en prenait des leçons.

Dans une cour polie, éclairée, élégante, le bon ton sera comme la quintessence du bon goût ; mais pour le rendre inaltérable, il faut, au centre même de cette cour, une société spirituelle et dominante, qui serve de modèle et qui donne l'exemple. Alors le soin de plaire et le désir de ressembler engagera le reste du grand monde à se former sur ce modèle; et le ton général de la cour sera bon. Mais à moins d'un foyer où le goût s'épure et se conserve comme le feu sacré, et d'où il se répande et se communique, il n'est pas sûr de regarder le ton même de la cour comme une règle constamment bonne à suivre : car il peut arriver que la cour soit diversement composée; et si le bon esprit et le bon goût n'y font la loi, il est possible que le bon ton n'y soit qu'une mode fantasque et passagère, qu'un caprice aura établi, et qu'un caprice fera changer.

Dans les états républicains, le mot de bon ton est inconnu. Le ton dominant, bon ou mauvais, est celui du grand nombre : il est l'expression du caractère national. De même, dans les monarchies où il n'y a d'autre cour que ce qu'exige à la rigueur la dignité du souverain et le service de sa personne, on ne s'aperçoit presque pas de la différence de ton entre la cour et le public. C'est lorsque, pour le délassement et l'amusement des princes, il se forme autour d'eux une société nombreuse et agréablement oisive; c'est alors, dis-je, que la cour se fait à elle-même un langage plus châtié, plus élégant et plus exquis, ou seulement plus recherché. Il y avait vraisemblablement un bon ton à la cour d'Auguste, aux soupers de Mécène; mais le bon ton de la cour d'Alexandre était le sien et celui de ses lieutenants. César avait formé son goût, son esprit, son langage à l'école des orateurs; Alcibiade, à celle de Socrate et de Périclès son tuteur. On peut remarquer même qu'à mesure qu'une cour est plus inoccupée, et a plus le loisir de se livrer à la recherche des objets d'agrément, son goût, plus cultivé, donne à son ton plus d'élégance et de délicatesse.

En général, on doit s'attendre que lors même que le grand monde n'aura pas, du côté de l'esprit et du goût, assez d'avantages pour se distinguer par des agréments qui ne soient qu'à lui seul, il ne laissera pas de vouloir se faire un langage qui lui soit propre; et ce langage sera, comme ses livrées, une chose de fantaisie. De là toutes les singularités minutieuses et bizarres qu'on a vues érigées en lois du bel usage et en maximes du bon ton.

Quelle sera donc, au milieu de tant de variations et d'incertitudes, la règle du bon ton pour un homme de lettres? La même que celle du goût, l'exemple des hommes qui, de l'aveu de tout un siècle de lumières, ont le mieux observé en écrivant les bienséances du langage.

Ce n'était point une comère bel-esprit que Racine consultait sur son style; c'était Boileau, c'étaient les écrivains de Port-Royal. Malheur à lui s'il eût pris le ton des précieuses de Rambouillet, toutes persuadées qu'elles étaient de leur suffisance infaillible.

Les vrais modèles du bon ton, c'est-à-dire des graces nobles, de l'élégance, de l'urbanité du langage, c'est Racine lui-même, c'est Mme de Sévigné, c'est Mme de Maintenon, c'est Hamilton, c'est La Bruyère, c'est Voltaire, dans ce qu'il a écrit à Paris avant sa vieillesse; et si jamais leur ton cessait d'être celui du monde et de la cour, il faudrait encore avoir le courage de s'en tenir à ces modèles.

Lorsqu'un écrivain fait parler des personnages dont le ton est connu et distinctement décidé, il doit imiter leur langage : les originaux de Molière avaient droit de juger s'il les avait bien copiés. Mais hors de là, l'homme de lettres a lui-même le droit d'examiner si le ton de son siècle et du monde où il vit est un bon modèle pour lui. C'est pour n'avoir pas eu cette attention ou ce discernement, que Voiture a gâté son style : c'est pour avoir eu le courage opposé à la complaisance de Voiture, que Pascal a donné au sien une bonté inaltérable : son secret fut d'éviter toute manière, et de donner toujours la préférence à l'expression la plus simple et au tour le plus naturel.

MARMONTEL, *Éléments de Littérature*.

TRADUCTION. Les opinions ne s'accordent pas sur l'espèce de tâche que s'impose le traducteur, ni sur l'espèce de mérite que doit avoir une traduction. Les uns pensent que c'est une folie de vouloir assimiler deux langues dont le génie est différent; que le devoir du traducteur est de se mettre à la place de son auteur autant qu'il est possible, de se remplir de son esprit, et de le faire exprimer dans la langue adoptive, comme il se fût exprimé lui-même s'il eût écrit dans cette langue. Les autres pensent que ce n'est pas assez : ils veulent retrouver dans la traduction non-seulement le caractère de l'écrivain original, mais le génie de sa langue, et, s'il est permis de le dire, l'air du climat et le goût du terroir.

Ceux-là semblent ne demander qu'un ouvrage utile ou agréable; ceux-ci, plus curieux, demandent la production d'un tel pays et le monument d'un tel âge. La première de ces opinions est communément celle des gens du monde; la seconde est celle des savants. La délicatesse des uns ne cherchant que des jouissances, non-seulement permet que le traducteur efface les taches de l'original, qu'il le corrige et l'embellisse, mais elle lui reproche, comme une négligence, d'y laisser des incorrections : au lieu que la sévérité des autres lui fait un crime de n'avoir pas respecté ces fautes précieuses, qu'ils se rappellent avoir vues, et qu'ils aiment à retrouver. Vous copiez un vase étrusque, et vous lui donnez l'élégance grecque ; ce n'est point là ce qu'on vous demande et ce que l'on attend de vous.

Chacun a raison dans son sens. Il s'agit, pour le traducteur, de se consulter, et de voir auquel des deux goûts il défère. S'il s'éloigne trop de l'original, il ne traduit plus, il imite; s'il le copie trop servilement, il fait une *version*, et n'est que translateur. N'y aurait-il pas un milieu à prendre?

Le premier et le plus indispensable des devoirs du traducteur est de rendre la pensée ; et les ouvrages qui ne sont que pensés sont aisés à traduire dans toutes les langues. La clarté, la propriété, la justesse, la précision, la décence font alors tout le mérite de la traduction, comme du style original :

et si quelques-unes de ces qualités manquent à celui-ci, on sait gré au copiste d'y avoir suppléé. Si au contraire il est moins clair ou moins précis, on l'en accuse, lui ou sa langue. Pour la décence, elle est indispensable, dans quelque langue qu'on écrive. Rien de plus choquant, par exemple, que de voir le plus grave et le plus noble des historiens traduit en proverbes des halles. Mais jusque-là il n'est pas difficile de réussir, sur-tout dans notre langue, qui est naturellement claire et noble. Un homme médiocre a traduit l'*Essai sur l'entendement humain*, et l'a traduit assez bien pour nous, et au gré de Locke lui-même.

Mais si un ouvrage profondément pensé est écrit avec énergie, la difficulté de le bien rendre commence à se faire sentir : on chercherait inutilement dans la prose si travaillée de d'Ablancourt, la force et la vigueur du style de Tacite.

Quoique la brièveté donne toujours, sinon plus de force, au moins plus de vivacité à la pensée, on ne l'exige de la langue du traducteur, qu'autant qu'elle en est susceptible; et quoique le français ne puisse atteindre à la concision du latin de Salluste, il n'est pas impossible de le traduire avec succès. Mais l'énergie est un caractère de l'expression si adhérent à la pensée, que ce sera un prodige dans notre langue, diffuse et faible comme elle est en comparaison du latin, si Tacite est jamais traduit.

Ainsi, à mesure que, dans un ouvrage, le caractère de la pensée tient plus à l'expression, la traduction devient plus épineuse. Or les modes que la pensée reçoit de l'expression sont la force, comme je l'ai dit, la noblesse, l'élévation, la facilité, l'élégance, la grace, la naïveté, la délicatesse, la finesse, la simplicité, la douceur, la légèreté, la gravité, enfin le tour, le mouvement, le coloris et l'harmonie : et de tout cela, ce qu'il y a de plus difficile à imiter n'est pas ce qui semble exiger le plus d'effort. Par exemple, dans toutes les langues, le style noble, élevé, se traduit; et le délicat, le léger, le simple, le naïf est presque intraduisible. Dans toutes les langues, on réussira mille fois mieux à traduire Cinna qu'une fable de La Fontaine ou qu'une épître de Voltaire, par la raison que toutes les langues ont les couleurs entières de l'expression, et n'ont pas les mêmes nuances. Ces nuances appartiennent surtout au langage de la société; et rien n'est plus difficile à imiter, d'une langue à une autre, que le familier noble. Or c'est ce naturel exquis et pur qui fait le charme de ce qu'on appelle les ouvrages d'agrément. C'est là que le travail est plus précieux que la matière.

L'abondance et la richesse ne sont pas les mêmes dans toutes les langues. La nôtre, dans l'expression du sentiment et de la passion, est l'une des plus riches, et ne l'est pas encore assez. Dans les détails physiques, soit de la nature ou des arts, elle est plus pauvre et manque à tout moment, non pas de mots, mais de mots ennoblis. Cela vient de ce que nos poètes célèbres se sont plus exercés dans la poésie dramatique que dans la poésie descriptive. Aussi les combats d'Homère sont-ils plus difficiles à traduire dans notre langue que les belles scènes de Sophocle et d'Euripide ; les *Métamorphoses* d'Ovide, plus difficiles que ses *Élégies* ; les *Géorgiques* de Virgile, plus difficiles que *l'Énéide* ; et dans celle-ci, les jeux célébrés aux funérailles d'Anchise, plus difficiles à bien rendre que les amours de Didon. A l'égard des *Géorgiques*, M. l'abbé Delille a vaincu la difficulté ; et c'est un coup de maître dans l'art d'écrire.

Dans le genre noble, dès que le mot d'usage, le terme propre n'est pas ennobli, le traducteur n'a de ressource que dans la métaphore ou dans la périphrase : et quelle fatigue pour lui de suivre par mille détours, à travers les ronces d'une langue barbare, un écrivain qui, dans la sienne, marche dans un chemin droit, uni, parsemé de fleurs !

On peut voir, à *l'article* MOUVEMENT DU STYLE, ce que j'entends par là. Ces mouvements peuvent s'imiter dans toutes les langues, mais le tour de l'expression les rend plus ou moins vifs et plus ou moins rapides. Or la différence des tours est extrême d'une langue à une autre ; et sur-tout des langues où l'inversion est libre, à celles où les mots suivent timidement l'ordre naturel des idées.

On a dit tout ce qu'on a voulu sur l'inversion des langues anciennes ; on a cherché, on a trouvé des phrases où les mots transposés avaient par là même plus d'analogie avec le trouble et le désordre de la pensée ; je le veux bien. Mais en général l'intérêt seul de flatter l'oreille, ou de suspendre l'attention, décidait de la place que l'on donnait aux mots. Prenez des cartes numérotées, mêlez le jeu, et donnez-le moi à rétablir dans l'ordre indiqué par les chiffres; voilà l'image très fidèle du mélange des mots dans la construction des anciens. Or quelle assimilation peut-il y avoir entre une langue dans laquelle, pour donner plus de grace, plus de finesse, ou plus de force au tour de l'expression, il est permis de transposer tous les mots d'une phrase, de les combiner à son gré, et une langue où, dans le même ordre que les idées se présentent naturellement à l'esprit, les mots doivent être rangés? Les ouvrages où la clarté fait le mérite essentiel et presque unique de l'expression ne perdront rien, gagneront même à ce rétablissement de l'ordre naturel: mais lorsqu'il s'agit d'agacer la curiosité du lecteur, d'exciter son impatience, de lui ménager la surprise, l'étonnement et le plaisir que doit lui causer la pensée, ou de séduire son oreille par les modulations d'un style harmonieux, quelle comparaison, entre la ligne droite de la phrase française et l'espèce de labyrinthe de la période des anciens!

Le coloris de l'expression tient à la richesse du langage métaphorique, et à cet égard chaque langue a ses ressources particulières. La différence tient encore plus à l'imagination de l'écrivain qu'au caractère de la langue; et, comme pour imiter avec chaleur les mouvements de l'éloquence, il faut participer au talent de l'orateur; de même, et plus encore, pour imiter le coloris de la poésie, il faut participer au talent du poète. Mais à l'égard de l'harmonie, ce n'est pas seulement une oreille juste et délicate qui la donne, elle doit être une des facultés de la langue dans laquelle on écrit. Les Italiens se vantent d'avoir d'excellentes traductions de Lucrèce et de Virgile; les Anglais se vantent d'avoir une excellente traduction d'Homère : quoi qu'il en soit du coloris, les Italiens peuvent-ils se dissimuler combien, du côté de l'harmonie, leurs faibles traducteurs sont loin de ressembler et à Lucrèce et à Virgile? Pope lui-même, tout élégant et orné qu'il est, peut-il donner la plus faible idée de l'harmonie des vers d'Homère, s'il est vrai que les vers d'Homère soient au moins aussi harmonieux que les vers de Virgile? Qu'a de commun le vers rhythmique des Italiens et des Anglais avec l'hexamètre ancien; avec ce vers dont le mouvement est si régulier, si sensible, si varié, si analogue à l'image ou au sentiment; avec ce vers qui est le prodige de l'harmonie de la parole?

Il n'y a pour les modernes, il le faut avouer, aucune espérance d'approcher jamais des anciens dans cette partie de l'expression, soit poétique, soit oratoire. La prose de Tourreil, de d'Olivet, celle de Bossuet lui-même, s'il avait traduit ses rivaux, n'aurait pas plus d'analogie avec celle de Démosthène et de Cicéron, que les vers de Corneille et de Racine avec les vers de Virgile et d'Homère.

Quelle est donc alors la ressource du traducteur? De supposer, comme on l'a dit, que ces poètes, ces orateurs eussent écrit en français, qu'ils eussent dit les mêmes choses; et soit en prose, soit en vers, de tâcher d'atteindre, dans notre langue, au degré d'harmonie qu'avec une oreille excellente, et beaucoup de peine et de soin, ils auraient donné à leur style.

C'est ici le moment de voir s'il est essentiel aux poètes d'être traduits en vers; et la question, ce me semble, n'est pas difficile à résoudre.

Entre la prose poétique et les vers, nulle différence, que celle de l'harmonie. La hardiesse des tours et des figures, la chaleur, la rapidité des mouvements, tout leur est commun. C'est donc à l'harmonie que la question se réduit. Or quel est, dans notre langue, l'équivalent des vers anciens le plus consolant pour l'oreille? N'est-ce pas le vers tel qu'il est? Oui, sans doute; et quoique la prose ait son harmonie, elle nous dédommage moins. Il y a donc, tout le reste égal, de l'avantage à traduire en vers, des vers même d'une mesure et d'un rhythme tout différent. Mais cette différence de rhythme et l'extrême difficulté de suivre son modèle à pas inégaux et contraints, cette difficulté d'être en même temps fidèle à la pensée et à la mesure rend le succès si pénible et si rare, qu'on pourrait assurer que, dans tous les temps, il y aura plus de bons poètes que de bons traducteurs en vers.

Cependant le moyen, dit-on, de supporter la traduction d'un poète en prose? Eh quoi! serait-ce donc une chose si rebutante que de lire en prose harmonieuse un ouvrage plein de génie, d'imagination et d'intérêt, qui serait un tissu d'évènements, de situations, de tableaux touchants ou terribles, où la nature serait peinte, et dans les hommes et dans les choses, avec ses plus vives couleurs? Je ne veux pas disputer à nos vers les charmes qu'ils ont pour l'oreille; mais sans ce nombre de syllabes périodiquement égal, ces repos et ces consonnances, l'expression noble, vive et juste de la pensée et du sentiment, ne peut-elle plus nous frapper d'admiration et de plaisir?

Parlons vrai : il est des poèmes dont le mérite éminent est dans la mélodie : ceux-là tombent, si le prestige du vers ne les soutient; car dès que l'âme est oisive, l'oreille veut être charmée. Mais prenez les morceaux touchants ou sublimes des anciens, et traduisez-les seulement, comme a fait Brumoy, en prose simple et décente; ils produiront leur effet. Je prends cet exemple dans le dramatique; et c'est réellement le genre qui se passe le mieux du prestige des vers, parce qu'il est intéressant et d'une chaleur continue. Mais par la raison contraire, on doit désirer que l'épopée et le poème didactique soient traduits en vers. Les scènes touchantes de *l'Iliade* se soutiennent dans la prose même de madame Dacier; mais les descriptions, les combats, auraient besoin, dans notre langue, d'être traduits, comme en anglais, par un Pope ou par un Voltaire.

En général, le succès de la traduction tient à l'analogie des deux langues, et plus encore à celle des génies de l'auteur et du traducteur. Boileau disait de Dacier : *Il fuit les graces, et les graces le fuient.* Quel malheur pour Horace d'avoir eu pour traducteur le plus lourd de nos écrivains ! La prose de Mirabeau, toute froide qu'elle est, n'a pu éteindre le génie du Tasse ; mais elle a émoussé la gaieté piquante de l'Arioste, elle a terni toutes les fleurs de cette brillante imagination. C'était à La Fontaine ou à Voltaire de traduire le poème de *Roland furieux*.

Tout homme qui croit savoir deux langues se croit en état de traduire. Mais savoir deux langues assez bien pour traduire de l'une à l'autre, ce serait être en état d'en saisir tous les rapports, d'en sentir toutes les finesses, d'en apprécier tous les équivalents ; et cela même ne suffit pas : il faut avoir acquis par l'habitude la facilité de plier à son gré celle dans laquelle on écrit ; il faut avoir le don de l'enrichir soi-même, en créant, au besoin, des tours et des expressions nouvelles ; il faut avoir sur-tout une sagacité, une force, une chaleur de conception presque égale à celle du génie dont on se pénètre, pour ne faire qu'un avec lui, en sorte que le don de la création soit le seul avantage qui le distingue, et dans la foule innombrable des traducteurs, il y en a bien peu, il faut l'avouer, qui fussent dignes d'entrer en société de pensée et de sentiment avec un homme de génie. Madame La Fayette comparait un sot traducteur à un laquais que sa maîtresse envoie faire un compliment à quelqu'un. *Plus le compliment est délicat*, disait-elle, *plus on est sûr que le laquais s'en tire mal.* Presque toute l'antiquité a eu de pareils interprètes ; mais c'est encore plus sur les poètes que le malheur est tombé, par la raison que les finesses, les délicatesses, les graces d'une langue sont ce qu'il y a de plus difficile à rendre, et que, par une singularité remarquable, presque tout ce qui nous reste en prose de l'antiquité se réduit à l'éloquence et au raisonnement, deux genres d'écrire sérieux et graves, dont les beautés solides peuvent passer dans toutes les langues sans trop souffrir d'altération, comme ces liqueurs pleines de force qui se transportent d'un monde à l'autre sans perdre de leur qualité, tandis que des vins délicats et fins ne peuvent changer de climat.

Mais une image plus analogue fera mieux sentir ma pensée. On a dit de la traduction qu'elle était comme l'envers de la tapisserie : cela suppose une industrie bien grossière et bien maladroite. Faisons plus d'honneur au copiste, et accordons-lui en même temps l'adresse de bien saisir le trait et de bien placer les couleurs : s'il a le même assortiment de nuances que l'artiste original, il fera une copie exacte, à laquelle on ne désirera que le premier feu du génie; mais s'il manque de demi-teintes, ou s'il ne sait pas les former du mélange de ses couleurs, il ne donnera qu'une esquisse, d'autant plus éloignée de la beauté du tableau, que celui-ci sera mieux peint et plus fini. Or la palette de l'orateur, de l'historien, du philosophe, n'a guère, si j'ose le dire, que des couleurs entières, qui se retrouvent partout : celle du poète est plus riche en nuances, et ces nuances, le plus souvent, sont exclusivement données à la langue dans laquelle il a composé. J'ai presque dit avec laquelle il a pensé; car l'idée, en naissant, cherche le mot qui doit la rendre, et s'il lui manque, elle s'éteint.

MARMONTEL, *Éléments de Littérature.*

TRAGÉDIE. Lorsqu'on a lu ces beaux vers de Lucrèce,

>Suave, mari magno, turbantibus æquora ventis,
>E terra magnum alterius spectare laborem ;
>Non quia vexari quemquam est jucunda voluptas,
>Sed quibus ipse malis careas qua cernere suave est[*].
>(*De nat. rer.* II, 1.)

on croit avoir trouvé dans le cœur humain le principe de la tragédie ; mais on se trompe. Il est bien vrai que l'homme se plaît naturellement à s'effrayer d'un danger qui n'est pas le sien, et à s'affliger en simple spectateur sur le malheur de ses semblables. Il est vrai aussi que la joie secrète d'être à l'abri des maux dont il est témoin peut contribuer par réflexion au plaisir que lui cause le spectacle de l'infortune. Mais d'abord les enfants, qui ne font certainement pas cette réflexion, ont un plaisir très vif à être émus de crainte et de pitié par des récits terribles et touchants : ce plaisir n'est donc pas, dans la simple nature, l'effet d'un retour sur soi-même. De plus, si la vue du danger ou du malheur d'autrui nous était agréable, comme le dit Lucrèce, par la comparaison de nous-mêmes avec celui que nous voyons dans le péril et la souffrance, plus sa situation serait affreuse, plus nous aurions de plaisir à n'y être pas ; la réalité nous en serait encore plus agréable que l'image ; et dans l'image, plus l'illusion

---

[*] « Lorsque les vents soulèvent la vaste mer, il est doux de contempler du rivage le travail et le danger d'autrui : non que ce soit un plaisir de voir son semblable dans la souffrance ; mais parce qu'il est doux de se dire à soi-même : voilà des maux dont je suis exempt. »

serait forte, plus le spectacle nous serait doux. Or il arrive au contraire que, si l'image est trop ressemblante et le spectacle trop horrible, l'âme y répugne, et ne peut le souffrir. (*Voyez* ILLUSION.) Enfin si la joie de se voir exempt des maux auxquels on s'intéresse faisait le charme de la compassion, plus le péril serait loin de nous, plus le plaisir serait pur et sensible : rien de plus rassurant en effet que la différence de celui qui souffre avec celui qui voit souffrir; rien de plus effrayant au contraire que les rapports d'âge, de condition, de caractère de l'un à l'autre : et cependant il est certain que plus l'exemple nous touche de près, par les rapports du malheureux avec nous-mêmes, plus l'intérêt qui nous y attache a pour nous de force et d'attrait. Ce n'est donc pas, comme le dit Lucrèce, par réflexion sur nous-mêmes que nous aimons à nous effrayer, à nous affliger sur autrui.

Principe de la tragédie. Le vrai plaisir de l'âme, dans ses émotions, est essentiellement le plaisir d'être émue, de l'être vivement, sans aucun des périls dont nous avertit la douleur. Ainsi la sûreté personnelle, *tui sine parte pericli*, est bien une condition sans laquelle le spectacle tragique ne serait pas un plaisir ; mais ce n'est pas la cause du plaisir qu'on y éprouve : il naît de l'attrait naturel qui nous porte à exercer toutes nos facultés et du corps et de l'âme, c'est-à-dire à nous éprouver vivants, intelligents, agissants et sensibles. C'est cet exercice modéré de la sensibilité naturelle qui rend les enfants si avides du merveilleux qui les effraie; c'est ce qui fait courir une populace grossière au lieu du supplice des criminels; c'est ce qui fait chérir à quelques nations les combats d'animaux et de gladiateurs, ou des spectacles horriblement tragiques; c'est ce qui entraîne des nations plus douces, plus sensibles, ou, si l'on veut, plus faibles, au théâtre des passions; c'est, en un mot, ce qui fait le charme de la poésie de sentiment.

Mais peu de sentiments sont assez pathétiques pour animer un long poëme. La joie ou la volupté peut animer une chanson; la tendresse peut animer une idylle ou une élégie; l'indignation une satire; l'enthousiasme, une ode; l'admiration, par intervalles, peut suppléer, dans l'épopée et même dans la tragédie, à un intérêt plus pressant. Mais le vrai, le grand pathétique est celui de la terreur et de la pitié : ces deux sentiments ont sur tous les autres l'avantage de suivre le progrès des évènements, de croître à mesure que le péril augmente, de presser l'âme par degrés, jusqu'au terme de l'action ; au lieu que, par exemple, l'admiration et la joie naissent dans toute leur force, et s'affaiblissent presque en naissant *.

---

* Il n'est pas sans intérêt de comparer ce que dit ici Marmontel sur la cause du plaisir que nous donne la tragédie, avec ce qu'a écrit sur ce même sujet Schlégel dans son *Cours de Littérature dramatique* (IIIe leçon).

« ..... Pourquoi la tragédie choisit-elle de préférence les objets propres à inspirer l'effroi, et combat-elle ainsi nos goûts et nos désirs les plus naturels ? Cette question, souvent proposée, n'a jamais été complètement résolue. On a dit que notre plaisir, à ces spectacles terribles, dérivait de la comparaison de notre état tranquille avec le trouble et les orages des passions. Mais si nous prenons un si vif intérêt aux héros d'une pièce, nous devons oublier notre propre situation; pour peu que nous y pensions encore, c'est que notre émotion a été bien légère, et que la tragédie a manqué son objet. On a en-

Essence de la tragédie. Le double intérêt de la terreur et de la pitié doit donc être l'âme de la tragédie. Pour cela, il est de l'essence de ce spectacle 1° de nous présenter nos semblables dans le péril et dans le malheur; 2° de nous les présenter dans un péril qui nous effraie et dans un malheur qui nous touche; 3° de donner à cette imitation une apparence de vérité qui nous séduise et nous persuade assez pour être émus comme nous nous plaisons à l'être, jusqu'à la douleur exclusivement. De là toutes les règles sur le choix du sujet, sur les mœurs et les caractères, sur la composition de la fable, et sur toutes les vraisemblances du langage et de l'action.

core avancé que nous remarquions, avec satisfaction, le bon effet moral que produit sur nous-mêmes la vue de cette justice théâtrale qui finit par récompenser les bons et punir les méchants; mais ceux qui s'apercevraient que des exemples aussi effrayants sont salutaires, feraient de tristes découvertes dans leur propre cœur, et ils devraient éprouver l'humiliation qui décourage l'âme, plutôt que le sentiment de la dignité qui la relève. D'ailleurs cette exacte rétribution n'est point indispensable au dénouement d'une bonne tragédie. Un poète doit oser finir par la peinture de la douleur des justes et du succès des méchants, lorsqu'il a su nous inspirer les pensées qui font trouver dans la conscience, et dans la perspective d'un autre avenir, le rétablissement de l'équilibre. Vaut-il donc mieux dire avec Aristote que la tragédie a pour but d'épurer les passions en inspirant la terreur et la pitié? Mais, d'abord, les commentateurs n'ont jamais pu s'accorder sur le sens de cette proposition, et ils ont eu recours aux explications les plus forcées. En supposant que la tragédie pût opérer en nous une pareille guérison morale, toujours le ferait-elle au moyen de sentiments douloureux, tels que la terreur et la pitié, et il resterait à expliquer comment son action sur nous, pourrait, au moment même, être accompagnée de plaisir. D'autres se sont contentés d'avancer, que ce qui nous attire aux représentations tragiques est le besoin d'éprouver de violentes secousses morales, qui nous arrachent à l'insipidité de notre vie journalière : ce besoin existe, il est

Du sujet. L'homme tombe dans le péril et dans le malheur par une cause qui est *hors de lui*, ou *en lui-même*. *Hors de lui*, c'est sa destinée, sa situation, ses devoirs, ses liens, tous les accidents de la vie, et l'action qu'exercent sur lui les dieux, la nature, les hommes : de ces causes, les plus tragiques sont celles que le malheureux chérit, et dont il n'avait lieu d'attendre que du bien. *En lui-même*, c'est sa faiblesse, son imprudence, ses penchants, ses passions, ses vices, quelquefois ses vertus; de ces causes, la plus féconde, la plus pathétique et la plus morale, c'est la passion combinée avec la bonté naturelle.

Deux systèmes de tragédie. Cette distinction des causes du malheur, ou *hors de nous*, ou *en nous-mêmes*, fait le partage des deux systèmes de tragédie, ancien et moderne; et d'un coup d'œil on y

---

vrai, et je l'ai déjà reconnu; il a été l'origine des combats de bêtes féroces et de gladiateurs qu'on a vus chez les Romains; mais nous, bien moins endurcis, nous, enclins à des émotions plus douces, désirerons-nous voir descendre les demi-dieux et les héros dans l'arène sanglante, pour ébranler nos organes par le spectacle de leur douleur.

Non, ce n'est pas dans la vue de la souffrance qu'est le secret du plaisir de la tragédie; ce n'est pas même là ce qui explique l'avide curiosité avec laquelle on a pu regarder les effroyables combats du cirque. On y voyait déployer des facultés, telles que l'adresse, la force et le courage, qui s'allient de près aux qualités morales de l'homme, et commandent l'admiration. Je me plais à faire dériver de deux sources également pures cette satisfaction cachée qui se mêle à notre pitié pour les douleurs déchirantes que dépeint une belle tragédie. C'est le sentiment de la dignité de la nature humaine qui se réveille à la vue de ces modèles héroïques, ou c'est l'espoir de saisir, au travers de l'apparente irrégularité de la marche des évènements, la trace mystérieuse d'un ordre de choses plus élevé qui peut-être s'y dévoile. Ces deux sources de plaisir viennent souvent à se réunir....» H. P.

peut voir les caractères de l'un et de l'autre, leurs différences, leurs rapports, les genres propres à chacun d'eux, et tous les genres mitoyens qui résultent de leur mélange.

Système ancien. Sur le théâtre ancien, le malheur du personnage intéressant était presque toujours l'effet d'une cause étrangère; et, lorsqu'il y avait de sa faute par imprudence, faiblesse ou passion, comme dans *OEdipe*, *Hécube*, *Phèdre*, etc., le poète avait soin de donner à cette cause une cause première, comme la destinée, la colère des dieux ou leur volonté sans motif, en un mot la fatalité; et cela, dans les sujets même qui semblent les plus naturels. Par exemple, si Agamemnon était assassiné en arrivant dans son palais, un dieu l'avait prédit, et le poète ne manquait pas de faire annoncer par Cassandre que telle était la destinée de ce malheureux fils d'Atrée et de Tantale: de même si les fils d'OEdipe se déclaraient une guerre impie, c'était l'effet inévitable des imprécations de leur père; et les poètes avaient grand soin d'en avertir les spectateurs.

Dans les sujets tirés du théâtre des Grecs ou de leur histoire fabuleuse, ce même dogme a été reçu sur tous les théâtres du monde. Oreste, condamné par un dieu à tuer sa mère, et, pour ce crime inévitable, tourmenté par les Euménides, n'est guère moins intéressant pour nous que pour les Athéniens; car la vraisemblance et l'effet théâtral n'exigent pas que l'on croie à la fiction, mais qu'on y adhère : et c'est à quoi se sont mépris les spéculateurs, qui, de leur cabinet, ont voulu régler le théâtre.

Les poètes ont mieux jugé du pouvoir de l'illusion et de la facilité qu'on a toujours à déplacer les hommes : ils ont pris les sujets des Grecs ; fait du théâtre de Paris le théâtre d'Athènes ; ressuscité Mérope, OEdipe, Iphigénie, Oreste; rétabli sur la scène le culte, les mœurs, les usages antiques, avec toutes les circonstances des lieux, des hommes et des faits ; et les Français, à ce spectacle, sont devenus Athéniens. Ainsi, nous avons vu revivre l'ancienne tragédie avec tout ce qu'elle eut jamais de plus touchant, de plus terrible, mais avec une plénitude et une continuité d'action, une gradation d'intérêt, un enchaînement de situations, un développement de mœurs, de sentiments, de caractères, un art et des ressorts inconnus aux anciens.

Cependant comme cette source n'était pas inépuisable, et que de nouvelles circonstances indiquaient de nouveaux moyens, le génie a tenté de s'ouvrir une autre carrière.

Système moderne. Les anciens, à côté du système de la fatalité, donné par la religion et par l'histoire de leur pays, avaient, comme nous, le système des passions actives, donné par la nature; ils l'ont employé quelquefois, comme dans l'*Électre* et dans le *Thyeste*; mais soit qu'il leur parût moins imposant, moins pathétique, soit qu'il ne s'accordât pas si bien avec la forme, les moyens et l'intention de leur théâtre, ils l'avaient négligé. Les modernes s'en sont saisis : ils ont fait de la tragédie non pas le tableau des calamités de l'homme esclave de la destinée, mais le tableau des malheurs et des crimes de l'homme esclave de ses passions. Dès lors le ressort de l'action tragique a été dans le cœur de l'homme, et tel est le nouveau système dont Corneille est le créateur.

Subdivision des deux systèmes. Mais chacun de ces deux systèmes se subdivise en divers genres.

Chez les Grecs, il y avait quatre sortes de tragédie, l'une pathétique, l'autre morale, et l'une et l'autre simple ou implexe. La tragédie morale se terminait, au gré de la loi, par le succès des bons et par le malheur des méchants. La tragédie pathétique se terminait au contraire par le malheur du personnage intéressant, c'est-à-dire naturellement bon et digne d'un meilleur sort : Aristote voulait qu'il eût contribué à son malheur par quelque faute involontaire, mais dans le système ancien cet adoucissement n'est constamment fondé ni en raisons ni en exemples. La tragédie simple était celle qui n'avait point de révolution décisive, et dans laquelle les choses suivaient un même cours, comme dans le *Thyeste* : celui qui méditait de se venger, se venge; celui qui, dès le commencement, était dans le péril et le malheur, y succombe, et tout est fini. Dans cette espèce de fable, il y a des moments où la fortune semble changer de face, et ces demi-révolutions produisent des mouvements très-pathétiques; mais elles ne décident rien. Dans la fable implexe, il y a révolution ou changement de fortune; et la révolution est simple, ou double en sens contraire. (*Voyez* RÉVOLUTION.) Voilà toutes les formes de la tragédie ancienne ; et l'on voit que les différences ne sont que dans l'évènement et dans la façon de l'amener. Aristote distingue aussi les fables dont les incidents viennent du dehors, et les fables dont les incidents naissent du fond du sujet ; mais par le fond du sujet il entend les circonstances de l'action, et non les mœurs des personnages : aussi dit-il expressément que la tragédie n'agit point pour imiter les mœurs, qu'elle peut même s'en passer ; et tout ce qu'il demande pour émouvoir, c'est un personnage sans caractère, mêlé de vices et de vertus, ou, si l'on veut, sans vertus et sans vices, qui ne soit ni méchant ni bon, mais malheureux par une erreur ou par une faute involontaire ; et en effet c'en était assez dans le système des anciens.

Quand les modernes ont employé le système des passions, tantôt ils l'ont réduit à sa simplicité, et tantôt ils l'ont combiné avec celui de la destinée : de là les divers genres de la tragédie nouvelle.

Lorsque, dès l'avant-scène jusqu'au dénouement, la volonté, la passion ou la force des caractères agit seule et par elle-même, produit les incidents et les révolutions, noue, enchaîne et dénoue l'action théâtrale, c'est le système des modernes dans toute sa simplicité, et ce genre se subdivise en trois. Le premier est celui où le personnage intéressant fait son malheur soi-même, comme Roxane et le fils de Brutus ; le second est celui où le caractère intéressant est aux prises avec des méchants, et qu'il est menacé d'en être la victime, comme Britannicus, comme Zopire et ses enfants; le troisième est celui où, sans le concours des méchants, le personnage intéressant est malheureux par la situation pénible et douloureuse où le réduit le contraste de ses devoirs et de ses penchants, ou de deux intérêts contraires, et par la violence qu'il se fait à lui-même, ou qu'on fait à sa volonté, mais avec un droit légitime, comme dans le *Cid*, dans *Inès*, dans *Zaïre*.

Si la violence vient du dehors, soit des dieux, soit de la fortune, soit d'un pouvoir irrésistible, ces incidents, étrangers aux mœurs des personnages qui sont en scène, rentrent dans l'ordre de la fatalité : mais ce genre, approchant de celui des Grecs, ne laisse pas d'être plus fécond, en ce qu'il déploie tous les ressorts du cœur humain, et qu'il établit sur la scène le combat le plus douloureux entre la nature et la destinée, entre la passion qui veut être libre et la fatale nécessité qui l'enchaîne et lui fait la loi.

A présent, si l'on considère que ces divers genres peuvent se réunir dans le même sujet et se combiner dans une même fable, comme je l'ai fait observer dans l'*Iphigénie en Aulide*, et comme on peut le voir dans la *Sémiramis*; qu'il est du moins très naturel que le mobile soit dans la passion, et l'obstacle dans la fortune; qu'il est même rare que l'action soit assez simple pour n'avoir qu'un ressort; que, dans le concours de divers caractères intéressés à l'évènement, chacun d'eux étant passionné et naturellement bon, ou méchant, ou mixte, ce n'est plus une passion qui agit, mais une foule de passions contraires, et chacune selon le naturel du personnage qu'elle anime, du rapport d'âge, de rang et de qualités respectives, comme du fils au père et du sujet au roi; si, dans ce choc, on fait concourir les droits du sang et de l'hymen, de l'amour et de l'amitié, de la nature et de la patrie, etc., on sera étonné de la fécondité que les mœurs donnent à l'action, et l'on aura de la peine à concevoir que les anciens les aient comptées pour si peu de chose.

Avantages du système ancien. Ce n'est pourtant pas sans raison que les anciens avaient préféré le système de la fatalité. 1° Il était le plus pathétique. Quoi de plus capable en effet de frapper les esprits de compassion et de terreur, que de voir l'homme esclave d'une volonté qui n'est pas la sienne, et jouet d'un pouvoir injuste, capricieux, inexorable, s'efforcer en vain d'éviter le crime qui l'attend ou le malheur qui le poursuit ! C'est ce dogme que les stoïciens enseignaient et que Sénèque a exprimé en deux mots : *Volentem ducunt fata, nolentem trahunt;* c'est cette déplorable condition de l'homme, que l'OEdipe français expose en si beaux vers :

Misérable vertu, don stérile et funeste,
Toi, par qui j'ai tissu des jours que je déteste,
A mon noir ascendant tu n'as pu résister.
Je tombais dans le piège en voulant l'éviter.
Un dieu plus fort que moi m'entraînait dans le crime ;
Sous mes pas fugitifs il creusait un abyme ;
Et j'étais malgré moi, dans mon aveuglement,
D'un pouvoir inconnu l'esclave et l'instrument,

Voilà tous mes forfaits : je n'en connais point d'autres.
Impitoyables dieux, mes crimes sont les vôtres,
Et vous m'en punissez !

Ainsi l'innocence, confondue avec le crime par le caprice aveugle et tyrannique de l'inflexible destinée, est sans cesse exposée sur le théâtre ancien à la compassion des hommes asservis sous la même loi. L'antre de Polyphème, où Ulysse et ses compagnons voyaient tous les jours dévorer quelqu'un de leurs amis et attendaient leur tour en frémissant, est le symbole du théâtre d'Athènes. C'est là sans doute le tragique le plus fort, le plus terrible, le plus déchirant, et celui qui, dans tous les temps, fera verser le plus de larmes.

2° Il était plus facile à manier. Les dieux agissent comme bon leur semble : la destinée est impénétrable et ne rend point compte de ses décrets : au lieu que la nature en action est soumise à ses propres lois, et que ces lois nous sont connues. La balance de la volonté a ses poids et ses contre-poids : le flux et le reflux des passions, leurs accès, leurs relâches et leurs révolutions, leur choc et le degré de force qui décide de l'ascendant, tout a sa règle au-dedans de nous-mêmes, et un coup d'œil sur les combinaisons que je viens d'indiquer en parlant des mœurs fera sentir la difficulté de mettre chaque pièce de cette machine à sa place, et de lui donner le degré de ressort et d'activité qu'elle doit avoir. Que l'on compare le mécanisme de l'*Œdipe* de Sophocle ou de l'*Oreste* d'Euripide, avec celui de *Polyeucte*, de *Britannicus* ou d'*Alzire*, et l'on verra combien les Grecs devaient être à leur aise avec la destinée et la fatalité.

Rien de plus tragique sans doute que de voir un ami, sans le savoir, tuer son ami; un fils, son père; une mère, son fils; un fils, sa mère : j'en conviens avec Aristote. Rien de plus effrayant que la situation du malheureux qui, par erreur, va répandre un sang qui lui est cher. Corneille ne voyait rien de pathétique dans la situation de Mérope et d'Iphigénie, l'une allant immoler son fils, l'autre son frère; et Corneille était dans l'erreur. « Ce frère, « disait-il, et ce fils leur étant inconnus, ils ne peu- « vent être pour elles qu'ennemis ou indifférents. » Mais si Mérope ou Iphigénie ne connaissent pas le crime qu'elles vont commettre, le spectateur en est instruit, et par un pressentiment du désespoir où serait une mère qui aurait immolé son fils, une sœur qui aurait tué son frère, on frémit pour elle de son erreur et du coup qu'elle va frapper.

A plus forte raison, rien de plus intéressant que la situation d'un tel personnage, si le crime n'est reconnu qu'après qu'il est commis.

Mais à la place d'une erreur involontaire ou d'une nécessité inévitable, que l'on mette la passion; quel art ne faut-il pas alors pour concilier l'intérêt avec des crimes bien moins horribles, pour faire plaindre, par exemple, le meurtrier de Zaïre, ou l'indigne fils de Brutus? Il est des crimes que, dans l'emportement, un homme naturellement bon peut commettre; chacun de nous, dans un accès de passion, en est capable, et c'est ce qui nous fait chérir encore et plaindre ceux qui les ont commis. Mais si le crime révolte la nature, la passion même la plus violente ne suffit pas pour l'excuser : un parricide n'est pas seulement un homme passionné, c'est un monstre; ce monstre ne peut nous toucher. Il y a plus : on ne pardonne à la passion la simple cruauté que dans un mouvement soudain, rapide, involontaire; la cruauté préméditée rend le crime odieux, quelque passionné qu'il soit. Nulle difficulté au contraire dans les sujets où la fatalité domine : Hercule, rendu furieux par la haine de Junon, tue ses enfants et sa femme ; Oreste, forcé d'obéir à un dieu, assassine sa mère, et pour ce crime inévitable il est livré aux Euménides ; Hercule et Oreste sont intéressants, et d'autant plus que leur action est plus atroce. Il en est de même de l'erreur d'OEdipe. Toute l'indignation se rejette sur les dieux, la compassion reste aux hommes. Le pathétique de l'action ne se réduit pas à la catastrophe : le crime peut être annoncé, et si l'on voit de loin l'inexorable destinée se complaire à dresser les piéges, à creuser, à cacher l'abyme où le malheureux doit tomber, l'y attirer ou l'y conduire, l'y pousser elle-même et l'y précipiter, plus ce prodige de méchanceté nous est odieux, et plus nous devient cher celui qui en est la victime. Voilà pourquoi, entre tous les sujets, Aristote préfère ceux où le crime serait le plus atroce, s'il était volontaire et libre.

3° Le système des anciens était plus favorable à la grandeur de leurs théâtres, et à la pompe solennelle des spectacles qu'on y donnait. Ces spectacles faisaient partie des fêtes où toute la Grèce accourait ; il fallait donc que l'amphithéâtre pût contenir une multitude assemblée, et que le théâtre fût proportionné à ce cercle immense de spectateurs. Mais une scène spacieuse demandait une action grande et forte, où tout fût peint comme dans un tableau destiné à être vu de loin, et c'est à quoi le système de la fatalité s'accommodait mieux que le nôtre ; car en faisant venir du dehors les évènements tragiques, il simplifiait tout et ne laissait à l'action théâtrale que des masses à présenter. La peinture des passions, dont tous les détails nous enchantent, n'aurait eu là aucun relief : ces touches délicates, ces reflets, ces nuances, ces développements, si précieux pour nous, auraient été perdus, et au contraire des traits de force, qui, vus de près, feraient sur nous des impressions trop douloureuses, adoucis par la perspective, n'avaient de pathétique que ce qu'il en fallait pour l'âme des Athéniens. C'est sur leur théâtre que Philoctète devait paraître couvert de lambeaux, se traînant, se roulant par terre et rugissant de douleur ; c'est là qu'OEdipe devait paraître, les yeux crevés, versant sur ses enfants des gouttes de sang au lieu de larmes ; qu'Oreste, poursuivi par les Furies, devait tomber dans les convulsions et demander à sa sœur Électre qu'elle essuyât l'écume de ses lèvres ; c'est là que le supplice de Prométhée, les tourments d'Hercule et les fureurs d'Ajax étaient en proportion avec la grandeur du spectacle.

4° Ce système remplissait mieux l'objet religieux, politique et moral que l'on se proposait alors. Il est évident, quoi qu'en dise Aristote, que le caractère de l'action tragique prenait trop sur la liberté, et soit que le personnage intéressant ressemblât par son caractère à l'agneau docile et timide qui se laisse mener à l'autel, ou au taureau fougueux qui se débat sous le couteau du sacrificateur, l'évènement n'en était pas moins l'accomplissement d'un décret qui décidait du sort de l'homme, et quel que fût l'instrument du malheur, et quelle qu'en fût la victime, l'un et l'autre étaient sous l'empire de l'inflexible nécessité. Par là l'objet poétique était rempli : « car la terreur nous vient, » dit Aristote, « de « la possibilité que nous voyons à ce qu'un malheur « semblable nous arrive, et la pitié nous vient de « l'indignité de ce malheur, qui nous semble peu « mérité. »

Mais où était le but moral ? où était le fruit de l'exemple ? De ce qu'OEdipe a tué son père sans le savoir, et qu'il a épousé sa mère, quelle conséquence tirer ? que c'est un crime horrible d'exposer ses enfants. Mais avant que Jocaste eût exposé le sien, son sort lui avait été prédit. Dans cet exemple, le malheur n'est donc pas la suite du crime. OEdipe a été imprudent: un homme, dit-on, menacé de tuer son père et d'épouser sa mère, aurait dû ne pas voyager, n'avoir de querelle avec personne et ne se marier jamais. Mais ceux qui raisonnent si bien ont oublié, que, dans le système des Grecs, la destinée était inévitable, et qu'il était dans celle d'OEdipe de faire tout ce qu'il a fait.

Il est donc vrai, comme l'a reconnu Marc-Aurèle,

que le but moral, religieux et politique de la tragédie ancienne était de frapper les esprits de l'ascendant de la destinée, afin d'accoutumer les hommes aux évènements de la vie, de les y résigner d'avance et de les rendre patients, courageux et déterminés. Cette habitude, donnée à un peuple, de tout voir sans étonnement et de tout souffrir sans faiblesse, était favorable aux mœurs publiques ; et quant à ce qui pouvait résulter, dans le détail des mœurs privées, du système de la nécessité*, les poètes s'en inquiétaient peu : c'était aux lois à y pourvoir.

A l'avantage de former dans un état républicain exposé aux plus grand revers une masse d'hommes préparés à tout et résolus à tout, se joignait celui de leur faire voir que tous les hommes étaient égaux sous l'empire de la destinée ; que les plus élevés étaient sujets à l'imprudence et à l'erreur ; que les dieux se jouaient des rois ; que tout ce qui flatte l'orgueil était fragile et périssable, et que les plus grandes calamités et les plus grands crimes étant réservés aux souverains, il était également insensé d'aspirer à l'être, et de souffrir qu'il y en eût. C'est ce qu'il était important d'inculquer à des peuples libres.

Voilà les raisons de préférence qui avaient décidé les anciens en faveur du système de la fatalité. Mais puisque ce système avait tant d'avantages, pourquoi nous en être éloignés ? Est-ce pour écarter l'idée

---

* Il n'en pouvait rien résulter de contraire à la morale ; car la fatalité ne disposait que des évènements, et n'enchaînait point la liberté ; elle pouvait rendre l'homme malheureux, mais non criminel. OEdipe en est un exemple frappant. H P.

d'une destinée injuste, d'une aveugle nécessité? Nullement; et l'on voit assez que, tant que les modernes ont pu tirer de ce système des spectacles intéressants, ils ne s'en sont pas fait scrupule. Est-ce que, l'opinion ayant changé, la vraisemblance et l'intérêt des anciennes fables seraient perdus pour nous? Encore moins : l'illusion supplée à la croyance.

Les sujets les plus pathétiques de notre théâtre sont pris du théâtre des Grecs. L'*OEdipe*, l'*Oreste*, la *Phèdre*, les deux *Iphigénie*, la *Mérope*, le *Philoctète*, etc., réussiront dans tous les temps, et chez tous les peuples du monde.

Mais si ce n'a pas été pour rendre la tragédie plus morale ou plus intéressante qu'on en a fait un nouveau système, qu'est-ce donc qui l'a introduit? Le cours naturel des choses, un nouvel ordre de circonstances, la difficulté qu'éprouvait l'art à s'accommoder des anciens sujets, leur épuisement, des avantages d'une autre espèce que l'on croyait trouver dans le système des passions.

Avantages du nouveau système. Voyez d'abord, dans l'article POÉSIE, combien l'histoire fabuleuse des Grecs, leur religion et leurs mœurs étaient favorables à leur système, et combien ce qui leur était propre est étranger partout ailleurs.

Les spectateurs, comme je l'ai dit, se dépaysent aisément; mais l'illusion qui les entraîne tient elle-même aux convenances, et ce système religieux des Grecs ne peut convenir qu'aux sujets qu'il a consacrés. Il n'eût donc jamais fallu sortir de leur histoire fabuleuse, et dans ce cercle le génie tragique se fût trouvé trop à l'étroit.

Il est bien vrai que, dans tous les temps et chez tous les peuples du monde, on semble reconnaître dans la fortune, et dans ce qu'on appelle le hasard des évènements, une espèce de fatalité, et que par conséquent il était possible d'inventer des sujets où tout fût conduit par le sort ou par des causes inévitables; mais des accidents sans rapports, sans liaison de l'un à l'autre; aussi dénués de vraisemblance que de vérité, n'ayant pour eux ni l'opinion réelle ni la tradition fabuleuse, auraient manqué de consistance et d'autorité sur la scène, et n'auraient pas été assez évidemment l'effet d'une puissance tyrannique, attachée à rendre les hommes ou coupables ou malheureux, pour que de ces spectacles du malheur et du crime on reçût la même impression de terreur dont les Grecs se sentaient frappés, et dont leur système religieux nous frappe encore nous-mêmes dans les sujets où il est empreint.

Cet amas d'incidents fortuits, dont il n'y a rien à conclure, ont pu occuper nos aïeux à la renaissance des lettres; et quand ni l'esprit, ni le goût, ni le jugement même n'étaient formés, on en faisait sur tous les théâtres de l'Europe des comédies sans comique, des tragédies sans intérêt. La curiosité, la surprise étaient les seules émotions qu'on éprouvait à ces spectacles, mais ne connaissant rien de mieux, on croyait voir le mieux possible.

Enfin Corneille ayant découvert, au milieu de ce chaos, une nouvelle source d'évènements tragiques, aussi intéressants dans leurs causes que terribles dans leurs effets, ce fut un cri universel ; et l'Europe moderne reconnut la tragédie qui lui était propre.

L'homme libre sous un Dieu juste, qui permettait le mal sans en être la cause, l'homme en proie à ses passions, en butte à celles de ses semblables, et rendu malheureux par lui-même ou par eux, devint l'objet de la tragédie, et le nouveau spectacle affligeant et terrible dont elle frappa les esprits.

Or les avantages de ce nouveau système sont d'être plus fécond, plus universel, plus moral, plus propre à la forme et à l'étendue de nos théâtres, plus susceptible de tout le charme de la représentation.

1° *Plus fécond*, parce qu'il met en jeu tous les ressorts du cœur humain, qu'il en fait les mobiles de l'action théâtrale, qu'il donne lieu au développement de toutes les passions actives, que de leur mélange il compose des caractères pleins d'énergie et de chaleur, que de leurs contrastes il tire des situations variées à l'infini, que de leurs combats il fait naître une foule de mouvements qui étaient inconnus aux anciens.

Non seulement la passion agite l'âme, mais elle altère la raison, la séduit, la trompe, l'égare, et la range de son parti : de là tout l'artifice qu'elle emploie pour en imposer à celui qu'elle obsède et à tous ceux qu'elle a intérêt de persuader et d'émouvoir ; de là l'éloquence de deux passions contraires, pour se vaincre mutuellement ; de là les changements rapides d'opinion, de sentiments et de langage dans le même homme, soit que deux passions le tourmentent et le dominent tour à tour, soit qu'une seule passion ait à combattre en lui la bonté naturelle, à triompher de l'innocence, à vaincre un reste de pudeur, à faire taire le devoir, à surmonter la vertu même, à se délivrer de la honte, et à s'affranchir du remords. Voilà ce qui ouvre à notre théâtre un champ si vaste et si fécond.

Quand l'homme agit par une impulsion étrangère et irrésistible, il n'y a pas à balancer. Mais quand il doit se décider par les mouvements de son cœur, et que ces mouvements, comme celui des flots, sont tumultueux et rapides, qu'il est tour à tour entraîné en sens contraires avec la même violence; que presque au même instant que le désir l'emporte, la honte le repousse; et qu'au moment où l'espérance commence à l'élever, il se sent abattu par la crainte et par la douleur; c'est là qu'un naturel sensible, ardent, impétueux, se montre sous toutes les faces et dans toutes les attitudes; c'est là que le génie a de quoi s'exercer dans l'art d'imiter et de peindre. Le système moderne, osons le dire, est le seul où le cœur humain ait été pris par tous les côtés sensibles, et savamment approfondi.

2° *Plus universel.* Le système ancien est fondé sur une opinion locale. Il est vrai que cette opinion sera reçue partout comme hypothèse : mais il ne sera permis d'y adapter que l'histoire des temps et des lieux où elle a régné. Au contraire, le système des passions est de tous les pays et de tous les siècles : partout l'homme a été conduit par les mouvements de son cœur; partout il s'est rendu coupable et malheureux par ses passions. Notre théâtre est le tableau du monde.

3° *Plus moral.* C'est une chose utile sans doute que d'habituer l'homme au malheur, puisqu'il y est exposé sans cesse. Mais d'un côté, l'indignation, l'impiété, le désespoir; de l'autre, le découragement, l'abattement, l'abandon de soi-même, sont les écueils d'une âme ou forte ou faible, qui s'est laissé frapper de l'ascendant de la destinée, de la nécessité d'en subir les décrets : au lieu qu'il est d'une utilité absolue d'apprendre à l'homme à se craindre lui-même, à être sans cesse en garde contre les ennemis qu'il recèle au fond de son cœur.

Dans un état exposé à de grands périls, sujet à de grandes révolutions, où tout homme devait être déterminé à tout risquer, à tout souffrir, peut-être cet abandon de soi-même aux décrets de la destinée était-il la vertu du premier besoin, et devait-il former le caractère national. Mais dans une monarchie vaste et tranquille, où une partie des forces de la nation suffit à sa défense, le bonheur public tient essentiellement à des mœurs tempérées. La tragédie qui réprime les mouvements de l'âme, est donc une leçon politique, en même temps qu'une leçon de mœurs. La haine, la colère, la vengeance, l'ambition, la noire envie, et sur-tout l'amour, étendent leur ravage dans tous les états, dans tous les ordres de la société. Ce sont là les vrais ennemis domestiques, et ceux qu'il est le plus essentiel de nous faire craindre, par la peinture des malheurs où ils peuvent nous entraîner, puisqu'ils ont entraîné des hommes souvent moins faibles, plus sages et plus vertueux que nous; et c'est à quoi les Grecs n'ont pas même pensé. Si, dans la tragédie ancienne, la passion est quelquefois la cause ou l'instrument du malheur, ce malheur ne tombe pas sur l'homme passionné, mais sur quelque victime innocente. Or, pour réprimer en nous la passion, il ne s'agit pas de nous faire voir qu'elle est funeste aux autres, mais à nous-mêmes. On dirait que les Grecs évitaient à dessein le but moral que nous cherchons, car ils n'ont pu le méconnaître. Quoi de plus simple en effet pour guérir les hommes de leurs passions, que de leur en montrer les victimes? Quoi de plus terrible que l'exemple d'un homme à qui la nature et la fortune avaient tout accordé pour être heureux, et en qui une seule passion, la même dont chacun de nous porte le germe dans son sein, a tout ravagé, tout détruit? C'est ce rapport, cette induction qui rend l'exemple salutaire, et Aristote lui-même l'a reconnu, mais dans sa *Rhétorique*. « L'ora- « teur, dit-il, pour imprimer la crainte à ses audi- « teurs, doit leur faire voir qu'ils sont en péril; et « pour cela mettre sous leurs yeux l'exemple de ceux « qui sont tombés dans les malheurs dont il les « menace. » Mais l'orateur ne leur dit point : « Si « vous disputez le pas à un inconnu, comme fit « OEdipe, ou si vous êtes curieux comme lui, vous « tuerez votre père, vous épouserez votre mère, vous « vous arracherez les yeux. » Il leur dit : « Si vous « vous livrez à vos passions, vous en serez les vic-

« times; si vous calomniez le juste, si vous oppri-
« mez l'innocent, le Ciel, qui les aime, les vengera. »

S'il nous présente un ravisseur horriblement puni, comme Thyeste, il ne nous fera pas voir à côté un monstre exécrable, comme Atrée, jouissant de sa vengeance, et du jour qu'il a fait pâlir; mais il opposera l'innocent au coupable, et nous montrera celui-ci plus malheureux dans ses succès que l'autre au comble de l'infortune, l'enfer dans l'âme d'Anitus, le ciel dans l'âme de Socrate. Enfin s'il nous met sous les yeux des exemples de la peine attachée aux crimes, ce crime ne sera pas l'effet de l'erreur, car de l'erreur il n'y a rien à conclure; mais de la faiblesse, de l'imprudence ou de la passion, car on peut y remédier. Il est donc évident que le dessein qu'Aristote attribue à l'orateur et celui qu'il attribue au poète ne sont pas les mêmes. Le but de l'orateur, dans son sens, est de rendre les hommes justes et sages par crainte; et le but du poète est de les guérir de la crainte, en les habituant au malheur.

Or cette disparate n'existe plus entre la morale de l'éloquence et celle de la tragédie; et dans le système moderne, le but du poète est le même que celui de l'orateur.

4° *Ce système est encore plus propre à la forme de nos théâtres : j'en ai déjà indiqué la raison.* Le théâtre a sa perspective : le nôtre est nécessairement moins vaste que celui des Grecs; le spectacle, qui chez eux était une solennité, n'est chez nous qu'un amusement; au lieu d'une nation assemblée, c'est un petit nombre de citoyens; au lieu d'un grand cirque en plein ciel, c'est une assez petite salle. L'avantage du théâtre ancien était donc dans la pantomime et dans la force des tableaux; l'avantage du nôtre est dans l'éloquence et dans la beauté des détails. On a dit cent fois que les Grecs avaient dédaigné de mettre l'amour sur leur théâtre : on n'a pas vu qu'il leur eût été impossible de l'y peindre comme nos poètes l'ont peint ; que ces détails, ces gradations, ces nuances si délicates, qui en font la décence et le charme, répugnent à la seule idée du mannequin, du casque, du porte-voix d'un homme jouant Ariane, et reprochant au parjure Thésée le crime de l'abandonner : on n'a pas vu que la même cause avait exclu de leur théâtre presque toutes les passions actives, et que, si quelquefois ils les y ont employées, ce n'a été que par esquisses, en les ébauchant à grands traits. Les Grecs allaient à leur théâtre apprendre à souffrir, et non pas à se vaincre. Avec des plaintes, des cris, des larmes, des mouvements d'effroi, de douleur et de désespoir, un malheureux poursuivi par les dieux, ou accablé par la destinée, était sûr d'émouvoir, d'attendrir tout un peuple. C'était moins de beaux vers que des hurlements effroyables, ou des gémissements profonds, que l'on entendait de si loin.

Chez nous aucun des accents de l'âme aucun des traits les plus délicats de la passion n'est perdu; tous les détails de l'expression, toutes les nuances de la pensée et du sentiment sont aperçus et vivement sentis.

Je ne dis pas que le tragique moderne soit dénué de force : je dis qu'il en a moins, qu'il en doit moins avoir que le tragique ancien, parce qu'il est vu de plus près; je dis qu'en s'affaiblissant du côté des peintures, il a dû s'en dédommager du côté des sentiments, et que pour cela le système qui prête le plus à l'éloquence de l'âme, est ce qui lui convient le mieux.

5° *Il est plus susceptible de tout le charme de la représentation.* En parlant de la scène antique, on ne cesse de nous vanter ces théâtres immenses que le ciel éclairait : et on ne fait pas attention que, dans les spectacles donnés quatre fois l'an à toute la Grèce assemblée, cette vaste étendue était d'une nécessité indispensable, bien plus nuisible qu'avantageuse à la beauté de l'imitation; qu'elle faisait violence à toute espèce de vraisemblance et d'illusion théâtrale; qu'il était impossible au peintre de distribuer les lumières et les ombres dans les décorations d'un théâtre éclairé par le jour; que l'acteur jouait sous un masque, dont la bouche arrondie en trompe lui tenait lieu de porte-voix; que ce masque n'exprimait rien, et qu'un homme jouant Électre, Iphigénie ou Phèdre avec un masque et un porte-voix, devait être au moins peu touchant; que le cothurne, en exhaussant la taille jusqu'à la hauteur de huit pieds, en faisait un colosse énorme et grotesquement composé; que, s'il est vrai, comme on le dit, que la tête de l'acteur fût dans un casque et le corps dans un mannequin, c'était le comble de la difformité; et qu'en supposant même, par impossible, entre la taille, la figure et le geste d'un homme ainsi façonné, quelque espèce de proportion et d'ensemble *, il en serait toujours de cette imitation dramatique, relativement à la nôtre, comme d'une statue colossale grossièrement taillée, comparée à une statue de grandeur naturelle dont tous les traits seraient finis.

Mais au lieu d'un théâtre immense, qui dans l'éloignement dérobait à la vue ces difformités, supposez les tragédies de Sophocle et d'Euripide, sans aucun changement, représentées à notre manière et sur des théâtres proportionnés à l'étendue de la voix et à la portée de la vue : alors le naturel, la vraisemblance, l'illusion théâtrale y sera; mais alors même combien l'art de l'acteur ne sera-t-il pas à l'étroit? L'expression de la souffrance est pathétique; mais du côté de l'art elle n'a rien qui favorise et développe les grands talents. L'acteur le plus commun, dans des tourments ou dans des fureurs, imitera les cris de Philoctète ou les rugissements d'Oreste; et dans la déclamation, comme dans la peinture, les mouvements forcés, violents, convulsifs, sont ce qu'il y a de plus aisé. La grande difficulté de l'art est dans l'expression simultanée de deux sentiments qui agitent l'âme, dans le passage de l'un à l'autre, dans les gradations, les nuances,

* Il est impossible de penser que l'imitation du théâtre pût manquer de proportion et d'ensemble chez un peuple où les arts du dessin étaient portés à un si haut point de perfection. Ces hommes accoutumés à regarder les statues de Phidias et de Praxitèle auraient-ils pu sans dégoût arrêter leur vue sur les représentations difformes et monstrueuses dont parle ici Marmontel. **H. P.**

les mouvements divers ou d'une seule passion ou de deux passions contraires, dans leur calme trompeur, dans leur fougue rapide, dans leurs élans impétueux, enfin dans cette foule d'accidents variés qui forment ensemble le tableau des orages du cœur humain. Que l'on compare les rôles les plus passionnés du théâtre grec, avec les rôles de Néron, d'Orosmane, de Rhadamiste, avec les rôles de Cléopâtre dans *Rodogune*, de Roxane dans *Bajazet*, d'Hermione dans *Andromaque*, d'Alzire et de Sémiramis; que l'on compare la *Phèdre* d'Euripide avec celle de Racine, l'*Électre* de Sophocle avec celle de Voltaire, avec ce rôle qui a été le triomphe de la célèbre Clairon; dans le grec, on verra des couleurs fortes, mais entières, sans reflets et sans demi-teintes; dans le français, mille nuances qui, loin d'affaiblir la peinture, **ne** la rendent que plus vivante, plus variée et plus sensible. C'est le grand avantage que nous avons tiré de la petitesse de nos théâtres; et ceux qui proposent de les agrandir ne savent pas le tort qu'ils veulent faire à l'art du poète et à celui de l'acteur.

Des mœurs et des caractères. Si l'on a bien conçu le système des anciens, on sera peu surpris qu'Aristote ait subordonné les mœurs à l'action, et ne les ait pas même regardées comme nécessaires à la tragédie. Que l'homme en péril ne fût pas méchant, que le malheureux, poursuivi par son mauvais sort, ne l'eût pas mérité; c'en était assez pour être un objet de terreur et de compassion.

Mais lorsqu'il a fallu que les hommes entre eux

se fissent leurs destins eux-mêmes, leurs qualités, leurs inclinations, leurs affections, leur naturel, enfin leurs caractères et leurs mœurs ont été les ressorts de l'action théâtrale.

Dans la tragédie il y a deux sortes de caractères : les uns dévoués à la haine des spectateurs, et dans ceux-là le naturel, l'habituel, l'actuel, tout peut être mauvais : les vices les plus bas, les crimes les plus noirs, les sentiments les plus dénaturés, les perfidies les plus atroces, et les plus lâches trahisons; toutes ces horreurs, ennoblies comme elles peuvent l'être, forment le caractère d'un Atrée, d'un Narcisse, d'une Cléopâtre; et dans le tableau dramatique ces figures ont leur beauté.

Un méchant homme, quelque malheureux qu'il soit, n'inspirera point la pitié; mais il inspirera la terreur de deux manières, et les voici. Dans le cours de l'action, il fera trembler pour l'homme innocent ou vertueux dont il méditera la perte; et au dénouement, si le méchant triomphe, on frémira, comme dans *Mahomet*, de se livrer à ses pareils. Si au contraire c'est lui qui succombe, et s'il est puni, comme dans *Rodogune*, on frémira de lui ressembler. « Si « les Furies poursuivaient Néron pour avoir fait périr « sa mère, dit Castelvetro, cela n'exciterait ni pitié « ni crainte; mais qu'elles poursuivent Oreste, pour « avoir obéi au dieu qui l'a forcé au crime, cela est « terrible et digne de pitié. » Castelvetro a raison dans son sens. D'abord il est absolument vrai que Néron n'exciterait point la pitié : il est encore vrai qu'il n'exciterait pas la même espèce de crainte que nous fait éprouver Oreste, celle que devait inspirer aux hommes l'iniquité bizarre de la destinée et des dieux. Mais Néron, poursuivi par les Furies, remplirait de terreur les cœurs dénaturés, et de cette terreur qu'inspirent des dieux justes, qui poursuivent le parricide jusque sur le trône du monde, et qui pour le punir déchaînent les enfers. Il est donc de l'intérêt des mœurs, comme de l'intérêt de l'art, qu'on rende les méchants, sur la scène, aussi odieux qu'ils peuvent l'être.

Mais les caractères auxquels on veut concilier la bienveillance et la commisération doivent avoir un fond de bonté qui nous attache. Ils peuvent être criminels, jamais vicieux ni méchants.

Il faut donc bien discerner, entre les inclinations habituelles et les affections accidentelles du cœur humain, celles qui se concilient avec la bonté d'âme, celles dont le personnage intéressant peut s'applaudir, celles qu'il peut se pardonner, celles qu'il doit désavouer et se reprocher à lui-même : car c'est sur-tout à l'équité du juge intérieur que l'on reconnaît la bonté morale.

Ainsi les qualités essentielles du caractère intéressant sont la droiture, la sensibilité, la candeur, la noblesse, et mieux encore la grandeur d'âme. Si la passion qui le domine le rend injuste, il doit s'en accuser; s'il dissimule, ce ne doit être que malgré lui et en rougissant; s'il est forcé de paraître ingrat, il doit en avoir honte et s'en faire un crime. Son caractère actuel peut être la faiblesse, jamais la fausseté; l'ambition, jamais l'envie; la haine, jamais la calomnie, et encore moins la trahison; le ressentiment, la vengeance, jamais la dureté, la lâcheté, ni la noirceur; la violence, l'emportement, jamais la cruauté froide, tranquille et réfléchie. Sa colère ne doit être qu'une sensibilité révoltée par l'excès de l'injure; qu'une fierté blessée par l'indignité de l'offense; qu'un vif ressentiment du mal fait à lui-même ou à ce qu'il a de plus cher; qu'un mouvement d'indignation contre l'orgueil qui l'humilie, l'ingratitude qui l'aigrit, la force injuste qui l'opprime, le crime, en un mot, qui l'irrite, ou le vice impudent qui lui est odieux : les fureurs de sa jalousie ne doivent être que les transports d'un amour violent qui se croit outragé. Ainsi toutes ses passions doivent porter avec elles une sorte d'excuse et d'apologies qui le fasse plaindre d'en être la victime et qui empêche de le haïr.

C'est en cela qu'on nous accuse de rendre les passions aimables; et il est vrai que nous les parons, mais comme des victimes, pour apprendre à les immoler. Il ne s'agit pas de les faire haïr, mais de les faire craindre : c'est l'attrait qui en fait le danger : pour en prévenir la séduction, il faut donc les peindre avec tous leurs charmes. On tenterait en vain de rendre odieux des sentiments dont un bon naturel est bien souvent la cause. Le ressentiment des injures, la colère, l'ambition, l'amour, les faiblesses du sang, le désir de la gloire, peuvent être funestes dans leurs effets, quoique intéressants dans leur cause. C'est avec ce mélange de bien et de mal qu'il faut qu'on les voie sur le théâtre : car c'est ainsi qu'on les verra dans la nature; et ce n'est que par la ressemblance que l'exemple en est effrayant. Plus le personnage est intéressant, plus son malheur sera terrible : sa bonté, ses vertus elles-mêmes n'en feront que mieux sentir le danger de la passion qui l'a perdu; et plus la cause de son malheur est excusable par notre faiblesse, plus nous voyons de près le bord du précipice où il est tombé.

Cette constitution de la fable, du côté des mœurs, est à la fois si utile et si intéressante, si analogue à la nature et à tous les principes de l'art, qu'elle semble avoir dû se présenter d'abord aux inventeurs de la tragédie; et ceux qui entendent citer depuis si long-temps les anciens comme nos modèles, doivent trouver bien étrange ce que j'ai osé avancer, que le théâtre des Grecs ne fut jamais celui des passions.

On s'autorise de leur exemple pour nous reprocher d'avoir fait de l'amour la passion dominante de la scène tragique. Croit-on de bonne foi qu'un caractère comme celui d'Hermione n'eût pas été beau à Athènes comme à Paris? Mais qui l'aurait joué? qui l'aurait entendu? Ce flux et ce reflux de passions contraires, le dépit, la fierté, l'amour, la jalousie et la vengeance, leurs accents, leurs traits, leur langage, tout se serait perdu sous le masque ou dans l'éloignement. Voilà pourquoi la peinture de l'amour et des passions qu'il engendre leur était interdite; et s'ils n'en ont pas fait usage, il n'en est pas moins vrai, comme je l'ai prouvé dans l'*article* MOEURS, que, de toutes les passions actives, l'amour est la plus théâtrale, la plus intéressante, la plus féconde en tableaux pathétiques, la plus utile à voir dans ses redoutables excès.

Il faut convenir qu'en peignant l'amour avec tous ses dangers, on le peint avec tous ses charmes; et c'est par là qu'on rend les malheureux qu'il a séduits plus dignes de pitié que de haine : mais c'est aussi par là qu'on rend cette passion redoutable, autant qu'elle est intéressante. Il faut que l'homme sache non seulement qu'elle l'égare, mais par quels détours elle peut l'égarer : c'est aux fleurs qui couvrent le piége qu'il doit le reconnaître; l'attrait l'avertit du danger.

Si l'homme passionné qui fait lui-même son malheur peut être intéressant, à plus forte raison l'homme vertueux. Mais si la vertu même est cause du malheur, quel intérêt peut-il en naître? 1° L'intérêt de la bienveillance et de l'admiration, quand le malheur est absolument volontaire, comme celui de Décius; mais j'avoue que de tels sujets ne seraient pas assez *tragiques*. 2° L'intérêt de la pitié mêlée d'admiration et d'amour, quand l'homme de bien, malheureux par son choix, n'a pu se dispenser de l'être, comme Brutus, Régulus et Caton. Et si l'alternative est telle que, sans honte, l'homme n'ait pu éviter son malheur, il est, pour la vertu, dans l'ordre des maux nécessaires : telle est la situation de Rodrigue, et c'est par là qu'elle est si touchante.

Le pathétique des mœurs, chez les anciens, consistait non pas dans les passions *actives*, causes du crime et du malheur, mais dans des affections qui rendaient le crime involontaire plus horrible pour celui qui l'avait commis, le malheur plus accablant. Ces sentiments, que j'appellerai *passifs*, sont ceux de l'humanité, de l'amitié, de la nature. Les anciens les ont exprimés avec beaucoup de force, de chaleur et de vérité, parce qu'ils en étaient remplis. Le nom de *piété*, qu'ils leur donnaient, exprime l'idée de sainteté qu'ils y avaient attachée. On ne lit pas sans émotion ce que disait l'un de leurs plus grands hommes, Épaminondas, que de toutes ses prospérités, celle qui lui avait donné le plus de joie, était d'avoir gagné la bataille de Leuctre du vivant de ses père et mère. L'héroïsme de l'amitié et de la piété filiale était familier parmi eux. L'amour paternel et maternel n'était pas moins passionné. C'étaient les trésors de leur théâtre. Les modernes, chose étonnante, les avaient négligés, ces trésors précieux, jusqu'à Voltaire : c'est lui qui le premier a répandu dans la tragédie cet intérêt si doux de la touchante humanité; c'est lui qui, sur la scène, a fait un sentiment religieux de la bienfaisance universelle; c'est lui qui a mis dans les sujets modernes toutes les tendresses du sang, et quel pathétique il en a tiré! Mérope et Jocaste, il est vrai, comme Andromaque, Hécube et Clytemnestre, sont prises du théâtre ancien; mais les caractères de Brutus, de César, de Lusignan, d'Alvarès, de Zopire, d'Idamé, de Sémiramis, ne sont pris que dans la nature. C'est ce grand secret de la tragédie, presque oublié depuis Euripide, qui a valu à Voltaire l'honneur d'être mis à côté de Corneille et de Racine, ou plutôt la gloire d'être élevé au-dessus d'eux *, comme ayant mieux connu ou plus fortement remué les grands ressorts du cœur humain.

Ce genre de pathétique se concilie également avec les deux systèmes. Mais une nouvelle différence de l'un à l'autre, c'est la liberté que nous avons, et que les anciens n'avaient pas, de prendre l'action tragique dans la vie obscure et privée. La crainte des dieux et la haine des rois étaient les deux objets de la tragédie ancienne, et à cet intérêt religieux et politique se joignait l'intérêt national, le plaisir qu'avaient les peuples de la Grèce à voir retracer sur leur théâtre les évènements de leur histoire fabuleuse : or de cette histoire rien n'était conservé que les aventures des rois ou des héros. Aristote exprimait donc le vœu des spectateurs, en demandant que l'on choisît pour la tragédie, parmi les hommes d'un rang illustre et d'une grande réputation, quelque homme d'une fortune éclatante, qui fût devenu malheureux : l'exemple en était plus célèbre, plus terrible, plus pitoyable et plus directement relatif au but que l'on se proposait. Mais nous, qui n'avons presque jamais aucun intérêt national au sujet de la tragédie; nous qui ne voulons qu'intimider les hommes par les exemples du danger et du malheur des passions, n'est-ce que

---

* On comprend, sans qu'il soit besoin de s'y arrêter beaucoup, ce qu'il y a d'exagéré dans cette louange. Voltaire avait trop vivement frappé l'imagination de ses contemporains, pour qu'ils pussent se défendre à son égard de l'excès de l'enthousiasme. Il n'est personne aujourd'hui qui l'élevât au-dessus de Corneille et de Racine. H. PATIN.

dans les rois que nous pouvons trouver de ces exemples effrayants?

Sans doute la dignité des personnages donnant plus de poids à l'exemple, il est avantageux pour la moralité de prendre au moins des noms fameux. D'ailleurs, le sort d'un héros, d'un monarque, donne plus d'importance à l'action théâtrale, et il en résulte pour le spectacle plus de pompe et de majesté. Quand à ce qu'on a dit, que l'élévation des personnes fait que leur sort nous touche moins, que les revers qui les menacent ne menacent point le commun des hommes, et que plus leur fortune excite l'envie, moins leur malheur excite la pitié, c'est ce qu'on peut au moins révoquer en doute. Mérope, Hécube, Clytemnestre, Brutus, Orosmane, Antiochus, sont, par leur rang, fort élevés au-dessus du peuple qu'ils attendrissent, et nous pleurons, nous frémissons pour eux, comme s'ils étaient nos égaux. Un roi, dans le bonheur, est pour nous un roi; dans le malheur, il est pour nous un homme, et même d'autant plus à plaindre qu'il était plus heureux, et que chacun de nous, se mettant à sa place, sent tout le poids du coup qui l'a frappé.

Le but de la tragédie est, selon nous, de corriger les mœurs, en les imitant, par une action qui serve d'exemple : or, que la victime de la passion soit illustre, que sa ruine soit éclatante, la leçon n'en est pas moins générale. La même cause qui répand la désolation dans un état peut la répandre dans une famille. L'amour, la haine, l'ambition, la jalousie et la vengeance empoisonnent les sources du bonheur domestique, comme celles du bonheur public. Il y a partout des hommes colères comme Achille, des mères faciles comme Hécube, des amantes faibles comme Inès, et crédules comme Ariane, ou emportées comme Hermione; des amants capables de tout dans la jalousie, comme Orosmane et Rhadamiste, et furieux par excès d'amour.

Mais c'est faire injure au cœur humain et méconnaître la nature, que de croire qu'elle ait besoin de titres pour nous émouvoir. Les noms sacrés d'ami, de père, d'amant, d'époux, de fils, de mère, de frère, de sœur, d'homme enfin, avec des mœurs intéressantes, voilà les qualités pathétiques. Qu'importe quel est le rang, le nom, la naissance du malheureux que sa complaisance pour d'indignes amis et la séduction de l'exemple ont engagé dans les pièges du jeu, et qui gémit dans les prisons, dévoré de remords et de honte ? Si vous demandez quel il est, je vous réponds : Il fut homme de bien, et pour son supplice il est époux et père ; sa femme, qu'il aime et dont il est aimé, languit, réduite à l'extrême indigence, et ne peut donner que des larmes à ses enfants qui demandent du pain. Cherchez dans l'histoire des héros une situation plus touchante, plus morale, en un mot plus tragique; et au moment où ce malheureux s'empoisonne, au moment où, après s'être empoisonné, il apprend que le ciel venait à son secours, dans ce moment douloureux et terrible, où à l'horreur de mourir, se joint le regret d'avoir pu vivre heureux, dites-moi ce qui manque à ce sujet pour être digne de la tragédie? L'extraordinaire, le merveilleux, me direz-vous. Et ne le voyez-vous pas, ce merveilleux épouvantable, dans le passage rapide de l'honneur à l'opprobre, de l'innocence au crime, du doux repos au désespoir, en un mot, dans l'excès du malheur attiré par une faiblesse? Quelle comparaison de *Béverley*, avec *Athalie*, du côté de la pompe et de la majesté du théâtre! mais aussi quelle comparaison du côté du pathétique et de la moralité?

On a donné à Paris cette pièce anglaise, et le soulèvement des joueurs a été général contre le succès qu'elle a eu. Les femmes disaient: *Cela est horrible*; les hommes: *Ce n'est pas un joueur*. Non, ce n'est pas un joueur consommé; c'est un joueur qui commence à l'être, comme vous avez commencé, par complaisance, sans passion; sans voir le danger de céder à l'exemple. Il s'est engagé pas à pas, il a perdu plus qu'il ne voulait; le regret, joint à l'espérance, l'a fait *courir après son argent*, façon de parler aussi commune que l'imprudence qu'elle exprime: nouvelle perte, nouveaux regrets, nouvelle ardeur de regagner: enfin la gravité du mal lui a fait risquer le plus violent remède, et en voulant se tirer de l'abyme il y est tombé jusqu'au fond. Cela est horrible, sans doute; mais cela est très naturel, et peut-être aussi très commun; et si ce n'est pas à la passion invétérée du jeu que cet exemple peut être salutaire, c'est du moins à la passion naissante, et qui, faible encore et timide n'a pas aliéné la raison. Ce ne sera pas un remède; ce sera un préservatif.

La tragédie populaire a donc ses avantages, comme l'héroïque a les siens : mais il ne faut pas dissimuler une utilité exclusivement propre à celle-ci du côté des mœurs. Les rois ont de la peine à concevoir que les malheurs de la vie commune soient un exemple effrayant pour eux : ils ne se reconnaissent que dans leurs pareils : il leur faut donc une tragédie qui soit propre à la royauté ; et celle-ci est pour eux une leçon d'autant plus précieuse, que c'est presque la seule qu'ils daignent recevoir : l'attrait du plaisir les y engage ; et comme elle n'est pas directe, elle ne peut les offenser. Ils se trouvent comme invisibles dans des cours étrangères, et présents à ce qui se passe dans les temps les plus reculés. C'est là que la vérité leur parle avec une noble hardiesse ; c'est là qu'on plaide avec courage la cause de l'humanité, que tous les droits sont mis dans la balance, que tous les devoirs sont prescrits et tous les pouvoirs limités ; c'est là que tous les préjugés d'une éducation corruptrice sont ébranlés par les maximes de la nature et de la raison ; c'est là que l'orgueil est confondu, la vaine gloire humiliée, c'est là que le despotisme impérieux voit ses écueils, et l'ambition ses naufrages ; c'est là que les penchants favoris d'un prince sont repris sans ménagement, et châtiés dans ses pareils ; c'est là qu'il sent tout le danger des mouvements impétueux d'une âme à qui tout cède, de ces mouvements dont un seul fait le malheur de tout un peuple, quelquefois la ruine ou la honte d'un roi ; c'est là qu'il voit ce que jamais on n'a osé lui faire entendre, que, ses faiblesses sont des crimes, et ses passions des fléaux ; c'est là qu'il apprend qu'il est homme, qu'il peut avoir besoin de la pitié des hommes, et qu'il aura toujours besoin de leur amour ; c'est enfin là qu'il voit sans masque le mensonge, l'intrigue, l'adulation et les ressorts cachés de tous les mouvements qui s'exécutent dans sa cour. Ainsi, par un renversement assez singulier, la cour d'un roi est pour lui un spectacle, et la tragédie est le développement du mécanisme qu'il produit : l'illusion est dans le palais, et la vérité sur la scène.

C'est ce qui donnera toujours à la tragédie héroïque une grande prééminence : car il y a mille façons de réprimer le naturel d'un peuple; et rien de plus rare que les moyens d'instruire et de former les rois *.

* Il y a du vrai et du faux dans ce que dit Marmontel en faveur de la tragédie, qu'il appelle *populaire*, et qui n'est autre chose que le drame. Qu'elle puisse être aussi et quelquefois plus pathétique que la tragédie *héroïque*, personne ne le nie ; mais ce qui la place dans un rang inférieur, c'est que par la nature vulgaire des personnages et des évènements elle manque de dignité, de grandeur, d'idéal. Marmontel s'arrête beaucoup sur l'instruction morale qu'on peut retirer de l'une et de l'autre. Ce qu'il dit à ce sujet n'est pas sans justesse ; il donne seulement trop d'importance à ces considérations ; l'instruction morale peut se rencontrer dans une tragédie; elle s'y rencontre même toujours; mais ce n'est pas là l'essence du genre, et il s'en faut que *le but de la tragédie soit de corriger les mœurs, en les imitant par une action qui serve d'exemple*. La tragédie, comme toutes les productions de l'art, n'a pas d'autre but que de nous plaire, et son moyen c'est d'exciter en nous le sentiment de la terreur, de la pitié et de l'admiration. Quant aux leçons qu'elle donne, c'est là un mérite accidentel, qui ajoute sans doute à sa beauté, mais qui ne saurait constituer le caractère du genre. Voyez ce que nous avons déjà dit sur cette erreur de la critique de Marmontel et en général des auteurs du XVIII siècle, t. X, 424; XII, 400; XV, 41, etc., de notre *Répertoire*. H. P.

Chez les Grecs la tragédie était nationale, et, à tous égards, elle eût perdu à ne pas l'être; chez nous, elle est universelle, comme l'empire des passions. Mais comme elle peut être prise dans l'histoire de tous les pays et de tous les âges, peut-elle être aussi de pure invention? Brumoy tient pour la négative. « Un sujet d'imagination, dit-il, préviendrait « le spectateur incrédule, et l'empêcherait de con- « courir à se laisser tromper. » Castelvetro pense comme Brumoy, et il est encore plus sévère; car il n'en coûte rien à ces messieurs d'appauvrir le génie et l'art.

Mais Aristote, leur oracle, décide formellement que tout peut être d'invention, et les faits et les personnages : soyons de son avis : la pratique du théâtre le confirme, et la raison le persuade encore plus. Un fait n'est pas connu dans l'histoire; et qu'importe? Avons-nous tous les lieux, tous les siècles présents? et qui de nous s'inquiète de savoir où le poète a pris ce tableau qui le touche, ce caractère qui l'enchante? On serait plus fondé à craindre qu'en attribuant à un personnage illustre ce qui ne lui est point arrivé, on ne fût comme démenti par le silence de l'histoire : mais si les convenances y sont bien observées, chacun de nous suppose que cette circonstance d'une vie célèbre lui est échappée; et dès qu'elle s'accorde avec ce qui lui est connu des lieux, des temps et des personnages, il ne demande plus rien.

De la composition de la fable. On a vu, dans l'article INTRIGUE, à quoi cette partie se réduisait.

chez les anciens. Un ou deux personnages vertueux ou bons, ou mêlés de vices et de vertus, qui, malheureux constamment, succombent, ou qui, par quelque accident imprévu, échappent au danger qui les menaçait ; voilà leurs fables les plus renommées. Aristote les réduit toutes à quatre combinaisons. « Il faut, dit-il, que le crime s'achève ou ne « s'achève pas, et que celui qui le commet, ou va « le commettre, agisse sans connaissance ou de pro- « pos délibéré. » J'ai déjà dit qu'il donne la préférence tantôt à celle de ces combinaisons où la connaissance du crime que l'on va commettre empêche qu'il ne s'exécute, tantôt à celle où le crime n'est reconnu qu'après qu'il est exécuté. La vérité est que le crime connu avant d'être commis, et le crime commis avant d'être connu, font deux actions très touchantes ; mais celle-ci réserve le fort de l'intérêt pour le dénouement, comme dans l'*OEdipe* ; l'autre s'épuise avant la révolution, comme dans l'*Iphigénie en Tauride*. Le crime commis avant d'être connu rend la catastrophe terrible, et remplit l'objet du système ancien. Le crime connu avant d'être commis rend la solution du nœud consolante, et convient mieux au système moderne. La fatalité manque son effet, si le crime n'est pas consommé ; la passion a produit le sien, dès qu'elle a conduit l'homme au bord du précipice.

Un genre de fable qu'Aristote semblait avoir banni du théâtre, et que Corneille a réclamé, est celle où le crime entrepris avec connaissance de cause ne s'achève pas. « Cette manière, dit le phi-

« losophe grec, est très mauvaise ; car, outre que
« cela est horrible et scélérat, il n'y a rien de tragique,
« parce que la fin n'a rien de touchant. » C'est ainsi
qu'il devait raisonner, persuadé, comme il l'était,
que le pathétique résidait dans la catastrophe : aussi
ajoute-t-il que, dans ces occasions, il vaut mieux que
le crime s'exécute, comme celui de Médée ; et c'est à
ce genre de fable qu'il donne le troisième rang. Corneille, au contraire, avait en vue les mouvements
que doit exciter le pathétique intérieur de la fable
jusqu'au moment de la solution ; et c'est par là qu'il
s'est décidé : « Lorsqu'on agit, dit-il, avec une entière
« connaissance, le combat des passions contre la
« nature, et du devoir contre l'amour, occupe la
« meilleur partie du poème ; et de là naissent les
« grandes et les fortes émotions. » Il convient donc
qu'un crime résolu, prêt à se commettre, et qui
n'est empêché que par un changement de volonté,
fait un dénouement vicieux ; mais si celui qui l'a
entrepris fait ce qu'il peut pour l'achever, et si
l'obstacle qui l'arrête vient d'une cause étrangère :
« il est hors de doute, poursuit Corneille, que cela
« fait une tragédie d'un genre peut-être plus su-
« blime que les trois qu'Aristote avoue. »

Aristote et Corneille ont été conséquents. L'un se
proposait de laisser la pitié et la terreur dans l'âme
des spectateurs après le dénouement ; il devait donc
souhaiter que le crime fût consommé. L'autre se
proposait d'exciter ces deux passions durant le
cours du spectacle, peu en peine de ce qui en résulterait quand tout serait fini, et que l'illusion aurait

cessé : or, tant que l'innocence et la vertu sont en péril et que l'on croit voir approcher l'instant où elles vont succomber, on s'attendrit, on frémit pour elles, et plus le danger est pressant, plus la crainte et la pitié redoublent : de là les grands mouvements du cinquième acte de *Rodogune*, qu'il s'agissait de justifier.

A l'égard du crime empêché par un changement de résolution dans celui qui allait le commettre avec connaissance de cause, il y a des exemples sur notre théâtre, comme dans l'*Orphelin de la Chine* ; et pourvu que l'action préméditée ne soit pas atroce, ces dénouements ont leur beauté. Il arrive même souvent que l'action *tragique*, sans être un crime, ne laisse pas d'être funeste, comme serait la vengeance d'Auguste dans *Cinna*, et celle de Gusman dans *Alzire*, dont le dénouement n'est autre chose qu'un changement de volonté.

Ainsi, le système des passions admet toutes les formes de fable, excepté celle dont l'évènement est favorable au crime ; et encore l'a-t-on soufferte quand le dénouement donné par l'histoire n'a pu être changé, comme dans *Britannicus* et dans *Mahomet*. Mais la grande difficulté est dans la disposition intérieure de la fable ; et pour la rendre féconde en incidents, en révolutions pathétiques, le vrai moyen est d'y réunir l'importance du sujet, la force et le contraste des caractères, et la chaleur des sentiments et des intérêts opposés. Tout le reste naît de soi-même ; et dans une fable ainsi constituée, on verra les situations, les scènes vives et pressantes, se succéder sans peine et sans relâche, et se pousser comme les flots ; au lieu que, si les intérêts n'ont rien de passionné, comme dans *Sertorius*, si les caractères opposés au caractère principal sont négligés, comme dans *Ariane*, si tout est faible, et le sujet, et les caractères, et les sentiments, comme dans *Bérénice*, le tissu de l'action se ressentira de cette faiblesse, et toute l'éloquence du poète sera insuffisante pour en remplir les vides et en ranimer la langueur.

L'on sent bien quelle est la faiblesse du sujet de *Sertorius*, et qu'avec toute son importance il n'a rien de passionné. Mais pourquoi le sujet de *Bérénice* est-il plus faible que celui d'*Ariane*, que celui d'*Inès*, que celui de *Didon* ? n'est-ce pas le même problème, la même alternative? Non : la simple maladie de l'amour n'est point *tragique*; il faut, si je l'ose dire, qu'elle soit compliquée. Le malheur de Bérénice n'est que la peine légitime d'un amour imprudent ; or c'est l'indignité du malheur qui le rend pathétique. Titus, en renvoyant Bérénice, n'est qu'un homme sage, qui cède à sa gloire et à son devoir ; Thésée est un perfide, Énée est un ingrat, Phèdre serait un monstre. Qu'une femme se plaigne comme Bérénice qu'on ne la préfère pas à l'empire du monde, sa douleur touche faiblement : mais qu'une femme se plaigne d'être trahie, déshonorée, abandonnée par un amant à qui elle a tout sacrifié, pour qui elle a tout fait, comme Ariane ou Didon, il n'est personne qui ne ressente les déchirements de son cœur : ils sont encore plus douloureux, si elle est épouse et mère comme Inès. Ce n'est plus l'amour seul, c'est tout ce qu'il y a de plus cher et de plus saint dans la nature, qui est compromis dans ces sujets; l'honneur, la bonne foi, la reconnaissance, et dans Inès les nœuds de l'hymen et du sang. Ainsi tous les poisons de la perfidie, de l'ingratitude et de la honte, versés dans les plaies de l'amour, les enveniment; et c'est là ce qui le rend tragique.

On verra mieux, dans l'article ACTION ce que j'entends par la force du sujet. Quant à celle des caractères, elle consiste dans l'énergie et la chaleur des sentiments si le personnage est en action, et dans la fermeté de l'âme lorsqu'il ne fait que résistance. Dans un roi, dans un père, une froide rigueur, une autorité inflexible, une vertu inexorable suffit pour rendre malheureux deux jeunes cœurs passionnés. Mais, soit du côté de l'action, soit du côté de l'obstacle, soit dans le choc de leurs mouvements opposés, chacun des caractères, dans sa situation, doit être ce qu'il est, le plus qu'il est possible, sans passer les bornes de la vraisemblance et les forces de la nature. Si Burrhus pouvait être plus vertueux, Narcisse plus scélérat, Cléopâtre, dans *Rodogune*, plus ambitieuse, Ariane plus tendre, Orosmane plus amoureux, ils ne le seraient pas assez. De la force des caractères naît la chaleur des sentiments, et de là celle de l'action.

L'*action* et ses qualités, comme la *vraisemblance*, les *unités*, l'*intérêt*, le *pathétique*, la *moralité;* ses parties essentielles, l'*exposition*, l'*intrigue*, le *dénouement;* ses divisions et ses repos, les *actes* et les *entr'actes;* ses moyens, les *mœurs*, les *situations*, les *révolutions*, les *reconnaissances*, ont leurs articles séparés : on peut les voir à leur place.

Il ne me reste plus qu'à tirer de l'essence de la tragédie et de la différence de ses deux systèmes, quelques inductions relatives au langage et à la représentation.

J'en ai assez dit sur le style dans les articles relatifs à cette partie essentielle de l'art; je me bornerai ici à deux questions intéressantes. L'une, pourquoi la tragédie ancienne est plus en action qu'en paroles, et la moderne, au contraire, plus en paroles qu'en action. Observez d'abord que j'entends ici par action la pantomime théâtrale, les incidents et les tableaux, en un mot le spectacle des yeux; et dans ce sens-là, il est vrai que la tragédie moderne est bien souvent inférieure à l'ancienne. Mais la différence n'est pas toujours à l'avantage de celle-ci; et je crois l'avoir fait sentir en parlant de la PANTOMIME et des différences de la représentation sur l'un et sur l'autre théâtre. Il y a des situations tranquilles pour les yeux et très pathétiques pour l'âme : c'est de l'action sans mouvement; et au contraire, il arrive souvent, dans les pièces à incidents, que sur la scène tout paraît agité, et que dans les esprits et dans les cœurs, tout est tranquille : c'est du mouvement sans action (*Voyez* ACTION, SITUATION). Quant à la profusion des paroles qu'on nous reproche, il est encore vrai que nous donnons quelquefois trop à l'éloquence poétique en faisant parler nos personnages lorsqu'ils ne devraient que sentir.

Mais aussi ne faut-il pas croire que le langage des passions se réduise à des sens suspendus, à des mots entrecoupés, à d'éternelles réticences. Dans le trouble et l'égarement, dans les accès d'une passion, ou dans le choc rapide et violent de deux passions opposées, ces mouvements interrompus sont naturels et à leur place; mais tant que l'âme se possède et peut se rendre compte à elle-même des sentiments dont elle est remplie, non-seulement la passion permet des développements, mais elle en exige pour être vivement et fidèlement peinte. Lorsque Orosmane attend Zaïre pour la poignarder, il ne doit dire que quelques mots terribles; lorsque Phèdre apprend que Thésée est vivant et qu'il arrive, un silence morne serait l'expression la plus vraie de l'horreur dont elle est saisie; c'est dans ses yeux qu'on devrait voir sa résolution de mourir. Mais lorsque Orosmane se possédant encore croit venir accabler Zaïre de ses reproches et de son *froid mépris*; lorsque Phèdre annonce à OEnone qu'elle a une rivale, ce serait méconnaître la nature que de trouver qu'ils parlent trop : à plus forte raison dans des situations moins violentes, de longs discours sont-ils placés. Le théâtre ancien n'a rien de pareil à la scène d'Auguste avec Cinna, et tant pis pour le théâtre ancien. C'est par ces développements du sentiment et de la pensée, lorsqu'ils sont à leur place, que nos belles tragédies ont tant d'avantage à la lecture sur toutes celles qui ne sont qu'en mouvement et en tableaux. La tragédie est faite pour être représentée, nous disent ceux qui ne savent pas écrire ou qui ne savent pas lire. On peut leur répondre que si les esprits sont éclairés en même temps qu'ils sont émus, si, après que l'illusion et l'émotion théâtrale ont cessé, le spectateur s'en va la tête pleine de grandes choses grandement exprimées, la tragédie n'en va pas moins.

On peut leur répondre que *Cinna*, *les Horaces*, *Phèdre*, *Britannicus*, *Zaïre* et *Mahomet* ne perdent rien à être représentés, quoiqu'ils soient faits aussi pour être lus, et que *le Cid* n'en eut que plus de gloire, lorsque après lui avoir donné tant de larmes à la représentation, tout le monde le sut par cœur.

L'autre question est de savoir pourquoi, dès son origine et chez tous les peuples du monde, la tragédie a parlé en vers.

Il est bien sûr que de tous les genres de poésie le dramatique est celui qui paraît le mieux pouvoir se passer de cet ornement accessoire, par la raison que, dans la chaleur du dialogue et de l'action, l'âme est assez émue ou par la vivacité du comique, ou par la véhémence du tragique, pour ne rien désirer de plus; et pourvu que l'oreille ne soit point offensée, c'en est assez: un sentiment plus cher que celui de la mélodie nous occupe dans ce moment. Aussi voit-on que la comédie réussit en prose comme en vers; et dans les scènes comiques de l'*Avare* ou du *Bourgeois gentilhomme*, on ne pense pas même que ce dialogue si naturellement écrit, ait jamais pu l'être autrement. On voit de même que, dans les tragédies vraiment pathétiques et mal versifiées, comme *Inès*, ce défaut n'est pas aperçus, et je ne doute pas qu'*Inès*, écrite en excellente prose, n'eût réussi de même.

Les anciens avaient reconnu que la poésie dramatique exigeait un langage plus naturel que le poème lyrique et l'épopée, et ils avaient pris pour la scène celui de leurs vers dont le rhythme approchait le plus de la prose. Ceux qui, comme moi, ont le malheur de ne lire Euripide et Sophocle que dans de faibles traductions, sentent très bien que le charme et l'effet des scènes touchantes ou terribles ne tenait point à l'harmonie du vers, et une prose comme était celle de Platon ou d'Isocrate, de Thucydide ou de Demosthène, eût très bien pu y suppléer.

Pourquoi donc tous les poètes grecs s'étaient-ils accordés à écrire en vers la tragédie? L'usage reçu, l'habitude, un goût de prédilection pour cette cadence régulière, la facilité de la langue à s'y prêter, l'analogie à conserver entre la scène récitée et le chœur qui était chanté, la mélopée ou la déclamation théâtrale, qui était elle-même une espèce de chant, seraient des raisons suffisantes de cette préférence que la tragédie avait donnée aux vers sur la prose; mais la comédie, le plus libre de tous les poèmes, le plus approchant de la nature, n'aurait-elle pas dû s'en tenir au langage le plus naturel? dans les bouffonneries d'Aristophane, dans ses farces grossières, il serait bien étrange qu'on eût cherché le plaisir délicat de la cadence et de la mesure.

La poésie dramatique en général avait donc quelque autre avantage à s'imposer la contrainte du vers, et cet avantage était commun à l'oreille et à la mémoire : c'était pour l'une et l'autre un besoin plutôt qu'un plaisir.

La plus grande incommodité des grands théâtres est la difficulté d'entendre ce qui est prononcé de si loin : la bouche des masques en porte-voix, et les vases d'airain qu'on avait placés de manière à réfléchir le son, prouvent le mal par le remède. Or les vers, dont la mesure est connue et auxquels l'oreille est habituée, donnent la facilité de suppléer ce que l'on n'entend pas, ou de corriger ce que l'on entend mal. Le seul espace du mot l'indique, et l'auditeur remplit le vide des sons qui lui sont échappés. Il en est de même pour la mémoire. Ainsi, soit pour entendre les paroles, soit pour les retenir, la marche régulière des vers était d'un grand secours, et cela seul l'eût fait préférer à la prose.

Dans nos petites salles de spectacle, la difficulté n'est pas si grande pour l'oreille, mais elle est la même pour la mémoire, et c'en serait assez encore pour qu'on donnât la préférence aux vers, dont un hémistiche amène l'autre, et dont la rime seule nous rappelle le sens. *Voyez* VERS et RIME.

Dans la comédie, où il y a communément peu de chose à retenir, on a été dispensé d'écrire en vers; mais dans la tragédie, dont les détails sont précieux à recueillir et intéressants à rappeler, le vers a paru nécessaire. On distingue même, parmi les comédies, celles qui méritaient d'être écrites en vers, comme *le Misanthrope*, *le Tartufe*, *les Femmes savantes*, *le Méchant*, *la Métromanie*; et celles qui n'auraient rien perdu à être écrites en prose, comme *l'Étourdi*, *le Dépit amoureux*, *l'École des Femmes*, *l'École des Maris*. Il en est de même chez les anciens: on sent qu'Aristophane et Plaute n'avaient aucun besoin de la mesure de l'iambe; on sent que Térence, et vraisemblablement Ménandre, son modèle, auraient beaucoup perdu à ne pas exprimer en vers tant de détails, si délicats, si vrais, que l'on aime à se rappeler.

Mais il y a une raison plus intéressante pour les poètes d'écrire en vers la tragédie, et quelquefois la comédie, et cette raison était la même pour les anciens que pour nous. Tout n'est pas également vif dans le comique; dans le tragique, tout n'est pas également passionné : il y a des éclaircissements, des développements, des passages inévitables d'une situation à l'autre; il y a des délibérations tranquilles, en un mot des moments de calme, où, n'étant pas assez émue par l'intérêt de la chose, l'âme demande à être occupée du charme de l'expression, pour ne pas cesser de jouir. C'est alors que le coloris de la poésie doit enchanter l'imagination, que l'harmonie du vers doit enchanter l'oreille, et c'est un avantage que Racine et Voltaire ont très bien senti, et que Corneille a méconnu. Les pièces de Racine les mieux écrites sont les plus faibles du côté de l'action, comme *Athalie** et *Bérénice*. Dans Voltaire,

---

* L'action d'*Athalie* est très simple; mais je ne crois pas qu'on puisse dire qu'elle est *faible*, ce jugement tient un peu de la prévention, et est du même critique qui tout-à-l'heure rapprochait dans un parallèle bien bizarre *Athalie* et *Béverley*. H. PATIN.

comme dans Racine, les scènes les moins pathétiques sont celles où il a le plus soigneusement employé la magie des beaux vers : voyez le premier acte de *Brutus*; voyez la scène de Zopire et de Mahomet; voyez les scènes de César et de Cicéron, dans *Rome sauvée*; voyez de même l'exposition de *Bajazet*, la grande scène de Mithridate avec ses deux fils, et celle d'Agrippine avec Néron, dans le quatrième acte de *Britannicus*. Corneille a aussi des scènes tranquilles de la plus grande beauté ; c'était même là son triomphe. Mais observez qu'il y était porté par la grandeur de son objet, et que toutes les fois qu'il n'a que des choses communes à dire, il semble dédaigner le soin de les parer et de les ennoblir. Racine et Voltaire n'ont rien de plus soigné que ces détails ingrats; ils sèment des fleurs sur le sable. Corneille ne fait jamais de si beaux vers que lorsque la situation l'inspire et qu'elle s'en passerait; dès que son sujet l'abandonne, il s'abandonne aussi lui-même et il tombe avec son sujet. Les deux autres, tout au contraire, ne s'élèvent jamais si haut par l'expression que lorsque la faiblesse de leur sujet les avertit de se soutenir et d'employer leurs propres forces. Tel est le grand avantage des vers.

Mais à cet avantage on oppose le charme de la vérité et du naturel, qu'on ne saurait disputer à la prose. « Dans aucun pays du monde, dit-on, dans « aucun temps, les hommes n'ont parlé comme on « les fait parler sur la scène ; les vers sont un lan- « gage factice et maniéré. » J'en conviens ; mais est-ce la vérité toute nue qu'on cherche au théâtre ? On veut qu'elle y soit embellie, et c'est cet embellissement qui en fait le charme et l'attrait. On sait qu'on va être trompé, et l'on est disposé à l'être, pourvu que ce soit avec agrément, et le plus d'agrément possible. C'est donc ici le moment de se rappeler ce que j'ai dit de l'illusion : elle ne doit jamais être complète; et si elle l'était, le spectacle tragique serait pénible et douloureux. Les accessoires de l'action en doivent donc tempérer l'effet : or l'un des accessoires qui tempèrent l'illusion en mêlant le mensonge avec la vérité, c'est l'artifice du langage, artifice matériel, qui n'est sensible qu'à l'oreille, et qui n'altère point le naturel de la pensée et du sentiment; car au spectacle il faut bien observer que tout doit être vrai pour l'esprit et pour l'âme, et que le mensonge ne doit être sensible que pour l'oreille et pour les yeux. Il en est donc de la forme des vers comme de la forme du théâtre; les yeux et les oreilles sont avertis par là que le spectacle est une feinte, tandis que l'esprit et l'âme se livrent à la vraisemblance parfaite des situations, des mœurs, des sentiments et des peintures. Quelle est donc en nous cette duplicité de perception? C'est une énigme dont le mot est le secret de la nature; mais, dans le fait, rien de plus réel. *Voyez* ILLUSION *.

J'ai déjà fait sentir combien la différence des deux

---

* Marmontel résume fort bien les raisons que l'on peut donner pour ou contre l'usage des vers dans la tragédie. Il oublie toutefois le motif principal qui a porté tous les peuples à écrire en vers la tragédie : c'est qu'il n'y a que le langage poétique qui soit en rapport avec le caractère élevé et idéal de ce genre de composition.   H. PATIN.

théâtres est à l'avantage du nôtre du côté de la déclamation et de l'action pantomime. Chez les anciens, les accents de la voix, l'articulation, le geste, tout devait être exagéré. Le jeu du visage, qui chez nous est aussi éloquent que la parole, était perdu pour eux; leurs masques et leurs vêtements étaient quelque chose de monstrueux; leur usage de faire jouer les rôles de femmes par des hommes prouve combien toutes les finesses, toutes les délicatesses de l'imitation, leur étaient interdites par cet éloignement de la scène qui en sauvait les difformités.

C'est donc une bien vaine déclamation que les éloges prodigués à ces grands théâtres ouverts, où l'on avait, dit-on, l'honneur d'être éclairé par le ciel, chose aussi incommode dans la réalité que magnifique dans l'idée; à ces théâtres, dis-je, qu'on n'aurait pas manqué de lambrisser, s'il eût été possible, et qu'à Rome on couvrait, faute de mieux, de voiles soutenues par des mâts et par des cordages.

Les Grecs avaient tout fait céder à la nécessité d'avoir un vaste amphithéâtre : voilà le vrai. Pour nous, loin de nous plaindre d'avoir des théâtres moins vastes, où la parole et l'action soient à la portée de l'oreille et des yeux, nous devons nous en applaudir, et tirer de cet avantage, du côté de l'acteur comme du côté du poète, tout ce qui peut contribuer au charme de l'illusion. L'acteur de Racine ne doit pas être celui d'Eschyle ou d'Euripide; et autant le poète français est plus délicat, plus correct, plus varié, plus fin, autant le comédien doit l'être (*Voyez* DÉCLAMATION). Ainsi, la tragédie moderne, au lieu d'être, comme l'ancienne, une esquisse de Michel-Ange, sera un tableau de Raphaël *.

MARMONTEL, *Éléments de Littérature*.

TRISSIN (JEAN-GEORGE *Trissino*, dit le) poète italien, né à Vicence, mort en 1550, âgé de soixante douze ans étudia de bonne heure les principes de la littérature d'après les grands-maîtres de l'antiquité, et il consigna leurs leçons dans une *Pratique*, Vicence 1589, in-4° (rare); mais ce qui lui fit le plus de réputation, ce fut un poème épique en XXVII chants où il prit pour sujet *l'Italie délivrée des Goths par Bélisaire, sous l'empire de Justinien*. « Son plan
« est sage et régulier, dit Voltaire, mais la poésie
« y est faible. Toutefois l'ouvrage réussit, et cette
« aurore de bon goût brilla pendant quelque temps,
« jusqu'à ce qu'elle fût absorbée dans le grand jour
« qu'apporta le Tasse.

« Le Trissin était avec raison charmé des beautés
« qui sont dans Homère; et cependant sa grande
« faute est de l'avoir imité; il en a tout pris hors
« le génie. Il s'appuie sur Homère pour marcher,
« et tombe en voulant le suivre; il cueille les fleurs
« du poète grec; mais elles se flétrissent dans les
« mains de l'imitateur.

« Je ne prétends pas, continue le même criti-
« que, parler du Trissin, pour remarquer seule-

---

* Voyez sur ce sujet Aristote et ses commentateurs, les discours de Corneille, Voltaire, Blair, Schlegel, La Harpe, Lemercier, etc.　　F.

« ment ses fautes, mais pour lui donner l'éloge
« qu'il mérite d'avoir été le premier moderne en
« Europe qui ait fait un poème épique régulier et
« sensé, quoique faible, et qui ait osé secouer le
« joug de la rime : de plus, il est le seul des poètes
« italiens dans lequel il n'y ait ni jeux de mots ni
« pointes, et celui de tous qui a le moins intro-
« duit d'enchanteurs et de héros enchantés dans ses
« ouvrages; ce qui n'était pas un petit mérite. »
(*Essai sur la poésie épique.*)

Le Trissin était un homme d'un savoir très étendu et habile négociateur; Léon X l'employa dans plusieurs affaires importantes. Il fut ambassadeur auprès de Charles-Quint; mais il sacrifia bientôt son ambition, et abandonna les affaires pour se livrer plus librement à son goût pour les lettres.

Il est encore auteur de la première tragédie des Italiens, intitulée *Sophonisbe*, 1624, in-4°. Le marquis Maffei a donné une édition des œuvres de ce poète, Vérone, 1729, 2 vol. in-fol. Castelli de Vicence a écrit sa vie.

TUTOIEMENT. Façon de parler à quelqu'un à la seconde personne du singulier. La politesse veut que, dans notre langue, on fasse comme si la personne à qui l'on adresse la parole était double ou multiple, et qu'on lui dise *vous* au lieu de *tu* : c'est une singularité qui répond à celle de dire *nous*, quoiqu'on ne soit qu'un, lorsque celui qui parle est un souverain ou une personne constituée en dignité, et qu'elle fait un acte solennel de sa volonté ou de son autorité : usage qui, je crois, prit naissance chez les empereurs romains, lorsqu'ils faisaient semblant de prendre conseil du sénat, et d'exprimer dans leurs édits une volonté collective. Le *nous* est encore réservé aux personnes en dignité ou en fonctions sérieuses. Le *vous* est devenu d'un usage commun et indispensable entre les personnes qui, n'étant pas familières l'une avec l'autre, veulent se traiter décemment.

« Le tutoiement, dit Fontenelle (*Vie de Pierre*
« *Corneille*), ne choque pas les bonnes mœurs, il
« ne choque que la politesse et la vraie galanterie;
« il faut que la familiarité qu'on a avec ce qu'on
« aime soit toujours respectueuse, mais aussi il est
« quelquefois permis au respect d'être un peu fa-
« milier. On se tutoyait anciennement dans le tra-
« gique même, aussi bien que dans le comique, et
« cet usage ne finit que dans l'*Horace* de Corneille,
« où Curiace et Camille le pratiquent encore. Na-
« turellement le comique a dû pousser cela un peu
« plus loin ; et à cet égard, le tutoiement n'expire
« que dans le *Menteur*. »

Je ne suis pas tout-à-fait de l'avis de Fontenelle. Le tutoiement, d'égal à égal et dans une situation tranquille, est sans doute une familiarité; mais, soit dans le tragique, soit dans le comique, cette familiarité sera toujours décente, non seulement du frère à la sœur, de l'ami à l'ami, mais encore de l'amant à la maîtresse, lorsque l'innocence, la simplicité, la franchise des mœurs l'autorisera, comme dans le langage des villageois, des peuples agrestes ou sauvages, ou même peu civilisés, et dont les mœurs sont âpres et austères. Alzire et Zamore se tutoient, et il n'y a rien d'indécent. C'est peut-être la même raison, ou plutôt un sentiment exquis de la vérité des mœurs, qui a engagé Corneille à donner cette nuance de familiarité au langage de Curiace et de Camille.

En général, toutes les fois que la familiarité douce n'aura l'air que de l'innocence et de l'ingénuité, le tutoiement sera permis. Il l'est de même dans tous les mouvements d'une tendresse vive, ou d'une passion violente.

OROSMANE *à Zaïre*.

Quel caprice étonnant que je ne conçois pas !
Vous m'aimez! et pourquoi vous forcez-vous, cruelle,
  A déchirer le cœur d'un amant si fidèle?
Je me connaissais mal; oui, dans mon désespoir,
  J'avais cru sur moi-même avoir plus de pouvoir.
Va, mon cœur est bien loin d'un pouvoir si funeste.
  Zaïre, que jamais la vengeance céleste
  Ne donne à ton amant, enchaîné sous ta loi,
    La force d'oublier l'amour qu'il a pour toi.
Qui? moi! que sur mon trône une autre fût placée !
Non, je n'en eus jamais la fatale pensée :
  Pardonne à mon courroux, à mes sens interdits,
    Ces dédains affectés et si bien démentis :
C'est le seul déplaisir que jamais dans ta vie
  Le ciel aura voulu que ta tendresse essuie.
Je t'aimerai toujours... Mais d'où vient que ton cœur,
  En partageant mes feux, différait mon bonheur?
    Parle; était-ce un caprice? est-ce crainte d'un maître,

D'un soudan, qui pour toi veut renoncer à l'être?
Serait-ce un artifice? Épargne-toi ce soin :
L'art n'est pas fait pour toi, tu n'en as pas besoin :
Qu'il ne souille jamais le saint nœud qui nous lie.
L'art le plus innocent tient de la perfidie.
Je n'en connus jamais, et mes sens déchirés,
Pleins d'un amour si vrai...

ZAÏRE.

Vous me désespérez.
Vous m'êtes cher, sans doute, et ma tendresse extrême
Est le comble des maux pour ce cœur qui vous aime.

OROSMANE.

O ciel! expliquez-vous. Quoi! toujours me troubler!

Cet exemple fait voir bien sensiblement par quels mouvements de l'âme on peut passer avec bienséance du *vous* au *tu* et du *tu* au *vous*; mais ce qui est naturel et décent dans le caractère d'Orosmane ne le serait pas dans celui de Zaïre, parce qu'il n'est que tendre et qu'il n'est point passionné. Tant que la passion d'Hermione est contrainte, elle dit *vous* en parlant à Pyrrhus:

Du vieux père d'Hector la valeur abattue
Aux pieds de sa famille expirante à sa vue,
Tandis que dans son sein votre bras enfoncé
Cherche un reste de sang que l'âge avait glacé;
Dans des ruisseaux de sang Troie ardente plongée;
De votre propre main Polyxène égorgée,
Aux yeux de tous ces Grecs indignés contre vous;
Que peut-on refuser à ces généreux coups?

Mais dès que son indignation, son amour, sa dou-

TUTOIEMENT.

leur éclatent, Hermione s'oublie : le tutoiement est placé.

> Je ne t'ai point aimé, cruel! qu'ai-je donc fait?
> J'ai dédaigné pour toi les vœux de tous nos princes ;
> Je t'ai cherché moi-même au fond de tes provinces,
> J'y suis encor malgré tes infidélités,
> Et malgré tous ces Grecs, honteux de mes bontés...
> Mais, seigneur, s'il le faut, si le ciel en colère
> Réserve à d'autres yeux la gloire de vous plaire, etc.

Une singularité remarquable dans l'usage du tutoiement, c'est qu'il est moins permis dans le comique que dans le tragique; et la raison en est que le sérieux de celui-ci écarte davantage l'idée d'une liberté indécente. Pour que deux amants se tutoient dans une scène comique, il faut qu'ils soient d'une condition où les bienséances ne soient pas connues, ou que leur innocence ou leur candeur soit si marquée, qu'elle donne son caractère à leur familiarité.

Une autre bizarrerie de l'usage est de permettre le tutoiement, du moins en poésie, dans l'extrême opposé à la familiarité : c'est ainsi qu'en parlant à Dieu et aux rois on les tutoie, soit à l'imitation des anciens, soit parce que le respect qu'ils impriment est trop au-dessus du soupçon, et que le caractère en est trop marqué pour ne pas dispenser d'une vaine formule.

> Grand Dieu, tes jugements sont remplis d'équité.....
> Grand roi, cesse de vaincre, ou je cesse d'écrire.

8.

Les deux caractères extrêmes du tutoiement se font sentir dans ces deux épîtres de Voltaire :

>Philis, qu'est devenu ce temps, etc.
>Tu m'appelles à toi, vaste et puissant génie, etc.

Dans l'une, il est l'excès de la familiarité; dans l'autre, l'excès du respect et le langage de l'apothéose.

A propos de l'usage, qui, dans notre langue, veut qu'on mette le pluriel à la place du singulier, je demande pourquoi, dans un écrit qui est l'ouvrage d'un seul homme, l'auteur, en parlant de lui-même, se croit obligé de dire *nous?* Ce n'est certainement pas pour donner à ce qu'il avance une sorte d'autorité qui ait plus de volume et de poids : c'est au contraire une formule à laquelle on attache une idée de modestie. Mais sur quoi porte cette idée ? *Nous croyons, nous ne pensons pas, nous avons prouvé,* etc.; est-ce dire autre chose que *je crois, je ne pense pas, j'ai prouvé?* Il est vraisemblable que cet usage s'est introduit par des ouvrages de société, où le travail était commun et l'opinion collective, et que, dans la suite, pour donner à leur style plus de gravité, quelques écrivains ont suivi cet exemple. Mais lorsqu'un homme en se nommant propose ses idées comme venant de lui, la formule de *nous* est au moins inutile; et la preuve que, dans l'usage et dans l'opinion, le personnel au singulier n'est pas un trait de vanité, c'est qu'en parlant ou en opinant, jamais orateur ni sacré ni profane ne s'est cru obligé de dire *nous.*

MARMONTEL, *Éléments de Littérature.*

UNITÉ. Ce n'est pas rendre l'idée d'unité avec assez de justesse et de précision que de la définir *une qualité qui fait qu'un ouvrage est partout égal et soutenu.*

Un ouvrage d'un ton décent et convenable, d'un style analogue au sujet, qu'aucune négligence ne dépare, et qui d'un bout à l'autre se ressemble à lui-même, comme celui de La Bruyère, est un ouvrage *égal et soutenu*, et il n'y a point d'unité.

Mais lorsqu'en écrivant on se propose un but général, un objet unique, tout doit se diriger et tendre vers ce but : voilà l'*unité de dessein*. C'est ainsi que, dans l'*Essai sur l'entendement humain*, de Locke, tout se réunit à ce point, l'*origine de nos idées*.

Le caractère du sujet, le caractère dont s'est revêtu l'écrivain, si c'est lui qui parle, le caractère qu'il a donné à ses personnages, s'il en introduit et s'il leur cède la parole, décident le caractère du langage, et celui-ci doit se soutenir et se ressembler à lui-même : c'est ce qu'on appelle *unité de ton et de style* (*Voyez* ANALOGIE).

Dans la poésie épique et dramatique on a prescrit d'autres unités : savoir, dans l'une et dans l'autre, l'unité d'action, l'unité d'intérêt, l'unité de mœurs, l'unité de temps, et de plus, dans le dramatique, l'unité de lieu. Sur l'unité d'action, la difficulté consistait à savoir comment la même action peut être *une* sans être simple, ou composée sans être double ou multiple; mais en se rappelant la définition que j'ai donnée de l'action, soit épique, soit dramatique, on jugera au premier coup d'œil quels sont les incidents, les épisodes qui peuvent y entrer sans que l'action cesse d'être *une*.

L'action, ai-je dit, est le combat des causes qui tendent ensemble à produire l'évènement, et des obstacles qui s'y opposent. Une bataille est *une*, quoique cent mille hommes d'un côté et cent mille hommes de l'autre en balancent l'évènement et se disputent la victoire : voilà l'image de l'action. Tout ce qui, du côté des causes ou du côté des obstacles, peut naturellement concourir à l'un des deux efforts, peut donc faire partie de l'un des deux agents ; et l'évènement n'étant qu'*un*, les agents ont beau se multiplier, s'ils tendent tous, en sens contraire, au même point, l'action est *une*; en sorte que, pour avoir une idée juste et précise de l'unité d'action, il faut prendre l'inverse de la définition de Dacier, et dire, non pas que toutes les actions épisodiques d'un poème doivent être des dépendances de l'action principale, mais au contraire que l'action principale d'un poème doit être une dépendance, un résultat de toutes les actions particulières qu'on y emploie comme incidents ou épisodes.

Il n'en est pas moins vrai que, tout le reste égal, plus une action est simple, plus elle est belle, et voilà pourquoi Horace recommande l'un et l'autre, *simplex et unum*. Mais si l'on est obligé de simplifier l'action le plus qu'il est possible, ce n'est pas pour la réduire à l'unité; c'est pour éviter la confusion, et sur-tout pour donner d'autant plus d'aisance, de développement et de force à un plus petit nombre de ressorts. Dans une foule, rien ne se distingue et rien ne se dessine; de même dans une multitude de personnages et d'incidents, aucun n'a le temps et l'espace de se développer, aucun n'est saillant, arrondi, détaché, comme il devrait l'être.

Homère est celui de tous les poètes qui a le mieux dessiné ses caractères, qui les a marqués le plus distinctement, le plus fortement prononcés : encore le nombre de ses héros fait-il foule dans *l'Iliade*; et la mémoire, rebutée du travail de les retenir, se réduit à un petit nombre des plus frappants et laisse échapper tout le reste. Le Tasse, en imitant Homère, a simplifié son tableau; chacun des personnages y tient une place distincte : Armide, Clorinde, Herminie, Godefroi, Soliman, Renaud, Tancrède, Argant, sont présents à tous les esprits.

L'épopée donne à l'action un champ plus vaste que la tragédie, et c'est leur étendue qui décide du nombre d'incidents que l'une et l'autre peut contenir. Un épisode détaché de l'action historique suffit à l'action épique; un incident de l'action épique suffit à l'action dramatique. Ce n'est pas que l'action épique ne soit *une*, ce n'est pas que l'action historique ne soit *une* encore : dès qu'une cause produit un effet, c'est une action, et cette action est *une*; mais la cause et l'effet peuvent être simples ou composés, ou plus composés ou plus simples. L'une des causes incidentes de la ruine de Troie est le sacrifice d'Iphigénie, et cette fable détachée a fait un poème dramatique. La colère d'Achille n'est que l'un des obstacles de la même action, et cet incident détaché a produit seul un poème épique. On peut comparer l'action au polype, dont chaque partie, après qu'elle est coupée, est encore elle-même un polype vivant complètement organisé. Mais l'action totale n'en est pas moins *une*; elle est seulement plus composée ou moins simple que chacune de ses parties. Ainsi en faisant un poème de toute la guerre de Troie, on n'a pas manqué à l'unité, mais à la simplicité d'action : on s'est chargé d'un trop grand nombre de caractères à peindre, d'évènements à décrire, de ressorts à développer ; on a surchargé la mémoire, fatigué l'imagination, refroidi l'âme, dissipé l'intérêt, dont la chaleur est d'autant plus vive que le foyer est plus étroit ; enfin on a excédé ses propres forces, épuisé ses moyens, on s'est mis hors d'haleine au milieu de sa course, et l'on a fini par être froid, stérile et languissant. Voilà pourquoi, même dans l'épopée, il est si important de simplifier et de resserrer l'action.

Brumoy a pris, comme Dacier, l'inverse de la vérité sur l'unité d'action : il veut *qu'elle soit sans mélange d'actions indépendantes d'elle* : il fallait dire, *d'actions dont elle soit indépendante* : et ce n'est pas ici une dispute de mots ; car de son principe il infère que l'épisode d'Ériphile, dans l'*Iphigénie en Aulide*, fait duplicité d'action ; or, par la constitution de la fable, l'action dépend de cet épisode ; car c'est Ériphile qui empêche Iphigénie de s'échapper. Le poète, à la vérité, pouvait prendre un autre moyen ; mais pourvu que le moyen soit vraisemblable et naturellement employé, il est au choix du poète.

C'est un étrange raisonneur que Brumoy! il compare l'*Iphigénie* de Racine avec celle d'Euripide, et de sa cellule il décide que le poète français a tout gâté. « Supposons, dit-il, qu'Euripide revînt, que « dirait-il de l'épisode d'Ériphile, espèce de duplicité « d'action et d'intérêt, inconnue aux Grecs? » Que dirait Euripide? il dirait qu'il n'y a point de duplicité d'action, et qu'Ériphile vaut mieux qu'une biche; que l'intérêt est si peu double, qu'au moment qu'on sait qu'Ériphile a été l'Iphigénie sacrifiée, les larmes cessent et tous les cœurs sont soulagés. *Que dirait-il de la galanterie française d'Achille?* Il dirait qu'Achille n'est point galant, et qu'il est Achille amoureux, qu'il parle d'amour en Achille. *Que dirait-il du duel auquel tendent les menaces de ce héros?* Il dirait qu'il n'y a pas plus de duel que dans *l'Iliade*, et que par tout pays un héros fier et offensé menace de se venger. *Que dirait-il des entretiens seul à seul d'un prince et d'une princesse?* Il dirait que la décence y règne, et que, dans les tentes d'Agamemnon, Achille a pu se trouver deux moments seul avec Iphigénie. *Ne serait-il pas révolté de voir Clytemnestre aux pieds d'Achille?* Il serait jaloux de Racine, il lui envierait ce beau mouvement, et il trouverait que rien n'est plus naturel à une mère au désespoir, dont on va immoler la fille.

Revenons à notre sujet. Si l'épisode est absolument inutile au nœud ou au dénouement de l'action, comme l'amour de Thésée et celui de Philoctète dans nos deux *Œdipe*, et comme l'amour d'Antiochus dans la *Bérénice* de Racine, il fait duplicité d'action : de là vient que l'amour d'Hippolyte pour Aricie est plus épisodique dans la *Phèdre*, que l'amour d'Ériphile dans l'*Iphigénie*.

Mais ce qu'on a dit avec quelque raison de l'épisode d'Aricie, on l'a dit aussi de l'épisode d'Hermione ; et en cela on s'est trompé. Sans Hermione, il était possible que Pyrrhus indigné livrât aux Grecs le fils d'Hector et d'Andromaque ; mais l'évènement supposé tel que Racine le donne, il était difficile d'imaginer, pour la révolution un moyen plus tragique, une cause plus naturelle de la mort de Pyrrhus, que la jalousie d'Hermione, ni un plus digne instrument de ses fureurs que le sombre et fougueux Oreste.

N'a-t-on pas dit aussi que l'amour nuisait à l'unité d'action, « parce que cette passion étant natu-
« rellement vive et violente, elle partageait l'in-
« térêt ? » Mais si l'amour même est la cause du crime ou du malheur, s'il en est la victime, où est le partage de l'intérêt ? Et ce partage même ferait-il que l'action ne serait pas *une*.

On ne s'est pas moins mépris sur l'unité d'intérêt que sur l'unité d'action, et l'équivoque vient de la même cause. L'action une fois bien définie, on voit que le désir, la crainte et l'espérance doivent se réunir en un seul point ; mais pour cela il n'est pas nécessaire qu'ils se réunissent sur une seule personne ; l'évènement que l'on craint ou que l'on souhaite peut regarder une famille, un peuple entier, il peut même concilier deux partis contraires, qui, tous les deux intéressants, font souhaiter et craindre pour tous les deux la même chose. Deux jeunes gens aimables et amis l'un de l'autre tirent l'épée et vont s'égorger sur un malentendu, ou sur un mouvement de dépit et de jalousie : vous tremblez pour l'un et pour l'autre ; vous désirez qu'il arrive quelqu'un qui leur impose, les désarme et les réconcilie : voilà un intérêt qui semble partagé, et qui pourtant n'est qu'*un*. Tel est souvent l'intérêt dramatique.

L'unité de mœurs consiste dans l'égalité du caractère, ou plutôt dans son accord avec lui-même; car un caractère peut être inégal, flottant et variable, ou par nature ou par accident : alors son *unité* consiste à être constamment inconstant, également léger, changeant, ou par le flux et le reflux des passions qui le dominent, ou par l'ascendant réciproque et alternatif des divers mouvements dont il est agité; mais c'est alors, par un fond de bonté ou de méchanceté, de force ou de faiblesse, de sensibilité ou de froideur, d'élévation ou de bassesse, que se décide le caractère ; et ce fond du naturel doit percer à travers tous les accidents. Or c'est dans ce fond, bien marqué, bien connu, et constamment le même, que se fait sentir l'unité : c'est par là que deux hommes placés dans les mêmes situations, exposés aux mêmes épreuves, se font distinguer l'un de l'autre; et que chacun, s'il est bien peint, se ressemble à lui-même, et ne ressemble qu'à lui. Dans l'application de ce principe, que le caractère ne doit jamais changer, on n'a pas assez distingué le fond d'avec la forme accidentelle; et dans celle-ci, ce qui est inhérent d'avec ce qui n'est qu'adhérent. Le vice est une trop longue habitude pour se corriger en trois heures; c'est une seconde nature ; mais ce qui n'est qu'un travers d'esprit, un égarement passager, une folie, une méprise, un moment d'ivresse, ce qui dépend des mouvements tumultueux des passions, peut changer d'un instant à l'autre. Ainsi, de l'erreur au retour, de l'innocence au crime, et du crime au remords, le passage est prompt et rapide : ainsi l'avare ne change point, mais le dissipateur change : ainsi Tartufe est toujours Tartufe, mais Orgon passe de son erreur et de l'excès de sa crédulité à un excès de défiance; ainsi Mahomet doit toujours être fourbe ; mais Séide doit cesser d'être crédule et fanatique. Oh ! combien sur les arts, comme sur autre chose, on a perdu de temps à brouiller les idées par l'abus qu'on a fait des mots !

Dans le poème épique, l'unité de temps n'est réglée que par l'étendue de l'action, et celle-ci que par la faculté commune d'une mémoire exercée : en sorte que l'action épique n'a trop d'étendue et de durée que lorsque la mémoire ne peut l'embrasser sans effort; et cette règle n'est pas gênante ; car il s'agit, non des détails, mais de l'ensemble de l'action, et de ses masses principales. Or, si elle est bien distribuée, si les épisodes en sont intéressants, s'ils s'enchaînent bien l'un à l'autre, si les passions qui animent l'action, si l'intérêt qui la soutient, nous y attachent fortement, la mémoire la saisira, quelque étendue qu'on lui donne. Brumoy la compare à un édifice qu'il faut embrasser d'un coup d'œil ; et quel édifice, dans son vrai point de vue, n'embrasse-t-on pas d'un coup d'œil, si l'ensemble en est régulier? Si donc un poète avait entrepris de chanter l'enlèvement d'Hélène vengée par la ruine de Troie, et que, depuis les noces de Ménélas jusqu'au partage des captives, tout fût intéressant, comme quelques livres de *l'Iliade* et le second de *l'Énéide*, l'action aurait duré dix ans, et le poème ne serait pas trop long.

Nous avons des romans bien plus longs que le plus long poème ; et par le seul intérêt qui nous y attache, les incidents multipliés en sont tous très distinctement gravés dans notre souvenir.

Il n'en est pas de même de l'action dramatique. Dans le récit, on peut franchir des années en un seul vers ; mais dans le drame, tout est présent et tout se passe comme dans la nature. Il serait donc à souhaiter que la durée fictive de l'action pût se borner au temps du spectacle ; mais c'est être ennemi des arts et du plaisir qu'ils causent, que de leur imposer des lois qu'ils ne peuvent suivre sans se priver de leurs ressources les plus fécondes et de leurs plus rares beautés. Il est des licences heureuses, dont le public convient tacitement avec les poètes, à condition qu'ils les emploient à lui plaire et à le toucher ; et de ce nombre est l'extension feinte et supposée du temps réel de l'action théâtrale. De l'aveu des Grecs, elle pouvait comprendre une demi-révolution du soleil, c'est-à-dire un jour. Nous avons accordé les vingt-quatre heures ; et le vide de nos entr'actes est favorable à cette licence ; car il est bien plus facile d'étendre en idée un intervalle que rien ne mesure sensiblement, qu'il ne l'était de prolonger un intermède occupé par le chœur, et mesuré par le chœur même.

A la faveur de la distraction que l'intervalle vide d'un acte à l'autre occasione, on est donc convenu d'étendre à l'espace de vingt-quatre heures le temps fictif de l'action; et c'est communément assez, vu la rapidité, la chaleur progressive que doit avoir l'action dramatique. Mais si les Espagnols et les Anglais ont porté à l'excès la licence contraire, il me semble que, sans supposer comme eux des années écoulées dans l'espace de trois heures il doit au moins être permis de supposer qu'il s'est écoulé plus d'un jour, si un beau sujet le demande ; et de cette liberté, rachetée par de grands effets qu'elle rendrait possibles, il n'y aurait jamais à craindre et à réprimer que l'abus.

La même continuité d'action, qui, chez les Grecs, liait les actes l'un à l'autre, et qui forçait l'unité de temps, n'aurait pas dû permettre le changement de lieu; les Grecs ne laissaient pourtant pas de se donner quelquefois cette licence, comme on le voit dans *les Euménides*, où le second acte se passe à Delphes, et le troisième à Athènes. Pour la comédie, elle se permettait, sans aucune contrainte, le changement de lieu, et avec plus d'invraisemblance; car, au moins dans la tragédie, les Grecs supposaient comme nous que le spectateur ne voyait l'action que des yeux de la pensée : et en effet il est sans exemple que dans la tragédie grecque, les personnages aient adressé la parole au public, ou qu'ils aient fait semblant de le voir ou d'en être vus; au lieu que dans la comédie grecque, à chaque instant le chœur s'adresse à l'assemblée, et par là le lieu fictif de la scène et le lieu réel du spectacle sont identifiés, de façon que l'un ne peut changer sans que l'autre change, et qu'en même temps que l'action se déplace, le spectateur doit croire se déplacer aussi.

Il n'en est pas de même de notre théâtre : soit dans le tragique, soit dans le comique, le spectateur comme je l'ai déjà observé, n'est censé voir l'action qu'en idée, et l'action est supposée n'avoir pour témoins que les acteurs qui sont en scène. Or, dans cette hypothèse, non-seulement je regarde le changement de lieu comme une licence permise, mais je fais plus, je nie que ce soit une licence pour nous. L'entr'acte est une absence des acteurs et des spectateurs. Les acteurs peuvent donc avoir changé de lieu d'un acte à l'autre ; et les spectateurs n'ayant point de lieu fixe, ils sont partout où se passe l'action : si elle change de lieu ils changent avec elle.

Ce qui doit être vraisemblable, c'est que l'action ait pu se déplacer; et pour cela il faut un intervalle. Ce n'est donc presque jamais d'une scène à l'autre, mais seulement d'un acte à l'autre, que peut s'opérer le changement de lieu.

Je sais bien que, pour le faciliter au milieu d'un

acte, on peut rompre l'enchaînement des scènes et laisser le théâtre vide un instant; mais cet instant ne suffirait point à la vraisemblance, sur-tout si les mêmes acteurs qu'on vient de voir passaient incontinent dans le nouveau lieu de la scène. Après tout, ce n'est pas trop gêner les poètes, que d'exiger d'eux à la rigueur l'unité de lieu pour chaque acte, avec la possibilité morale du passage d'un lieu à un autre dans l'intervalle supposé.

La plus longue durée qu'on suppose à l'entr'acte est celle d'une nuit; le trajet possible dans une nuit est donc la plus grande distance qu'il soit permis de supposer franchie dans l'intervalle d'un acte à l'autre : ainsi la mesure du temps que l'on peut donner aux intervalles de l'action détermine l'éloignement des lieux où l'on peut transporter la scène. Une règle plus sévère priverait la tragédie d'un grand nombre de beaux sujets, ou l'obligerait à les mutiler. On voit même que les poètes qui ont voulu s'astreindre à l'unité de lieu rigoureuse, ont bien souvent forcé l'action d'une manière plus opposée à la vraisemblance que ne l'eût été le changement de lieu : car au moins ce changement ne trouble l'illusion qu'un instant; au lieu que, si l'action se passe où elle n'a pas dû se passer, l'idée du lieu et celle de l'action se combattent sans cesse : or la vérité relative dépend de l'accord des idées, et l'illusion ne peut être où la vraisemblance n'est pas.

« Il fallait, dit Brumoy en parlant du théâtre grec,
» que l'action, pour être vraisemblable, se passât
» sous les yeux et par conséquent dans un même

« lieu. » Il aurait donc fallu que le lieu de l'action fût la place d'Athènes : car si l'action se passait à Delphes, comment pouvait-elle se passer sous les yeux des Athéniens? « Le spectateur, *ajoute-t-il*, ne « saurait s'abuser assez grossièrement sur le lieu de « la scène, pour s'imaginer qu'il passe d'un palais « à une plaine, ou d'une ville dans une autre, tan- « dis qu'il se voit enfermé dans un lieu déterminé. » *Ainsi Brumoy prétend qu'il* « faut que la scène se « voie, et par conséquent qu'elle soit bornée, non « pas en général dans l'enceinte d'une ville, d'un « camp, d'un palais, mais dans un endroit limité « d'un palais, d'une ville ou d'un camp. » Voilà une belle théorie!

Et de sa place le spectateur voit-il cet endroit du camp ou de la ville? Non : car sa place est toujours l'amphithéâtre d'Athènes; et l'endroit de la scène est en Aulide, à Delphes, à Mycènes, en Tauride, etc. Il s'y transporte donc en esprit dès le premier acte. Or ce premier pas fait, pourquoi le second, le troisième, lui coûteraient-ils davantage? Et si, dans les actes suivants, il est besoin qu'il se transporte en esprit dans un autre lieu, pourquoi s'y refuserait-il? La même vivacité d'imagination qui le rend présent à ce qui se passe dans la ville, lui manquera-t-elle pour voir ce qui se passe dans le camp et pour y être présent de même? Sans cette illusion, tout spectacle est absurde; mais on se la fait sans effort, et la vraisemblance n'y manque que lorsque, la scène étant continue et sans intervalle, le changement de lieu s'opère maladroitement et sans qu'aucune distraction du spectateur le favorise.

C'était là réellement le grand obstacle que trouvaient les Grecs au changement de lieu : aussi se le permettaient-ils rarement dans la tragédie. Que faisaient-ils donc? Ils faisaient d'autres fautes contre la vraisemblance; ils ne changeaient pas de lieu, mais ils réunissaient dans un même lieu ce qui devait se passer en des lieux différents. La scène était un endroit public, un espace vague, un temple, un vestibule, une place, un camp, quelquefois même un grand chemin. L'aire du théâtre répondait en même temps à plusieurs édifices, d'où les acteurs sortaient pour dire au peuple, qui composait le chœur, ce qu'ils auraient dû rougir de s'avouer à eux-mêmes. *Voyez* CHŒUR.

Si donc nous avons perdu quelque chose à la suppression du chœur, qui, chez les Grecs, remplissait les vides de l'action, du moins y avons-nous gagné la liberté du changement de lieu, que l'entr'acte nous facilite.

Il est aisé de sentir à présent combien porte à faux ce que dit Dacier, que « les actions de nos « tragédies ne sont presque plus des actions visibles; « qu'elles se passent la plupart dans des chambres « et des cabinets; que les spectateurs n'y doivent « pas plus entrer que le chœur; et qu'il n'est pas « naturel que les bourgeois de Paris voient ce qui « se passe dans les cabinets des princes ». Il trouvait sans doute plus naturel que les bourgeois d'Athènes vissent du théâtre de Bacchus ce qui se passait sous les murs de Troie ou de Thèbes? Comment Dacier n'a-t-il pas compris que, quel que soit le lieu de la scène, un palais, un temple, une place publique, si le spectateur était censé y être présent et voir les acteurs, les acteurs seraient censés le voir? Nous ne sommes, je le répète, présents à l'action qu'en idée; et comme il n'en coûte rien de se transporter de Paris au Capitole dès le premier acte, il en coûte encore moins, dans l'intervalle du premier au second, de passer du Capitole dans la maison de Brutus.

Le plus grand avantage du changement de lieu est de rendre visibles des tableaux, des situations pathétiques, qui sans cela n'auraient pu se retracer qu'en récit. Mais il faut bien se souvenir que ces tableaux ne sont faits que pour donner lieu au développement des passions; que, s'ils sont trop accumulés, en se succédant ils s'effacent l'un l'autre; que l'émotion qu'ils nous causent ne se nourrit que des sentiments qu'ils font naître dans l'âme même des acteurs; et qu'interrompre cette émotion avant qu'elle ait pu se répandre et qu'on ait eu le temps de s'y livrer et d'en jouir, c'est faire au cœur la même violence qu'on fait à l'oreille, lorsqu'on éteint mal à propos le son d'un corps harmonieux. Une tragédie composée de ces mouvements brusques, sans suite et sans gradations, est un assemblage de germes dont aucun n'a le temps d'éclore. L'invention des tableaux est donc une partie essentielle du génie du poète; mais ce n'est ni la seule ni la plus importante. La tragédie est la peinture du jeu des passions, et non pas du jeu des machines.

On n'a pas toujours, ni partout, reconnu comme indispensable la règle des unités; on sait que, sur le théâtre anglais et sur le théâtre espagnol, elle est violée en tous points et contre toute vraisemblance. Il en était de même sur notre théâtre avant Corneille, et non seulement l'unité de lieu n'y était pas observée, mais elle y était interdite. Le public se plaisait au changement de scène; il voulait qu'on le divertît par la variété des décorations, comme par la diversité des incidents et des aventures; et lorsque Mairet donna la *Sophonisbe*, il eut bien de la peine à obtenir des comédiens qu'il lui fût permis d'y observer l'unité de lieu *.

On s'est enfin généralement accordé sur l'unité d'action pour la tragédie; mais à l'égard de l'épopée, la question a été problématique et indécise jusqu'à nos jours. A l'autorité d'Aristote et à l'exemple d'Homère et de Virgile, on a opposé le succès de l'Arioste, qui, ayant négligé cette règle, n'en est pas moins lu et relu, dit le Tasse, « par les per« sonnes de tout âge et de tout sexe; qui plaît à tout « le monde, que tout le monde loue; qui revit et ra« jeunit sans cesse dans sa renommée, et vole glo« rieusement, de bouche en bouche, chez toutes « les nations du monde ».

---

* Un des meilleurs écrits qu'on puisse lire sur les unités dramatiques est une dissertation écrite en français par M. Manzoni, auteur des tragédies de *Carmagnole* et d'*Adelghis*, et que M. Fauriel a réuni dans un même volume avec la traduction de ces deux ouvrages; Firmin Didot, 1823.

H. P.

Le Tasse, après avoir rendu ce beau témoignage à l'Arioste, ne laisse pourtant pas de se décider pour l'unité d'action : « La fable, dit-il, est la forme « du poème : s'il y a plusieurs fables, il y aura plu- « sieurs poèmes; si chacun d'eux est parfait, leur « assemblage sera immense ; et si chacun d'eux est « imparfait, il valait mieux n'en faire qu'un qui fût « complet et régulier ». Gravina est du nombre de ceux qui pensaient que le poème épique était dispensé de l'unité d'action; et la raison qu'il en donne suffirait seule pour faire sentir son erreur.

J'avouerai avec lui qu'un poème qui embrasse plusieurs actions, ne laisse pas d'être un poème ; mais la question est de savoir si ce poème est bien composé : or, quelques beautés qu'il puisse avoir d'ailleurs, quelques succès qu'elles obtiennent, il est certain que la duplicité, la multiplicité d'action divise l'intérêt et par conséquent l'affaiblit.

La Motte prétend que dans l'épopée l'unité des personnages supplée à l'unité d'action, et qu'elle suffit à l'intérêt de l'épopée. Distinguons, pour plus de clarté, dans l'intérêt même de l'action, l'unité collective et l'unité progressive. L'unité collective consiste à réunir tous les vœux en un point, et à décider dans l'âme du lecteur ou du spectateur ce qu'il doit désirer ou craindre. Toutes les fois qu'on nous présente des hommes opposés d'intérêts, dont les succès sont incompatibles, et dont l'un ne peut être heureux que par la perte ou le malheur de l'autre, notre cœur choisit, de lui-même et sans le secours de la réflexion, celui dont la bonté ou la vertu est le plus digne de nous attacher; et nous nous mettons à sa place. Dès-lors tout ce qui le touche nous est personnel; notre âme passe dans la sienne : voilà l'intérêt décidé. Si les deux partis opposés nous présentent des personnages intéressants, et qui balancent notre affection; ou le bonheur de l'un est incompatible avec celui de l'autre, ou ils peuvent se concilier. Dans le premier cas, l'intérêt se partage et s'affaiblit dans ses alternatives; dans le second, notre inclination prend une direction moyenne, et se termine au point où les deux partis peuvent enfin se réunir. Le poète doit avoir grand soin de rendre ce point de réunion sensible : c'est de là que dépend la décision de nos vœux, et ce qu'on appelle unité d'intérêt. Enfin, si les partis opposés nous sont odieux ou indifférents l'un et l'autre, nous les livrons à eux-mêmes, sans nous attacher à leur sort : c'est la guerre des vautours : alors il n'y a d'autre intérêt que celui de la curiosité, qui se réduit à peu de chose. Il s'ensuit que, dans toute composition intéressante, il doit y avoir au moins un parti fait pour gagner notre bienveillance; mais qu'il n'y ait dans ce parti qu'une seule personne, ou qu'il y en ait mille, cela est égal : l'unité de vœu fera l'unité d'intérêt, et c'est l'unité collective.

L'unité progressive est autre chose; elle consiste à fixer le désir, la crainte, l'espérance, en un mot l'attente inquiète du spectateur ou du lecteur sur un seul point, sur un évènement unique, qui soit la solution du problème et le dénouement de l'action.

Dans la tragédie des *Horaces*, quel aura été le succès du combat? voilà l'objet de notre attente; dès qu'on le sait tout est fini. Après cela, que le meurtre de Camille soit puni ou soit pardonné, c'est un nouveau problème, une nouvelle action, un nouvel objet d'espérance ou de crainte : cet évènement naît de l'autre, il en est dépendant ; mais il n'y a point d'unité.

Or il est vrai que l'unité de personne supplée en quelque chose à l'unité progressive de l'action ; mais si les accidents réunis sur le même personnage ne se terminent pas à un seul dénouement, l'intérêt de chaque situation cesse au moment qu'il en sort : nouvel incident, nouvelle inquiétude; nouveau péril, nouvelle crainte; nouveau malheur, nouvelle pitié. D'un poème tissu d'incidents détachés, l'intérêt peut donc renaître d'instants en instants ; mais alors la crainte, la pitié, l'inquiétude s'évanouissent à la solution de chacun de ces nœuds; et s'il y a une action principale, elle devient indifférente. Pour réunir les intérêts épisodiques, il faut donc qu'elle en soit le centre, c'est-à-dire que l'évènement qui doit la terminer dépende des incidents, et que chacun d'eux fasse partie ou des moyens ou des obstacles.

Le Tasse a peint l'unité d'action par une grande et belle image: « Le monde, qui renferme dans son
« sein tant de choses si différentes, n'a cependant
« qu'une forme, qu'une essence : c'est par un seul
« et même nœud que toutes ses parties sont liées
« avec une harmonie qui a l'apparence de la dis-
« corde ; et quoique dans sa structure il ne manque

« rien, il n'y a pourtant rien qui ne concoure à son
« utilité et à son ornement. »

Mais dans cette image on ne voit que ce qui contribue au succès de l'action, l'on n'y voit pas ce qui le retarde et le rend douteux ou pénible : or l'unité dépend du concours des obstacles, comme de celui des moyens. Du reste, l'alternative proposée par le Tasse, que toutes les parties du poème soient, comme dans le mécanisme du monde, ou de nécessité ou de simple agrément; cette alternative donne aux poètes une liberté dont ils ont abusé souvent. Je sais qu'on ne doit pas exiger, dans le tissu de l'épopée, des liaisons aussi étroites, aussi intimes que dans celui de la tragédie, mais encore faut-il que les parties fassent un tout, et que les détails forment un ensemble. L'épisode d'Armide est l'exemple de la liberté légitime dont les poètes peuvent user. La délivrance des lieux saints est l'action de ce poème, et les charmes d'une enchanteresse, qui prive l'armée de Godefroi de ses héros les plus vaillants, concourent à nouer l'action en même-temps qu'ils l'embellissent; au lieu que l'épisode d'Olinde et de Sophronie, quoique touchant en lui-même, est hors-d'œuvre et ne tient à rien.

Pope compare le poème épique à un jardin : « La
« principale allée est grande et longue, et il y a de
« petites allées où l'on va quelquefois se délasser,
« qui tendent toutes à la grande. » Si l'on considère ainsi l'épopée, il est évident qu'il n'y a plus cette unité d'où dépend l'intérêt; car d'allée en allée le jardin de Pope sera bientôt un labyrinthe;

et comme il n'en est aucune que l'on ne pût supprimer sans changer la grande, il n'en est aucune aussi qui ne pût mener à de nouvelles routes multipliées à l'infini. J'aime mieux l'image du fleuve dont les obstacles prolongent le cours, mais qui, dans ses détours les plus longs, ne cesse de suivre sa pente ; il se partage en rameaux, forme des îles qu'il embrasse, reçoit des torrents, des ruisseaux, de nouveaux fleuves dans son sein, mais soit qu'il entre dans l'Océan par une ou plusieurs embouchures, c'est toujours le même fleuve qui suit la même impulsion.

Montaigne, avec ce sens profond et ce goût naturel dont il était doué, a parlé du mérite de la simplicité, de l'unité dans l'action épique et dramatique, comme nous ferions aujourd'hui. Il disait de Virgile et de l'Arioste : « Celui-là, on le voit aller
« à tire d'aile, d'un vol haut et ferme, suivant tou-
« jours sa pointe ; celui-ci voleter et sauteler de
« conte en conte, comme de branche en branche,
« ne se fiant à ses ailes que pour une bien courte
« traverse, et prendre pied à chaque bout de champ,
« de peur que l'haleine et la force lui faillent. *Excursusque breves tentat.* « Aussi ne pouvait-il souffrir
« la bêtise et la stupidité barbaresque de ceux qui,
« à cette heure, comparaient l'Arioste à Virgile ! »

Il n'était pas moins choqué du mauvais goût *de ceux qui appariaient Plaute à Térence.* Mais ce qui le blessait bien davantage dans les faiseurs de comédies de son temps, c'était de voir qu'ils employaient *trois ou quatre arguments de celles de*

Térence ou de Plaute, pour en faire un des leurs.
« Ils entassent, dit-il, en une seule comédie, cinq
« ou six contes de Bocace. Ce qui les fait ainsi se
« charger de matière, c'est la défiance qu'ils ont de
« pouvoir se soutenir de leurs propres graces. Il
« faut qu'ils trouvent un corps où s'appuyer, et
« n'ayant pas du leur assez de quoi nous arrêter, ils
« veulent que le conte nous amuse. Il en va de mon
« auteur (*de Térence*) tout au contraire : les per-
« fections et beautés de sa façon de dire nous font
« perdre l'appétit de son sujet; sa gentillesse et sa
« mignardise nous retiennent partout. Il est partout
« si plaisant, *liquidus puroque simillimus amni*, et
« nous remplit tant l'âme de ses graces, que nous
« en oublions celles de la fable. »

Montaigne aurait fait, comme on voit, peu de cas
de tous ces drames pantomimes, où, de notre temps
comme du sien, on fait sans cesse remuer ses personnages pour s'épargner la peine de les faire agir.
Il aurait dit de ces compositeurs de tableaux mouvants et d'intrigues échafaudées : « A mesure qu'ils
« ont moins d'esprit, il leur faut plus de corps; ils
« montent à cheval parce qu'ils ne sont pas assez
« forts sur leurs jambes : tout ainsi qu'en nos bals,
« ces hommes de vile condition qui en tiennent école
« pour ne pouvoir représenter le port et la décence
« de notre noblesse cherchent à se recommander par
« des sauts périlleux et autres mouvements étran-
« ges et bateleresques. » (*Essais*, *liv.* III, *chap.* 10.)

MARMONTEL, *Éléments de Littérature.*

USAGE. Dans la manière de s'exprimer, comme dans celle de se vêtir, l'usage diffère de la mode en ce qu'il a moins d'inconstance; mais l'usage comme la mode ne reconnaît pour règle que le goût, et selon que les mœurs publiques, le caractère et l'esprit dominant rendent le goût d'une nation plus raisonnable ou plus fantasque, l'usage est aussi plus sensé ou plus capricieux dans ses variations.

Chez les peuples qui ne parlent que pour se faire entendre, la langue est presque invariable; et qu'elle suffise au commerce de la vie et de la pensée, c'en est assez; elle a pour eux le nécessaire et ils ignorent le superflu.

Mais à mesure que, dans son langage comme dans ses vêtements, une nation se livre à l'attrait du luxe, et qu'en parlant pour son plaisir plus que pour ses besoins, elle s'occupe de l'élégance et de l'agrément de l'élocution, le désir et le soin de plaire la rendent inquiète, curieuse, incertaine dans la recherche de ses parures; et de là les raffinements et les caprices de l'usage.

Cependant on observe que, de toutes les langues, celle qui a le plus donné à l'ornement et au luxe de l'expression, la langue grecque, a été peu sujette aux variations de l'usage; et la différence de ses dialectes une fois établie, on ne s'aperçoit plus qu'elle ait changé depuis Homère jusqu'à Platon. La langue d'Homère semblait douée, ainsi que ses divinités, d'une jeunesse inaltérable; on eût dit que l'heureux génie qui l'avait inventée eût pris conseil de la poésie, de l'éloquence, de la philosophie elle-même, pour la composer à leur gré. Vouée aux graces dès sa naissance, mais instruite et disciplinée à l'école de la raison, également propre à exprimer et de grandes idées, et de vives images, et des affections profondes, à rendre la vérité sensible ou le mensonge intéressant; jamais l'art de flatter l'oreille, de charmer l'imagination, de parler à l'esprit, de remuer le cœur et l'âme, n'eut un instrument si parfait. Pandore, embellie à l'envi des dons de tous les dieux, était le symbole de la langue des Grecs.

Il n'en fut pas de même de celle des Latins. D'abord rude et austère comme la discipline et comme les lois dont elle était l'organe, pauvre comme le peuple qui la parlait, simple et grave comme ses mœurs, inculte comme son génie, elle éprouva les mêmes changements que le caractère et les mœurs de Rome. De sa nature, elle eut sans peine la force et la vigueur tragique qu'il fallait à Pacuvius, la véhémence et la franchise que demandait l'éloquence des Gracques; mais lorsqu'une poésie séduisante, voluptueuse ou magnifique en voulut faire usage; lorsqu'une éloquence insinuante, adulatrice et servilement suppliante, voulut l'accommoder à ses desseins, il fallut qu'elle prît de la mollesse, de l'élégance, de l'harmonie, de la couleur, et que, dans l'art de prêter au langage un charme intéressant et une douce majesté, Rome devînt l'écolière d'Athènes, avant que d'en être l'émule. Ce qu'ont fait les Latins pour donner de la grace à une langue toute guerrière, est le chef-d'œuvre de l'industrie; et dans les vers de Tibulle et d'Ovide, elle semble réaliser l'allégorie de la massue d'Hercule, dont l'amour, en la façonnant, se fait un arc souple et léger.

Celles de nos langues modernes qui se sont le plus tôt fixées sont l'espagnol et l'italien; l'une à cause de l'incuriosité naturelle des Castillans, et de cette fierté nationale qui, dans leur langue comme en eux-mêmes, fait gloire d'une noblesse pauvre et dédaigne de l'enrichir; l'autre, à cause du respect trop timide que les Italiens conçurent pour leurs premiers grands écrivains, et de la loi prématurée qu'ils s'imposèrent à eux-mêmes de n'admettre, dans le bon style et dans le langage épuré, que les expressions consignées dans les écrits de ces hommes célèbres. De telles lois ne conviennent aux arts qu'à cette époque de leur virilité où ils ont acquis toute leur force et pris tout leur accroissement : jusque là rien ne doit contraindre cette intelligence inventive qui élève l'industrie au-dessus de l'instinct; et réduire les arts, comme l'on fait souvent, à leurs premières institutions, c'est perpétuer leur enfance. La langue italienne se dit la fille de la langue latine; mais elle n'a pas recueilli tout l'héritage de sa mère; l'Arioste et le Tasse même, à côté de Virgile, sont des successeurs appauvris.

Le même esprit de liberté et d'ambition qui anime la politique et le commerce de l'Angleterre lui a fait enrichir sa langue de tout ce qu'elle a trouvé à sa bienséance dans les langues de ses voisins, et sans les vices indestructibles de sa formation primitive, elle serait devenue, par ses acquisitions, la plus belle langue du monde. Mais elle altère tout ce qu'elle emprunte, en voulant se l'assimiler. Le son, l'accent, le nombre, l'articulation, tout y est changé; ces mots dépaysés ressemblent à des colons dégénérés dans leur nouveau climat et devenus méconnaissables aux yeux mêmes de leur patrie.

Nous avons mis moins de hardiesse, mais plus de soin à perfectionner notre langue, et s'il n'a pas été permis de la refondre, au moins a-t-on su lui donner des tours mieux arrondis, des mouvements plus doux, des articulations plus faciles et plus liantes, et en même temps qu'elle a pris plus de souplesse et d'élégance, elle a de même acquis plus de noblesse et de dignité.

Cependant, quelque différente que soit la langue de Racine et de Fénelon de celle de Baïf et de Dubartas, il est encore possible, sinon de la rendre plus douce et plus mélodieuse, au moins de l'enrichir, d'ajouter à son énergie, de la parer de nouvelles couleurs, d'en multiplier les nuances; et plus on en fait son étude, mieux on sent qu'elle n'en est pas à ce point de perfection où une langue doit se fixer.

Comme vivante, elle est variable, mais elle l'est dans les deux sens : elle peut acquérir et perdre, et cette alternative, on voulait autrefois qu'elle dépendît de l'usage, uniquement, absolument, et sans qu'il fût permis à la raison, dit Vaugelas, de lui opposer sa lumière.

Soyons moins superstitieux. Mais pour éviter un excès, ne donnons pas dans l'autre; et si l'on a trop accordé à l'autorité de l'usage, modérons-la, sans

oublier qu'elle a ses droits, comme elle a ses limites.
Reconnaissons, avec Vaugelas, que *l'usage a fait
beaucoup de choses avec raison*, même beaucoup
plus qu'on ne pense. En effet, il y a dans la langue mille façons de parler qu'on attribue au pur caprice de l'usage, et dont la raison se découvre dans
une métaphysique très déliée, qui semble avoir conduit la multitude à son insu, et qu'aperçoit celui
qui examine la langue avec un œil philosophique.
Dans les irrégularités même que l'usage a reçues et
qu'il a fait passer en lois, on remarque souvent que
ce qui les a introduites, c'est qu'elles donnent à l'expression plus de vivacité, de grace ou d'énergie;
et jusque là rien n'est plus juste que de se soumettre à l'usage.

Reconnaissons encore que, dans ce que l'usage
a fait, ou *sans raison*, ou même *contre la raison*,
dès que le temps, l'exemple, la sanction publique,
durant un siècle de lumière, l'ont ratifié, l'ont confirmé, rien ne dispense plus d'observer ses lois positives, c'est-à-dire ce qu'il prescrit. Mais tenons-nous sur la réserve à l'égard de ce qu'il défend;
car autant il serait à craindre que la liberté ne fût
sans frein, autant il serait dangereux que l'autorité
fût sans bornes. Et c'est dans le centre des lettres,
au milieu de leur république, et en présence de
leurs amis, que je viens réclamer leurs droits. (*Ce
morceau a été lu dans une assemblée publique de
l'Académie française.*)

Je dirai donc qu'en observant ce que l'usage
aura prescrit, on aura droit d'examiner ce qu'il lui

plaira d'interdire; et cette restriction, que je crois devoir mettre à sa puissance illimitée, est fondée sur deux motifs.

1° Quand l'usage prescrit, sa loi porte, il est vrai, quelque atteinte à la liberté, mais ne la détruit pas : je puis, par un détour, éluder sa décision, et par une façon de parler qui me plaît, éviter celle qui me déplaît; ce sera une gêne, mais non pas une servitude. Il n'en est pas de même de ses lois négatives : elles nous ôtent toute liberté de faire ce qu'elles défendent, et pour les éluder, il n'est point de détour.

2° Si les lois positives de l'usage sont défectueuses, le mal est fait, la langue est telle; des hommes de génie n'ont pas laissé de la rendre éloquente, pleine de majesté, d'élégance et de grace : il reste à la parler comme eux, et c'est le cas de dire avec Horace : *ainsi l'usage l'a voulu*. Mais à l'égard de ses lois négatives ou prohibitives, rien n'est fixe, rien n'est constant; ce sont les décrets d'un tyran bizarre, dont les dégoûts s'annoncent par des proscriptions. *Cela ne se dit point, cela ne se dit plus*, telle est leur formule ordinaire. Mais si cela s'est dit, pourquoi ne plus le dire? mais si cela est bien dit en soi, quoiqu'on ne l'ait pas dit encore, pourquoi ne le dirait-on pas? La langue est-elle déjà si riche et si complète, qu'elle n'ait plus rien à acquérir? a-t-elle une surabondance qui nous console de ses pertes? Comment se fût-elle formée, si, depuis Joinville jusqu'à Fénelon, personne n'avait osé dire pour la première fois ce qu'on n'avait pas encore dit? Comment se conservera-t-elle, si, au lieu de se reproduire à mesure qu'elle se dépouille, ce n'est plus qu'un vieux arbre, dont les rameaux séchés se brisent, et qui ne repousse jamais ?

Quel est donc ce droit négatif, arbitraire et indéfini, qu'on a laissé prendre à l'usage? et si l'expression nouvelle ou rajeunie est douce à l'oreille, claire à l'esprit, sensible à l'imagination; si la pensée la sollicite et si le besoin l'autorise; si le tour en est animé, précis, naturel, énergique; si elle est conforme à la syntaxe et au génie de la langue; si elle ajoute à sa richesse; si par elle on évite une périphrase traînante, une épithète lâche et diffuse; si elle n'a point d'équivalent pour exprimer une nuance intéressante, ou dans le sentiment, ou dans l'idée, ou dans l'image, où est la raison de ne pas l'employer?

« Ce sont les téméraires, dit Vaugelas, qui in-
« ventent les mots comme les modes. » La parité n'est pas exacte: car dans les modes presque tout est de fantaisie, de caprice, ou de vanité; au lieu que dans la langue ainsi que dans les arts, l'invention a souvent pour objet la nécessité, l'utilité, la beauté réelle. Alors où est la témérité d'oser être inventeur? Malherbe fut-il *téméraire*, lorsqu'il emprunta du latin *insidieux* et *sécurité* ? et Desportes, lorsqu'il transplanta dans notre langue le mot *pudeur*, pour exprimer cette espèce de honte délicate et timide qui saisit une âme innocente, ou une âme noble et sensible, à la première idée de ce qui peut blesser sa fierté ou sa modestie; mot précieux, que La Fontaine a si bien mis à sa place dans la fable

des *deux Amis ? Dévouloir*, proposé par Malherbe, pour dire *cesser de vouloir*, n'a pas été reçu; mais que deux ou trois bons écrivains l'eussent adopté, il faisait fortune, et la langue y gagnait un mot clair et précis. Vaugelas regardait *sortir de la vie* comme un barbarisme; fallait-il que, sur sa parole, La Fontaine s'abstînt de dire, en parlant de la vieillesse :

>Je voudrais qu'à cet âge
>On *sortît de la vie*, ainsi que d'un banquet.

C'était, nous dit ce même Vaugelas, *la plus saine partie de la cour*, c'était *la plus saine partie des auteurs du temps*, qui étaient les arbitres de l'*usage*; et dans cette espèce d'aristocratie, composée de deux puissances souvent contraires l'une à l'autre, on ne savait à laquelle obéir. Ainsi une foule de mots qui manquaient à la langue et qu'on y voulait introduire étaient arrêtés au passage, et le plus souvent rebutés. *Féliciter* paraissait barbare; *face* n'était pas du bon style; la cour ne voulait pas que l'on dît *ambitionner*; *ployer* choquait l'oreille, c'était *plier* qu'il fallait dire; *transfuge* n'était point admis, non plus qu'*insulter* et qu'*insulte*.

Heureusement vinrent des hommes qui surent donner à la langue plus d'aisance et de liberté, et en même temps plus d'autorité et de consistance à l'usage. « *Les grands hommes du siècle passé*, dit « Voltaire, *ont enseigné à penser et à parler*. Ce fut « d'abord l'auteur de *Cinna*, des *Horaces*, de *Po-* « *lyeucte*, et après lui La Rochefoucauld, le cardinal

« de Retz, Pascal, Bossuet, Bourdaloue, Molière, « Pellisson, Boileau, Racine, Fénelon, La Bruyère, « qui formèrent l'esprit, la langue et le goût de la « nation. »

On voit alors comment l'usage, en se fixant, put acquérir une autorité légitime; et comment les juges naturels de la langue usuelle, formés à l'école des maîtres de la langue écrite, purent prétendre à juger celle-ci. Mais ce droit acquis à une nation cultivée ne s'étend pas jusqu'à interdire aux artisans de la parole toute espèce d'innovation : et s'il arrivait que le goût devînt trop minutieux, trop efféminé, trop timide, ou que la fantaisie, le caprice, la vanité du faux bel esprit, voulussent marquer à leur gré les bornes de la langue écrite, et défendre au génie de les passer, je ne présume pas qu'il dût à leur défense une aveugle docilité.

Un goût délicat et craintif se croit le goût par excellence, lorsqu'il s'abstient de ce qui peut déplaire; mais un goût très supérieur serait celui qui hasarderait, avec une hardiesse éclairée, ce qui, après avoir déplu quelques moments, serait fait pour plaire toujours.

Je dirai plus encore : dans un public imbu d'une saine littérature, ce ne sera jamais ni au plus grand nombre ni à l'élite des bons esprits que l'on risquera de déplaire par d'heureuses innovations, par des rénovations utiles. Ce sont toujours des hommes indignes d'être libres qui veulent que chacun soit esclave comme eux. Mais qu'a de commun la timide inertie de leur instinct avec la noble audace du génie ?

C'est un Scudery qui défend à l'auteur du *Cid*, à Corneille, de dire :

Plus l'*offenseur* est cher, et plus grande est l'offense.
Je dois à ma maîtresse aussi bien qu'à mon père.
Je rendrai mon sang pur comme je l'ai reçu.
On l'a pris *tout bouillant* encor de sa querelle.

C'est Scudery qui prétend qu'*arborer des lauriers, gagner des combats, instruire d'exemple*, ne sont pas des phrases françaises. Et voilà le modèle de cette foule de critiques dont Racine fut assailli, lors même qu'il portait la langue à son plus haut degré de gloire. Ce qu'on admire aujourd'hui dans son style comme les hardiesses d'un maître, lui était reproché de son temps comme les fautes d'un écolier. O Subligni, tu prétendais savoir la grammaire mieux que Racine! Ainsi l'œil louche de l'Envie, ou l'œil trouble de l'Ignorance, en examinant les écrits des grands hommes vivants, y prend pour incorrections les élégances les plus exquises, et c'est toujours l'usage que le faux goût met en avant, comme si l'homme de génie n'avait jamais droit de parler sans l'usage et avant l'usage.

Il y a dans notre langue, de l'aveu même de Vaugelas, une infinité de phrases qui sont les dépouilles des langues savantes, et qui, accommodées à son génie, font une partie de ses richesses. Or je demande à Vaugelas : Ces façons de parler, et toutes celles qui de la langue écrite passent dans la langue usuelle, ou qui restent comme en réserve dans le trésor de la poésie et de l'éloquence, qui nous les a données ? Ne sont-ce pas les gens de lettres? et n'est-ce pas sur-tout en cela que consiste cette invention du style, qui caractérise et distingue nos plus grands écrivains, et nommément cet Amyot que Vaugelas a tant loué? Or si Amyot fut louable d'avoir osé les inventer, ces expressions heureuses que nous avons laissé vieillir, pourquoi celui qui les rajeunirait serait-il si répréhensible?

Que l'on soit soumis à l'usage dans les formules établies, comme dans l'emploi des articles, des particules et des pronoms, rien de tout cela n'est gênant; et de toutes les difficultés grammaticales dont Vaugelas s'est occupé, il n'y en a peut-être pas une qui intéresse sérieusement la poésie ou l'éloquence. Mais ce qui peut contribuer à la richesse de l'expression, à sa délicatesse ou à son énergie, toutes ces façons de parler, qui, négligées dans la langue usuelle, ne laissent pas d'avoir leur place et leur utilité dans la langue écrite, soit pour l'idée, soit pour l'image, soit pour la précision, le nombre et l'harmonie, sont-elles condamnées à ne jamais revivre? et l'éloquence et la poésie n'ont-elles plus aucun espoir de recouvrer les larcins que leur a faits l'usage, ou plutôt que leur a faits l'oubli? Car le plus grand nombre de ces phrases et de ces mots perdus pour elles ont été délaissés plutôt que rebutés, et l'on ne s'en sert plus, par la seule raison qu'on a cessé de s'en servir.

Lorsque les grands écrivains ne sont plus, on nous les cite comme des modèles de déférence et de docilité pour les défenses de l'usage. On ne sait pas, où l'on oublie combien de fois ils se sont permis ce que l'usage n'approuvait pas. On ne sait pas, en lui cédant, combien il leur en a coûté de dégoûts et de sacrifices ; combien de fois, dans l'expression des mouvements de l'âme ou des saillies du caractère, ils ont envié l'énergie, la franchise, le naturel, le tour vif et rapide de la langue du peuple; combien de fois ils ont soupiré après la liberté de l'imagination et de la plume de Montaigne. Quoi qu'il en soit, si de grands écrivains ont méconnu leur ascendant et se sont fait un devoir trop étroit de céder à l'usage, lorsqu'ils auraient voulu et dû lui résister, c'est un excès de modestie, dont nous les louons à regret, comme d'une vertu timide.

Rien ou presque rien de la langue de Pascal n'a vieilli : cela prouve sans doute un goût pur et sévère, mais trop sévère et trop exquis. Pascal, en épurant la langue, l'a, pour ainsi dire, passée à un tamis trop fin. Il n'a pas assez conservé de la substance de Montaigne. On trouve à celui-ci une force et une saveur préférables à la pureté même. Ce n'est pas que son vieux langage n'eût grand besoin d'être purgé, et que la langue, dans son état actuel, ne soit mille fois préférable : elle a plus de clarté, d'aisance, de noblesse, de décence et de dignité, de délicatesse et de grace, d'harmonie et de coloris; mais son élégance a trop pris sur sa vigueur; ses polisseurs l'ont affaiblie; elle a perdu de sa naïveté, de sa concision et de son énergie; et je crois qu'il était possible d'en perfectionner les formes, et d'en moins altérer le fond.

Je ne mets certainement pas au nombre de ses pertes la rouille qu'elle a déposée, les inversions dures, les tours forcés, les locutions mal construites, les termes bas ou pédantesques, d'un son déplaisant, d'un sens louche, d'une articulation pénible, ou qui avaient de l'affinité avec des objets dégoûtants; et je ne reproche à l'usage que d'avoir manqué trop souvent de discernement dans son choix.

Mais à mesure qu'il rebutait une foule de tours naïfs, qu'on ne retrouve plus que dans La Fontaine, un grand nombre de tours vigoureux et concis, et de phrases substantielles qui sont perdues depuis Montaigne, une multitude de mots harmonieux, sensibles, faits pour parler à l'âme, faits pour plaire à l'oreille; je demande comment les hommes qui, en fait de goût, disposaient de l'opinion, ont pu laisser périr tant de richesses? Qui les eût empêchés de les conserver dans leur style?

La cour, dont le langage roule sur un petit nombre de mots, la plupart vagues et confus, d'un sens équivoque ou à demi voilé, comme il convient à la politesse, à la dissimulation, à l'extrême réserve, à la plaisanterie légère, à la malice raffinée, ou à la flatterie adroite; la cour a pu, dans tous les temps, négliger une infinité d'expressions naïves ou franches, dont elle n'avait pas besoin. Le monde poli et superficiel, qui suit l'exemple de la cour, et qui croit qu'il est du bon ton de parler de tout froidement, légèrement, à demi mot, sans chaleur et sans énergie; ce monde, dis-je, a dû laisser tomber tout ce qui n'était pas de sa langue usuelle.

L'expression fine et piquante a dû lui être chère ; il l'a dû conserver : il a dû conserver de même le langage du sentiment dans toute sa délicatesse, comme essentiel au caractère de politesse et de galanterie, qui est la surface de ses mœurs. Mais son dictionnaire n'a pas dû s'étendre au-delà du cercle de ses besoins; et mille façons de parler, nécessaires à l'homme qui pense fortement et qui veut s'exprimer de même, à l'homme qui s'affecte d'un sentiment passionné ou d'une image pathétique et qui veut rendre ce qu'il sent, en deux mots le langage de l'éloquence et de la poésie, n'a pas dû trouver dans le monde des conservateurs bien zélés. Mais en négligeant des richesses qui leur étaient inutiles, la cour et le monde faisaient-ils une loi de les abandonner comme eux? Et ceux à qui toutes les couleurs, toutes les nuances de la langue étaient si précieuses, n'auraient-ils pas été au moins bien excusables de ne pas les laisser périr?

La langue usuelle se trouve riche, parce qu'elle fournit abondamment au commerce intérieur de la société : mais la langue écrite ne laisse pas d'être indigente et nécessiteuse, parce que ses besoins s'étendent au dehors. Tous les jours elle est obligée de correspondre à des mœurs étrangères, à des usages qui ne sont plus; tous les jours l'historien, le poète, le philosophe se transplante dans des pays lointains, dans des temps reculés; et que deviendra-t-il, si sa langue n'est pas cosmopolite comme lui, si elle n'a pas les analogues et les équivalents de celles des pays et des temps qu'il fréquente? Que deviendra sur-tout le traducteur d'un écrivain assez habile pour avoir mis en œuvre toutes les richesses de sa propre langue? Il en est qu'il est impossible de traduire fidèlement; et la raison n'en est que trop sensible : c'est que les langues, dont le but commun devrait être une parfaite correspondance, se sont enorgueillies de leurs propriétés, et ont négligé leur commerce. Ce qui dans l'une surabonde manque dans l'autre, et réciproquement. Ce sont, pour changer de figure, des palettes de peintres, qui n'ont pas les mêmes couleurs; et c'eût été aux gens de lettres à s'en apercevoir et à les assortir. C'est ce qu'ont fait Montaigne, Amyot, La Fontaine, souvent Racine. Leur langue est conquérante; elle prend les tours et les formes des langues éloquentes et poétiques qu'elle a pour adversaires, comme les Romains empruntaient les armes de leurs ennemis.

Si, plus asservis à l'usage, nous renonçons à ce droit de conquête, au moins que ne conservons-nous ce que nos pères ont acquis? et sans parler des phrases que nous avons perdues (car ce détail nous mènerait trop loin), par quelle complaisance avons-nous renoncé à une infinité de mots ou négligés, ou rebutés, ou, si je l'ose dire, dégradés de noblesse par le caprice de l'usage?

Val, par exemple, n'eût-il pas dû garder sa place dans de beaux vers, comme *vallon?* *Ombreux* n'avait-il pas sa nuance à côté de *sombre*, et *rais* à côté de *rayons? Labeurs*, au figuré, ne valait-il pas bien *travaux*, et pour le sens et pour l'oreille? Quel goût assez bizarre aurait pu rebuter *blondir? Sou-*

lagement est-il plus doux que *léniment*, qu'*allègement* ou qu'*allégeance*? *Alléger* lui-même, en parlant de peines, aurait-il dû être interdit au langage du sentiment? *Dévaler* devait-il être moins durable que *ravaler*, dérivé de la même source? *Rancune* est populaire, mais *rancœur* serait noble et plus fort que *ressentiment*. *Ardre*, au moral, n'a point d'équivalent; et il serait si nécessaire! *Se prendre* exprime une action plus forte que *s'attacher*; pourquoi *se détacher* est-il plus noble que *se déprendre*? Et *secouer*, dont le son est si faible, a-t-il bien remplacé *brandir*? Et *inflexible* ne laisse-t-il jamais regretter *imployable*? *Aventureux* n'aurait-il pas dû se soutenir à côté d'*aventure*? Et puisqu'on a détourné le sens de *délayer*, ne fallait-il pas conserver à *délai* son verbe *dilayer*, qui valait mieux que *traîner en longueur*, et qui n'a pas d'autre synonyme? Ne fallait-il pas laisser à *émouvoir*, *émoi*? à se *souvenir*, *souvenance*? *Bruit* n'eût-il pas dû garder *bruire*, dont on a retenu *bruyant*? Pourquoi *fallacieux* a-t-il péri depuis Corneille, et *affres* depuis Bossuet? Pourquoi l'usage a-t-il conservé *oubli* et abandonné *oublieux*? Pourquoi du verbe *simuler* n'avons-nous que le participe et ne disons-nous pas, comme les Latins, *simuler* et *dissimuler*? Feindre exprimerait les mensonges de l'imagination, *simuler* exprimerait les mensonges du sentiment ou de la pensée. Pourquoi *loisible*, nuance fine et délicate de *permis*, n'est-il plus du haut style? Pourquoi dit-on *durable*, et ne dit-on plus *perdurable*, qui l'agrandit? Pourquoi *calamité* et non *calamiteux*? *peuplé* et non *popu-*

leux? Pourquoi *prépondérant* et non pas *pondérant*, qui nous serait si nécessaire, et auquel ni *grave*, ni *lourd*, ni *pesant* ne peuvent suppléer? car *pondérant* se dirait du style; il se dirait de l'éloquence; il se dirait de l'esprit même, et ce serait tout autre chose qu'un style *pesant*, qu'une éloquence *grave*, qu'un esprit *lourd*. On croit n'avoir perdu que des synonymes, et l'on se trompe. *Écumant* se dirait des vagues; *écumeux* se dirait de l'écueil ou du rivage blanchi d'écume; *oisif* se dirait de la personne, *ocieux* de la situation : pourquoi l'avoir abandonné? *Discord*, dans ses trois sens, ne devrait-il pas être inséparable de *discorde*, et ne devrait-on pas dire encore *un caractère inégal et discord, des esprits divers et discords, les discords qui troublent le monde?* *Apre* donnait *exaspérer*; *entrave* donnait *entraver*; *redonder* a donné *redondant*; pourquoi l'un de ces mots a-t-il vieilli, et non pas l'autre? Pourquoi *félon* et *félonie* ne se trouvent-ils plus que dans le code criminel? *Loyal* et *déloyal*, *loyauté* et *déloyauté* auraient-ils dû jamais être bannis du langage héroïque? *Ferveur* devait-il être exclus du langage de l'amitié, devait-il l'être de celui de l'amour, à qui d'ailleurs on a laissé tous les caractères du culte? *Déhonté* ne devait-il pas se dire aussi longtemps que *honte*? *Instabilité* devait-il être plus heureux qu'*instable*? et *importun* plus heureux qu'*opportun*? Pourquoi a-t-on perdu le pluriel de *jeunesse*, qui exprimait si bien d'un seul mot les illusions, les erreurs, les folies de ce bel âge? Si *cour* et *courtisan* sont nobles, pourquoi leurs analogues, *courtois* et *courtoisie*, ne sont-ils plus du même ton ? Quel mot remplacera *liesse*, pour exprimer une douce joie et la volupté du bonheur ?

Qu'on se donne la peine de remettre à leur place quelques-uns de ces mots, et qu'on se demande à soi-même s'ils feraient tache dans le style *.

Supposons, par exemple, que, pour exprimer la chute de ce qui roule ou glisse par une longue pente, avec lenteur et sans bondir, on employât le vieux mot *dévaler*,

Les neiges par monceaux *dévalaient* des montagnes :

ne serait-ce pas une image de plus ? Si on faisait dire à un homme affligé, qu'il trouve à sa douleur une douce *allégeance*, qu'on applique à ses maux un faible *léniment*; si l'on disait d'une province, qu'elle n'était pas *populeuse* de sa nature, mais qu'elle a été *peuplée* par l'industrie et le commerce.

Si l'on disait que tout ce qui dépend de la fortune ou de l'opinion est *instable* comme elles;

Qu'une longue *souvenance* du passé éclaire un vieillard sur l'avenir et qu'il la tourne en prévoyance;

Qu'en politique la dissimulation est permise, mais non pas la *simulation*;

Que, dans les temps *calamiteux*, l'humeur du

---

* Il y a plusieurs de ces expressions réclamées par Marmontel, qu'on ne fait plus guère difficulté d'employer aujourd'hui, soit dans les vers, soit dans la prose. Telles sont : *Labeur, allégement, alléger, se prendre, brandir, aventureux, émoi, souvenance, fallacieux, oublieux, calamiteux, populeux, exaspérer, entraver, félonie, loyal, déloyal, loyauté, déloyauté, ferveur, déhonté, opportun, courtois, courtoisie*. H. P.

peuple s'*exaspère*; qu'il faut le contenir, mais non pas l'*entraver*;

Que d'élever un homme, en un instant, du rang *infime* au rang suprême, ce n'est qu'un jeu pour la fortune;

Qu'un riche étale son opulence avec un orgueil *outrageux*;

Que le caractère du peuple est uniforme dans les pays du despotisme, et qu'il est *multiforme* dans les pays de la liberté;

Si l'on disait qu'un homme déshonoré, mais impudent, lève un front *déhonté* contre la renommée;

Si l'on disait :

Les temps *calamiteux* sont féconds en grands hommes;
Qu'attendez-vous d'un homme *oublieux* des bienfaits?
Le ciel enfin pour nous sera-t-il *exorable*?
Il parvint à la gloire à force de *labeurs*;
Respirer la fraîcheur des *ombreuses* * vallées;
Les vents *bruyaient* au loin dans les forêts profondes;
Ils ont de leurs *discords* fatigué l'univers;
De ses *rais* argentés Diane se couronne;
Les épis ondoyants commençaient à *blondir*;

parlerait-on une langue étrangère? ne serait-on pas entendu? ne le serait-on pas même avec le plaisir qu'on éprouve à retrouver des biens que l'on croyait perdus et qu'on a long-temps regrettés?

Mais un tort bien plus sérieux et d'une conséquence plus étendue que font à la langue les lois prohibitives de l'usage, c'est de la dégrader et de

---

* Delille a plus d'une fois employé le mot *ombreux*.   H. P.

rendre inutile au langage noble et soutenu la meilleure partie de ses richesses. Les bons écrivains la décorent de nouvelles translations de mots et de nouvelles alliances; mais son vrai fond, ses termes propres, ses analogues, ses synonymes, ses diminutifs, ses primitifs, ses dérivés, et, si j'ose le dire enfin, ses richesses de première nécessité, périssent tous les jours pour l'orateur et le poète : or ce serait à conserver cette partie si précieuse du langage de la poésie et de l'éloquence qu'on devrait donner tous ses soins.

Une communication habituelle entre les différentes classes de la société fait que la langue du peuple dérobe tous les jours quelque chose à celle d'un monde plus cultivé, et celle-ci, pour se dédommager, usurpe aussi tous les jours quelques termes du langage plus relevé de l'éloquence et de la poésie. Ainsi, par degrés, l'héroïque devient familier, le familier devient populaire : en sorte que la langue écrite est, à l'égard de la langue usuelle, comme une île au milieu d'un fleuve qui la ronge insensiblement et finira par la submerger.

Ce qu'Horace a dit de la vie, on peut le dire de la langue :

Tous les ans, dans leur cours, nous font quelques larcins.

Le terme propre est devenu commun; le tour naturel est usé; l'épithète la plus hardie et la plus forte n'est plus qu'un mot parasite et vague; l'expression figurée est ternie; l'élégance a perdu sa fleur; et si l'on veut donner au style un peu d'éclat, il faudra bientôt tirer de loin des mots auxiliaires, accumuler des métaphores, afin de se rendre étrange, de peur d'être commun en osant être naturel.

Que faire donc pour retarder au moins cette dégradation successive et continuelle? Opposer à l'usage la même force de résistance pour retenir ce qu'il veut rebuter, qu'on lui oppose quelquefois pour rebuter ce qu'il veut introduire. Ne voit-on pas quel est le sort de ces mots *aventuriers* dont parle La Bruyère, qui courent le monde pour tenter fortune, et qui, après une vogue éphémère, sont délaissés et tombent dans l'oubli? Pourquoi donc, si le bon esprit et le bon goût font périr les mots qu'ils dédaignent, n'auraient-ils pas le droit de faire vivre les mots qu'ils auraient adoptés, si ces mots ont de l'harmonie, de la clarté, de la couleur, et une noblesse naturelle, je veux dire de l'analogie avec des idées et des images nobles, sans nulle affinité avec des objets rebutants?

Le peuple, dit-on, s'exprime ainsi. Eh bien, alors le peuple s'exprime noblement. Où en serions-nous si l'écrivain, même le plus élégant, ne devait rien dire comme le peuple? Une grande partie de la langue est commune à tous les états; et cette espèce de domaine public est plus ou moins étendu, selon le caractère et l'esprit de la multitude. Le peuple d'Athènes parlait la langue de Théophraste, et croyait même la parler mieux que lui. Le peuple romain, du temps de Scipion, ne parlait pas la langue de Térence; mais avant même le règne d'Auguste, il était, en fait de langage, si difficile et si sévère, qu'il intimidait ses orateurs. Le peuple de Toscane parle aujourd'hui l'italien le plus pur. Les paysans de la Castille parlent leur langue dans toute sa noblesse. Par quelle vanité voulons-nous que, dans la nôtre, tout ce qui est à l'usage du peuple contracte un caractère de bassesse et de vileté? Faut-il qu'une reine dise *bonjour* en d'autres termes qu'une villageoise?

Partout, sans doute, et dans tous les temps, il y a des façons de parler qu'il faut laisser au peuple et qui n'appartiennent qu'à lui, parce qu'elles sont analogues aux idées qui lui sont propres et qu'elles tiennent à ses coutumes, à ses travaux ou à ses mœurs; mais ce qui n'a pas ces rapports exclusifs et qui n'a rien de rebutant ni pour l'esprit ni pour l'oreille, appartient à toute la langue.

Quel sera donc, dira quelqu'un, le caractère définitif du langage élevé, du haut style? Une réserve semblable à celle que je viens d'assigner au langage du peuple, c'est-à-dire un grand nombre de termes et d'images exclusivement analogues aux mœurs, aux habitudes, à la façon de voir, de penser et d'agir des hommes d'un rang élevé. Mais à cet apanage réservé à leur classe, elle joindra la jouissance de tout le domaine commun, d'où la vanité veut l'exclure, et qu'une fausse délicatesse lui conseille d'abandonner.

Quoi! parce que le peuple dit tous les jours : « Comment faire? vous savez sa coutume; pousser « à bout quelqu'un; être instruit de ce qui se passe; « prendre son chemin vers un endroit, » parce qu'il

« dit : « Vous qui parlez pour lui; attendrait-il si
« tard ; pour bien faire il faudrait; attendre après
« quelqu'un; réglez-vous là-dessus; prenez votre
« parti; » et mille choses qu'on ne peut dire autrement que le peuple sans les dire plus mal
que lui; faut-il pour cela que ces façons de parler,
simples et naturelles, soient interdites à la poésie?
Fallait-il que Racine (de qui je les emprunte)
se les refusât au besoin? Ne voit-on pas qu'entremêlées avec des termes et des images d'un ton
plus haut, elles donnent au style un air de vérité, de naïveté, qu'il n'aurait pas s'il était plus
tendu ? C'est l'artifice qu'Aristote enseigne aux
poètes pour sauver l'invraisemblance du merveilleux, que d'y mêler des choses simples et communes, afin, dit-il, que la croyance accordée à ce
qui est naturel se communique à ce qui ne l'est pas.
Il en sera de même de la vraisemblance du langage,
si le naturel s'y marie avec le rare et le merveilleux.

Qu'on affecte au contraire de se tenir sans cesse
au-dessus du ton familier, bientôt on ne parlera plus
que par figures accumulées; et la langue écrite le
fera si artistement et si pompeusement qu'elle ne fera
plus aucune illusion. « Il faut, nous dit Voltaire,
« qu'une métaphore soit naturelle, vraie, lumineuse
« (et il ajoute) et qu'elle échappe à la passion. » Or
comment peut-elle paraître échapper à la passion, si
la passion en est prodigue, et si son langage n'est
qu'un amas de figures accumulées et de termes évidemment recherchés et tirés de loin?

L'expression ne doit jamais être plus simple que lorsque la pensée ou le sentiment est sublime ; or tout ce qui est simple dans un langage y devient nécessairement familier par les progrès de l'imitation. L'on voit même que parmi nous, soit au théâtre, soit dans les livres, soit dans le monde, le peuple a déjà pris les expressions les plus fortes de la poésie et de l'éloquence; un accident le fait *frémir;* une calomnie lui fait *horreur;* un caractère lui paraît *odieux*, *détestable*, *atroce*; un artisan est *désolé*, *désespéré* de s'être fait attendre ; il est *pénétré*, *confondu*, *inconsolable*, etc. Il ne faut donc pas s'imaginer que tout ce qui devient familier au peuple soit populaire, et en dépit de l'usage et de ses abus, la langue noble a droit de conserver non-seulement ce qui lui est propre, mais ce qui doit lui être commun avec tous les autres langages.

Cependant l'art d'écrire, comme tous les arts, d'agrément, doit s'occuper du soin de plaire à ce public qui s'est rendu l'arbitre de la langue. Il est donc inutile d'examiner, me dira-t-on, si le caprice et la fantaisie, ou la réflexion et le goût, président à ses décisions, et dès que la langue est l'instrument des arts destinés à lui plaire, il faut la parler à son gré.

C'est là, je crois, l'objection la plus forte qu'on puisse faire en faveur de l'usage, et je conviens qu'elle est sans réplique pour les ouvrages dont le succès dépend de l'émotion simultanée du public assemblé, car dans ces assemblées l'usage est dans toute sa force et dans la plénitude de son autorité ;

il y décide et ne raisonne pas, et il fallait tout l'art de Racine, tout l'ascendant de Bossuet, pour risquer au théâtre et dans la chaire d'éloquentes témérités.

Mais hors de là et dans des écrits jugés par des lecteurs isolés et tranquilles, pourquoi, si l'on est sûr d'avoir pour soi la raison et le goût, n'oserait-on parler d'après soi-même et pour le petit nombre? L'usage, comme l'opinion, existe, sans que l'on puisse dire quelle en est l'origine ni quelle en sera la durée. C'est une assimilation de langage, comme l'opinion est une assimilation d'idées, l'une et l'autre le plus souvent fortuite et passagère, sans autre cause que l'exemple, sans autre lien qu'une adhésion superficielle des esprits. Si donc l'homme qui veut penser avec une liberté sage commence par se dégager du pouvoir de l'opinion, et ose lui-même s'en rendre juge, pourquoi l'homme qui veut écrire avec une noble franchise ne commence-t-il pas de même par soumettre l'usage à son propre examen? Comment veut-on que la parole suive le vol de la pensée, si, tandis que l'une sera libre, l'autre est chargée de liens? Cela me rappelle un emblème où un aigle attaché à un vieux tronc de chêne s'efforçait de prendre l'essor; ses ailes étaient déployées, mais son corps était enchaîné.

Lorsque le goût du temps a paru aux hommes de génie, dans tous les arts, ou trop timide ou trop frivole, qu'ont fait ces grands artistes? Ils se sont recueillis, retirés de leur siècle, et se sont mis devant les yeux les grands exemples du passé, pour être dignes, en les imitant, des suffrages de l'avenir. Pourquoi donc l'écrivain solitaire et indépendant, qui ne sera jamais livré aux mouvements de la multitude, et qui n'aura pour juge qu'un lecteur isolé et solitaire comme lui, n'aurait-il pas le même courage que le peintre et que le statuaire a dans son atelier? Son style y prendra, je le sais, un caractère un peu sauvage; mais je sais bien aussi qu'il en aura une vigueur plus mâle, une vérité plus naïve, enfin plus d'abondance, plus de sève et plus de saveur.

J'entends ici les vrais amis du goût et les zélés conservateurs de la pureté du langage, me demander si, en accordant aux écrivains cette liberté légitime que je sollicite pour eux, on n'ouvrira point la barrière à une licence immodérée, et si je pense qu'il en résulte plus d'avantages que d'abus?

A cela je réponds que l'éternel écueil de la liberté c'est la licence, et que la liberté n'en est pas moins le premier bien des arts, comme le premier bien des hommes. Je réponds qu'il importe peu que les mauvais écrivains en abusent, pourvu que les bons en profitent: car ce n'est jamais à la foule qui va périr, mais au petit nombre qui doit vivre, qu'il faut penser en s'occupant des arts. Un écrivain judicieux sentira, mieux que je n'ai pu le dire, à quelles conditions il peut oser ce que l'usage lui défend ou ne lui permet point encore; et celui à qui la nature aura refusé ce discernement juste et sain, cette sagacité d'intelligence et de sentiment qui fait l'homme de goût, celui-là, dis-je, n'a pas besoin, pour mal écrire, qu'on lui en facilite les moyens.

Qu'il se rencontre, par exemple, un de ces esprits vains et vagues, qui, pour déguiser leur faiblesse et leur inanité, s'efforcent de produire des mots en guise de pensées, et qui, n'ayant que des idées communes, les fardent et les enluminent pour leur donner un air de singularité ; rien ne l'empêchera de se faire un langage aussi bizarrement construit que péniblement travaillé.

Qu'il se rencontre un cerveau brûlant, d'une chaleur stérile et sans lumière, comme celle d'un sable aride ; un de ces hommes qui, sans talent, veulent se donner du génie ; rien ne l'empêchera de se former un style aussi obscur, aussi incohérent, aussi informe que ses pensées. Avec des notions superficielles et confuses, il tâchera de se montrer profond ; vigoureux et hardi, avec des idées faibles ; plein de verve et d'enthousiasme, avec une âme sans ressort et une imagination sans élans : il cherchera la nouveauté, la hardiesse, l'énergie, dans un mélange monstrueux de mots étrangers l'un à l'autre, et d'images incompatibles ; et donnant sa bizarrerie pour de l'originalité, je crois l'entendre s'applaudir d'avoir un langage qui n'est qu'à lui. Tant mieux qu'il ne soit qu'à lui seul. Mais eût-il des imitateurs, des admirateurs même, pourquoi s'en mettre en peine ? Jetons les yeux sur le passé ; et de ces productions sauvages dont le vaste champ de la littérature fut hérissé dans tous les temps, regardons ce qui reste : observons à quel petit nombre de bons esprits et de bons écrivains tient la gloire de tout un siècle ; et pourvu que ceux-là prospèrent, laissons la foule des talents se débattre dans les liens de l'usage, ou s'en échapper, n'éviter la bassesse et la trivialité que par l'enflure et l'extravagance, et ne faire un moment quelque bruit qu'en passant de l'obscurité dans l'oubli.

MARMONTEL, *Éléments de Littérature.*

VADÉ (JEAN-JOSEPH) naquit à Ham, en Picardie, en 1720. Il quitta son pays natal dès l'âge de cinq ans, et fut amené à Paris par son père qui vivait du revenu d'un commerce peu lucratif. Les faibles ressources de sa famille auraient dû l'exciter au travail, et lui inspirer le désir de sortir de sa situation embarrassante; mais d'un naturel léger, vif et passionné, il se laissa entraîner par le plaisir et négligea ses études au point de ne pas apprendre les premiers principes de la langue latine. Cette ignorance si préjudiciable ordinairement, en le rendant moins difficile et moins timide, fut peut-être la cause de l'originalité de ses écrits. Il sentit cependant la nécessité de corriger un tel vice d'éducation, et lut avec attention et avec fruit les beaux modèles de notre littérature.

En 1739 il obtint un emploi de contrôleur du vingtième à Soissons et à Laon, dont il fit pendant quatre ans les délices. Après avoir passé un an à Rouen, en 1743, il s'attacha deux ans à M. le duc d'Agenois, en qualité de secrétaire. Ses amis et ses protecteurs voulant le fixer à Paris, lui procurèrent une place au bureau du vingtième. Il la remplissait encore, quand un abcès à la vessie le contraignit de garder le lit; l'opération fut faite avec beaucoup d'adresse et un succès apparent. Mais, quelque temps après une hémorrhagie survint; le danger augmenta, et Vadé succomba le 4 juillet 1757. Il se repentit de ses égarements et mourut dans les sentiments les plus chrétiens; il était âgé de trente-sept ans.

Vadé est le créateur du genre poissard. « Ce n'est « point un genre méprisable, est-il dit dans un « article inséré dans l'*Année littéraire* de 1757, et « il y aurait de l'injustice à le confondre avec le « burlesque, cette platitude extravagante et facile « du dernier siècle, qui ne pouvait subsister long- « temps parmi nous. Le burlesque ne peint rien; « le poissard peint la nature basse, si l'on veut, « aux regards dédaigneux d'une certaine dignité « philosophique, mais très agréable à voir, quoi- « qu'en disent nos délicats. » « Un tableau qui me « représente avec vérité une guinguette, des gens « du peuple dansant, des soldats buvant et fu- « mant, n'a-t-il pas droit à me plaire ? Vadé est le « *Teniers* de la littérature, et Teniers est compté « parmi les plus grands artistes, quoiqu'il n'ait peint « que des fêtes flamandes. »

On voit avec plaisir les peintures de Teniers, il est vrai, l'on en admire la simplicité, l'on en vante le coloris original, et l'on désire qu'elles trouvent des imitateurs; mais toute personne sensée, qui tient aux principes de la morale et du beau, fera des vœux pour qu'il n'y ait jamais un copiste de Vadé. Le genre poissard a pu exciter le rire et amuser un instant, lorsque l'auteur s'est mis lui-même en scène, lorsqu'il est devenu acteur. Mais dans une copie cette gaieté grossière fatiguera et ennuiera. Au reste, n'en déplaise au panégyriste de Vadé, dussé-je passer pour un délicat, ou même pour un philosophe, je trouve que cette espèce de littérature ne peut se soutenir long-temps; car on n'aime pas à voir le spectacle de la nature dégradée.

Vadé valait mieux que ses amphigouris. Il était gai, doux, spirituel et très généreux. Malgré la modicité de sa fortune, il aida plus d'une fois sa famille ou ses amis. C'est un mérite bien rare et presque inconnu des gens qui sont le plus en état de rendre de semblables services. Il fut d'une grande modestie; il ne regarda ses ouvrages que comme très indifférents; jamais il ne prit la peine de les recueillir, aussi n'ont-ils paru qu'après sa mort, réunis en 4 volumes.

On a de lui des *Opéra comiques*, des *Parodies*, des *Chansons*, des *Bouquets*, ses *Lettres de la Grènouillière*, un poème de la *Pipe cassée*, et les *Compliments de clôture des foires de St.-Germain et de St.-Laurent.*

AD. LAUGIER.

VALÈRE-MAXIME (VALERIUS-MAXIMUS), historien latin, sortait de la famille des Valerius et de celle des Fabius. Son goût pour les lettres ne lui ôta point celui des armes; il suivit Sextus Pompée à la guerre, et composa à son retour un recueil des actions et des paroles remarquables des Romains et des autres hommes illustres.

« Son livre, dit M. Binet, dans la préface de sa « traduction française de Valère-Maxime, est un re- « cueil utile, composé d'un nombre considérable de « morceaux historiques très précieux, rangés dans « le meilleur ordre. Les récits, liés ensemble par des « transitions aussi naturelles que variées, sont ac- « compagnés de réflexions judicieuses, de pensées « fines, de sentiments nobles et délicats. Sa latinité « n'a pas la pureté du siècle d'Auguste. Il s'y trouve « des termes impropres, des métaphores outrées et « incohérentes, des antithèses qui dégénèrent en « jeux de mots, des tours obscurs à force d'être re- « cherchés.... Son ouvrage, sans être parfait, ni « pour le style, ni même pour l'exactitude histori- « que, ne laisse pas d'être infiniment estimable. »

Parmi les diverses éditions de Valère-Maxime, on distingue celles de Leyde, 1670, in-8°, *cum notis variorum*, 1726, in-4°; celle de Paris, 1679, in-4°, à l'usage du Dauphin; et celle qui fait partie de la *Collection des Classiques latins*, publiée par M. Lemaire. Nous avons trois traductions de Valère-Maxime; la première, par Claverat, Lyon, 1700, 2 vol. in-12; la seconde, par Taboicher, Paris, 1713, 3 vol. in-12; et celle de M. Binet, 1796, qui a fait oublier les deux autres.

VALERIUS-FLACCUS (C. VAL. FL. SETINUS BALBUS), poète latin, né à Séba en Campanie, florissait sous le règne de Vespasien. Il se fixa à Padoue et fut l'ami de Martial, qui ne semble pas avoir une grande opinion de son talent poétique, lorsqu'il lui conseille de renoncer à la poésie pour se livrer au barreau ou à tout autre profession. Cependant son *poème héroïque* sur le voyage des *Argonautes*, dédié à l'empereur Vespasien, a échappé à l'oubli, malgré les défauts qu'on lui reproche. Ce poème, divisé en huit livres, a eu plusieurs éditions, savoir : Bologne, 1474, in-folio; Utrecht, 1702, in-12; Leyde, 1724, in-4°; Altenburgi, 1781, in-8°, de plus de 1300 pages, édition de M. Ch. Harles, avec les notes de Burmann. On annexe ce volume aux *Variorum*. Il y a aussi une autre édition estimée de M. J. A. Wagner, Gottingue, 1803, in-8°, en 2 vol.; le premier contient le texte et la table, et le second, le commentaire.

Apollonius avait traité le même sujet long-temps avant Valérius-Flaccus. La Harpe dit qu'il n'y a de poésie d'aucune espèce dans le poème de ce dernier, et qu'il est aussi loin d'Apollonius que celui-ci de Virgile. M. Amar dit, au contraire, que « Valérius-« Flaccus a surpassé de beaucoup son modèle pour « la richesse et la variété du plan, et l'emporte « même quelquefois sur lui par la beauté des dé-« tails; ce que Burmann, M. Harles, M. Wagner et « M. Pindemonte prouvent très bien, en rappro-« chant des morceaux de l'un et de l'autre poète. » (Voyez les éditions qu'ils ont données de Valérius-Flaccus, et sur-tout la traduction en vers français de M. A. Dureau de La Malle.)

VANIÈRE.

VANIÈRE (JACQUES), jésuite, naquit à Caux, bourg du diocèse de Béziers, en 1664, et mourut à Toulouse en 1739. Son talent pour la poésie latine s'annonça par deux poèmes, l'un intitulé *Stagna* et l'autre *Columbæ*, qui lui firent beaucoup de réputation. Santeuil, après les avoir lus, dit en parlant de l'auteur, « que ce nouveau venu les avait « tous dérangés sur le Parnasse. » Mais ce qui donna le plus de célébrité au P. Vanière, ce fut son *Prœdium rusticum*, poème en XVI chants, dans le goût des *Géorgiques* de Virgile. « De tous les poèmes dont
« Virgile a fourni l'idée et le modèle, dit Delille,
« le plus considérable est le *Prœdium rusticum* du
« P. Vanière. Il a traité dans le plus grand détail
« toutes les parties de l'agriculture; et c'est peut-
« être le défaut de son ouvrage. Il est plus abondant
« que Virgile; Virgile est plus rapide que lui. Le poète
« romain est plus agréable dans des détails arides,
« que le poète toulousain dans les objets les plus
« riants. Celui-ci explique quelquefois prosaïque-
« ment les objets les plus poétiques; l'autre revêt
« de la plus belle poésie les objets les plus simples.
« Je remarque dans l'un une profusion souvent
« mal-entendue; j'admire dans l'autre une économie
« toujours pleine de goût; enfin, on trouve plus de
« variété dans le petit terrain qu'a défriché Virgile,
« que dans l'espace immense que Vanière a cultivé.
« Mais ce qu'on ne peut trop admirer dans celui-ci,
« c'est qu'il loue la campagne de bonne foi, qu'il
« peint ce qu'il aime, et qu'il fait passer dans l'âme
« des lecteurs le sentiment qui l'anime. »

La meilleure édition du *Prædium rusticum* est celle de Bordelet, Paris, 1756, in-12. Nous avons encore du P. Vanière un recueil de vers latins, in-12 : on y trouve des églogues, des épîtres, des épigrammes, des hymnes, etc. Il a aussi donné un *Dictionnaire poétique* latin, in-4°, très estimé. M. Berland, de Rennes, a publié en 1736 une traduction du *Prædium rusticum*, en 2 vol. in-12, sous le titre d'*Économie rurale*.

VAUVENARGUES (LUC DE CLAPIERS, marquis de), issu d'une noble et ancienne famille de Provence, naquit à Aix, le 10 août 1715. L'emploi qu'il fit de ses premières années semblait plus propre à l'éloigner des études littéraires qu'à y préparer son esprit et son goût. Une constitution faible et une santé souvent altérée nuisirent au succès des premières instructions qu'il reçut. Élevé dans un collège, il y montra peu d'ardeur pour l'étude, et n'en remporta qu'une connaissance très superficielle de la langue latine. Appelé de bonne heure au service par sa naissance et le vœu de ses parents, les goûts de la jeunesse et les dissipations de l'état militaire lui firent bientôt oublier le peu qu'il avait appris au collège, et il est mort sans être en état de lire Horace et Tacite dans leur langue.

L'espace dans lequel se renferme la vie tout entière de Vauvenargues, composerait à peine la jeunesse d'un homme ordinaire. Il mourut à trente-deux ans; et dans une vie si courte, très peu d'années semblent avoir été employées à le conduire au genre de célébrité auquel il devait parvenir.

Il entra au service en 1734 ; il avait dix-huit ans, et cette même année il fit la campagne d'Italie, en qualité de sous-lieutenant au régiment du Roi, infanterie.

Ce n'était pas là une école où il pût préparer les matériaux de l'*Introduction à la connaissance de l'esprit humain* ; ce n'était pas dans un camp, au milieu des occupations actives de la guerre qu'un jeune officier de dix-huit ans paraissait devoir trouver des moyens de former son cœur et son esprit au goût de la méditation et de l'étude ; mais la nature en douant Vauvenargues d'un esprit actif, lui avait donné en même temps la droiture d'âme qui en dirige les mouvements et le sérieux qui accompagne l'habitude de la réflexion.

Il joignait à une âme élevée et sensible le sentiment de la gloire et le besoin de s'en rendre digne : ce sont là les traits qui caractérisent essentiellement ses écrits. Il apportait au service les qualités qui composent le mérite d'un homme d'honneur, plutôt que celles qui servent à le faire remarquer. Sa figure, quoiqu'elle eût de la douceur et ne manquât pas de noblesse, n'avait rien qui le distinguât avantageusement parmi ses camarades. La faiblesse de son tempérament ne lui avait pas permis d'acquérir dans les exercices du corps cette supériorité d'adresse et de force qui donne à la jeunesse tant de grace et d'éclat. Enfin une excessive timidité, tourment ordinaire d'une âme jeune, avide d'estime, et que blesse l'apparence seule d'un reproche, voilait trop souvent les lumières de son esprit pour ne laisser apercevoir que l'intéressante et douce simplicité de son caractère. C'est près de lui qu'on eût pu concevoir cette pensée qu'il a exprimée depuis avec tant de charme : *Les premiers jours du printemps ont moins de grace que les vertus naissantes d'un jeune homme.* Douce, tempérée, sensible, semblable en tout *aux premiers jours du printemps*, sa vertu devait se faire aimer d'abord; mais le temps et les occasions pouvaient seules en développer les heureux fruits.

La guerre d'Italie n'avait pas été longue; mais la paix qui la suivit ne fut pas non plus de longue durée. Une nouvelle guerre vint troubler la France en 1741. Le régiment du Roi fit partie de l'armée qu'on envoya en Allemagne, et qui pénétra jusqu'en Bohême. On se rappelle tout ce que les troupes françaises eurent à souffrir dans cette honorable et pénible campagne, et sur-tout dans la **fameuse** retraite de Prague, qui s'exécuta au mois de décembre 1742. Le froid fut excessif. Vauvenargues, naturellement faible, en souffrit beaucoup plus que les autres. Il rentra en France au commencement de 1743 avec une santé détruite; sa fortune peu considérable, avait été épuisée par les dépenses de la guerre. Neuf années de service ne lui avaient procuré que le grade de capitaine, et ne lui donnaient aucun espoir d'avancement.

Il se détermina à quitter un état, honorable sans doute pour tous ceux qui s'y livrent, mais où il est difficile de se faire honorer plus que des milliers d'autres, lorsque la faveur ou les circonstances ne font pas sortir un militaire de la foule pour l'élever à quelque commandement.

Vauvenargues avait étudié l'histoire et le droit public; l'habitude et le goût du travail, et aussi ce sentiment de ses forces que la modestie la plus vraie n'éteint pas dans un esprit supérieur, lui fit croire qu'il pourrait se distinguer dans la carrière des négociations. Il désira d'y entrer, et fit part de son désir à M. de Biron, son colonel, qui, loin de lui promettre son appui, ne lui laissa entrevoir que la difficulté de réussir dans un tel projet.

Vauvenargues, malheureux par sa santé, par sa fortune, et sur-tout par son inaction, sentait qu'il ne pouvait sortir de cette situation pénible que par une résolution extraordinaire. Étranger à la cour, inconnu du ministre dont il aurait pu solliciter la faveur, privé du secours du chef qui aurait pu appuyer sa demande, il prit le parti de s'adresser directement au roi, pour lui témoigner le désir de le servir dans les négociations. Il écrivit en même temps à M. Amelot, ministre des affaires étrangères. Ses deux lettres étant restées sans réponse, il osa alors manifester son mécontentement dans une lettre pleine de noblesse, qu'il adressa de nouveau à M. Amelot, et cette lettre, que personne peut-être n'eût voulu se charger de présenter au ministre, valut à Vauvenargues une réponse favorable, avec la promesse d'être employé lorsque l'occasion s'en présenterait. Mais un triste incident vint tromper ses espérances. Il était retourné au sein de sa famille pour se livrer en paix aux études qu'exigeait la carrière où il se croyait près d'entrer, lorsqu'il fut atteint d'une petite vérole, de l'espèce la plus maligne, qui défigura ses traits, et le laissa dans un état d'infirmité continuelle et sans remède. Ainsi ce jeune homme, plein d'énergie dans le caractère, d'activité dans l'esprit, de générosité dans les sentiments, se vit condamné à perdre dans l'obscurité tant de dons précieux, en attendant qu'une mort douloureuse vînt terminer, à la fleur de son âge, une vie où n'avait jamais brillé un instant de bonheur.

Ce fut alors que, conservant pour toute ressource cette même philosophie qui l'avait dirigé toute sa vie dans la pratique des vertus, il ne trouva de consolation que dans l'étude et l'amour des lettres, qui, dans tous les temps l'avaient soutenu contre toutes les contrariétés qu'il avait éprouvées. Il s'occupa à revoir et à mettre en ordre les réflexions et les petits écrits qu'il avait jetés sur le papier dans les loisirs d'une vie si agitée; il publia, en 1746, son *Introduction à la connaissance de l'esprit humain*, ouvrage qui étonna ceux qui étaient en état de l'apprécier, et qui doit faire regretter ce qu'on aurait pu attendre de l'auteur, si une mort prématurée ne l'avait enlevé à la gloire que son génie semblait lui promettre.

Après avoir langui plusieurs années dans un état de souffrance sans remède, qu'il supportait sans se plaindre, Vauvenargues voyait sa fin prochaine comme inévitable ; il en parlait peu, et s'y préparait sans aucune apparence d'inquiétude et d'effroi. Il mourut en 1747, entouré de quelques amis distingués par leur esprit et leur caractère, qui n'avaient pas cessé de lui donner des preuves du plus tendre dévouement. Il les étonnait autant par le calme inaltérable de son âme que par les ressources inépuisables de son esprit et souvent par l'éloquence naturelle de ses discours.

Ceux qui l'ont connu rendent témoignage de cette paix constante, de cette indulgente bonté, de cette justice de cœur et de cette justesse d'esprit, qui formèrent son caractère, et que n'altérèrent jamais ses continuelles souffrances. *Je l'ai toujours vu*, dit Voltaire, *le plus infortuné des hommes et le plus tranquille.*

C'était à Paris, où il passa les trois dernières années de sa vie, qu'il s'était lié avec Voltaire de cette affection tendre et profonde qui en fit la plus douce consolation. Voltaire, âgé alors de plus de cinquante ans, environné des hommages de l'Europe entière qu'il remplissait de son nom, éprouvait pour ce jeune mourant une amitié mêlée de respect.

Marmontel, qui dut à Voltaire la connaissance de Vauvenargues, donne une idée intéressante du charme de son commerce et de ses entretiens. « En « le lisant, dit Marmontel [*], je crois encore l'en- « tendre ; et je ne sais si sa conversation n'avait pas « même quelque chose de plus animé, de plus dé-

---

[*] Lettre de Marmontel à madame d'Espagnac.

« licat que ses divins écrits. » Il écrivit ailleurs * :
« Vauvenargues connaissait le monde et ne le mé-
« prisait point. Ami des hommes, il mettait le vice
« au rang des malheurs, et la pitié tenait dans son
« cœur la place de l'indignation et de la haine. Ja-
« mais l'art et la politique n'ont eu sur les esprits
« autant d'empire que lui en donnait la bonté de
« son naturel et la douceur de son éloquence. Il
« avait toujours raison et personne n'en était hu-
« milié. L'affabilité de l'ami faisait aimer en lui la
« supériorité du maître.

« L'indulgente vertu nous parlait par sa bouche

« Doux, sensible, compatissant, il tenait nos âmes
« dans ses mains. Une sérénité inaltérable dérobait
« ses douleurs aux yeux de l'amitié. Pour soutenir l'ad-
« versité, on n'avait besoin que de son exemple; et
« témoin de l'égalité de son âme, on n'osait être
« malheureux avec lui. »

SUARD.

JUGEMENTS.

I

Ce n'est pas seulement une morale pure, un esprit droit, une raison forte et éclairée qui ont dicté les écrits de Vauvenargues. Le caractère particulier d'élévation qui les distingue ne peut appartenir qu'à une âme d'un ordre supérieur; et la douce indul-

---

* Note à l'*Épître dédicatoire* de *Denys le Tyran*.

gence qui s'y mêle aux plus nobles mouvements, ne peut être le simple produit de la réflexion et le résultat des combinaisons de l'esprit; ce doit être encore l'épanchement du plus beau naturel, que la raison a pu perfectionner, mais qu'elle n'aurait pu suppléer.

La plupart de nos écrivains moralistes n'ont examiné l'homme que sous une certaine face. La Rochefoucauld, en démêlant jusque dans les replis les plus cachés du cœur humain les ruses de l'intérêt personnel, a voulu sur-tout les mettre en contraste avec les motifs imposants sous lesquels elles se déguisent. La Bruyère, avec des vues moins approfondies peut-être, mais plus étendues et plus précises, *a peint de l'homme*, a dit un excellent observateur [*], *l'effet qu'il produit dans le monde*, *Montaigne les impressions qu'il en reçoit*, *et Vauvenargues les dispositions qu'il y porte;* et c'est en cela que Vauvenargues se rapproche sur-tout de Pascal. Mais la différence du caractère et de la destination de ces deux profonds écrivains en a mis une bien grande dans le but de leurs méditations et dans le résultat de leurs maximes. Pascal, voué à la solitude, a examiné les hommes sans chercher à en tirer parti, et comme des instruments qui ne sont plus à son usage; il a pénétré, aussi avant peut-être qu'on puisse le faire dans la profondeur des faiblesses et des misères humaines; mais il en a cherché le principe dans les dogmes de la religion, non dans la

---

[*] Mademoiselle Pauline de Meulan, aujourd'hui madame Guizot.

nature de l'homme, et ne considérant leur existence ici-bas que comme un passage d'un instant à une existence éternelle de bonheur ou de malheur, il n'a travaillé qu'à nous détacher de nous-mêmes par le spectacle de nos infirmités, pour tourner toutes nos pensées et tous nos sentiments vers cette vie éternelle, seule digne de nous occuper. Vauvenargues, au contraire, a eu pour but de nous élever au-dessus des faiblesses de notre nature par des considérations tirées de notre nature même et de nos rapports avec nos semblables. Destiné à vivre dans le monde, ses réflexions ont pour objet d'enseigner à connaître les hommes pour en tirer le meilleur parti dans la société. Il leur montre leurs faiblesses pour leur apprendre à excuser celles des autres. « Je « crois, a dit Voltaire, que les pensées de ce jeune « militaire seraient aussi utiles à un homme du « monde, fait pour la société, que celles du hé- « ros de Port-Royal pouvaient l'être à un solitaire « qui ne cherche que de nouvelles raisons pour haïr « et mépriser le genre humain. » Vraisemblablement un peu d'humeur contre Pascal, s'est mêlée à son amitié pour Vauvenargues, quand il a écrit ce jugement, peut-être exagéré, mais non dépourvu de vérité sous certains rapports. Pascal semble un être d'une autre nature, qui observe les hommes du haut de son génie, et les considère d'une manière générale qui apprend plus à les connaître qu'à les conduire. Vauvenargues, plus près d'eux par ses sentiments, en les instruisant par des maximes, cherche à les diriger par des applications particulières. Pascal éclaire la route, Vauvenargues indique le sentier qu'il faut suivre : les maximes de Pascal, sont plus en observations, celles de Vauvenargues plus en préceptes.

On a observé que le sentiment encourageant qui a dicté la doctrine de Vauvenargues, et la manière en quelque sorte paternelle dont il la présente, semblent le rapprocher beaucoup plus des philosophes anciens que des modernes. La Rochefoucauld humilie l'homme par une fausse théorie; Pascal l'afflige et l'effraie du tableau de ses misères; La Bruyère l'amuse de ses propres travers; Vauvenargues le console et lui apprend à s'estimer.

SUARD.

II.

Dans l'*Introduction à la connaissance de l'esprit humain*, la critique sévère reproche à Vauvenargues des erreurs. Cet ouvrage était l'essai de l'auteur, le cadre était trop vaste, et l'on sent que, pour le remplir parfaitement, il fallait une grande maturité d'esprit, un grand nombre de connaissances. Vauvenargues n'avait étudié l'homme que tel qu'il se montre dans la société. L'*Introduction à la connaissance de l'esprit humain* exigeait plus que le talent de l'observation, plus que de la pénétration et de l'esprit. En lisant cet ouvrage, on reconnaît la faiblesse de l'auteur, qui lutte en vain avec son sujet, et qui tâche de suppléer à l'insuffisance de ses moyens par l'énergie de son âme et l'indépendance de son imagination. Mais on pardonne facilement à l'audace généreuse d'un esprit droit et vigoureux, dont l'allure est libre et fière, et qui, rejetant le joug des préjugés, dédaigne les routes ordinaires et marche à la vérité par des sentiers qu'il s'est tracés lui-même. Réduit à ses propres forces, n'ayant pour guide que son bon sens et la rectitude de son jugement, il doit s'écarter quelquefois du but; mais ses erreurs même portent l'empreinte de l'originalité; elles sont marquées du sceau de la loyauté et de la franchise. Quand il atteint à la vérité, il la présente d'abord au cœur pour obtenir la conviction de l'esprit, et c'est par le sentiment qu'il arrive à la persuasion.

C'est sur-tout dans ses *Maximes* que brille le talent de Vauvenargues; ce sont elles qui l'ont placé à côté de Larochefoucauld. Là se développe son âme aimante, et la sévérité de la morale est tempérée par une douce indulgence : la concision, la profondeur et la finesse s'y unissent aux plus nobles mouvements de l'éloquence. Une raison forte et éclairée guide toujours la plume du moraliste, et son style, frappant par l'énergie, intéresse encore par sa candeur : au sein même de l'indignation et de la haine vigoureuse que le vice lui inspire, on trouve un fond de bonté qui écarte l'idée d'un esprit chagrin ou d'un censeur trop austère; car la connaissance sûre et profonde du cœur humain serait une science stérile sans l'indulgence qui sait la féconder : le coup d'œil de Vauvenargues ne suffit pas, il faut avoir son âme. Un sec moraliste pourrait, en voulant éclairer l'homme, ne faire que l'irriter : Vauvenargues ne l'abandonne pas lorsqu'il l'a blessé; il lui tend les bras, il pleure avec lui, il le console et l'encourage. S'il l'effraie par le tableau du vice, il l'anime par le tableau de la vertu. Qu'elle est belle sous son pinceau* ! qu'il est doux d'arriver jusqu'à elle sous un tel guide !

  Charles de Saint-Maurice. *Éloge de Vauvenargues***.

III.

Si l'on ne veut pas être trop sévère sur les productions de cet écrivain, qui avec un assez petit volume, s'est fait un nom dans la philosophie, il faut d'abord se souvenir que la seule partie de ce volume qui soit proprement un ouvrage, la seule qu'il ait finie, c'est le recueil intitulé *Réflexions et Maximes*, qui suffirait pour lui donner un rang parmi les bons moralistes; le reste du livre, qui a pour titre *Introduction à la connaissance de l'esprit humain*, n'offre que des fragments de différents genres, qui étaient des matériaux d'un grand ouvrage que les maladies continuelles de l'auteur, suivies d'une mort prématurée, ne lui permirent pas d'achever. Déjà même il la voyait approcher quand il se résolut à imprimer ces diverses es-

---

* Par quel prodige avais-tu, à l'âge de vingt-cinq ans, la vraie philosophie et la vraie éloquence, sans autre étude que le secours de quelques bons livres? Comment avais-tu pris un essor si haut dans le siècle des petitesses? Et comment la simplicité d'un enfant timide couvrait-elle cette profondeur et cette force de génie?

  Voltaire. *Éloge des officiers morts dans la guerre de* 1741.

** Cet *Éloge*, qui a été couronné dernièrement à Aix, se trouve en tête du *Supplément aux Œuvres* de Vauvenargues, Paris, 1821, in 8°.

quisses, dont il n'espérait plus de pouvoir faire un tout. Il s'était proposé de former un système complet de tout ce qui constitue le moral de l'homme, et d'en établir la certitude en liant les conséquences aux principes, et les faits à la théorie. Il voulait se rendre compte à lui-même de cette certitude, pour l'opposer au scepticisme, c'est-à-dire qu'il avait entrepris pour la morale ce que Pascal avait entrepris pour la religion; et il paraît que Vauvenargues, quoique bien loin du génie de Pascal, avait assez de bon esprit pour venir à bout de son entreprise. Il se proposait de parcourir *toutes les qualités de l'esprit, toutes les passions, toutes les vertus et tous les vices;* et il indique les résultats généraux qu'i en aurait tirés, dans ces termes de sa préface : « Les devoirs des hommes rassemblés en société, « voilà la morale; les intérêts réciproques de ces « sociétés, voilà la politique; leurs obligations en- « vers Dieu, voilà la religion. » C'est ainsi que s'explique, au commencement de son livre, cet homme que l'on a voulu placer, comme nous le verrons bientôt, parmi les *philosophes* de l'irréligion. Ici j'observerai seulement que la division précitée n'est ni exacte, ni complète, et que, pour exécuter un plan tel que celui de Vauvenargues, plan fort beau et qui est encore à remplir, puisque personne, que je sache, ne l'a traité que partiellement, il faudrait, je crois, procéder ainsi : « Les devoirs de l'homme « envers ses semblables, devoirs fondés sur la loi « naturelle, qui vient de Dieu et réside dans la « conscience, voilà la morale; la réciprocité des

« biens et des intérêts, soumise à ces mêmes devoirs,
« voilà la société; la concurrence des besoins et des
« intérêts, dirigée vers le bien général, voilà la lé-
« gislation ; les obligations des hommes envers un
« Dieu, leur auteur commun, obligations dont la loi
« naturelle est le premier fondement, et dont la loi
« révélée est le complément nécessaire et la sanc-
« tion infaillible, voilà la religion. » Avec cette méthode, Dieu présiderait à tout comme principe et
comme fin (*principium et finis*); et si les païens
eux-mêmes ont senti, à la révélation près, qu'ils
n'ont pas connue, que cet ordre d'ailleurs était
l'ordre essentiel; s'ils l'ont observé dans leurs traités sur la morale et les lois*, des chrétiens, qui
en savent bien davantage, seraient-ils excusables
d'y manquer ? A l'égard de cette partie de la politique, qui n'est que la balance des intérêts respectifs
de ces grandes sociétés appelées nations, elle n'entre
point dans ce plan, et l'on ne voit pas trop pourquoi elle est nommée dans celui de Vauvenargues :
du moins n'en est-il nullement question dans aucun
endroit de son livre.

La partie la plus faible chez l'auteur, c'est la
métaphysique, qui occupait naturellement une place
dans ses premiers chapitres, où il traite des facultés
de l'esprit. Le peu qu'il en dit est inexact, vague et
confus. « Il y a *trois principes* remarquables dans
« l'esprit : l'imagination, la réflexion et la mémoire. »
Vauvenargues aurait dû savoir que ce sont là trois

---

* Voyez Platon, Aristote, Cicéron. etc.

qualités, trois modes, trois puissances de la substance pensante, et non pas *trois principes**. « J'ap-
« pelle imagination le don de concevoir les choses
« d'une manière figurée. » Oui, dans le style; mais l'imagination en elle-même est la disposition à se représenter les objets éloignés ou possibles, aussi vivement que s'ils étaient prochains ou réels**. Vous trouvez dans cette définition l'idée et la cause des avantages et des abus de l'imagination. L'auteur ajoute : « L'imagination parle toujours à nos sens. » Non; il ne dit pas ce qu'il devait, et probablement ce qu'il voulait dire. L'imagination émeut notre âme comme si nos sens étaient affectés***, et c'est ainsi que nous parlons à l'imagination des autres, et que nous lui offrons des images vives de ce que la nôtre a vivement conçu; et c'est sous ce rapport qu'il a raison de dire ensuite que « l'imagination est l'in-
« ventrice des beaux-arts et l'ornement de l'esprit. »

« La pénétration est une facilité à concevoir, à
« remonter aux principes des choses, ou à préve-
« nir leurs effets par une vive suite d'inductions. » Toute cette définition est défectueuse, et ce n'est pas la seule de ce genre dans le livre. La *facilité à concevoir* est le caractère général de tous ceux qui

---

* Il est vraisemblable que Vauvenargues n'ignorait pas ce que La Harpe a la singulière prétention de lui apprendre, et que par le mot de *principes*, il entendait, ce qui n'est pas si déraisonnable, les sources de nos idées.

H. Patin.

** C'est probablement ce qu'entend Vauvenargues par ces mots : *d'une manière figurée*. H. P.

*** Vauvenargues n'a pas voulu dire autre chose. Il y a beaucoup de pédantisme philosophique dans ces chicanes de mots. H. P.

ont ce qu'on appelle de l'intelligence ; c'est la première condition pour n'être pas sans esprit, pour être capable d'étude. La *pénétration* est un don particulier, celui de concevoir ce qui est d'une conception difficile, de voir dans les choses ce que peu de gens peuvent y voir; de voir plus vite, plus juste et plus loin*. *Remonter aux principes* n'est pas proprement de la *pénétration*; c'est de l'étendue d'esprit**. *Prévenir les effets* est proprement de la *pénétration* politique, et l'auteur considère ici la *pénétration* en général; mais deviner les effets par la cause est réellement de la *pénétration* en tout genre de connaissance ***. Ce soldat qui, les bras croisés, disait à Turenne : « Mon général, nous ne res« terons pas ici, » était pénétrant ; il jugeait l'espèce de faute qu'un bon général ne pouvait pas faire, et l'ordre même de se retrancher ne lui en imposa pas.

Dans le chapitre qui suit, et qui est un des meilleurs, voici qui est excellent : « La netteté est l'or« nement de la justesse; mais elle n'en est pas in« séparable. Ceux qui ont l'esprit net ne l'ont pas « toujours juste. Il y a des hommes qui conçoivent « très distinctement, et qui ne raisonnent pas con« séquemment. Leur esprit, trop faible ou trop

---

* Cela ne peut-il pas très bien s'appeler *de la facilité à concevoir?* La Harpe semble avoir juré de ne pas comprendre son auteur. H. P.

** N'en déplaise au critique, on ne peut sans *pénétration* remonter aux *principes des choses*. Toute cette argumentation est aussi fausse que tranchante. H. P.

*** C'est précisément ce qu'exprime avec plus de vivacité Vauvenargues par l'expression *prévenir*. H. P.

« prompt, ne peut suivre la liaison des choses, et
« laisse échapper leurs rapports. Ils ne peuvent ras-
« sembler beaucoup de vues, et attribuent quel-
« quefois à tout un objet ce qui n'appartient qu'au
« peu qu'ils en aperçoivent. La netteté même de
« leurs idées empêche qu'ils ne s'en défient. Eux-
« mêmes se laissent éblouir par l'éclat des images
« qui les préoccupent, et la lumière de leurs ex-
« pressions les attache à l'erreur de leurs pensées. »
Il semble que cette dernière phrase ait été écrite
pour Malebranche : elle lui est du moins parfaitement applicable. Avec des aperçus faux, il a toujours les exposés les plus lumineux.

« La profondeur est le terme de la réflexion. »
Cette pensée est obscure et louche pour vouloir
être trop concise. Il semblerait ici que la profondeur bornât la réflexion, et l'auteur veut dire que
l'esprit profond est la perfection de l'esprit réfléchi.

« Nous avons confondu la délicatesse et la finesse,
« qui est une sorte de sagacité sur les choses de
« sentiment. » N'est-ce pas l'auteur lui-même qui
confond ? la délicatesse est-elle autre chose qu'une
sorte de finesse appliquée aux choses de sentiment?
c'est un mode particulier d'une qualité générale;
et l'on peut ajouter que ce qui est trop fin devient
subtil, et que ce qui est trop délicat devient affecté
et précieux. Tout ce que l'auteur dit d'ailleurs dans
les différents chapitres qui ont donné lieu à ces observations, me semble bien vu et bien rendu. J'en
dis autant des suivants, et sur-tout de celui qui traite

des *saillies*. Tout ce qui regarde l'esprit des conversations, et ce que l'on appelle le ton du monde, est d'un homme qui l'a bien connu.

Il y a quelque chose à désirer dans les notions que l'auteur donne sur le goût. Je ne le blâmerai pas d'avoir dit : « Il faut avoir de l'âme pour avoir du « goût. » Quelques exceptions ne détruisent pas ce qui est généralement vrai. Mais quand il dit : « Tout « ce qui n'est qu'ingénieux est contre les règles du « goût, » il va beaucoup trop loin. La restriction était ici indispensable : tout ce qui n'est qu'ingénieux, là où il faut plus que de l'esprit, ou autre chose que de l'esprit, est contraire au goût. Dans tout autre cas (et il y en a beaucoup) la maxime de l'auteur n'est nullement vraie.

Dans le chapitre sur *l'Éloquence*, où les différents caractères du style sont en général assez bien marqués, il est dit que « la noblesse a un air aisé, sim- « ple, précis, naturel. » Je conçois que tout cela puisse ou doive entrer, selon l'occasion ou la convenance, dans un style qui a de la noblesse ; mais ce qui la caractérise elle-même, c'est une expression qui n'est jamais ni commune ni recherchée.

Au commencement du second livre, qui roule sur *les Passions*, s'offrent encore quelques inexactitudes dans le langage philosophique. « Il n'y a que « deux *organes* de nos biens et de nos maux, les sens « et la réflexion. » D'abord il fallait dire les sens et la pensée ; et de plus la pensée, non plus que la réflexion, n'est en aucun sens un *organe**. Nous

** Critique puérile. *Organe* n'est pas pris par Vauvenargues dans ce sens

souffrons physiquement par les sens, et moralement par l'âme; ou, en d'autres termes, les sens sont le siége de la douleur physique, et l'âme le siége de la douleur morale. Ce sont là de ces choses qu'il ne faut pas vouloir dire autrement qu'elles n'ont été dites, dès qu'on écrit en philosophe et non pas en orateur.

« Les impressions qui viennent par les sens sont « immédiates. » Point du tout, puisqu'elles ne viennent à l'âme que médiatement, c'est-à-dire par l'entremise des sens. Les objets agissent immédiatement sur les sens, et médiatement sur l'âme. C'est ce que l'auteur a confondu, non pas dans l'intention, puisqu'il n'est rien moins que matérialiste, mais seulement dans les termes, dont l'acception métaphysique ne lui était pas assez familière. Il avait plus d'esprit et de talent que d'étude et d'instruction, comme cela est très convenable dans un homme de son état. On s'en aperçoit dans ce chapitre, où il y a de la confusion dans les mots, quoique le fond des choses soit bon.

Le titre seul du chapitre de l'*amour-propre* et de l'*amour de nous-mêmes*, suffirait pour prouver que Vauvenargues a su distinguer ce qu'Helvétius a confondu; erreur grave, qui ne saurait tomber dans un bon esprit, et qui a mal servi les matérialistes de nos jours, au point de montrer en eux autant de mauvaise intention que de mauvais sens. Vau-

---

restreint, mais dans l'acception générale d'instrument : comme plus bas dans cette phrase : Nous n'aimons alors les qualités sensibles que comme les *organes* de nos plaisirs...   H. P.

venargues, qui savait très bien que l'*amour-propre*, qui est vicieux, n'est que l'excès et l'abus de l'*amour de soi*, qui est légitime, s'est conformé partout à ces deux acceptions, très différentes, que le langage usuel * a données à ces deux mots; et dans la langue philosophique, on ne peut les rendre quelquefois synonymes, à raison de l'étymologie, commune, sans en avertir expressément, et même dans le cas où l'on ne peut craindre ni méprise ni obscurité. Nous verrons dans la suite jusqu'où Helvétius s'est égaré, et en a égaré bien d'autres avec son *intérêt personnel*, dont il abuse précisément comme on a fait si souvent du mot d'*amour-propre*, en le prenant pour l'*amour de nous-mêmes*, afin de le justifier **. C'est un avertissement, pour quiconque veut philosopher de bonne foi, de bien prendre garde au sens propre de tout mot abstrait : il y a telle méprise en ce genre dont les conséquences sont à perte de vue, et celle-ci est du nombre. Vauvenargues n'en était pas capable; il avait naturellement l'esprit juste et le cœur droit, et pourtant il s'est trompé ici une fois dans un fait particulier, il est vrai, et de peu de conséquence, mais qu'il n'est pourtant pas inutile d'éclaircir. Il veut restreindre l'opinion reçue chez les moralistes, que toutes nos actions se rapportent

---

* Tout le monde sait que, dans le langage usuel, l'*amour-propre* est synonyme de *vanité*, d'*orgueil*, de *présomption*, etc.; donc il exprime toujours, dans l'usage, une affection vicieuse, un sentiment déréglé; et l'*amour de soi*, dans le sens absolu, n'est rien de tout cela.

** Voyez le jugement de M. Aimé-Martin sur Larochefoucauld, t. XVII de notre *Répertoire*.

nécessairement à l'amour de nous-mêmes, vérité incontestable, mais qui ne le serait plus si l'on mettait l'*amour propre* à la place de l'*amour de soi;* car la vertu n'est le plus souvent que le sacrifice de cet *amour propre*, et cette seule raison est sans réplique. Cependant l'auteur se sert ici de ce mot d'*amour propre*, et ce ne peut-être qu'une inadvertance; car l'exemple même qu'il assigne ne regarde que l'*amour de soi*, et c'est seulement cet exemple que je combats. Il prétend donc que le sacrifice que l'on fait de sa vie pour sauver celle d'autrui, est une exception à ce principe, que l'*amour de soi* est le mobile nécessaire de toutes les actions humaines. Il s'efforce de prouver qu'en donnant sa vie pour un autre, on le préfère à soi. Je n'en crois rien. Je suppose d'abord le sacrifice réfléchi; car s'il est indélibéré et de premier mouvement, il ne prouve rien ni pour ni contre ; il peut tenir à vingt causes différentes, qui ne font rien à la question. S'il est délibéré, il tient à l'une de ces deux causes, ou à l'impossibilité présumée de supporter la vie après la perte de la personne que l'on veut sauver, ou à l'espérance de la retrouver dans un autre ordre de choses. Or, d'un côté, l'impossibilité présumée ne peut tenir qu'au regret ou à la honte d'avoir laissé périr ce qu'on pouvait ou qu'on devait sauver; et, d'un autre côté, l'espérance de la réunion est évidemment fondée sur un besoin du cœur. C'est donc nous-mêmes que nous aurons considérés primitivement dans cette détermination, qui ne paraît pas susceptible d'autres motifs. Au reste, j'avoue qu'un pareil *amour de soi* est très généreux, et l'on sait que l'*amour propre* ne l'est jamais ; différence qui prouve encore celle que j'ai rétablie dans les deux mots, d'après celle qui est dans les choses.

Vauvenargues pourtant, pour obvier à *toute équivoque*, finit son chapitre par rapporter toutes nos passions *au sentiment de nos perfections ou de nos imperfections*, ce qui, au fond, rentre dans l'amour de nous-mêmes, puisque toutes les passions tendent, ou à élever ce qu'il y a de noble en nous, ou à satisfaire ce qu'il y a de faible et de subordonné, les sens. L'auteur compte parmi les passions les plus louables l'amour des sciences et des lettres. « Mais la plupart des hommes, dit-il, les honorent « comme la religion et la vertu, c'est-à-dire comme « une chose qu'ils ne peuvent ni connaître, ni ai- « mer, ni pratiquer. » On peut juger par ce seul rapprochement si c'est un contempteur de la religion qui en parlerait comme il parle de la vertu et des lettres, c'est-à-dire des choses dont il paraît, dans tout son livre, faire le plus de cas.

Quoiqu'il soit fort loin de flatter en rien la nature humaine, il n'est pas moins éloigné de l'outrager, comme a fait Helvétius; particulièrement dans ce qui concerne les rapports mutuels des pères et des enfants. Vauvenargues, bien loin de voir dans la dépendance naturelle de ces derniers *un principe de haine*, ce qui est aussi absurde qu'odieux, y voit avec raison une des causes de la tendresse filiale. « Il « est dans la saine nature d'aimer ceux qui nous ai- « ment et nous protégent, et l'habitude d'une juste

« dépendance en fait perdre le sentiment. Mais il suffit
« d'être homme pour être bon père; et si l'on n'est
« pas homme de bien, il est rare d'être bon fils. »

Cette différence est très bien observée, et rentre dans le dessein de la nature. L'amour paternel et maternel devait être, dans l'homme même, un sentiment, s'il est permis de s'exprimer ainsi, presque animal, à raison de l'indispensable besoin qu'en ont les enfants. Mais il n'en est pas de même du besoin que peuvent avoir d'eux leurs parents : aussi entre-t-il plus de moralité dans l'amour filial. Cependant la loi divine n'a pas fait un précepte de l'amour pour les uns plus que pour les autres, parce que cet amour est en soi également naturel à l'humanité dans les enfants comme dans les parents. Mais elle a dit aux enfants : *Honorez votre père et votre mère*, pour nous avertir que cet amour de dépendance est un devoir sacré dans les enfants, et dont rien ne peut les dispenser; en sorte que, quand même le sentiment s'éteindrait, ou aurait même lieu de s'éteindre, le respect filial doit toujours être le même.

On ne peut reprendre dans ce chapitre qu'un de ces défauts d'exactitude dont l'auteur ne s'est pas assez garanti dans son expression : « L'amour « paternel ne diffère pas de l'*amour-propre*. » Il fallait dire, ici plus que partout ailleurs, de l'*amour de soi*. L'auteur lui-même remarque que, rien n'étant plus proprement à nous que nos enfants, il n'y a point d'affection où il entre plus d'*amour de nous-mêmes*, que celle que nous leur portons. Sans doute l'*amour-propre* y trouve aussi sa place, soit par ses jouissances, soit par ses privations : on se glorifie, ou l'on rougit, ou l'on s'afflige dans ses enfants. Mais comme il est de l'*amour-propre* de concentrer l'homme dans son *moi*, sur-tout dès que le *moi* est compromis, il faut bien se garder de faire une seule et même chose de l'*amour-propre* et de l'amour paternel ou maternel : ce serait calomnier un sentiment à qui la nature prévoyante a eu soin de donner généralement une intensité qui l'emporte si souvent sur l'*amour-propre* même, et se manifeste par ce qu'il a de plus opposé à l'*amour-propre*, par l'esprit de désappropriation *.

Si Vauvenargues avait eu le temps d'achever ce qu'il n'a fait qu'ébaucher, personne n'était plus fait que lui pour comprendre quelle est, en philosophie, l'inappréciable valeur du rapport exact des mots avec les idées. Quiconque écrit en ce genre doit se persuader que toutes les passions vicieuses sont là comme en sentinelle pour s'emparer avidement d'un abus de mots, comme d'une victoire sur la morale et la vérité : et combien la perversité est contente d'elle-même quand elle croit pouvoir s'appeler *philosophie!* C'est la grande plaie, la plaie honteuse du siècle qui s'est appelé philosophe.

Vauvenargues finit le second livre *sur les Passions*, par tracer avec force l'empire qu'elles ont sur nous, et l'impuissance, malheureusement trop

---

* Vestris père pleurait de joie en se voyant surpasser par son fils ; mais aussi l'amour-propre se retournait chez lui fort adroitement « Sans doute, disait-il, il est plus grand danseur que moi ; mais je n'ai eu de maître que moi-même, et mon fils a eu pour maître Vestris. »

ordinaire, de la raison qui les condamne. Mais il ajoute ces dernières paroles, qui sont à la fois d'un philosophe et d'un chrétien : « Cela ne dispense per-
« sonne de combattre ses habitudes, et ne doit ins-
« pirer aux hommes ni abattement ni tristesse. Dieu
« peut tout; la vertu n'abandonne pas ses amants,
« et les vices même de l'homme qui n'est pas mal né
« peuvent un jour tourner à sa gloire. »

Parmi beaucoup de vues et de définitions aussi justes qu'ingénieuses, en voici quelques-unes qui me paraissent répréhensibles, soit par la pensée, soit par l'expression.

« La force d'esprit est le triomphe de la réflexion;
« c'est un *instinct* supérieur aux passions, qui les
« calme ou qui les possède *. » Si cette force d'esprit, qu'il eût mieux valu appeler force d'âme (car c'est de celle-là qu'il s'agit ici), est le triomphe de la réflexion, comme je le crois avec l'auteur, en ce sens que la réflexion en a fait une habitude, ce n'est donc pas un *instinct*, car on entend par *instinct* ce qui précède toute réflexion.

« On ne peut pas savoir d'un homme qui n'a pas
« les passions ardentes s'il a de la force d'esprit; il
« n'a jamais été dans des épreuves assez difficiles. »
Cela est-il bien vrai? La force d'esprit, qui est ici ce que les Latins appellent *fortitudo*, et que l'auteur, s'il eût été plus exact, aurait pris soin de dis-

---

* L'auteur a voulu dire qui les maîtrise ; et le mot *possède* n'est pas ici le synonyme : il ne l'est que dans cette phrase faite, *se posséder*, qui signifie en effet se maîtriser; mais on ne dit point *posséder* sa colère, son amour, ses désirs, etc.

tinguer de la force de conception, qui est le génie ; cette force toute morale, qui est la vertu, n'est-elle pas un pouvoir habituel sur soi-même, soit qu'il vienne de l'absence des passions violentes, soit qu'on l'ait acquis par l'attention à les combattre ? On ne nous dit pas que le stoïcien Épictète ait eu un tempérament passionné ; et lorsqu'il disait si tranquillement à son maître, qui s'était amusé à lui casser la jambe par forme de jeu, *je vous l'avais bien dit, que vous me casseriez la jambe*, n'y avait-il pas là quelque force d'esprit ?

« L'immodération est une *ardeur inaltérable* et « sans délicatesse. » Cette pensée n'est pas digne de Vauvenargues, et il en a bien peu de ce genre. *Ardeur inaltérable* * est un terme impropre ; *irréprimable* eût rendu l'idée de l'auteur s'il voulait l'exprimer par un seul mot. Mais ce n'était pas la peine d'ajouter qu'une pareille *ardeur* est sans *délicatesse*. On ne peut pas la supposer avec l'immodération, qui est proprement le défaut de mesure en tout.

Dans les fragments qui suivent, l'auteur se donne la peine de combattre en forme le pyrrhonisme, et c'est l'endroit de son livre où il montre le plus de logique. Mais c'est venir bien tard et descendre bien bas, que de réfuter encore ces extravagances mille fois confondues depuis des siècles. Le pyr-

---

» L'*Altération* emporte en effet l'idée d'affaiblissement et de diminution, et c'est ce qui a pu tromper l'auteur ; mais ce mot d'altération ne s'applique jamais qu'au changement de bien en mal, et non pas de mal en bien. Retrancher l'excès d'une chose, c'est ne lui ôter que ce qui la gâte ; c'est la corriger, et non pas l'*altérer*.

rhonisme et l'athéisme sont deux genres de folie volontaire, qu'on ne peut soutenir qu'en éludant tout raisonnement. Il n'y a point d'athée ni de pyrrhonien que le raisonnement ne réduisît à l'absurde en quelques minutes ou en quelques pages. Mais c'est là que s'arrête le pouvoir de la logique : elle peut bien vous convaincre de déraison, mais non pas vous forcer à raisonner.

Je ne puis cependant me dispenser de citer un passage de l'un de ces chapitres, qui pourra donner une idée de la force de sens et de la précision de style qui étaient naturelles à cet écrivain, dont le nom était plus connu que les écrits, depuis que le règne des sophistes eut remplacé celui des philosophes. « Pourquoi la même raison qui nous fait « discerner le faux ne pourrait-elle nous conduire « jusqu'au vrai? » (L'auteur s'adresse ici à ceux des sceptiques qui réduisent la philosophie à savoir seulement ce qui ne peut être, et non point ce qui est.) L'ombre est-elle plus sensible que le corps, « et l'ap- « parence que la réalité? Que connaissons-nous « d'obscur par sa nature, sinon l'erreur? Que con- « naissons-nous d'évident, sinon la vérité? N'est-ce « pas l'évidence de la vérité qui nous fait discerner « le faux, comme le jour marque les ombres? Et « qu'est-ce en un mot, que la connaissance d'une « erreur, sinon la découverte d'une vérité? Toute « privation suppose nécessairement une réalité : « ainsi la certitude est démontrée par le doute, la « science par l'ignorance et la vérité par l'erreur. »

Le fond de cette argumentation invincible avait

déjà été opposé aux pyrrhoniens et aux sceptiques, mais nulle part avec cette énergie de dialectique et d'expression qui s'augmente en se resserrant, et où chaque mot n'est pas seulement un trait qui frappe l'adversaire, mais un éclair qui brille aux yeux du lecteur. C'est là ce que j'appelle être à la fois philosophe et écrivain.

Le morceau qui a pour titre: *Réflexions critiques sur quelques poètes*, est un des meilleurs de Vauvenargues. Corneille et Racine en particulier n'avaient peut-être jamais été appréciés avec tant de sagacité et de justesse; et c'est là que l'on rencontre, pour la première fois, les idées qui ont été développées depuis dans le *Commentaire de Voltaire sur Corneille*. Vauvenargues fut donc aussi un critique fort éclairé. Comme moraliste, il a plus d'élévation dans les pensées que La Rochefoucauld, et relève l'homme autant que celui-ci l'avait abattu. Il n'a point le piquant ni le pittoresque de La Bruyère, ni le fini de la diction de Duclos; mais il a plus d'imagination dans le style que ce dernier, et parle à l'âme plus que tous les deux.

La Harpe, *Cours de Littérature*.

VELLÉIUS PATERCULUS, historien latin, florissait sous l'empire de Tibère. Il y a beaucoup d'apparence qu'il naquit l'an 15 de J. C., de Rome 735. Ses ancêtres furent illustres par leur mérite et par leurs charges. Il était tribun des soldats, lorsque Caius César, petit-fils d'Auguste, s'aboucha avec le roi des Parthes dans une île de l'Euphrate. Il commanda dans la cavalerie en Allemagne sous Tibère, et il accompagna ce prince pendant neuf années consécutives dans toutes ses expéditions. Il en reçut des récompenses honorables. Il fut élevé à la préture l'année même qu'Auguste mourut.

On ne sait point précisément le temps où il commença à travailler à son histoire, ni ce qu'elle contenait. Le commencement en est perdu. Ce que nous en avons comprend un fragment de l'ancienne histoire grecque, avec l'histoire romaine depuis la défaite de Persée jusqu'à la seizième année de Tibère. Il adresse son histoire à Marcus Vinicius qui était alors consul. Il en promettait une plus étendue. Les voyages qu'il avait faits en diverses contrées auraient pu lui fournir des faits très agréables et très curieux.

Son style est très digne du siècle où il vivait, qui était encore celui du bon goût et du beau langage. Il excelle sur-tout dans les portraits et les caractères. J'en citerai quelques-uns à la fin de cet article.

On juge que sa narration est fidèle et sincère jusqu'au temps des Césars, ou dans les faits qui ne les intéressent point: car, depuis ce temps-là, le désir de flatter Tibère lui fait omettre ou déguiser, ou même altérer la vérité en diverses choses. Il accuse Germanicus de lâcheté, ou plutôt d'une molle complaisance pour les séditieux, pendant qu'il donne à beaucoup d'autres des louanges excessives.

On lui reproche avec justice d'avoir fait des éloges excessifs de Tibère. Les ménagements injustes pour les passions de cet empereur se font sentir comme je l'ai déjà marqué, par le soin qu'il a de passer légèrement sur les actions éclatantes de Germanicus, d'en supprimer la plupart, et de donner des atteintes à la gloire d'Agrippine et des autres personnes que Tibère n'aimait pas.

Ce qu'on lui pardonne encore moins, c'est d'avoir accablé de louanges Séjan, qui causa tant de maux à l'empire, et de l'avoir représenté, malgré tous ses vices et tous ses crimes, comme un des plus vertueux personnages qu'ait jamais eu la république romaine: « Sejanus, vir antiquissimi moris, « et priscam gravitatem semper humanitate tem- « perans (II, 116.). »

Cela n'est encore rien, en comparaison du panégyrique qu'il en fait dans la suite. Il établit d'abord par plusieurs exemples « la nécessité où sont les princes de se faire aider dans le gouvernement et de s'associer des co-opérateurs qui partagent avec eux le poids des affaires. » Il passe ensuite à Séjan, et après avoir relevé l'éclat de sa naissance, il le représente « comme un homme qui sait tempérer l'austérité du commandement par un air de douceur et de sérénité; qui traite les affaires les plus épineuses, sans presque paraître s'en occuper; qui ne s'arroge rien, et par-là atteint à tout; qui se met toujours dans son esprit au-dessous de l'estime qu'on a de lui dans le public, et dont le visage et les dehors paraissent tranquilles, pendant qu'au fond les soins de l'état ne lui laissent aucun repos. C'est le jugement uniforme que portent de ce sage ministre et la cour et la ville, et le prince et les citoyens.» Quel amour du bien public, si l'on en croit cet historien! quelle application au travail! quel zèle pour les intérêts du prince et de l'état! quel caractère aimable au milieu des soins les plus accablants! quel désintéressement! quelle modestie! En un mot, quel assemblage des plus grandes vertus, attesté généralement par des suffrages unanimes!

Pour voir ce qu'il en faut penser, considérons un second portrait du même Séjan, de la main d'un autre peintre, qui n'était point à ses gages, et qui ne fut jamais soupçonné de flatterie, c'est Tacite, «Séjan gagna si bien l'esprit de Tibère par divers artifices, que ce prince, couvert et impénétrable pour tous les autres, n'avait rien de caché ni de secret pour lui, ce qui ne doit pas être principalement attribué aux ruses et aux artifices de ce ministre, puisqu'il tomba dans les mêmes piéges et périt par la voie de la fraude et de l'artifice, mais plutôt à la colère des dieux contre l'empire romain, à qui sa faveur et sa disgrace furent également funestes. Il avait une force de corps capable de supporter les plus grandes fatigues. Le caractère de son esprit était l'audace, l'adresse à se cacher, et une noire malignité envers les autres. Il était en même-temps flatteur jusqu'à la bassesse et fier jusqu'à l'insolence, plein de modestie et de retenue en apparence, mais au-dedans dévoré d'ambition. Les moyens pour parvenir à son but étaient tantôt le luxe et la dépense, tantôt la vigilance et l'application aux affaires, vertus aussi dangereuses que les vices même, quand on en prend

les dehors pour usurper une puissance illégitime. »
(*Annal.* IV, 1.)

Pour réunir tout, en un mot, Séjan, si fort vanté dans Paterculus, était un fléau de la colère des dieux contre l'empire romain : *Deûm ira in rem romanam.* Ceux qui sont en place, qui sont maîtres des graces et dispensateurs des bienfaits, peuvent juger par là du cas qu'ils doivent faire des louanges qu'on leur prodigue avec si peu de mesure, et souvent avec si peu de pudeur.

J'ai dit que Paterculus excellait sur-tout dans les portraits et les caractères. Il y en a de courts qui ne sont pas les moins beaux, et plusieurs qui sont plus étendus. J'en rapporterai de l'une et de l'autre sorte.

MARIUS.

« Marius avait quelque chose de dur et de sauvage dans le caractère ; ses mœurs étaient austères, mais irrépréhensibles ; excellent dans la guerre, détestable dans la paix ; avide ou plutôt insatiable de gloire, violent dans ses projets, toujours inquiet et incapable de souffrir le repos*. »

SYLLA.

« Rien ne fut plus différent que Sylla faisant la guerre, et le même Sylla devenu vainqueur. Pendant la guerre il fut doux jusqu'à l'excès ; après la victoire, cruel jusqu'à la barbarie**. »

---

* Hirtus atque horridus, vitâque sanctus ; quantùm bello optimus, tantùm pace pessimus ; immodicus gloriæ, insatiabilis, impotens, semperque inquietus. (II, 9.)

** Adeò Sylla dissimilis fuit bellator ac victor, ut, dùm vicit, justissimo lenior ; post victoriam, audito fuerit crudelior. (II, 25.)

MITHRIDATE.

« Mithridate, roi de Pont, dont il est difficile et de se taire et de parler, d'une valeur extrême, grand, par une brillante fortune dans certains temps de sa vie, toujours par le courage et l'élévation des sentiments; général pour le conseil et les résolutions, soldat pour les coups de main; un second Annibal par sa haine contre les Romains *. »

MÉCÈNE.

« Mécène descendait d'une famille de simples chevaliers, mais illustre et ancienne. S'il était besoin de vigilance, on le voyait actif, toujours en mouvement, pensant à tout, se refusant même le sommeil. Dès que les affaires lui donnaient du relâche, plus mou presque qu'une femme, il se livrait tout entier au plaisir et aux charmes de l'oisiveté **. »

SCIPION ÉMILIEN.

« Scipion Émilien, également recommandable par toutes les qualités qui peuvent illustrer la robe et l'épée, faisait revivre en sa personne les vertus de Scipion l'Africain, son aïeul, et de Paul Émile, son père. Il était le premier homme de son siècle pour l'esprit et le goût des sciences. Actions, discours,

---

* Mithridates, ponticus rex: vir neque silendus, neque dicendus, sine curâ. Bello acerrimus, virtute eximius; aliquando fortunâ, semper animo maximus: consiliis dux, miles manu, odio in Romanos Annibal. (II, 18.)

** C. Mecenas, equestri sed splendido genere natus: vir ubi res vigiliam exigeret, sane exsomnis, providens, atque agendis sciens: simul verò aliquid ex negotio remitti posset, otio ac mollitiis penè ultra feminam fluens. (II, 88.)

sentiments, on ne vit rien que de louable en lui pendant tout le cours de sa vie..... Plein d'estime et d'admiration pour les belles-lettres et pour les sciences, où il excellait lui-même, il avait toujours avec lui, tant en paix qu'en guerre, Panétius et Polybe, deux illustres savants. Personne ne savait mieux que lui entremêler le repos et l'action, ni mettre à profit avec plus de délicatesse et de goût les vides que lui laissaient les affaires. Partagé entre les armes et les livres, entre les travaux militaires du camp et les occupations paisibles du cabinet, ou il exerçait son corps par les fatigues de la guerre, ou il cultivait son esprit par l'étude des sciences*. »

CATON D'UTIQUE.

« Caton d'Utique eut pour bisaïeul Caton le censeur, ce chef illustre de la famille Porcienne. Plus semblable par son caractère aux dieux qu'aux hommes, on pouvait le regarder comme le portrait vivant de la vertu. Il ne fit jamais rien de vertueux pour le paraître, mais parce qu'il ne pouvait pas faire autrement. Il ne trouvait rien de raisonnable, que ce qui était juste. Exempt de tous les défauts humains,

---

* P. Scipio Æmilianus, vir avitis P. Africani paternisque L. Pauli virtutibus simillimus, omnibus belli ac togæ dotibus, ingeniique ac studiorum eminentissimus seculi sui : qui nihil in vitâ nisi laudandum aut fecit, aut dixit, ac sensit...Tam elegans liberalium studiorum omnisque doctrinæ auctor et admirator fuit, ut Polybium Panætiumque, præcellentes ingenio viros, domi militiæque secum habuerit. Neque enim quisquam hoc Scipione elegantiùs intervalla negotiorum otio dispunxit : semperque aut belli aut pacis serviit artibus ; semper inter arma ac studia versatus, aut corpus periculis, aut animum disciplinis exercuit. (I, 12, 13.)

il demeura toujours maître de la fortune, sans jamais lui céder*. »

POMPÉE.

« Pompée était de mœurs très pures, d'une probité irréprochable, d'une éloquence médiocre. Très avide de distinctions et d'emplois, pourvu qu'on les lui déférât volontairement et par honneur, mais non jusqu'à les envahir par force. Général très habile dans la guerre, citoyen très modéré pendant la paix, sinon lorsqu'il craignait que quelqu'un ne devint son égal. Ami constant, facile à pardonner les injures, de bonne foi lorsqu'il se réconciliait, et n'exigeant point les satisfactions à la rigueur. Il n'usa jamais ou rarement de son pouvoir pour commettre des injustices et des violences. On aurait pu dire qu'il était exempt de tous les vices, si ce n'en était un très grand dans une ville libre, maîtresse de toutes les nations, où de droit tous les citoyens sont égaux, de ne pouvoir souffrir qu'aucun l'égalât en crédit et en autorité **. »

---

* M. Cato, genitus proavo M. Catone, principe illo familiæ Porciæ : homo virtuti simillimus, et per omnia ingenio diis quàm hominibus propior : qui nunquàm rectè fecit, ut facere videretur, sed quia aliter facere non poterat; cuique id solum visum est rationem habere, quod haberet justitiam, omnibus humanis vitiis immunis, semper fortunam in suâ potestate habuit. (II, 35.)

** Innocentiâ eximius, sanctitate præcipuus, eloquentiâ medius : potentiæ, quæ honoris causâ ad eum referretur, non ut ab eo occuparetur, cupidissimus. Dux bello peritissimus; civis in togâ (nisi ubi vereretur ne quem haberet parem) modestissimus. Amicitiarum tenax, in offensis exorabilis, in reconciliandâ gratiâ fidelissimus, in accipiendâ satisfactione facillimus. Potentiâ suâ nunquàm, aut rarò, ad impotentiam usus : penè omnium vitiorum expers, nisi numeraretur inter maxima, in civitate liberâ dominâque gentium

CÉSAR.

«César, le mieux fait d'ailleurs de tous les Romains, l'emportait sur eux par la force et l'étendue d'un génie supérieur, par une générosité et une magnificence portées jusqu'à la profusion : enfin il paraissait élevé au-dessus de l'homme par un esprit et un courage qui passent toute croyance. La grandeur de ses projets, sa rapidité dans la manière de faire la guerre, sa hardiesse intrépide à affronter les dangers, l'ont rendu tout-à-fait semblable à Alexandre-le-Grand, mais à Alexandre encore sobre et maître de sa colère. Il usait de la nourriture et du sommeil, non pour le plaisir, mais uniquement pour satisfaire aux besoins de la nature [*]. »

ROLLIN, *Histoire ancienne*.

VERGIER (JACQUES), né à Lyon en 1657, porta d'abord l'habit ecclésiastique ; mais s'étant dégoûté de cet état, il le quitta pour prendre l'épée. Il fut nommé commissaire-ordonnateur, en 1690, et ensuite président du conseil du commerce à Dunkerque. Une certaine nonchalance de caractère l'empêcha de s'élever à de plus hauts emplois. Il menait une vie molle et inutile lorsqu'il fut assassiné

---

indignari, cùm omnes cives jure haberet pares, quemquam æqualem dignitate conspicere. (II, 29.)

[*] Cæsar formâ omnium civium excellentissimus, vigore animi acerrimus, munificentiæ effusissimus, animo super humanam et naturam et fidem evectus : magnitudine consiliorum, celeritate bellandi, patientiâ periculorum, magno illi Alexandro, sed sobrio neque iracundo simillimus : qui denique semper et somno et cibo in vitam non in voluptatem uteretur. (II, 41.)

d'un coup de pistolet dans la rue du Bout du Monde, à Paris, en revenant de souper chez un de ses amis, le 23 août 1720.

Vergier a fait des odes, des sonnets, des madrigaux, des épithalames, des épigrammes, des fables, des épîtres, des cantates, des parodies. La meilleure édition de ces différentes pièces est celle de 1750, en 2 vol. in-12. « Vergier, dit Voltaire, est « à l'égard de La Fontaine, ce que Campistron est « à Racine, imitateur faible, mais naturel. On a encore de lui, *Zéila ou l'Africaine*, en vers; et une historiette en prose et en vers intitulée *Don Juan et Isabelle*, nouvelle portugaise.

JUGEMENT.

Parmi la foule des écrivains qui, nés dans le même siècle que La Fontaine, se sont exercés après lui dans le genre du conte (car les autres fabulistes sont de ce siècle) on n'en peut distinguer que deux, *Vergier et Senecé*. La Monnoye, Ducerceau, Saint-Gilles, Perrault, Desmarets, etc., sont trop médiocres pour avoir un rang. A peine dans les recueils que cherchent à grossir l'indulgence ou l'intérêt des éditeurs, a-t-on pu rassembler un petit nombre de pièces plus ou moins passables, et toutes sont fort peu de choses pour le fond comme pour le style. Vergier mérite une mention. Plusieurs de ses contes sont plaisamment imaginés, et narrés avec agrément et facilité. *Le Rossignol, le Tonnerre*, et trois ou quatre autres, ont mérité d'avoir une place dans la mémoire des amateurs; et quoique bien loin de La Fontaine, c'est beaucoup d'en avoir une après lui. Au reste il rend hommage à sa supériorité, ainsi que Senecé; mais je ne sais pourquoi il se pique de n'être pas son imitateur; car on aperçoit assez fréquemment chez lui l'envie de prendre le même ton et des traces de réminiscence; et c'est alors en effet qu'il a le plus de gaieté. Mais il s'en faut bien qu'il ait cet enjouement soutenu, ces tournures à la fois piquantes et naïves qui dans La Fontaine réveillent sans cesse le goût du lecteur. La longueur, la monotonie, le prosaïsme, se font sentir même dans ses meilleurs contes. Il se tire assez bien de quelques détails, et en néglige une foule d'autres; en un mot, il n'est pas assez poète, quoique souvent versificateur aisé et agréable. Le conte admet un air de négligence; mais un trop grand nombre de vers inutiles ou communs montre la faiblesse. Donnons pour exemple un de ses prologues, l'une des parties où La Fontaine a excellé :

> Il est assez d'amants contents,
> Il n'en est guère de fidèles.
> Cela s'est vu dans tous les temps,
> Fort fréquemment chez nous, encor plus chez les belles.

Cela va bien jusqu'ici : il n'y a rien de trop, et c'est le ton du genre. La suite se soutient-elle ?

> On ne résiste guère à la tentation
> D'une agréable occasion.

L'auteur tombe déjà : voilà de la prose, et de la prose languissante.

Tromper est en amour chose délicieuse ;
C'est un charmant ragoût que la variété.
Mais je crois voir de l'infidélité
Une source plus vicieuse.

Les deux premiers vers sont bien : les deux derniers sont mauvais. Le sérieux de cette expression, *une source plus vicieuse*, sort du genre et gâte tout.

C'est la mauvaise opinion,
C'est cette défiance extrême
Que l'on a de ce que l'on aime.

Encore une phrase traînante et prosaïque.

Pourquoi, dit un amant, par quelle illusion
Refuser les faveurs que m'offre la Fortune ?
Pour faire mon devoir ? Mais qui m'assurera
Qu'en pareil cas ma belle aura
Ma délicatesse importune ?

Cela n'est pas mal : les deux vers suivants retombent encore dans un sérieux qui détonne :

Qui sait même, qui sait si, dans ce même instant,
Elle ne trahit pas un amour si constant ?

Ces deux vers pourraient entrer dans une tragédie. Ce n'est pas là le style du conte.

Ainsi, souvent plus qu'autre chose,
Des infidélités la défiance est cause.
On doit peu s'assurer sur la foi des serments.
Ce ne sont en amour que vains amusements,
Ceux du sexe sur-tout ; j'en parle avec science ;
Et dussé-je en être haï,
Deux fois mon tendre amour en fit l'expérience ;
Malgré mille serments mon amour fut trahi.

Enfin si vous voulez être toujours fidèles,
    Amants, ne quittez point vos belles :
Belles soyez toujours auprès de vos amants.

Ces trois derniers vers marchent bien; mais l'auteur ne va pas loin sans broncher.

    Mais une suite dangereuse
    Est attachée à cette extrémité.

Une suite attachée à une extrémité! Platitude et impropriété.

Un peu d'absence anime une flamme amoureuse :
Le dégoût suit de près trop d'assiduité;
Et je crains qu'en voulant fuir l'infidélité,
    On ne rencontre l'inconstance.
    Que faire donc? Plus on y pense,
    Plus on se sent embarrassé.

Le défaut principal de tout ce morceau, indépendamment des autres, c'est l'uniformité de tournures. Voyons des idées à peu près semblables dans La Fontaine : nous allons trouver là tout ce qui manquait ici.

    Le changement de mets réjouit l'homme;
    Quand je dis l'homme, entendez qu'en ceci
    La femme doit être comprise aussi;
    Et ne sais pas comme il ne vient de Rome
    Permission de troquer en hymen,
    Non si souvent qu'on en aurait envie,
    Mais tout au moins une fois en sa vie.
    Peut-être un jour nous l'obtiendrons! Amen,
    Ainsi soit-il. Semblable indult en France
    Viendrait fort bien, j'en réponds : car nos gens
    Sont grands troqueurs. Dieu nous créa changeants.

Avec quelle légèreté ces vers courent en tous sens, et nous mènent d'une idée à une autre! Comme tout est assaisonné d'un sel qui pourtant est répandu avec sobriété! Comme il fait tout ressortir sans épuiser rien! Voilà comme on conte. Au reste, Vergier vaut un peu mieux dans le récit que dans les prologues; mais il est si libre qu'on ne peut pas le citer. J'ai dit qu'il prétendait n'être point imitateur de La Fontaine ; voici comme il en parle :

>Sur les traces de La Fontaine
>Je n'ai point prétendu marcher.
>Si par hasard je puis en approcher,
>J'obtiendrai cet honneur sans dessein et sans peine.
>Je ne sais si c'est vanité ;
>Mais je ne veux point de modèle,
>Et mon génie, enfant gâté,
>Ne saurait souffrir de tutelle.
>La Fontaine a fort bien conté ;
>Il s'est acquis une gloire immortelle.
>Qu'on me mette au-dessous, qu'on me mette à côté :
>Je ne veux point de parallèle.

Aussi n'en fera-t-on point. *Ne vouloir point de modèle* est un peu fier. Des hommes qui valaient un peu mieux que Vergier ont bien voulu en reconnaître ; et quand on n'en veut point, il faut en être un soi-même.

J'aime beaucoup mieux ces vers adressés à La Fontaine lui-même, en réponse à une lettre où le *bon homme*, alors âgé de soixante-dix ans, écrivait à Vergier, comment il s'était égaré de trois lieues en songeant à une jeune et jolie personne qu'il avait vue à la campagne.

  Que vous vous trouviez enchanté
  D'une beauté jeune et charmante,
  L'aventure est peu surprenante.
Quel âge est à couvert des traits de la beauté?
Ulysse au beau parler, non moins vieux, non moins sage
  Que vous pouvez l'être aujourd'hui,
  Ne se vit-il pas, malgré lui,
Arrêté par l'amour sur maint et maint rivage?
Qu'en suivant cet objet dont vous êtes épris,
Sur le choix des chemins vous vous soyez mépris,
  L'accident est encore moins rare.
  Et qui pourrait être surpris
  Lorsque La Fontaine s'égare?
Tout le cours de ses ans n'est qu'un tissu d'erreurs,
  Mais d'erreurs pleines de sagesse.
  Les plaisirs l'y guident sans cesse
  Par des chemins semés de fleurs.
Les soins de sa famille ou ceux de sa fortune
  Ne causent jamais son réveil;
  Il laisse à son gré le soleil
  Quitter l'empire de Neptune,
  Et dort tant qu'il plaît au sommeil.
Il se lève au matin sans savoir pourquoi faire:
Il se promène, il va sans dessein, sans objet,
Et se couche le soir sans savoir d'ordinaire
  Ce que dans le jour il a fait.

Il semble que d'écrire à La Fontaine ait porté bonheur à Vergier; car ces vers sont certainement au nombre des plus jolis qu'il ait faits. Les quatre derniers peignent notre fabuliste au naturel, et celui-ci sur-tout,

> Et dort tant qu'il plaît au sommeil,

paraît lui avoir été emprunté.

La Harpe, *Cours de Littérature.*

VÉRITÉ RELATIVE. Dans l'imitation poétique, la vérité relative est souvent contraire et toujours préférable à la vérité absolue. Il n'est pas nécessaire qu'une pensée soit vraie en elle-même, mais qu'elle soit l'expression vraie de la nature. Il n'est pas nécessaire qu'un sentiment soit celui du commun des hommes, mais celui de tel homme dans telle situation. Chacun doit parler son langage ; et c'est à quoi le faux goût et le faux esprit se méprennent le plus souvent.

Un peintre qui, dans l'éloignement, peindrait les objets dans tous leurs détails, avec leur forme, leur couleur, et leur grandeur naturelle, exprimerait la vérité absolue, et n'observerait pas la vérité relative. Un poète qui ferait penser juste tous ses personnages, remplirait de vérités un ouvrage qui serait faux d'un bout à l'autre.

Il est une vérité relative aux passions. Elles exagèrent ; et l'hyperbole qu'elles emploient fréquemment, sensible pour ceux qui écoutent, ne l'est point pour celui qui parle : c'est dans ce sens-là que Quintilien a dit qu'elle devait être *extra fidem, non extra modum.* Toutes les fois que l'expression dit plus qu'on ne doit penser naturellement, elle est fausse ; elle est juste toute les fois qu'elle n'excède pas l'idée qu'on a ou qu'on peut avoir. C'est dans cette vérité relative que consiste la précision de l'hyperbole même ; car il n'y a point d'exception à cette règle, que chacun doit parler d'après sa pensée et peindre les choses comme il les voit. Celui qui soupirait de voir Louis XIV trop à l'étroit dans le Louvre, et qui disait pour sa raison,

>Une si grande majesté,
>A trop peu de toute la terre.

le pensait-il ? pouvait-il le penser ? C'est la pierre de touche de l'hyperbole.

L'un des grands vices de notre ancienne poésie, c'est l'hyperbole démesurée. Malherbe en est plein dans ses odes. Quoi de plus extravagant, par exemple, que ces présages des exploits du Dauphin, dont il prédisait à la reine la naissance et les destinées?

>Oh ! combien lors aura de veuves,
>La gent qui porte le turban !
>Que de sang rougira les fleuves,
>Qui lavent les pieds du Liban !
>Que le Bosphore en ses deux rives
>Aura de sultanes captives !
>Et que de mères à Memphis,
>En pleurant, diront la vaillance
>De son courage et de sa lance,
>Aux funérailles de leurs fils !

C'est une maxime bien vraie en fait de goût, qu'*on affaiblit toujours ce que l'on exagère;* mais *exagérer*, dans ce sens-là, veut dire aller au-delà, non de la vérité absolue, mais de la vérité relative.

Celui qui exprime une chose comme il la sent n'exagère point; il rend fidèlement son sentiment ou sa pensée. L'objet qu'il peint n'a pas tous les charmes qu'il lui attribue; le malheur dont il est accablé n'est pas aussi grand qu'il se l'imagine; le danger qui menace son ami, sa maîtresse, ce qu'il a de plus cher, n'est ni aussi terrible ni aussi pressant qu'il le croit : mais ce n'est pas d'après la réalité même, c'est d'après son imagination qu'il les peint; et pour en juger d'après lui et comme lui, on se met à sa place. Ainsi, dans l'excès de la passion, l'hyperbole la plus insensée est elle-même quelquefois l'expression de la nature et de la vérité.

L'habitude, le préjugé, l'opinion sont autant de verres diversement colorés, à travers lesquels chacun de nous voit les objets; la passion est un microscope. Le caractère modifié par tous ces accidents doit donc modifier le sentiment et la pensée; et c'est l'expression fidèle de ces altérations qui fait la vérité des mœurs. Il ne s'agit donc pas de ce qui est conforme à la droite raison, mais de ce qui est conforme à l'esprit et au caractère de celui qui parle.

Rien de plus commun cependant que d'entendre juger une pensée en elle-même, et décider qu'elle est fausse par cela même qui la rend vraie. Voulez vous qu'un homme insensé raisonne comme un sage? remettez à sa place ce qui vous paraît faux; alors vous le trouverez juste.

Voici deux beaux vers de Corneille :

Et qui veut tout pouvoir doit savoir tout oser.
Et qui veut tout pouvoir ne doit pas tout oser.

Lequel des deux est vrai? Chacun l'est à sa place; et à la place l'un de l'autre, tous les deux seraient faux. *Mors summum bonum, diis denegatum*, a dit Sénèque; et cette pensée, folle dans la bouche d'un sage, devient naturelle et vraie dans le caractère de Calypso, *malheureuse d'être immortelle.*

« Si la mort était un bien, dit Sapho, les dieux « n'en seraient pas exempts ». Ceci est d'un naturel plus commun, mais n'en est pas plus vrai; car la mort qui serait un mal pour les dieux, pourrait être un bien pour les hommes.

Pline l'ancien a dit: *Natura nihil hominibus brevitate vitæ prestitit melius.* Cela me semble outré.

Mais que Mérope dise:

Lorsqu'on a tout perdu, lorsqu'on n'a plus d'espoir,
La vie est un opprobre et la mort un devoir.

Mais que Cérès, dans l'opéra de Proserpine, dise:

Infortunée! hélas! le jour m'est odieux;
Et je suis pour jamais condamnée à la vie!

C'est là ce qui est dans la nature.

Quoi qu'on vous dise, endurez tout, disait un héros à son fils. *Quel héros,* va-t-on s'écrier, *qui donne le conseil d'un lâche!* Oui, mais ce lâche était Ulysse, qui allait bientôt lui seul exterminer tous les amants de Pénélope, et dont, en attendant, *le cœur rugissait au dedans de lui-même, comme un lion rugit autour d'une bergerie où il ne saurait pénétrer:* c'est ainsi que le peint Homère.

Les Spartiates, dans leurs prières, demandaient aux dieux de pouvoir supporter l'injure; et du côté de la bravoure, les Spartiates nous valaient bien. Notre point d'honneur est le vice du héros de *l'Iliade*; et ce qui parmi nous déshonore un soldat fut admiré dans Thémistocle. La valeur grecque se réduisait à vaincre ou à mourir en combattant pour la patrie; et Homère qui fait essuyer tant d'injures à ses héros, n'a pas fait voir une seule fois, dans *l'Iliade*, un Grec suppliant dans le combat, ni pris vivant par l'ennemi.

Ce sont ces différences nationales qu'il faut avoir étudiées pour juger les mœurs du théâtre. Que penserions-nous, par exemple, du poète qui ferait dire par le fier Alexandre que *c'est acte de roi que de souffrir le blâme pour bien faire?* Nous renverrions cette maxime à Fabius; et cependant elle est d'Alexandre lui-même.

C'est une vérité rare, en fait de mœurs, que celle du caractère d'Achille, dans son entrevue avec Priam; et à le juger par les mœurs actuelles, il paraîtrait bien étrange que le meurtrier d'Hector s'établît le consolateur de son père, et lui tînt ce discours, qui, dans les mœurs antiques et dans l'opinion de la fatalité, est si naturel et si beau. « Ah! malheu-
« reux prince, par quelles épreuves avez-vous passé!
« comment avez-vous osé venir seul dans le camp
« des Grecs, et soutenir la présence d'un homme
« qui a ôté la vie à un si grand nombre de vos
« enfants, dont la valeur était l'appui de vos peu-
« ples? il faut que vous ayez un cœur d'airain. Mais
« asseyez-vous sur ce siège, et donnons quelque trêve
« à notre affliction. A quoi servent les regrets et les

« plaintes ? Les dieux ont voulu que les chagrins
« et les larmes composassent le tissu de la vie des
« misérables mortels.... Mon père en est une preuve
« bien signalée : les dieux l'ont comblé de fa-
« veurs depuis sa naissance; sa fortune et ses ri-
« chesses passent celles des plus grands rois..... Il
« n'a de fils que moi, qui suis destiné à mourir à
« la fleur de mon âge, et qui pendant le peu de
« jours qui me restent, ne puis être près de lui
« pour avoir soin de sa vieillesse; car je suis éloigné
« de ma patrie, attaché à une cruelle guerre sur ce
« rivage, et condamné à être le fléau de votre fa-
« mille et de votre royaume, tandis que je laisse
« mon père sans consolation et sans secours. Et vous-
« même n'êtes vous pas encore un exemple épou-
« vantable de cette vérité ?..... Mais supportez cou-
« rageusement votre sort, et ne vous abandonnez
« point à un deuil sans bornes : vous n'avancerez
« rien, quand vous vous désespérerez pour la mort
« de votre fils, et vous ne le rappellerez point à la
« vie; mais vous l'irez rejoindre, après avoir achevé
« de vider ici bas la coupe de la colère des dieux. »
C'est là ce qu'on appelle les mœurs locales et la
vérité relative.

Le poète ne nous doit la vérité absolue que lorsqu'il parle lui-même, ou qu'il donne celui qui parle
pour un homme sage, éclairé, vertueux, comme
Burrhus, Alvarès, Zopire : dans tout le reste, il ne
répond que de la vérité relative; et il est absurde
de lui faire un crime de la scélératesse d'Atrée, de
Narcisse, ou de Mahomet. C'est pourtant là ce que

ne manquent jamais de faire les cagots, les délateurs, les calomniateurs des talents, et sur-tout cette foule d'écrivains faméliques, plus impudents et plus méprisables, plus multipliés que jamais.

MARMONTEL, *Éléments de Littérature.*

VERS. Le sentiment du rhythme nous est si naturel, que chez les peuples même les plus sauvages, la danse et le chant sont cadencés. Or la poésie ancienne, dans sa naissance, était chantée : *Illud quidem certum omnem poesin olim cantatam fuisse* (Isaac Vossius). La parole accommodée au chant, fut donc aussi soumise à la mesure et à la cadence. Telle fut l'origine du vers métrique des anciens.

Tout vers métrique n'est pourtant pas régulièrement mesuré. Rappelons-nous d'abord que ce vers était composé de pieds; et le pied de syllabes, dont chacune était brève ou longue : la brève, ◡, ne faisait qu'un temps dans la mesure; la longue, -, en valait deux. La mesure à trois temps était donc l'iambe, ◡ -; le chorée, - ◡; et le tribrache, ◡ ◡ ◡. Les mesures à quatre temps, les plus en usage, étaient le spondée, - -; le dactyle, - ◡ ◡; et l'anapeste, ◡ ◡ -. Avec l'intelligence de ces figures, on verra d'un coup d'œil qu'elle était la forme des vers.

L'hexamètre était régulier et plein d'un bout à l'autre; et en même temps il était susceptible d'une variété continuelle, par la liberté qu'on avait d'y employer, dans les quatre premières mesures, ou le dactyle ou le spondée. Le cinquième pied seulement exigeait le dactyle, et le sixième le spondée : encore, si le caractère de l'expression ou l'harmonie imitative le demandait, pouvait-on mettre au cinquième pied le spondée au lieu du dactyle, qu'on plaçait au quatrième ; et le vers alors s'appelait spondaïque.

Vers hexamètre.

– –, – –, – –, – –, – ᴗ ᴗ, – –
– ᴗ ᴗ, – ᴗ ᴗ, – ᴗ ᴗ, – ᴗ ᴗ, ...

Vers spondaïque.

. . . ., – ᴗ ᴗ, – –, – –

C'est l'égalité de ces deux mesures et la liberté qu'avait le poète de les combiner à son gré, c'est là, dis-je, ce qui faisait de l'hexamètre le plus harmonieux de tous les vers ; aussi était-il consacré à la poésie héroïque.

Les pieds du pentamètre et de l'asclépiade sont tous, comme ceux de l'hexamètre, des mesures à quatre temps. Mais dans l'un et l'autre il y avait une césure à l'hémistiche ; et à la fin du pentamètre une autre syllabe en suspens.

Pentamètre.

– –, – –, –; – ᴗ ᴗ, – ᴗ ᴗ, – .
– ᴗ ᴗ, – ᴗ ᴗ, –; . . . . .

Asclépiade.

– –, – ᴗ ᴗ, –; – ᴗ ᴗ, – ᴗ ᴗ.

Le vers ïambique, tout composé de mesures inégales, était le plus irrégulier et le plus approchant de la prose : car non seulement il était entremêlé de spondées et d'iambes,

$$\begin{array}{cccccc} 1 & 2 & 3 & 4 & 5 & 6 \\ --, & \smile -, & --, & \smile -, & --, & \smile -; \end{array}$$

mais à ses pieds impairs il recevait le dactyle, ou l'anapeste, ou les trois brèves à la place de l'ïambe, et cette marche libre et variée l'avait fait préférer pour la poésie dramatique *.

Mais ce qui est une énigme pour notre oreille, c'est que les vers employés dans l'ode, et qu'on appelait vers lyriques, étaient aussi presque tous composés de mesures inégales, comme les vers de Sapho et d'Alcée. (*Voyez* STROPHE.)

Dans la basse latinité, lorsqu'on abandonna le vers métrique, c'est-à-dire le vers mesuré prosodiquement, pour le vers rhythmique, beaucoup plus facile, parce que la prosodie n'y était plus observée, et qu'il suffisait d'en compter les syllabes sans nul égard à leur valeur, les poètes sentirent que des vers privés du nombre avaient besoin d'être relevés par l'agrément des consonnances : de là l'usage de la rime, introduit dans les langues modernes, adopté par les Provençaux, les Italiens, les Français, et par tout le reste de l'Europe.

On vient de voir que dans le vers métrique ré-

---

* Voyez sur le caractère du vers ïambique et sur les raisons qui l'avaient fait adopter par les poètes dramatiques, t. I, p. 377; X, 47; XII, 211 de notre *Répertoire*. H. P.

gulier la mesure est constamment la même, tandis que le nombre des syllabes varie. Un hexamètre composé de cinq dactyles et d'un spondée est un vers de dix-sept syllabes, tandis qu'un hexamètre composé de cinq spondées et d'un dactyle n'en a que treize.

On peut voir de même que, quel que fût le nombre des syllabes et le mélange des deux pieds, la mesure du vers était inaltérable.

« Pānd̆ĭtŭr īntĕrĕā dŏmŭs ōmnĭpŏtēntĭs ōlȳmpī.
« Lūctāntēs vēntōs tēmpēstātēsqŭĕ sŏnōrās.
« Sīlvēstrēm tĕnŭī mūsām mĕdĭtārĭs ăvēnā.
« Īllă vĕl īntāctæ sĕgĕtĭs pēr sūmmă vŏlārēt »

Au contraire, nos vers rhythmiques ont tous, à l'élision près, le même nombre de syllabes ; et entre mille, il n'y en a pas deux de suite dont la mesure soit égale, à compter le nombre des temps.

Nos vers réguliers sont de douze, de dix, de huit ou de sept syllabes; c'est ce qu'on appelle *mesure*. Le vers de douze est coupé par un repos après la sixième, et le vers de dix, après la quatrième : le repos doit tomber sur une syllabe sonore, et le vers doit tantôt finir par une sonore, tantôt par une muette : c'est ce qu'on appelle *cadence*. Toutes les syllabes du vers, excepté la finale muette, doivent être sensibles à l'oreille, et c'est ce qu'on appelle *nombre*.

La syllabe muette est celle qui n'a que le son de cet *e* faible qu'on appelle *muet* ou *féminin*; c'est la finale de *vie* et de *flamme*. Tout autre voyelle a un son plein.

Dans le cours du vers l'*e* féminin n'est admis sans élision qu'autant qu'il est soutenu d'une consonne, comme dans *Rome* et dans *gloire*. S'il est seul, sans articulation, comme à la fin de *vie* et d'*année*, il ne fait pas nombre, et l'on est obligé de placer après lui une voyelle qui l'élide; comme *vi'active*, *ann'ubondante*.

On peut élider l'*e* muet final quand même il est articulé et soutenu d'une consonne; mais on n'y est pas obligé. *Gloire durable*, et *gloir'éclatante*, sont au choix du poète.

Si l'on veut que l'*e* muet articulé fasse nombre, il faut éviter qu'il soit suivi d'une voyelle, comme si l'on veut qu'il s'élide, il faut qu'une voyelle initiale lui succède immédiatement. Dans la liaison d'*hommes illustres*, l'*e* muet d'*hommes* ne s'élide point; l'*s* finale y met obstacle.

Le repos de l'hémistiche ne peut tomber que sur une syllabe pleine. Si donc le mot finit par une syllabe muette, elle doit s'élider, et l'hémistiche s'appuyer sur la syllabe qui la précède.

Il n'y a d'élision que pour l'*e* muet, la rencontre de deux voyelles sonores s'appelle *hiatus*, et l'hiatus est banni du vers. Je crois avoir prouvé qu'on a eu tort de l'en exclure. Quoi qu'il en soit, l'usage a prévalu. (*Voyez* HIATUS.)

Le repos de l'hémistiche est une suspension dans le sens : mais la plus légère y suffit; et pourvu qu'il n'y ait pas une continuité absolue, c'en est assez. Ainsi, entre le nominatif et le verbe, entre le verbe et son régime, entre le substantif et son adjectif, entre deux termes comparés ou relatifs l'un à l'autre, la suspension est assez sensible, si la voix y peut faire la plus petite pause. C'est même un art que de ménager de temps en temps, dans la coupe du vers, des repos plus marqués que les repos de l'hémistiche. (*Voyez* ALEXANDRIN.)

J'ai dit que la finale du vers est tour à tour sonore et muette. Le vers à finale sonore s'appelle *masculin* : les Anglais le nomment *vers à rime simple* ; et les Italiens, *vers tronqué*. Le vers à finale muette s'appelle *féminin* ; les Anglais et les Italiens le nomment *vers à rime double*. Dans le vers français la finale muette est plus faible que dans le vers italien : mais l'une est aussi brève que l'autre, et c'est de la durée, non de la qualité des sons, que résulte le nombre du vers. (*Voyez* MUET.)

Cette finale sur laquelle la voix expire n'étant pas assez sensible à l'oreille pour faire nombre, on la regarde comme superflue, et on ne la compte pas. Le vers féminin, dans toutes les langues, a donc le même nombre de syllabes que le vers masculin, et de plus sa finale muette ou brève.

Les vers masculins sans mélange auraient une marche brusque et heurtée; les vers féminins sans mélange auraient de la douceur, mais de la mollesse. Au moyen du retour alternatif ou périodique de ces deux espèces de vers, la dureté de l'un et la mollesse de l'autre se corrigent mutuellement; et la variété qui en résulte est, je crois, un avantage de notre poésie sur celle des Italiens, dont la finale est toujours faible, excepté dans les vers lyriques.

On a voulu jusqu'à présent que la tragédie et l'épopée fussent rimées par distiques, et que ces distiques fussent tour à tour masculins et féminins. On a permis les rimes croisées au poème lyrique, à la comédie, à tout ce qu'on appelle *poésies familières et poésies fugitives*. Ainsi la gêne et la monotonie sont pour les longs poèmes, et les plus courts ont le double avantage de la liberté et de la variété. N'est-ce pas plutôt aux poèmes d'une longue étendue qu'il eût fallu permettre les rimes croisées? Je le croirais plus juste, non-seulement parce que les vers masculins et féminins entrelacés n'ont pas la fatigante monotonie des distiques, mais parce que leur marche libre, rapide et fière, donne du mouvement au récit, de la véhémence à l'action, du volume et de la rondeur à la période poétique. On a pris pour de la majesté la pesanteur des vers qui se tiennent comme enchaînés deux à deux, et qui se retardent l'un l'autre : mais la majesté consiste dans le nombre, le coloris, l'éclat et la pompe du style. Le morceau le plus majestueux de la poésie française, la prophétie de Joad dans *Athalie*, est écrit en rimes croisées, et qui plus est en vers de douze et de huit syllables entrelacés. J'ajouterai que la nécessité gênante et continuelle de deux rimes accouplées amène souvent des vers faibles et superflus.

Les vers à rimes croisées sont tantôt de la même mesure, tantôt de mesure inégale; et dans l'un et dans l'autre cas, ils sont ou symétriquement ou librement entremêlés : symétriquement, comme dans les stances; librement, comme dans les pièces de vers qui ont pris le nom de poésies libres.

Dans les stances, les vers de mesure inégale qui s'entremêlent avec le plus de grace et d'harmonie sont les vers de douze et de huit, et les vers de douze et de six. La cadence des vers de sept brise celle des vers de huit, et n'est point analogue à l'harmonie du vers de douze; les vers de sept ont une marche sautillante qui leur est propre, et ils veulent être isolés.

Le vers de dix syllabes se mêle quelquefois aux vers de douze, mais en laissant une mesure vide, ce qui est pénible à l'oreille; et ce n'est jamais dans la stance que ce mélange doit avoir lieu. (*V.* STANCE.)

Les vers de mesure inégale, bien assortis dans les poésies familières, en font l'harmonie et le charme.

Dans le poëme lyrique, et singulièrement dans le récitatif, cet art d'entrelacer des vers d'inégale mesure, et d'en croiser les rimes pour donner à la période une forme plus élégante, exige une oreille exercée. C'était l'un des secrets de la magie de Quinault.

Quelqu'un cependant s'est moqué de l'attention qu'on y donnait, et a demandé si, sans ce mélange de rimes, les Grecs ne faisaient pas de bonne musique? Que ne demandait-il de même si, sans la forme que Malherbe avait donnée à nos stances françaises, Pindare et Horace n'avaient pas fait de belles odes? Assurément la rime n'est pas plus nécessaire à la poésie qu'à la musique : mais si dans une langue la poésie est telle qu'au défaut d'une prosodie régulière et sensible la rime en marque la mesure, les intervalles et les repos, et si par habitude l'oreille s'est fait un plaisir de ces finales consonnantes, le sentiment de l'harmonie naît en partie de cet enlacement, et Quinault, ainsi que Malherbe, a eu quelque mérite à l'y faire contribuer. Il doit y avoir entre la phrase poétique et la phrase musicale une exacte correspondance. L'une se modèle sur l'autre : c'est la coupe des vers qui en décide la forme ; c'est la rime qui la divise, et qui en marque à l'oreille les articulations. Il n'est donc pas indifférent au musicien que le poète, dans le mélange des vers et l'entrelacement des rimes, ait bien ou mal dessiné, divisé, développé, circonscrit la phrase ou la période poétique ; et nous parler de la musique grecque, à propos de la nôtre, pour nous persuader que des rimes entremêlées au hasard, ou des rimes artistement entrelacées dans nos vers, sont une chose indifférente, c'est en même temps se moquer de la rime et de la raison.

Mais de quelque façon qu'on entrelace les rimes, l'oreille exige qu'il n'y ait jamais de suite deux finales pleines ni deux muettes de différents sons, comme *vainqueur* et *combat*, *victoire* et *couronne*. Elle demande aussi que la rime ne change qu'au repos absolu. C'est une règle trop négligée.

Dans les vers rimés deux à deux, le sens peut finir au premier, et le second peut commencer une nouvelle période. Mais dans les vers entrelacés, la rime et la pensée doivent se clorre ensemble, si l'on veut que la période poétique soit nombreuse et bien arrondie. C'est ce qu'on désire souvent dans les poésies de Chaulieu. Qui croirait, par exemple, que ces vers fussent d'une pièce rimée?

> Il faut encor que mon exemple,
> Mieux qu'une stoïque leçon,
> T'apprenne à supporter le faix de la vieillesse,
> A braver l'injure des ans.

Si la rime enjambe d'un sens à l'autre, la pensée a parcouru son cercle avant que l'harmonie ait achevé le sien : l'esprit est en repos; l'oreille est encore en suspens.

Quoique nos vers n'aient point de mesure précise, le caractère qui les distingue ne laisse pas de se faire sentir. Le vers de douze syllabes, l'alexandrin, a de la noblesse, de la pompe, de l'harmonie; et malgré cette égalité continue et invariable de ses deux hémistiches qui semble le rendre monotone, un écrivain qui a de l'oreille et assez d'art pour donner à son style le mouvement de la pensée ou du sentiment qu'il exprime, saura bien varier encore la coupe et le rhythme du vers. J'en indiquerai les moyens avant de finir cet article.

Le vers français de dix syllabes répond au vers héroïque italien que les Anglais ont adopté, avec cette différence, que dans le vers français le repos est constamment après la quatrième syllabe, et que le vers italien s'appuie tantôt sur la quatrième, tantôt sur la sixième; en sorte qu'il est divisé par son repos en quatre et six, ou en six et quatre. Ce changement de coupe répugnerait à notre oreille. Mais les vers héroïques italiens étant féminins, sans mélange, ils seraient monotones s'ils avaient tous la même coupe; au lieu que de notre vers de dix syllabes la marche est régulière et n'est point fatigante; il coule de source, il est doux sans lenteur, il est rapide sans cascade, et l'inégalité des deux hémistiches, avec le mélange des finales, alternativement sonores et muettes, suffit pour le sauver de la monotonie.

Le vers de huit syllabes, qui répond au vers gliconique,

<blockquote>Cui flavam religas comam.</blockquote>

a du nombre et de l'impulsion, et il est susceptible de tous les mouvements de la passion et de l'enthousiasme. Le vers de sept syllabes a de la vitesse, de la légèreté, et la gaieté sur-tout en est le caractère. Qu'un poète, avec de l'oreille, ait bien étudié les éléments de l'harmonie de notre langue, il trouvera donc aisément dans nos vers les moyens de tout exprimer.

J'ai observé, dans l'article NOMBRE, que le vers métrique des anciens, même le plus régulier, l'hexamètre, n'était pas toujours harmonieux, et la raison en est que la précision de la mesure ne suffit pas à l'harmonie de la parole. Elle y contribue, elle y ajoute; mais sans le choix des mots les plus expressifs par le son en même temps que par le nombre, sans le mélange et la succession des voyelles et des consonnes les plus sensiblement analogues au caractère de la pensée, du sentiment ou de l'image, la mesure seule en poésie serait ce qu'elle est en musique, lorsqu'elle est dénuée du charme de la mélodie et de l'expression de l'accent.

De même aussi que la musique, sans être mesurée, peut être harmonieuse par l'heureux choix des modulations et des accords, la poésie, sans observer une mesure exacte, un mouvement réglé, peut se donner encore une harmonie très sensible, et nos beaux vers en sont la preuve. Les nombres n'en sont pas égaux; mais lorsqu'ils sont mis à leur place et qu'ils ont ensemble un rapport assez marqué avec le mouvement de la pensée, du sentiment ou de l'image, l'oreille en est encore ravie; ainsi, sans être comparable aux vers de Virgile du côté du rhythme, les vers de Racine ne laissent pas d'avoir une harmonie enchanteresse, et celui qui, comme Racine, saura donner à un certain nombre de syllabes, sans mesure précise, cette harmonie plus libre et cependant si rare encore, aura un très grand avantage à écrire en vers plutôt qu'en prose. C'est ce que La Motte n'a pas senti. J'ai observé d'ailleurs que la rime a pour nous l'attrait d'une curiosité piquante, et que la surprise que nous cause cette difficulté vaincue avec une adresse ingénieuse est pour nous encore un plaisir. J'ai reconnu de plus qu'on était quelquefois redevable à la rime d'une heureuse singularité d'idées incidentes ou de mots imprévus qu'elle faisait trouver. Enfin je n'ai rien dissimulé de ce qui la rend chère à l'oreille et secourable pour la mémoire. (*Voyez* RIME.)

J'ajoute encore qu'il dépend de nos poètes de donner à leurs vers, sinon toute la précision du nombre et de la mesure, au moins une apparence de cadence métrique qui en impose agréablement à l'oreille. Et ce que je n'ai fait qu'énoncer ailleurs, je vais tâcher de le rendre sensible.

Je fonderai mes observations sur la récitation la plus cadencée, sans dissimuler cependant qu'il serait mal de l'affecter soit au théâtre, soit à la lecture. Mais, quoiqu'il faille scander les vers latins pour en faire sentir exactement le nombre, l'altération que la mesure éprouve quand on récite naturellement n'empêche pas une oreille délicate et juste de sentir la rondeur périodique du vers; et de deux morceaux de poésie récités avec la même négligence pour la mesure, la multitude même ne laissera pas de distinguer le plus harmonieux. Il en est du vers français comme du vers latin : quoi que l'on donne au sens et à l'expression, la beauté physique du nombre n'échappe jamais à l'oreille, et le vers dont la scandaison a le plus d'harmonie est encore celui qui en a le plus, naturellement déclamé.

J'ai dit que le vers asclépiade des anciens avait servi de modèle au vers héroïque français ; et en effet, un asclépiade est un vers français de la plus parfaite régularité.

« Pāstōr, cūm trăhĕrĕt pēr frĕtă nāvĭbŭs. »

Mais cela n'est pas réciproque. Dans l'un et l'autre la quantité numérique des syllabes et le repos sont bien les mêmes, mais la valeur prosodique des sons et la place de chaque nombre est déterminée dans le latin et ne l'est pas dans le français : il est même impossible, vu la rareté de nos dactyles, de faire continûment, dans notre langue, des asclépiades réguliers; et quand cela serait facile, il faudrait l'éviter : en voici la raison. L'asclépiade est invariable dans toutes ses parties, et par conséquent monotone, aussi ne l'employait-on jamais que dans de petits poëmes lyriques, et le plus souvent mêlé de quelque autre espèce de vers. (*Voyez* STROPHE.) Nous avons destiné au contraire notre vers de douze syllabes, sans aucun mélange, à l'épopée, à la tragédie, aux poëmes dont l'étendue exigerait le plus de variété.

D'ailleurs, plus l'asclépiade est compassé dans sa mesure, plus il s'éloigne de la liberté du langage naturel : il ne convient donc point à la poésie dramatique, dont le style doit être si près de la nature; et dans toutes les scènes qui animent l'épopée, elle est dramatique elle-même. Enfin le caractère de notre langue est d'appuyer sur la pénultième ou sur la dernière syllabe des mots, et presque tous les pieds de l'asclépiade s'appuient sur l'antépénultième et glissent sur les deux suivantes. C'en est assez pour faire sentir que nous ne pouvons ni ne devons affecter l'asclépiade pur.

Mais n'y aurait-il pas moyen de varier les nombres de l'asclépiade sans en altérer le rhythme, comme on varie les notes de musique sans altérer la mesure du chant? C'est ce que j'ose proposer. Et si quelqu'un regarde cette idée comme fantasque et chimérique, je le préviens que dans Racine, Voltaire, La Fontaine, Quinault, que j'ai actuellement sous les yeux, il y a mille vers mesurés comme j'en tends qu'ils peuvent l'être. Je n'en cherchais que quelques exemples, j'en ai trouvé sans nombre, et je ne propose aux jeunes poètes que d'essayer par réflexion ce que leurs maîtres ont fait sans y penser, et par un sentiment exquis de la cadence et de l'harmonie. Figurons-nous d'abord les deux pieds de l'asclépiade.

$$- - .$$
$$- \cup \cup .$$

N'est-il pas vrai que, sans altérer la mesure de ces deux nombres isochrones, on peut les remplacer par l'un de ces équivalents?

$$\cup \cup - .$$
$$\cup - \cup .$$
$$\cup \cup \cup \cup .$$

Prenons ensuite un asclépiade pur,

« Gēns hūmānă rŭīt pēr vĕtĭtūm nĕfăs. »

et n'y changeons que les dactyles :

Aū sēin tŭmŭltŭeūx dĕ lă gŭerrĕ cĭvīle.
Ils sōnt ēnsĕvĕlīs soŭs lă māssĕ pĕsānte.
Il pārt. Dāns cĕ mŏmēnt d'Estrēe ĕvănŏuīe.
Lēur coūrs nĕ chāngĕ poīnt; ĕt vŏus ăvĕz chāngĕ.

N'est-ce pas encore le même rhythme, quoique les pieds soient différents?

Changeons à présent le spondée de l'asclépiade en dactyle, et le premier dactyle en spondée :

Riĕn nĕ mĕ fāit roūgīr que la honte de vivre.

Supposons encore le second hémistiche composé d'un spondée et d'un dipirriche :

Et je lui porte enfin mōn cœur ä dĕvŏrĕr.

ou d'un dipirriche et d'un spondée :

Vient enflammer mon sang ĕt dĕvŏrĕr mōn cœur.

Les combinaisons différentes qui auront varié les nombres du vers en auront-elles changé le rhythme, et n'est-ce pas toujours la même somme de temps, divisée de même? Voilà ce que j'appelle l'asclépiade français, et un vers très harmonieux. Ce n'est pas tout.

L'asclépiade est coupé à l'hémistiche par un repos qui fait un vide de deux temps, et ce silence, joint à la syllabe longue qui marque la césure, forme une mesure complète. Mais si dans notre vers le silence n'est pas compté, ou s'il occupe une mesure entière, le premier hémistiche alors, se saisissant de la syllabe superflue, ne formera que deux pieds absolus, et se divisera en deux et quatre, en quatre et deux, ou en trois et trois.

Division en deux et quatre.

Enfīn jĕ mĕ dĕrŏbe à la foule importune.

Division en quatre et deux.

Cĕ qŭe lä nŭit dĕs tēmps enferme dans ses voiles.

Division en trois et trois.

Lĕ mōmēnt où jĕ pārle est déjà loin de moi.
Sä crōupĕ sĕ rĕcoūrbe en replis tortueux.
Mäis lĕ zĕphīr lĕgĕr et l'onde fugitive.
Anīmĕ l'ŭnĭvērs; et vit dans tous les cœurs.
Jĕ soŭhāĭtĕ, jĕ crāins, je veux, je me repens.

Enfin, parmi les temps du vers, peuvent être

comptés les petits silences de la récitation, et c'est un des moyens qu'emploient les bons lecteurs, même sans s'en apercevoir, pour donner à nos vers une marche nombreuse.

On a voulu réduire nos vers héroïques à la mesure de l'ïambe trimètre, mais l'analogie n'en est pas la même qu'avec l'asclépiade, et aucun poète en les récitant, ne leur donne la coupe de l'ïambe. J'en excepte les occasions où le rhythme, changé d'un hémistiche à l'autre, rend l'harmonie imitative, comme dans l'expression des mouvements passionnés.

Ils nous ont appelés crŭĕls, tўrāns, jăloūx.

On emploie aussi quelquefois ces cadences rompues, pour donner à l'expression le caractère de l'image.

Trăçāt ă pās tārdīfs un pénible sillon.

La preuve que Boileau mesurait ce premier hémistiche en ïambes, c'est qu'il ne s'aperçut pas de cette cacophonie, *traçât à pas tar*, que lui reprochait un mauvais poète, et c'est ainsi qu'en tronquant le rhythme et en altérant la mesure, un critique mal intentionné ou mal instruit gâtera de beaux vers.

Voyons à présent si tous nos vers français sont, comme le vers héroïque, réductibles aux lois du nombre.

Le vers de six syllabes n'est que le second hémistiche du vers de douze, et de là vient qu'ils se marient si bien ensemble.

Mais elle était du monde, où les plus belles choses
   Ont le pire destin;
Et rose, elle a vécu ce que vivent les roses,
   L'espace d'un matin.
(Malherbe.)

En vain, pour satisfaire à nos lâches envies,
Nous passons près des rois tout le temps de nos vies
A souffrir des mépris, à ployer les genoux.
Ce qu'ils peuvent n'est rien, ils sont ce que nous sommes,
   Véritablement hommes,
   Et meurent comme nous.
(*Le même.*)

Le vers de dix syllabes est aussi le vers de douze, auquel il manque un pied, s'il est frappé sur la seconde et mesuré en ïambique, et un demi-pied, s'il est frappé sur la première et mesuré en asclépiade.

Iambique de dix syllabes.

L'Amour est nū; māis il n'ēst pās crŏttĕ.

Iambique de douze.

Lĕ dīeu d'ămoūr ēst nū; māis īl n'ēst pās crŏttĕ.

Asclépiade tronqué.

Êtrĕ l'Amoūr quĕlquĕfoĭs jĕ dĕsīre.

Asclépiade plein.

Lĕs ārmĕs dĕ l'Amoūr quĕlquĕfoĭs jĕ dĕsīre.

Le vers que les Italiens appellent hendécasyllabe n'est que notre vers de dix syllabes ïambique, à finale brève, mais coupé tantôt à la cinquième, comme le saphique :

  Pindarum quisquis studet æmulari.

ou comme l'alcaïque :

> Qualem ministrum fulminis alitem.

tantôt coupé à la sixième, comme le phaleuce, qui dans Catulle a tant de mollesse et de grace :

> Passer mortuus est puellæ meæ !

variété sans laquelle il serait monotone, par l'uniformité de ses désinances *tombantes*.

Le vers français de dix syllabes n'a pas la même diversité de coupe : son repos est à la quatrième. Cependant, comme je l'ai dit, il est sauvé de la monotonie par l'inégalité de ses deux hémistiches, par la diversité de ses désinences, et singulièrement par la variété de rhythme dont il est susceptible, selon qu'il est coupé en ïambes ou en dactyles. Moins majestueux que le vers de douze, il a sur lui l'avantage d'un mouvement plus vif et plus pressé dans le passage d'un vers à l'autre ; et par là il me semble convenir beaucoup mieux à la poésie familière et légère. Ceci demande à être expliqué.

Quand les vers débutent par une mesure complète, l'intervalle de l'un à l'autre est un vide absolu, de l'espace d'un pied ; au lieu que si le vers commence par une mesure tronquée, le silence d'un vers à l'autre n'en sera que le complément. Par exemple, si un vers dactylique débute par un ïambe, l'intervalle n'est que d'un temps, lequel, avec les trois temps de l'ïambe, forme une mesure complète. Aussi nos vers de dix syllabes, dans leur succession rapide, sont-ils plus susceptibles d'enjambement que nos vers héroïques, dont l'intervalle est plus marqué.

Le vers de sept syllabes a, sur le vers de huit, ce même avantage d'être moins suspendu et moins ralenti dans sa course. Il semble avoir pris pour modèle le vers anacréontique; et, selon qu'il est frappé sur la première ou sur la seconde, il a le mouvement ou du chorée, - ̆, ou de l'ïambe, ̆ -.

Le rhythme du chorée est plus favorable à la poésie italienne qu'à la nôtre : 1° parce que le chorée est assez rare dans notre langue, et très fréquent dans la langue italienne : *l'aura, l'onda, caro, fonte, pianto, sorte, canto, tremo, senti, venti;* une foule de noms, une foule de verbes italiens sont jetés dans ce moule; et, au contraire, le peu que nous avons de chorées dans notre langue sont encore le plus souvent précédés d'un article ou d'un pronom qui les altère, à moins qu'il ne s'élide : *la plainte, mes larmes, je tremble, tu n'oses,* etc.; 2° parce que l'*e* muet, qui, dans notre langue, est la finale du chorée, n'a pas autant de son que la brève italienne, et ne nous donnerait qu'une cadence faible et languissante si elle était continue; 3° parce que le vers trochaïque italien,

« Frēmĕ l'ōndă, māncă l'ārtĕ. »

a quatre mesures complètes au lieu que le vers français de sept syllabes, mesuré en trochées, n'est que de trois mesures et demie, lorsqu'il n'a pas la finale muette :

« Bēllĕ nīmphĕ, tēs āttrāits, »

ce qui fait réellement un vers *tronqué*, comme l'appellent les Italiens. Il est bien vrai que, par un silence, dans l'intervalle d'un vers à l'autre, la mesure est remplie; mais ce silence même retarde la course du vers; et ces petits vers doivent courir.

Il n'en est pas de même de l'ïambe : 1° il abonde dans la langue française : *amant, soupirs, revers, désirs, amour, j'attends, venez, volez, rivaux*, etc.; 2° il soutient la voix, et marque la cadence par une voyelle sonore; 3° nos articles et nos pronoms concourent eux-mêmes à le former en se joignant à des monosyllabes : *la mort, le temps, ma foi, je plains, tu vas, il est;* 4° le vers de sept, mesuré en ïambes, a, comme le vers anacréontique, une syllabe superflue; mais au lieu que dans l'anacréontique cette syllabe est la dernière.

$$\cup -, \cup -, \cup -, \cup$$

dans le nôtre c'est la première; car c'est sur la première que le vers est frappé :

« Pēnsēz-vōus quĕ l'hīmĕnēe
« N'ait păs ētcīnt sōn flāmbēau. »

D'où il résulte que, du vers féminin au masculin, le passage est sans intervalle; car la finale muette de l'un va se joindre immédiatement à l'initiale de l'autre, et forme un ïambe avec elle : ainsi, le nombre roule sans aucune interruption.

Au reste, il est aisé, même dans notre langue, de renverser le mouvement de ces deux nombres : un monosyllabe long placé avant des ïambes en fera des chorées, un monosyllabe bref placé avant des chorées en fera des ïambes; et sans prétendre qu'il soit possible de donner constamment à nos vers ni l'un ni l'autre de ces deux rhythmes, je crois devoir recommander de s'en occuper quelquefois. Dans le lyrique, ils ont tant d'influence sur le caractère du chant, qu'on doit avoir appris à les y adapter au besoin; et, dans l'ode elle-même, celui des deux qui dominera se fera sentir à l'oreille ou par un mouvement plus soutenu et plus majestueux, si c'est l'ïambe, ou si c'est le chorée, par un mouvement plus léger.

J'ai dit que dans le vers anacréontique c'est la finale qui est isolée, et que dans notre vers de sept syllabes c'est l'initiale qui doit l'être. Or à cette syllabe isolée, ajoutez-en une qui la précède et qui fasse avec elle une mesure pleine, vous aurez le vers de huit syllabes, lequel répond à l'ïambe trimètre, ou au gliconique des anciens. Je ne dis pas encore qu'il soit possible de l'assimiler constamment à ces vers; mais plus il en approche, et plus il est harmonieux. Cependant il faut convenir que, sans affecter aucun rhythme, le vers de huit syllabes a singulièrement le don d'imposer à l'oreille, et qu'avec toute la liberté qu'il se donne d'associer des nombres contraires, il paraît encore très nombreux. Cette illusion vient de ce qu'en récitant les belles odes dont ce vers compose les stances, ou les beaux vers lyriques parmi lesquels il est mêlé, on profite de l'indécision de nos quantités prosodiques, pour lui donner une cadence artificielle. Les poètes qui l'ont employé, comme Malherbe et Rousseau, n'ont rien négligé pour le rendre sonore, pompeux, éclatant; ils en ont formé les plus belles périodes poétiques, les stances les mieux divisées et les mieux arrondies; et par l'entrelacement des rimes, le jeu symétrique des désinences, l'éclat des paroles, enfin par la facilité d'y soutenir la voix et de lui donner le degré de lenteur ou d'impulsion que demande le sentiment, l'image ou la pensée, on en a fait le plus imposant de nos vers.

Serait-il plus harmonieux encore, si l'on y observait le nombre? Celui qui fera cette question n'a point d'oreille, et mes raisons ne lui en donneront pas.

Cependant je ne dois pas dissimuler qu'il y a des nombres composés dont l'effet est sensible et la cause inconnue : et c'était sur-tout de ces nombres que les anciens faisaient usage pour émouvoir les passions. Platon les trouvait si dangereux, qu'il déclarait sérieusement que la république était perdue si la poésie employait ces nombres; au lieu, disait-il, que tout ira bien, si on n'emploie que des nombres simples. Observons que ces nombres composés sont des mesures irrégulières qui renversent le mouvement donné et qui déconcertent l'oreille: tels, par exemple, que le bacche, ◡ - -, le crétique, - ◡ -, le choriambe, - ◡ ◡ -, le dichorée, - ◡ - ◡, l'épitrite, - - - ◡, les pœans, composés de trois brèves et d'une longue dans leurs quatre combinaisons, le dispondée - - - -, le mesodactyle ◡ - ◡ ◡ -, etc. C'était ce trouble des cadences rompues et des mouvements opposés que Platon redoutait pour les esprits et pour les âmes. Il s'en faut bien que nous soyons susceptibles de ces impressions qui dans la Grèce changeaient les mœurs des peuples et la fortune des états : nos législateurs peuvent se dispenser de régler les mouvements de la poésie et de la musique. Mais du plus au moins, l'effet du nombre est invariable: ce qui, du temps de Platon, exprimait le trouble de l'âme et le désordre des passions, l'exprime encore; et l'effet n'en est qu'affaibli. Dans les nombres irréguliers, que l'instinct des poètes a choisis pour animer nos vers, il serait donc possible de découvrir les éléments de cette harmonie mystérieuse que nous y sentons quelquefois. Mais celle-là est donnée à la prose; et après avoir recherché tous les moyens de perfectionner nos vers du côté du rhythme qui leur est propre, j'en reviens à ce sentiment dont je ne puis me détacher, que, quelque charme qu'aient pour nous de beaux vers, on ne doit pas les regarder comme une forme inséparable du langage poétique.

Aristote l'a dit : c'est le fond des choses, non la forme des vers qui fait le poète et qui constitue la poésie. Or, si le charme des vers d'Homère n'était pas de l'essence de la poésie; si on la concevait dénuée de cette cadence harmonieuse et imitative, qui animait tout, qui exprimait tout; exigera-t-elle des vers sans rhythme, et dont le mouvement irrégulier n'imite jamais presque rien?

Un vers italien, un vers allemand, un vers anglais n'a ni cadence, ni mesure sensible pour une oreille française ; un vers français n'en a guère plus pour l'oreille de nos voisins : personne, même aujourd'hui, ne peut dire qu'il sente bien distinctement le rhythme du vers senaire des anciens, du vers de Térence et d'Euripide. Il n'y aurait donc pour nous ni poésie dramatique ancienne, ni aucune espèce de poésie étrangère, comme il n'y aurait pour les étrangers aucune espèce de poésie française; et le vers, qui varie sans cesse d'une langue à l'autre au point d'être méconnaissable pour qui n'y est point accoutumé, serait pourtant un attribut inséparable de la poésie ! C'est ce qui me semble aussi difficile à soutenir qu'à concevoir.

Supposons que les belles scènes d'Euripide et de Sophocle, que les morceaux sublimes de Milton n'aient jamais été qu'une prose éloquente et harmonieuse, dira-t-on que les hommes de génie qui ont si bien peint ne sont pas des poètes, et qu'un ouvrage de ce style, rempli de pareilles beautés, ne mérite pas le nom de poème?

Les étrangers avouent de bonne foi qu'ils ne sentent point l'harmonie des vers de La Fontaine, et qu'ils sont même peu touchés de celle des vers de Racine. Ce ne sont pour eux que des lignes de prose élégante et mélodieuse, d'un certain nombre de syllabes longues ou brèves à volonté, et coupées en deux par un repos. Il en est de même pour nous des vers italiens, allemands ou anglais; et quand il serait vrai que l'harmonie des vers de Virgile et d'Homère aurait encore le même charme pour tous les peuples qui les entendent, en est-il de même des vers que chacun d'eux s'est fait au gré de son oreille? Quoique l'Anglais, l'Italien, le Français scandent chacun à leur manière les vers de *l'Énéide*, tous lui donnent les mêmes nombres, et pour tous ils sont composés de six mesures à quatre temps. Mais quelle sera pour l'étranger la façon de scander nos vers? Celui-ci, par exemple,

<blockquote>Je ne veux que la voir, soupirer et mourir.</blockquote>

est composé de seize temps. Celui-ci en a vingt-un :

<blockquote>Les temps sont arrivés; cessez, triste chaos.</blockquote>

et tous les deux ont douze syllabes.

De tels vers sont-ils tellement essentiels à la poésie, que l'en priver ce fût l'anéantir? Je suis loin de penser qu'une prose inanimée, sans couleur et sans mouvement, puisse les remplacer. Je crois même qu'un poème écrit en prose demanderait une plénitude d'idées, de sentiments et d'images, une chaleur, une continuité d'intérêt, dont peuvent se passer les vers, par la raison que la singularité de leur mécanisme peut quelquefois par intervalle amuser, occuper l'oreille. Mais en supposant toutes les beautés poétiques, soit du style, soit de la pensée, réunies dans un ouvrage; l'invention, le dessin, l'ordonnance, la vérité de l'imitation, le coloris et l'harmonie de la prose, en deux mots, la peinture et l'éloquence au plus haut degré, ne serait-ce plus de la poésie, dès qu'il y manquerait ce nombre de syllabes, ces repos et ces consonnances qui caractérisent nos vers? L'habitude en a fait sans doute pour notre oreille un plaisir de plus, et une infinité de choses faibles et communes ont passé à la faveur de l'illusion que les vers ont faite à l'oreille. Mais la beauté des tableaux, des images que la poésie nous présente, les traits pathétiques dont elle nous pénètre, ont-ils besoin de cette séduction pour se faire admirer, pour se faire sentir? changera-t-elle de nature en renonçant à l'un de ses moyens et au plus fantasque de tous?

La poésie est une peinture qui parle, ou si l'on veut, un langage qui peint: le comble de l'art serait de peindre en même temps et à l'esprit et à l'oreille; mais si, réduite à peindre à l'esprit, elle y excelle, n'est-ce pas quelque chose? Mais si, au lieu d'enfermer ses idées dans les bornes d'un vers sans rhythme, elle s'applique à tirer avantage de la liberté de la prose, pour en varier les mouvements, les intervalles et les repos au gré de l'âme et de l'oreille; si cette prose harmonieuse est de plus animée par les couleurs d'un style figuré, par la chaleur d'une éloquence tantôt douce et sensible, tantôt vive et brûlante; enfin si on trouve dans ce style le caractère de beauté idéale qui distingue les grandes productions des arts, c'est-à-dire un degré de force, de richesse, de correction, de précision, d'élégance, qui semble pris dans la nature, et qui cependant n'y est jamais, ne sera-ce point encore assez pour faire de la poésie?

La prose, à ce degré de perfection, est peut-être aussi difficile et aussi rare que les beaux vers; peut-être même l'est-elle plus, par la raison qu'elle n'a point de formules prescrites. Mais en accordant aux vers un mérite de plus, et un agrément de fantaisie que ne saurait avoir la prose, je ne puis souscrire à l'opinion qui en a fait exclusivement le langage de la poésie. J'admire, autant qu'il est possible, les poètes qui excellent dans l'art d'écrire en vers ; je m'y suis exercé moi-même; et je sens trop le prix d'un talent auquel l'habitude a donné tant de pouvoir et tant de charme, pour conseiller à qui le possède de négliger cet avantage. Mais je croirai toujours que l'écrivain auquel il ne manquera que ce don-là pour être poète aura le droit de dire encore, en exprimant en prose harmonieuse tout ce que la nature a de plus animé, de plus touchant et de plus sublime : *Et moi aussi je suis poète.*

MARMONTEL, *Éléments de Littérature.*

VERTOT (RÉNÉ AUBER DE) naquit au château de Bennetot, dans le pays de Caux, le 25 novembre 1655. Il était fils de François Auber de Vertot, d'une ancienne famille de Normandie.

C'était assez l'usage alors de destiner les cadets de famille noble, et plus particulièrement ceux de Basse-Normandie, à l'état ecclésiastique. Si l'abbé de Vertot embrassa cette carrière, ce fût par suite d'une vocation entièrement libre et même contre l'intention de ses parents. Ceux-ci ayant reconnu dans leur fils des dispositions précoces, prirent un soin particulier de son éducation, et, lorsqu'il fut en âge d'être dirigé dans des études régulières, ils l'envoyèrent avec un précepteur au collège des jésuites, à Rouen, où il soutint ses thèses de philosophie à l'âge de seize ans.

Pendant le cours de ses études à Rouen, l'abbé de Vertot fut atteint d'un mal de jambe, dont il serait superflu de parler, si ce mal n'avait pas eu une certaine influence sur la vie du jeune disciple. La cicatrice qui resta à la suite du mal, était si considérable qu'on crut devoir la tenir toujours couverte d'un bandage. Après avoir pris la tonsure, avec le consentement de sa famille, l'abbé de Vertot, au sortir du séminaire, disparut sans apprendre à personne le lieu de sa retraite. Ce ne fut qu'après six mois de recherches que l'on parvint à le découvrir dans un couvent de capucins à Argentan. En vain son père épuisa ses efforts pour le rappeler, le jeune novice persista, fit même profession, et serait probablement resté dans l'ordre si le mal de jambe qu'il avait éprouvé ne l'eût forcé de le quitter. L'habillement des capucins, consistant en une robe de laine rude et grossière, frottait continuellement sur ses jambes, que la règle obligeait à garder nues, et irritait le mal. On transporta le malade dans le voisinage de sa famille, où les soins qu'on lui prodigua eurent un heureux résultat; ses parents s'étant alors munis de toutes les attestations nécessaires en pareil cas, obtinrent un bref du pape pour faire passer le jeune profès sous une règle plus douce.

Il choisit celle de Prémontré, où il fit profession à l'âge de vingt-deux ans, après en avoir passé quatre chez les capucins. L'abbé Colbert, supérieur de l'ordre, ne tarda point à sentir le prix de l'acquisition qu'il avait faite; il fit venir Vertot auprès de lui, et le chargea d'enseigner la philosophie.

Il joignit à cette place celle de son secrétaire, ce qui excita la jalousie des religieux. Ils objectèrent en vain que des vœux faits dans un premier ordre rendent inhabile à posséder des emplois dans celui où on est transféré. L'abbé Colbert avait fait relever Vertot de ses vœux; et pour mieux montrer le cas qu'il faisait de son protégé, il le nomma prieur du monastère de Joyenval. Ce n'était pas le moyen d'appaiser l'envie de ces bons Pères, aussi se pourvurent-ils au grand-conseil contre tous les brefs obtenus en faveur de leur confrère; mais leur crédit se trouva trop faible pour lutter contre celui de leur supérieur, et un ordre du roi, en annulant les procédures, rendit la tranquillité aux deux partis.

Cependant la santé de l'abbé de Vertot était en assez mauvais état, il se démit de son prieuré de Joyenval, objet de tant de discordes, et se réduisit à la cure de Croissy-la-Garenne, près Marly (la machine). Là, se conformant aux conseils de ses deux amis, l'abbé de Saint-Pierre et Fontenelle, il s'adonna à l'étude des belles-lettres et de l'histoire.

Son premier ouvrage fut les *Révolutions de Portugal*, qu'il fit imprimer en 1689 sous le titre d'*Histoire de la conjuration de Portugal*. Ce ne fut que plus tard, et dans des éditions améliorées, qu'il employa le titre de *Révolutions*.

L'abbé de Vertot n'avait quitté qu'avec regret sa province, ce fut avec empressement qu'il saisit l'occasion d'y retourner, en permutant sa cure de Croissy avec une autre cure du pays de Caux. Bientôt une occasion nouvelle lui fit obtenir une autre cure séculière et d'un revenu supérieur, auprès de Rouen.

En 1696 il fit paraître l'*Histoire des Révolutions de Suède*. Cet ouvrage eut un succès extraordinaire. Traduit dans presque toutes les langues de l'Europe, il fut si bien apprécié à Stockholm que l'envoyé de la cour de Suède, prêt à partir pour la France, fut chargé de faire connaissance avec l'auteur, et de l'engager à entreprendre l'histoire générale de Suède. Cet envoyé crut trouver l'abbé de Vertot à Paris, et le voir au milieu des plus brillantes sociétés. Ne le rencontrant nulle part, il s'en informa; et quand il sut que ses recherches ne le conduiraient qu'à faire la connaissance d'un curé de Normandie, son orgueil diplomatique lui fit rendre compte de sa mission d'une manière qui fit avorter le projet.

Ce curé de Normandie, privé de connaître le diplomate du nord, n'en continuait pas moins à mériter la réputation d'un bon historien et d'un écrivain distingué. Les plus honorables témoignages prouvèrent la haute estime qu'on avait pour des talents que Bossuet ne dédaigna pas de vanter. Enfin lors de l'organisation nouvelle de l'Académie des inscriptions et belles-lettres, en 1701, le roi nomma l'abbé de Vertot à une place d'académicien associé. Une nouvelle faveur accrut celle qui venait de lui être accordée. Il fallait, pour venir s'établir à Paris, que l'abbé de Vertot quittât sa cure, son unique bien. Il fallait deux années de plus pour qu'il pût la résigner sous pension. On voulut bien attendre ce terme, après lequel l'abbé de Vertot vint à Paris, où, pendant plus de vingt ans, il enrichit les *Mémoires de l'Académie* d'un grand nombre de productions remarquables.

Le premier ouvrage étendu que publia l'abbé de Vertot, depuis son séjour à Paris, fut le *Traité de la mouvance de Bretagne*, imprimé en 1710. Les prétentions de quelques historiens bretons à l'indépendance de leur province sous les rois des deux premières races, étaient l'objet de cet ouvrage. Déjà Nicolas Vignier s'était élevé contre ces opinions, l'abbé de Vertot en démontra l'illusion dans le *Traité de la mouvance*, et plus encore en composant un ouvrage sur l'établissement des Bretons dans les Gaules. Ce traité fut imprimé en 1720.

Cette date montre assez que depuis 1710 l'abbé de Vertot n'était pas resté dans l'inaction; en effet ce fut en 1719 qu'il fit paraître *l'Histoire des Révolutions de la république romaine*. Cet ouvrage eut un grand succès. L'ordre de Malte, qui avait un assez bon nombre de chroniqueurs dans toutes les langues, jeta les yeux sur l'abbé de Vertot pour avoir une histoire complète. Il s'en chargea, et le grand-maître en lui envoyant un bref plein de marques d'estime, lui donna la croix de l'ordre. Le grand prieur de France y joignit la commanderie de Santeny. Je ne sais s'il faut ajouter une foi bien entière à l'anecdote qu'on s'est plu à rapporter et dont cette histoire fut l'occasion. Lorsqu'il fallut décrire le siége de Malte, Vertot demanda des renseignements à l'ordre, ils tardaient à venir et l'historien continuait toujours; enfin arrivent ces renseignements précieux, *j'en suis fâché*, dit-il, *mais il est trop tard, mon siège est fait.*

Une telle anecdote serait bien faite pour justifier le reproche de légèreté et de critique superficielle qu'on a adressé à l'auteur de l'*Histoire de Malte*: mais quand il s'agit de la réputation d'un écrivain estimable et laborieux ; quand une confiance trop facilement accordée à des rapports plaisants, mais peut-être hasardés, peut enlever à un homme l'estime qui seule peut le payer de ses travaux, on doit acueillir avec beaucoup de réserve de tels reproches. Un seul mot piquant, mais qui reste, fait plus de tort à un auteur, que les critiques les plus raisonnables.

Le duc d'Orléans voulut donner à l'abbé de Vertot une preuve d'estime. Pendant l'impression de l'*Histoire de Malte*, il le nomma interprète, le logea au Palais-Royal, et après son mariage lui donna la place de secrétaire des commandements de la duchesse d'Orléans. Ces distinctions étaient dues à un homme qui ambitionnait plus la gloire que lui valaient ses écrits, que la fortune qu'il devait à ses places. Il obtint la réputation qu'il désirait, et l'aisance qu'il ne demandait pas. L'état de gêne dans lequel il avait passé la première partie de sa vie sans se plaindre, est un témoignage assez sûr de son désintéressement. L'abbé de Vertot se passionnait pour les sujets qu'il avait à traiter, s'identifiait avec ses héros et savait leur donner cette physionomie qu'un auteur bien pénétré peut seul leur conserver. On l'a vu dans ses lectures à l'Académie s'animer, s'attendrir avec ses personnages, et verser des larmes avec la mère de Coriolan aux pieds de son fils.

L'abbé de Vertot, après de longues souffrances qui ne pouvaient lui enlever son ardeur pour le travail, mourut le 15 juin 1735 âgé de près de quatre-vingts ans. Il s'était occupé, dans les premières années de son séjour à Paris, d'écrire les ambassades de plusieurs personnages de la maison de Noailles. Mais les écrits qui assurent sa réputation et qui lui méritèrent l'estime des gens de lettres, sont ceux dont nous avons parlé plus haut.

DE BROTONNE.

JUGEMENTS.

I.

Jamais auteur ne fut plus attentif à choisir des sujets nobles, élevés, capables d'intéresser et d'émouvoir : l'élégance et la pureté de sa diction répondent à la noblesse des sujets : il les expose avec une grande netteté, et le détail des circonstances semble plutôt les embellir que les charger; il exprime les différents caractères par des traits fermes, énergiques et précis, qui peignent l'âme même; ses descriptions vives et animées entraînent le lecteur, on marche avec l'armée qu'il met en mouvement, et selon qu'il l'a déterminé, on prend part à la victoire, où l'on gémit sur le sort des vaincus.

Dans son *Histoire de la Conjuration de Portugal*,

il présente une monarchie qui, assujettie depuis près d'un siècle par un roi puissant, paraît la province de ses états la plus soumise, et qui en un seul jour change sa destinée. L'entreprise est un secret confié, pour ainsi dire, à la nation entière, et qui ne transpire par aucun endroit; et l'exécution, que mille incidents peuvent encore arrêter, réussit également partout : c'est un embrasement général, qui de la capitale passe rapidement aux frontières, et même au delà des mers.

Dans les *Révolutions de Suède*, on voit un prince malheureux et proscrit, qui, du fond des montagnes et des mines obscures qui lui servent d'asyle, porte dans le cœur de leurs plus grossiers habitants un tel amour de la gloire et de la liberté, qu'à leur tête il s'ouvre un chemin au trône, s'y affranchit de la dépendance, où l'autorité du sénat, la jalousie des grands, et la puissance du clergé avaient tenu les rois ses prédécesseurs; rend héréditaire une couronne élective, change jusqu'à la religion du pays, et meurt universellement regretté, après avoir régné sans favoris, et gouverné sans ministres, comme il avait vaincu sans généraux.

Rome est, en quelque sorte, le palais de l'histoire pour l'auteur de ses révolutions : les évènements y sont distribués avec un art supérieur; un art plus grand encore les peint chacun avec les couleurs qui lui sont propres, et les place dans le jour qui leur convient. On se croit dans les assemblées du sénat et du peuple, au Champ-de-Mars, ou sur les bords du Tibre. Rome y paraît formidable, tant qu'elle fait gloire de sa pauvreté, et que le dictateur comme le soldat, ne subsistent que du peu de terre qu'ils cultivent de leurs mains; et l'on présage sa ruine, dès que, maîtresse du monde entier, toutes les richesses de l'univers coulent dans son sein.

Les *Annales de Malte*, où l'on trouve tant d'actions vraiment romaines, ne demandaient pas une plume moins exercée à les décrire; mais la piété y consacre l'héroïsme, et c'est à ce point de vue que le judicieux historien ramène heureusement tout ce qu'il dit d'un ordre que la charité fit naître, que l'honneur du nom chrétien et la défense des lieux saints armèrent contre les infidèles, et qui toujours en butte à leurs barbares efforts, sait allier les vertus paisibles de la religion, à la plus haute valeur dans les combats.

DE BOZE, *Éloge de Vertot*.

II.

Vertot connut bien le style de l'histoire; il sait écrire et narrer avec élégance et intérêt. Ses ouvrages sont encore lus, et ses *Révolutions romaines* sont fort estimées. Cependant je leur préfèrerais ses *Révolutions de Portugal*, quoiqu'il n'ait pas toujours écrit sur des mémoires fidèles, et sur-tout celles de Suède, s'il eût apporté autant de soin à la connaissance des mœurs et du gouvernement qu'à embellir le récit des faits par les graces de l'élocution.....
Quant à ce qu'il a écrit sur les Romains, la supériorité des auteurs anciens qu'il traduit le plus sou-

vent fait sentir à ceux qui les connaissent ce qui reste à désirer chez lui. Il n'a su s'approprier ni l'esprit judicieux de Polybe, qui instruit toujours, ni le pinceau de Salluste, qui, nous fait connaître les caractères. Quelquefois même Vertot, entre deux originaux qu'il peut suivre, ne choisit pas le meilleur, et traduit Denis d'Halycarnasse lorsqu'il pourrait prendre les plus beaux morceaux de Tite-Live.

Son *Histoire de Malte* tient un peu du roman, soit par les longues et poétiques descriptions de combats et d'assauts, soit par les embellissements de pure imagination qu'il se permettait d'y ajouter.

La Harpe, *Cours de Littérature.*

III.

Ses *Révolutions de Portugal*, celles *de Suède*, et sur-tout ses *Révolutions romaines*, font regretter qu'il n'ait pas écrit l'histoire de la nation. Il était digne de cette glorieuse et difficile entreprise. Son style a la majesté, l'élégance, l'agrément et le feu nécessaire à un excellent historien. Le seul reproche qu'on ait à lui faire, c'est d'avoir embelli quelquefois ses récits aux dépens de la vérité; mais il ne la défigure ni par le goût puéril des antithèses, ni par une vaine ostentation de maximes sentencieuses et philosophiques, ni enfin par cette manière d'écrire tranchante, brusque et hachée, qui réunit l'obscurité à la sécheresse, et qui est aussi fatigante pour le lecteur, que contraire à la dignité de l'histoire.

Palissot, *Mémoires sur la Littérature.*

MORCEAUX CHOISIS.

I. Pompée et César.

Pompée attirait sur lui, pour ainsi dire, les yeux de toute la terre. Il avait été général avant que d'être soldat, et sa vie n'avait été qu'une suite continuelle de victoires; il avait fait la guerre dans les trois parties du monde, et il en était toujours revenu victorieux. Il vainquit dans l'Italie Carinas et Carbon, du parti de Marius; Domitius dans l'Afrique; Sertorius, ou pour mieux dire, Perpenna dans l'Espagne; les pirates de Cilicie sur la Méditerranée; et, depuis la défaite de Catilina, il était revenu à Rome, vainqueur de Mithridate et de Tigrane.

Par tant de victoires et de conquêtes, il était devenu plus grand que les Romains ne le souhaitaient, et qu'il n'avait osé lui-même l'espérer. Dans ce haut degré de gloire où la fortune l'avait conduit comme par la main, il crut qu'il était de sa dignité de se familiariser moins avec ses concitoyens. Il paraissait rarement en public; et, s'il sortait de sa maison, on le voyait toujours accompagné d'une foule de ses créatures, dont le cortège nombreux représentait mieux la cour d'un grand prince que la suite d'un citoyen de la république. Ce n'est pas qu'il abusât de son pouvoir; mais, dans une ville libre, on ne pouvait souffrir qu'il affectât des manières de souverain. Accoutumé dès sa jeunesse au commandement des armées, il ne pouvait se réduire à la simplicité d'une vie privée. Ses mœurs à la vérité étaient pures et sans tache ; on le louait même, avec justice, de sa tempérance ; personne ne le soupçonna jamais d'avarice, et il recherchait moins, dans les dignités qu'il briguait, la puissance qui en est inséparable, que les honneurs et l'éclat dont elles étaient environnées. Mais plus sensible à la vanité qu'à l'ambition, il aspirait à des honneurs qui le distinguassent de tous les capitaines de son temps. Modéré en tout le reste, il ne pouvait souffrir sur la gloire aucune comparaison. Toute égalité le blessait; et il eût voulu, ce semble, être le seul général de la république, quand il devait se contenter d'être le premier. Cette jalousie du commandement lui attira un grand nombre d'ennemis, dont César, dans la suite, fut le plus dangereux et le plus redoutable. L'un ne voulait plus d'égal, et l'autre ne pouvait souffrir de supérieur.

Caïus Julius César était né de l'illustre famille des Jules, qui, comme toutes les grandes maisons, avait sa chimère, en se vantant de tirer son origine d'Anchise et de Vénus. C'était l'homme de son temps le mieux fait, adroit à toutes sortes d'exercices, infatigable au travail, plein de valeur, le courage élevé, vaste dans ses desseins, magnifique dans sa dépense, et libéral jusqu'à la profusion. La nature, qui semblait l'avoir fait naître pour commander au reste des hommes, lui avait donné un air d'empire et de dignité dans ses manières; mais cet air de grandeur était tempéré par la douceur et la facilité de ses mœurs. Son éloquence insinuante et invincible était encore plus attachée aux charmes de sa personne qu'à la force de ses raisons. Ceux qui étaient assez durs pour résister à l'impression que faisaient tant d'aimables qualités n'échappaient point à ses bienfaits, et il commença par assujettir les cœurs, comme le fondement le plus solide de la domination à laquelle il aspirait.

Né simple citoyen d'une république, il forma, dans une condition privée, le projet d'assujettir sa patrie. La grandeur et les périls d'une pareille entreprise ne l'épouvantèrent point. Il ne trouva rien au-dessus de son ambition, que l'étendue immense de ses vues. Les exemples récents de Marius et de Sylla lui firent comprendre qu'il n'était pas impossible de s'élever à la souveraine puissance; mais, sage jusque dans ses désirs immodérés, il distribua en différents temps l'exécution de ses desseins. Son esprit, toujours juste, malgré son étendue, n'alla que par degrés au projet de la domination; et, quelque éclatantes qu'aient été depuis ses victoires, elles ne doivent passer pour de grandes actions, que parce qu'elles furent toujours la suite et l'effet de grands desseins.

Révolutions Romaines.

II. Servilius se défend devant le peuple.

Il se présenta de front au péril; et, sans changer d'habit ni de contenance, il se rendit à l'assemblée du peuple, où il avait été cité, et adressant la parole à la multitude :

« Si on m'a fait venir ici pour me demander

« compte de ce qui s'est passé dans la dernière ba-
« taille où je commandais, je suis prêt à vous en
« instruire ; mais si ce n'est qu'un prétexte pour me
« faire périr, comme je le soupçonne, épargnez-moi
« des paroles inutiles : voilà mon corps et ma vie que
« je vous abandonne, vous pouvez en disposer. »

Quelques-uns des plus modérés d'entre le peuple
lui ayant crié qu'il prît courage, qu'il continuât sa
défense : « Puisque j'ai affaire à des juges, et non
« pas à des ennemis, ajouta-t-il, je vous dirai, Ro-
« mains, que j'ai été fait consul avec Virginius,
« dans un temps où les ennemis étaient maîtres de
« la campagne, et où la dissension et la famine
« étaient dans la ville. C'est dans une conjoncture si
« fâcheuse que j'ai été appelé au gouvernement de
« l'état. J'ai marché aux ennemis, que j'ai défaits en
« deux batailles, et que j'ai contraints de se ren-
« fermer dans leurs places ; et, pendant qu'ils s'y
« tenaient comme cachés par la terreur de vos ar-
« mes, j'ai ravagé à mon tour leur territoire ; j'en
« ai tiré une quantité prodigieuse de grains, que
« j'ai fait apporter à Rome, où j'ai rétabli l'abon-
« dance. Quelle faute ai-je commise jusqu'ici? Me
« veut-on faire un crime d'avoir remporté deux
« victoires? Mais j'ai, dit-on, perdu beaucoup de
« monde dans le dernier combat. Peut-on donc
« livrer des batailles contre une nation aguerrie,
« qui se défend courageusement, sans qu'il y ait
« de part et d'autre du sang de répandu?

« Quelle divinité s'est engagée envers le peuple
« romain de lui faire remporter des victoires sans

« aucune perte? Ignorez-vous que la gloire ne s'ac-
« quiert que par de grands périls? J'en suis venu
« aux mains avec des troupes plus nombreuses que
« celles que vous m'aviez confiées; je n'ai pas laissé,
« après un combat opiniâtre, de les enfoncer; j'ai mis
« en déroute leurs légions, qui, à la fin, ont pris la
« fuite. Pouvais-je me refuser à la victoire qui mar-
« chait devant moi? Était-il même en mon pouvoir
« de retenir vos soldats, que leur courage emportait,
« et qui poursuivaient avec ardeur un ennemi ef-
« frayé? Si j'avais fait sonner la retraite, si j'avais
« ramené nos soldats dans leur camp, vos tribuns
« ne m'accuseraient-ils pas aujourd'hui d'intelligence
« avec les ennemis? Si vos ennemis se sont ralliés,
« s'ils ont été soutenus par un corps de troupes qui
« s'avançait à leur secours; enfin, s'il a fallu recom-
« mencer tout de nouveau le combat, et si, dans
« cette dernière action, j'ai perdu quelques soldats,
« n'est-ce pas le sort ordinaire de la guerre? Trou-
« verez-vous des généraux qui veuillent se charger
« du commandement de vos armées, à condition
« de ramener à Rome tous les soldats qui en seraient
« sortis sous leur conduite? N'examinez donc point
« si à la fin d'une bataille j'ai perdu quelques sol-
« dats, mais jugez de ma conduite par ma victoire.
« S'il est vrai que j'ai chassé les ennemis de votre
« territoire, que je leur ai tué beaucoup de monde
« dans deux combats, que j'ai forcé les débris de
« leurs armées de s'enfermer dans leurs places, que
« j'ai enrichi Rome et vos soldats du butin qu'ils
« ont fait dans le pays ennemi; que vos tribuns se

« lèvent, et qu'ils me reprochent en quoi j'ai man-
« qué contre les devoirs d'un bon général.

« Mais ce n'est pas ce que je crains : ces accusa-
« tions ne servent que de prétexte pour pouvoir
« exercer impunément leur haine et leur animosité
« contre le sénat et contre l'ordre des patriciens.
« Mon véritable crime, aussi bien que celui de l'il-
« lustre Ménénius, c'est de n'avoir pas nommé, l'un
« et l'autre, pendant nos consulats; ces décemvirs
« après lesquels vous soupirez depuis si long-temps.
« Mais le pouvions-nous faire dans l'agitation et le
« tumulte des armes, et pendant que les ennemis
« étaient à nos portes, et la division dans la ville ?
« et quand nous l'aurions pu, sachez, Romains,
« que Servilius n'aurait jamais autorisé une loi qu'on
« ne peut observer sans exciter un trouble général
« dans toutes les familles, sans causer une infinité de
« procès, et sans ruiner les premières maisons de la
« république, qui en sont le plus ferme soutien.

« Faut-il que vous ne demandiez jamais rien au
« sénat qui ne soit préjudiciable au bien commun
« de la patrie, et que vous ne le demandiez que par
« des séditions ? Si un sénateur ose vous représen-
« ter l'injustice de vos prétentions ; si un consul ne
« parle pas le langage séditieux de vos tribuns; s'il
« défend avec courage la souveraine puissance dont
« il est revêtu, on crie *au tyran!* A peine est-il sorti
« de charge, qu'il se trouve accablé d'accusations.
« C'est ainsi que par votre injuste plébiscite vous
« avez ôté la vie à Ménénius, aussi grand capitaine
« que bon citoyen. Ne devriez-vous pas mourir de

« honte, d'avoir persécuté si cruellement le fils de
« ce Ménénius Agrippa, à qui vous devez vos tri-
« buns, et ce pouvoir qui vous rend à présent si
« furieux ?

« On trouvera peut-être que je vous parle avec
« trop de liberté dans l'état présent de ma fortune;
« mais je ne crains point la mort : condamnez-moi
« si vous l'osez; la vie ne peut être qu'à charge à
« un général qui est réduit à se justifier de ses vic-
« toires : après tout, un sort pareil à celui de Mé-
« nénius ne peut me déshonorer. »

Ibid.

III. Gustave excite les Dalécarliens à délivrer la Suède de la tyrannie de Christiern.

Il leur représenta d'une manière vive et touchante les derniers malheurs de leur patrie; que tous les sénateurs et que les principaux seigneurs du royaume venaient d'être massacrés par les ordres barbares de Christiern ; que ce prince cruel avait fait égorger les magistrats et la plupart des bourgeois de Stockholm; que ses troupes, répandues ensuite dans les provinces, y commettaient tous les jours mille violences; qu'il avait résolu, pour assurer sa domination, d'exterminer indifféremment tous ceux qui étaient capables de défendre la liberté de leur patrie; qu'on n'ignorait pas combien ce prince haïssait les Dalécarliens, dont il avait éprouvé la valeur et le courage pendant le règne du dernier administrateur; qu'ils lui étaient trop redoutables pour n'avoir pas tout à craindre d'un prince si perfide et si cruel; qu'on avait appris que, sous prétexte de quartier d'hiver, il devait faire passer des troupes dans leur province, pour les désarmer, et qu'ils verraient au premier jour leurs ennemis, maîtres de leurs villages, disposer insolemment de leur vie et de leur liberté, s'ils ne les prévenaient par une généreuse résolution; que leurs pères et leurs ancêtres avaient toujours préféré la liberté à la vie; que toute la Suède jetait les yeux sur eux pour voir s'ils marcheraient sur leurs traces, et s'ils en avaient hérité la haine qu'ils avaient toujours fait paraître contre la domination étrangère; qu'il était venu leur offrir sa vie et son bien pour la défense de leur liberté; que ses amis et tous les véritables Suédois se joindraient à eux au premier mouvement qu'ils feraient paraître; qu'il était assuré d'ailleurs d'un secours considérable des anciens alliés de la Suède; mais que, quand même ils n'auraient pas des troupes égales en nombre à celles des Danois, ils étaient encore trop forts, ayant la mort de leurs compatriotes à venger, et leur propre vie à défendre; et que, pour lui, il aimait mieux la perdre l'épée à la main, que de l'abandonner lâchement à la discrétion d'un ennemi perfide et cruel.

Révolutions de Suède.

IV. Combat de Dieudonné de Gozon contre un Crocodile.

Un crocodile d'une énorme grandeur causait beaucoup de désordre dans l'île de Rhodes, et avait même dévoré quelques habitants. Pour l'intelligence d'un évènement si extraordinaire, et que quelques auteurs ont traité de fabuleux, nous rapporterons simplement ce qu'on en trouve dans l'histoire, et nous laisserons au lecteur à juger de la vérité d'un fait si étonnant, selon ses lumières et le degré de probabilité qu'il trouvera dans notre narration.

La retraite de ce furieux animal dont nous parlons, était dans une caverne située au bord d'un marais au pied du mont Saint-Étienne à deux milles de Rhodes. Il en sortait souvent pour chercher sa proie. Il mangeait des moutons, des vaches, et quelquefois des cheveaux, quand ils approchaient de l'eau et du bord du marais : on se plaignait même qu'il avait dévoré de jeunes pâtres qui gardaient leurs troupeaux. Plusieurs chevaliers et des plus braves du couvent, en différents temps, et à l'insu les uns des autres, sortirent séparément de la ville pour tâcher de le tuer; mais on n'en vit revenir aucun. Comme l'usage des armes à feu n'était point encore inventé, et que la peau de cette espèce de monstre était couverte d'écailles à l'épreuve des flèches et des dards les plus acérés, les armes, pour ainsi dire, n'étaient pas égales, et le serpent les avait bientôt terrassés. Ce fut le motif qui obligea le grand-maître à défendre aux chevaliers de tenter davantage une entreprise qui paraissait au-dessus des forces humaines.

Tous obéirent, à l'exception d'un seul chevalier de la langue de Provence, appelé *Dieudonné de Gozon*, qui, au préjudice de cette défense, et sans être épouvanté du sort de ses confrères, forma secrètement le dessein de combattre cette bête carnacière, bien résolu d'y périr, ou d'en délivrer l'île de Rhodes. On attribua cette résolution au courage déterminé de ce chevalier. D'autres prétendent qu'il y fut encore engagé par des railleries piquantes qu'on fit de son courage dans Rhodes, et sur ce qu'étant sorti plusieurs fois de la ville pour combattre le serpent, il s'était contenté de le reconnaître de loin, et que dans ce péril il avait fait plus d'usage de sa prudence que de sa valeur.

Quoi qu'il en soit des motifs qui déterminèrent ce chevalier à tenter cette aventure, pour commencer à mettre son projet en exécution, il passa en France, et se retira dans le château de Gozon, qui subsiste encore aujourd'hui dans la province de Languedoc. Ayant reconnu que le serpent qu'il voulait attaquer n'avait point d'écailles sous le ventre, il forma, sur cette observation, le plan de son entreprise.

Il fit faire en bois ou en carton, une figure de cette bête énorme, sur l'idée qu'il en avait conservée, et il tâcha sur-tout qu'on en imitât la couleur. Il dressa ensuite deux jeunes dogues à accourir à ses cris et à se jeter sous le ventre de cette affreuse bête, pendant que, monté à cheval, couvert de ses armes, et la lance à la main, il feignait de son côté de lui porter des coups en différents endroits. Ce chevalier employa plusieurs mois à faire tous les jours cet exercice, et il ne vit pas plus tôt ces dogues dressés à ce genre de combat, qu'il retourna à Rhodes. A peine fut-il arrivé dans l'île, que, sans communiquer son dessein à qui que ce fût, il fit porter secrètement ses armes proche d'une église située au haut de la montagne de Saint-Étienne, où il se rendit, accompagné seulement de deux domestiques qu'il avait amenés de France. Il entra dans l'église, et après s'être recommandé à Dieu, il prit ses armes, monta à cheval, et ordonna à ses deux domestiques, s'il périssait dans ce combat, de s'en retourner en France ; mais de se rendre auprès de lui, s'ils s'apercevaient qu'il eût tué le serpent, ou qu'il eût été blessé. Il descendit ensuite de la montagne avec ses deux chiens, et marcha droit au marais et au repaire du serpent, qui, au bruit qu'il faisait, accourut, la gueule ouverte et les yeux étincelants, pour le dévorer. Gozon lui porta un coup de lance, que l'épaisseur et la dureté des écailles rendit inutile. Il se préparait à redoubler ses coups ; mais son cheval, épouvanté des sifflements et de l'odeur du serpent, refuse d'avancer, recule, se jette à côté, et il aurait été cause de la perte de son maître, si Gozon, sans s'étonner, ne se fût jeté à bas. Mettant aussi-tôt l'épée à la main, accompagné de ses deux fidèles dogues, il joint cette horrible bête, et lui porte plusieurs coups en différents endroits, mais que la dureté des écailles l'empêcha d'entamer. Le furieux animal, d'un coup de queue, le jeta même à terre, et il aurait été infailliblement dévoré, si les deux chiens, suivant qu'ils avaient été dressés, ne se fussent attachés au ventre du serpent, qu'ils déchiraient par de cruelles morsures, sans que, malgré tous ses efforts, il pût leur faire lâcher prise.

Le chevalier, à la faveur de ce secours, se relève, et se joignant à ses deux dogues, enfonce son épée jusqu'aux gardes, dans un endroit qui n'était point défendu par des écailles : il y fit une large plaie, dont il sortait des flots de sang. Le monstre, blessé à mort, tombe sur le chevalier, qu'il abat une seconde fois; et il l'aurait étouffé par le poids et la masse énorme de son corps, si les deux domestiques, spectateurs de ce combat, voyant le serpent mort, n'étaient accourus au secours de leur maître. Ils le trouvèrent évanoui, et le crurent mort. Après l'avoir retiré de dessous le serpent avec beaucoup de peine, pour lui donner lieu de respirer, s'il était encore en vie, ils lui ôtèrent son casque, et après qu'on lui eut jeté de l'eau sur le visage, il ouvrit enfin les yeux. Le premier spectacle, et le plus agréable qui pouvait se présenter à sa vue, fut celui de voir son ennemi mort, et d'avoir réussi dans une entreprise si difficile, où plusieurs de ses confrères avaient succombé.

On n'eut pas plus tôt appris dans la ville sa victoire, et la mort du serpent, qu'une foule d'habitants sortirent au devant de lui. Les chevaliers le conduisirent en triomphe au palais du grand-maître; mais au milieu de ces acclamations, le vainqueur fut bien surpris quand de Villeneuve, jetant sur lui des regards pleins d'indignation, lui demanda s'il ignorait les défenses qu'il avait faites d'attaquer cette dangereuse bête, et s'il croyait les avoir violées impunément. Aussitôt ce sévère observateur de la discipline, sans vouloir l'entendre, ni se laisser fléchir par les prières des chevaliers, l'envoya sur-le-champ en prison. Il convoqua ensuite le conseil, où il représenta que l'ordre ne pouvait se dispenser de punir rigoureusement une désobéissance plus préjudiciable à la discipline, que la vie même de plusieurs serpents ne l'aurait été aux bestiaux et aux habitants de ce canton; et comme un autre Manlius, il opina hautement à rendre cette victoire funeste au vainqueur. Le conseil obtint qu'il se contentât de le priver de l'habit de l'ordre; Gozon eut la douleur de s'en voir dépouillé, et il se passa peu d'intervalle entre sa victoire et ce genre de supplice, qu'il trouva plus rigoureux que la mort même.

Mais le grand-maître, après que par ce châtiment il eut satisfait à la manutention de la discipline, revint à son caractère naturellement doux et plein de bonté : il voulut bien être appaisé, et il fit en sorte qu'on le priât d'accorder une grace qu'il aurait sollicitée lui-même, s'il n'eût pas été à la tête de l'ordre. Aux pressantes instances que lui en firent les principaux commandeurs, il lui rendit l'habit et ses bonnes graces, et il le combla de ses bienfaits. Mais ils n'égalèrent jamais les louanges sincères du peuple, qui dispose souverainement de la gloire, pendant que les princes, quelque puissants qu'ils soient, ne peuvent disposer que des honneurs et des dignités de l'état.

On attacha la tête de ce serpent ou de ce crocodile sur une des portes de la ville, comme un monument de la victoire de Gozon. M. Thévenot, dans la relation de ses voyages, rapporte qu'elle y était encore de son temps, ou du moins son effigie; qu'il l'y avait vue, qu'elle était beaucoup plus grosse et plus large que celle d'un cheval, la gueule fendue jusqu'aux oreilles, de grosses dents, les yeux gros, le trou des narines rond, et la peau tirant sur le gris-blanc, peut-être à cause de la poussière, qui par la suite des temps s'y était attachée.

Histoire de l'Ordre de Malte.

V. Irène.

Une Grecque d'une naissance illustre, à peine âgée de dix-sept ans, tomba entre les mains de Mahomet II. Un bacha venait de la faire esclave; mais surpris de sa rare beauté, il la crut digne d'être présentée au sultan. L'Orient n'avait rien vu naître de si parfait; ses charmes se firent sentir impérieusement au cœur farouche de Mahomet; il fallut se rendre : il s'abandonna même entièrement à cette nouvelle passion; et pour être moins détourné de ses assiduités, il passa plusieurs jours sans se laisser voir à ses ministres et aux principaux officiers de son armée. Irène le suivit depuis à Andrinople: il y fixa le séjour de la jeune Grecque. Pour lui, de quelque côté que les armes tournassent ses pas, souvent même au milieu des plus importantes expéditions, il en laissait la conduite à ses généraux, et revenait avec empressement auprès d'Irène. On ne fut pas long-temps sans découvrir que la guerre n'était plus sa première passion : les soldats, accoutumés au butin qu'ils faisaient à sa suite, murmurèrent de ce changement. Ces murmures devinrent contagieux : l'officier comme le soldat se plaignaient de cette vie efféminée, cependant sa colère était si formidable que personne n'osait se charger de lui en parler. Enfin, comme le mécontentement de la milice était à la veille d'éclater, le bacha Mustapha ne consultant que la fidélité qu'il devait à son maître, l'avertit le premier des discours que les janissaires tenaient publiquement au préjudice de sa gloire.

Le sultan, après être demeuré quelque temps dans un sombre silence, et comme s'il eût examiné en lui-même quel parti il devait prendre, pour toute réponse, et sous pretexte d'une revue, ordonna à Mustapha de faire assembler le lendemain les bachas, et ce qu'il y avait de troupes pour sa garde et aux environs de la ville. Il passa ensuite dans l'appartement d'Irène, avec laquelle il resta jusqu'au lendemain.

Jamais cette jeune princesse ne lui avait paru si charmante : jamais aussi le prince ne lui avait fait de si tendres caresses. Pour donner un nouvel éclat à sa beauté, si cela était possible, il exhorta ses femmes à employer toute leur adresse et tous leurs soins à sa parure. Après qu'elle fut en état de paraître en public, il la prit par la main, la conduisit au milieu de l'assemblée, et arrachant le voile qui lui couvrait le visage, il demanda fièrement aux bachas qui l'entouraient, s'ils avaient jamais vu une beauté plus accomplie. Tous ses officiers, en bons courtisans, se répandirent en des louanges excessives ; et le félicitèrent sur son bonheur. Pour lors, Mahomet, prenant d'une main les cheveux de la jeune grecque, et de l'autre tirant son cimeterre, d'un seul coup en fit tomber la tête à ses pieds, et se tournant vers les grands de la Porte, avec des yeux égarés, et pleins de fureur: « Ce fer, leur « dit-il, quand je veux, sait couper les liens de « l'amour. »

Un frémissement d'horreur se répandit dans toute l'assemblée; la crainte d'un pareil sort fit trembler les plus mutins; chacun croyait voir ce funeste couteau élevé sur sa tête; mais s'ils échappèrent d'abord à son humeur sanguinaire, ce ne fut que pour mieux assurer sa vengeance. Mustapha, pour prix de ses fidèles avis, fut immolé le premier; sous un léger prétexte il le fit étrangler dans le sérail : et dans ces longues guerres qu'il entreprit depuis, et qui durèrent autant que son règne, il eut le cruel plaisir de faire périr, les uns après les autres, la plupart des janissaires qui, par leurs cris séditieux, avaient troublé ses plaisirs et réveillé sa fureur.

Ibid.

VIDA (MARC-JÉROME), évêque d'Albe, dans le Monferrat, né à Crémonde en 1470, mort en 1566, est un des poètes modernes qui ont le plus approché de la versification de Virgile. Parmi les morceaux de poésie que nous lui devons, on distingue : *l'Art poétique*, qui parut à Rome en 1527, in-4°, et qui a été réimprimé à Oxfort dans le même format, en 1723. Batteux a joint la poétique de Vida à celles d'Aristote, d'Horace et de Despréaux, sous le titre

des *Quatre Poétiques*, 1771, 2 vol. in-8° et in-12. Une imagination riante, un style léger et facile, rendent le poème de Vida très agréable. « Il mène
« le poète, dit M. Lemercier, comme Quintilien con-
« duit l'orateur, à travers les vallons agréables et les
« fontaines, sources éternelles de l'innocente ivresse
« des muses. C'est à l'aspect varié des plus riants
« tableaux de la nature qu'il perfectionne son ima-
« gination et ses chants ; mais cette marche, où l'es-
« prit se plaît à s'égarer, est moins sûre que sédui-
« sante. » Un *poème sur les Vers à soie*, que Vida publia en 1537, est généralement considéré comme sa meilleure production, malgré les défauts qu'on y a remarqués. « Ce poète n'est sans doute ni un Vir-
« gile, ni un Horace, dit M. Dussault, mais il y a du
« talent dans tous ses ouvrages, parmi lesquels on
« a toujours distingué d'une manière particulière le
« *Poème sur les Vers à soie*. Il me semble cependant
« que Vida manque un peu d'invention dans ce
« poème : il traite son sujet avec une sévérité trop
« didactique ; il n'oublie rien que les ornements dont
« il aurait pu embellir son ouvrage : la matière quoi
« qu'épuisée par le poète, paraît pauvre entre ses
« mains, parce que son imagination ne lui prête
« presque rien. Le sujet est pour le moins aussi bril-
« lant que celui des Abeilles ; mais quelle différence
« entre le quatrième livre des *Géorgiques* et les deux
« chants de Vida. On ne trouve chez lui presqu'au-
« cun de ces développements où le style du poète
« se déploie avec avantage, presqu'aucun épisode ;
« et quand il essaie d'égayer son sujet, quand il se

« permet quelque fiction, on voit qu'il n'a pas de
« fécondité : ses inventions sont sèches, rétrécies,
« malheureuses. Vida était donc moins un poète
« qu'un habile versificateur. »

Vida a encore donné : un *Poème sur les Échecs*, (*scacchia ludus*) qu'on met au second rang parmi ses poésies; on le trouve dans l'édition de la *Poétique*, qui parut à Rome en 1527; *Hymni de rebus divinis*, imprimée à Louvain, in-4°, en 1552; *Christiados libri sex*, Crémone, 1535, in-4°. Ce poème, plein d'idées vastes et sublimes, a été fort applaudi.

Ses écrits en prose sont : des *Dialogues sur la dignité de la république*, Crémone, 1556, in-8°; *Discours contre les habitants de Pavie*, Paris, 1562, in-8° : rare; des *Constitutions synodales*; des *Lettres*, et quelques autres écrits moins intéressants que ses vers. L'édition de ses poésies, Crémone, 1560, 2 vol. in-8°, est complète; ainsi que celle d'Oxfort, 1722, 1725 et 1733, 3 vol. in-8°.

VILLEMAIN (ABEL-FRANÇOIS), membre de l'Académie française, maître des requêtes au Conseil d'état, officier de la Légion-d'Honneur, est né à Paris, le 10 juin 1790. Après avoir obtenu d'éclatants succès dans ses études, il débuta dès l'âge de dix-huit ans dans la carrière de l'instruction publique, et s'acquit déjà de la réputation en suppléant, dans la chaire de rhétorique, MM. Luce de Lancival et Castel.

Nommé deux ans après professeur de belles-lettres à l'école normale et au lycée Charlemagne, la supériorité qu'il montra dans ces deux cours acheva de le faire connaître. Il fut chargé en 1811 de prononcer un discours latin à la distribution des prix du concours général. L'usage de ces sortes de discours, interrompu par la révolution, avait été repris depuis quelques années. Celui de M. Villemain fut couvert d'applaudissements : il y donnait, avec une grande sagacité, les règles et les exemples de l'imitation, et y recommandait sur-tout celle des anciens comme la plus sûre, la plus libre et la plus féconde*.

Il ne fut pas moins heureux l'année suivante, lorsqu'il concourut pour l'*Éloge de Montaigne*, sujet proposé par la deuxième classe de l'Institut; il obtint le prix, et sa victoire fut d'autant plus glorieuse qu'il eut pour concurrents des écrivains du premier mérite.

Ayant été nommé en 1814 professeur suppléant d'histoire moderne dans la faculté des lettres de l'Académie, M. Villemain déploya un grand talent dans son discours d'ouverture, qui présente, dans un cadre fort resserré, un tableau fidèle et animé de l'*Histoire générale de l'Europe au XVe siècle*. La même année il remporta le prix d'éloquence à l'Académie. Il s'agissait d'examiner, de balancer *les avantages et les inconvénients de la Critique littéraire*, et, quoique cette matière semble n'offrir que de bien faibles ressources à l'éloquence, l'orateur la traita avec une convenance parfaite, et sut dégui-

---

* Nous avons cité, t. V, p. 75, de notre *Répertoire*, un très beau morceau sur Bossuet, extrait de ce discours.   F.

ser la sécheresse de son sujet, sous les formes de son style brillant et harmonieux. L'ouvrage fut couronné devant l'empereur de Russie et le roi de Prusse; l'Académie, par une dérogation sans exemple à ses usages, autorisa M. Villemain à prendre la parole dans son sein pour lire son discours.

En 1816, l'*Éloge de Montesquieu*, proposé pour le prix d'éloquence, valut à M. Villemain une troisième couronne académique. La même année, il passa de la chaire d'histoire moderne à celle d'éloquence, dans la faculté des lettres de l'Académie de Paris. Il occupe encore aujourd'hui cette chaire, et s'y montre toujours dans tout l'éclat de son talent.

M. Villemain a remplacé, en 1821, M. de Fontanes à l'Académie française.

Outre les écrits déjà cités, on a encore de lui l'*Histoire de Cromwell;* divers articles dans la *Biographie universelle*, notamment ceux de Démosthène, Cicéron, Fénelon, Lucrèce et Milton ; une traduction du *Traité de la République* de Cicéron, et des morceaux de critique fort distingués, qui forment avec ses discours académiques et plusieurs des articles qui viennent d'être rappelés, un volume in-8°, *Mélanges.* M. Villemain va publier incessamment un second volume de *Mélanges*, une nouvelle, intitulée *Lascaris*, et un *Précis sur l'histoire de la Grèce, depuis sa chute jusqu'à sa renaissance.* On a tout lieu de croire que ces deux écrits ajouteront encore à la renommée de leur auteur. Nous ne devons pas oublier de mentionner l'ouvrage sur *les Pères de l'église*, dont M. Villemain s'occupe depuis long-temps, et dont il a déjà fait connaître au public quelques fragments.

JUGEMENT.

Si le devoir du critique ne me permet pas de dire que M. Villemain soit un écrivain irréprochable, je dois néanmoins le signaler comme l'un de ceux qui, dans le naufrage universel du goût, sont restés fidèles aux vrais principes, et n'ont point dédaigné de suivre les anciens guides. M. Villemain connaît la langue et la respecte, il a étudié tous les secrets du style, et sait habilement s'en servir. Formé à l'étude des bons modèles, il n'a point copié leur manière, il s'en est créé une qui lui appartient, et qui, si elle n'est pas sans défauts, est du moins toujours pure et française. Sans doute il sacrifie quelquefois la propriété de l'expression à l'harmonie des tours; son style ne réprouve pas assez les ornements ambitieux, plus simple, il serait plus beau et plus vrai. Mais ces brillants défauts, qu'il doit peut-être à un commerce trop étroit avec les rhéteurs antiques et les Pères de l'église, avec Isocrate et Sénèque, Chrysostôme et Tertullien, appartiennent à son talent même, et il serait à craindre qu'en les réformant, il n'altérât en même temps la source de ses beautés.

Ce que j'aime en M. Villemain, c'est la connaissance approfondie des anciens qui brille à chaque page de ses écrits. L'antiquité respire tout entière dans ses éclatantes compositions. Il ne cite pas, c'est souvent l'artifice de l'ignorance qui affecte le savoir; mais on s'aperçoit à chaque phrase, qu'il sait, qu'il possède une érudition vaste et bien digérée. On aura beau se récrier, c'est à ce signe que l'on reconnaît les bons auteurs. L'antiquité est l'école du bon sens; les littératures grecque et romaine sont la source de toute beauté, de toute vérité littéraire.

Après avoir donné au style de M. Villemain les éloges dont il est digne, envisagerons-nous cet écrivain sous le rapport de la pensée? A cet égard, il faut avouer que la supériorité n'est pas la même; non que nous prétendions refuser à l'auteur toute pensée forte ou neuve, mais il nous a paru, en le lisant, que ses idées doivent plus à la manière dont elles sont présentées qu'à leur véritable valeur. Nul ne connaît mieux que M. Villemain l'art de déguiser, sous l'artifice du style, le peu d'importance d'une réflexion; mais, en jetant les yeux sur la jeune littérature française, je vois plusieurs écrivains qui, sans écrire aussi bien, pensent avec plus de force et d'originalité. Chez M. Villemain, le style agrandit une idée étroite, ennoblit une idée commune; chez les autres une grande pensée est quelquefois rétrécie par l'ignorance même de l'art qui devrait la faire valoir.

M. Villemain se laisse souvent séduire par l'éclat d'une antithèse, par l'effet d'un contraste Cet écrivain a beaucoup d'esprit; il le sait, il en abuse, et c'est toujours au détriment de la pensée. N'oublions pas, au reste, que ce défaut doit être en partie imputé au genre dans lequel M. Villemain a été entraîné comme malgré lui, et par un penchant irrésistible. Son début fut un discours académique; et ce discours lui valut des applaudissements et des couronnes. Peu de triomphateurs ont occupé les voix de la renommée avec plus d'éclat que M. Villemain couronné de lauriers littéraires. En fallait-il plus pour décider sa vocation? La pente est agréable et douce pour qui suit le sentier dans lequel il a rencontré la gloire. M. Villemain a naturellement appliqué son esprit à l'étude du genre dans lequel il avait obtenu des succès éclatants. Le souvenir de son triomphe, les encouragements des gens de lettres, tout l'invitait; il se voua au style académique, il devint maître dans ce style; mais, s'il en atteignit les beautés, il lui fut impossible d'en éviter tous les défauts.

Léon Thiessé, *Revue encyclopédique.*

MORCEAUX CHOISIS.

1. La France après la révolution.

La France offrait alors un des spectacles les plus curieux dans l'histoire morale des peuples. La lassitude du crime avait amené des lois plus douces; une sorte de trêve avait suspendu les vengeances civiles: dans cet intervalle, l'ordre social essayait de renaître; les maux s'oubliaient rapidement; on se hâtait d'espérer, et de se confier au sol tremblant de la France. Une joie frivole et tumultueuse s'était emparée des âmes, comme par l'étonnement d'avoir survécu, et l'on célébrait des fêtes sur les ruines. Ainsi, dans les campagnes ravagées par le Vésuve, quand le torrent de flamme a détruit les ouvrages et les habitations des hommes, bientôt la sécurité succède au péril; on se réunit, on se rapproche, et l'on bâtit de nouvelles demeures avec les laves refroidies du volcan.

Discours de réception à l'Académie.

II. Bonaparte.

Des bords du Nil un homme avait reparu, déjà célèbre par de grands succès dans les combats, illustré même par les revers d'une expédition lointaine et merveilleuse; habile à tromper comme à vaincre, et jetant sur son retour fugitif tout l'éclat d'une heureuse témérité. Sa jeunesse et son audace semblaient lui donner l'avenir. Ce luxe militaire de l'orient, qu'il ramenait avec lui comme un trophée, ces drapeaux déchirés et vainqueurs, ces soldats qui avaient subjugué l'Italie, et triomphé sur le Thabor et au pied des Pyramides; toute cette gloire de la France, qu'il appelait sa gloire, répandait autour de son nom un prestige trop dangereux chez un peuple si confiant et si brave. Il avait rencontré, il avait saisi le plus heureux prétexte pour le pouvoir absolu, de longs désordres à réparer. Son ardente activité embrassait tout pour tout envahir. Génie corrupteur, il avait cependant rétabli les autels; funeste génie, élevé par la guerre, et devant tomber par la guerre, il avait pénétré d'un coup d'œil l'importance du rôle de législateur; il s'en était rapidement emparé dans l'intervalle de deux victoires; et dès-lors au bruit des armes, il allait exhausser son despotisme sur les bases de la société qu'il avait raffermies. On n'apercevait encore que le retour de l'ordre et l'espérance de la paix. Les maux de l'ambition, l'onéreuse tyrannie d'une guerre éternelle, le mépris calculé du sang français, l'oppression de tous les droits publics se développèrent plus lentement, comme de fatales conséquences qu'enfermait l'usurpation, mais qu'elle n'avait pas d'abord annoncées.

Ibid.

III. Milton.

Lorsque le livre publié sous le nom du roi (Charles), comme une révélation de ses vertus et une image de sa vie, vint soulever la pitié dans tous les cœurs, Milton, réduit à l'odieuse tâche de combattre des sentiments généreux, fit paraître l'*Iconoclaste* ou *le briseur d'images*, annonçant par cette expression les violentes atteintes qu'il portait à la mémoire de Charles. Ces attaques, contre un roi qui n'était plus, ces poursuites au-delà du jugement, ces insultes au-delà de l'échafaud, avaient quelque chose d'abject et de féroce, que l'éblouissement du faux zèle cachait à l'âme enthousiaste de Milton..... Plein des images sanglantes de la muse hébraïque, ses fureurs républicaines et sa haine des rois s'allument au même foyer qui embrasa son génie. Il invoque moins souvent le poignard de Brutus que le couteau sacré de Samuel et de Joad. Milton se glorifiait de consumer dans ce travail les restes de sa vue affaiblie. Ainsi se préparait l'Homère des croyances chrétiennes; ainsi, nourrie dans les factions, exercée par tous les fanatismes de la religion, de la liberté, de la poésie, cette âme orageuse et sublime, en perdant le spectacle du monde, devait un jour retrouver dans ses souvenirs le modèle des passions de l'enfer, et produire du fond de sa rêverie, que la réalité n'interrompait plus, deux créations également idéales, également inattendues dans ce siècle farouche, la félicité du ciel et l'innocence de la terre.

Histoire de Cromwell.

IV. Le Télémaque.

Voyez l'article FÉNELON. *Voyez* encore les jugements de M. Villemain sur Cicéron, Fontanes, Montaigne, Montesquieu, etc.

VIRGILE (PUBLIUS VIRGILIUS MARO) naquit dans un village nommé Andès, près de Mantoue, de parents fort obscurs, sous le consulat de C. Pompéius Magnus, et de M. Licinius Crassus.

Il passa les premières années de sa vie à Crémone. A l'âge de dix-sept ans il prit la robe virile. Ce jour fut celui où mourut le poète Lucrèce.

Après avoir fait quelque séjour à Milan, il se transporta à Naples, où il étudia les lettres latines et les lettres grecques avec une extrême application, et ensuite les mathématiques et la médecine.

On attribue à la jeunesse de Virgile plusieurs petites pièces, qui ne paraissent pas dignes de lui.

Ayant été chassé de sa maison et d'un petit champ qui étaient sa possession unique, par la distribution qu'on fit aux soldats vétérans d'Auguste des terres du Mantouan et du Crémonais, il vint alors pour la première fois à Rome, et, par le crédit de Mécène et de Pollion, tous deux protecteurs des gens de lettres, il recouvra son champ, et fut remis en possession de son patrimoine.

C'est ce qui donna lieu à sa première églogue, et ce qui commença à le faire connaître d'Auguste, dont il avait fait un bel éloge dans cette églogue, précieux monument de sa reconnaissance. Ainsi, par l'évènement, sa disgrace devint la source de sa fortune ; il finit ses *Bucoliques* au bout de trois ans : ouvrage d'une extrême délicatesse, et qui fit entrevoir dès-lors ce qu'on pouvait attendre d'une plume qui savait si bien allier les graces naturelles avec la correction.

Mécène, qui avait beaucoup de goût pour la poésie, et qui avait senti tout le mérite de Virgile par l'essai qu'il venait de donner, ne le laissa pas en repos, et l'engagea à entreprendre un nouvel ouvrage plus considérable que le premier. C'est faire un bel usage de son crédit, et rendre un grand service au public, que d'animer ainsi les gens de lettres, qui, souvent, faute d'un tel secours, demeurent dans l'inaction, et laissent inutiles de grands talents. Ce fut donc par le conseil de Mécène que Virgile commença les *Georgiques ;* il y travailla pendant sept ans entiers. Il paraît que pour se mettre en état d'y donner toute son application, et pour être moins distrait, il se retira à Naples. C'est lui-même qui nous apprend cette circonstance à la fin du quatrième livre des *Georgiques.* Il y marque aussi la date du temps où il les acheva, qui était l'année 724 de Rome, où Auguste, à son retour d'Égypte, s'étant approché de l'Euphrate, jeta la terreur de ses armes dans le pays, par le bruit des victoires qu'il venait de remporter, et obligea Tiridate et Phraate, qui se disputaient l'un à l'autre l'empire des Parthes, de consentir à une sorte d'accommodement.

Il s'en fallait bien que le repos dont il jouissait alors dans Naples, fût un loisir *ignoble* et obscur, comme il lui plaît de l'appeler. L'ouvrage des *Georgiques*, qui en fut le fruit, est le plus achevé pour la diction, de tout ce qui a jamais été composé de poésies latines. C'est qu'il avait eu tout le temps de le polir et d'y mettre la dernière main.

Virgile retouchait ses ouvrages avec un soin et une exactitude qu'on a peine à concevoir. Quand le premier feu de la composition, où tout plaît, était passé, il revoyait ses productions, non plus avec la complaisance d'un auteur et d'un père, mais avec la sévérité inexorable d'un censeur, et presque d'un ennemi. Il dictait la matinée plusieurs vers; et, revenant de sang-froid à l'examen, il s'occupait le reste du jour à les corriger, et les réduisait à un très petit nombre.

Il avait coutume de se comparer à l'ourse, qui, de grossiers et difformes que sont ses petits en naissant, ne vient a bout de les rendre supportables qu'à force de les lécher. C'est ainsi que se font les excellents ouvrages. Ce fut par cette correction que Virgile donna chez les Latins le ton de la bonne poésie, et qu'il montra l'exemple d'une versification exacte, douce, harmonieuse. Que l'on compare avec ses vers non-seulement ceux de Cicéron, mais ceux de Lucrèce et de Catulle, ces derniers paraîtront raboteux, mal polis, rudes, antiques ; et on serait tenté, comme je l'ai déjà dit, de croire ces vers plus anciens de quelques siècles que ceux de Virgile.

On dit qu'Auguste, au retour de ses expéditions militaires, ne crut pas pouvoir mieux se délasser de ses fatigues, qu'en entendant la lecture de cet admirable poème, à laquelle il donna quatre jours consécutifs.

Virgile, chaque jour, lui en lisait un livre. Il avait un talent merveilleux de faire sentir la beauté de ses vers par une prononciation douce, articulée, harmonieuse. Dès qu'il paraissait un peu fatigué, Mécène prenait sa place et le soulageait. Agréables journées pour un prince qui a de l'esprit et du goût ! plaisir infiniment supérieur à ces fades et frivoles divertissements, qui font presque toute l'occupation des hommes !

Virgile commença aussitôt son *Énéide* ; il y mit onze ou douze ans. Auguste, occupé à la guerre contre les Cantabres, le pressa vivement, par plusieurs lettres qu'il lui écrivit, de lui envoyer quelques parties de son *Énéide* : Virgile s'en défendit toujours : il lui représenta que, si son Énée lui avait paru digne de cet honneur, il le lui aurait volontiers envoyé : mais qu'il trouvait son ouvrage bien plus difficile qu'il n'avait cru, et qu'il commençait à craindre que ce n'eût été pour lui une témérité et une sorte de folie d'avoir osé l'entreprendre.

Quand Auguste fut de retour, Virgile ne put se défendre davantage de satisfaire la juste impatience de l'empereur. Il lui fit donc lecture des deuxième, quatrième et sixième livres de *l'Énéide*, en présence d'Octavie sa sœur. Elle avait perdu peu de temps auparavant M. Claudius Marcellus son fils, prince d'un mérite infini, et qu'Auguste destinait pour lui succéder à l'empire. Virgile avait placé l'éloge du jeune Marcellus dans le sixième livre de *l'Énéide* avec tant d'adresse, et tourné d'une manière si admirable, qu'il n'y a point de lecteur qui puisse le lire sans en être vivement touché. Quand il fut venu à cet endroit, la récitation de ces vers, qui sont au nombre de vingt-six, fit fondre en larmes l'empereur et Octavie. On dit même qu'Octavie s'évanouit à ces paroles : *Tu Marcellus eris*. Elle fit compter au poète dix grands sesterces (*dena sestercia*) pour chaque vers, ce qui montait à la somme de trente-deux mille cinq cents livres.

Virgile, après avoir achevé *l'Énéide*, avait destiné une retraite de trois ans pour la revoir et la polir. Il partit dans ce dessein pour la Grèce. Ayant rencontré à Athènes Auguste qui revenait de l'Orient, il changea d'avis, et prit le parti de le suivre à Rome. Il fut attaqué d'une maladie en chemin, et s'arrêta à Brunduse. Sentant croître son mal, il demande avec instance ses manuscrits, afin de jeter au feu *l'Énéide* ; et parce qu'on n'eût point la complaisance de les lui apporter, il ordonna par son testament qu'on la brûlât comme un ouvrage imparfait. Tucca et Varius, qui étaient présents, lui représentèrent qu'Auguste ne le permettrait pas. Sur leur représentation, Virgile leur légua ses écrits, à condition qu'ils n'y ajouteraient rien, et qu'ils laisseraient à demi-faits les vers qu'ils trouveraient en cet état.

Virgile mourut à Brunduse, l'an du monde 3986, et de Rome 735, âgé de cinquante-deux ans. Ses os furent transportés à Naples, et ensevelis à deux milles de la ville, avec cette inscription que lui-même avait faite, et qui renferme en deux vers le lieu de sa naissance, de sa mort, de sa sépulture, et le dénombrement de ses ouvrages :

Mantua me genuit, Calabri rapuere, tenet nunc,
Parthenope. Cecini pascua, rura, duces.

Il faut que le poème épique soit un ouvrage d'une extrême difficulté, puisque pendant plusieurs siècles, tant chez les Grecs que chez les Romains, à peine s'est-il trouvé deux génies assez sublimes pour en soutenir toute la force et toute la dignité. Et depuis eux, a-t-on, dans quelque langue que ce soit, des poèmes épiques qu'on puisse justement comparer à ceux d'Homère et de Virgile?

J'ai marqué, en parlant du premier, comment Virgile avait formé le dessein et le plan de l'*Énéide* sur l'*Iliade* et l'*Odyssée* d'Homère, ce qui donne un grand avantage à l'original sur son imitateur. Cependant les siècles passés n'ont point encore décidé auquel des deux on doit donner la préférence. En attendant que ce procès soit jugé, et apparemment il ne le sera jamais, on peut s'en tenir au sentiment de Quintilien, que j'ai déjà rapporté. Il y a, dit-il, dans Homère plus de génie et de naturel, dans Virgile plus d'art et de travail. Le premier l'emporte incontestablement par le grand et le sublime : l'autre compense peut-être ce qui lui manque de ce côté-là, par une exactitude qui se soutient partout également. On doit aussi mettre en ligne de compte que Virgile n'a pu mettre la dernière main à son ouvrage, qui, sans doute, aurait été encore beaucoup plus parfait qu'il n'est, quoique, tel qu'il est, il soit infiniment estimable.

On peut mettre, à coup sûr, parmi les folies de Caligula, le mépris et la haine qu'il fit paraître pour Virgile, dont il tâcha de faire ôter de toutes les bibliothèques les écrits et le portrait. Il eut l'extravagance de dire que c'était un homme sans esprit et sans savoir : *Nulius ingenii, minimæque doctrinæ.* L'empereur Alexandre-Sévère en jugea bien autrement : il l'appelait le Platon des poètes ; et il en mit le portrait avec celui de Cicéron, dans la chapelle où il avait donné place à Achille et aux grands hommes. Il est beau, pour l'honneur des lettres, de voir placer, de la main d'un empereur, sur une même ligne, les poètes, les orateurs et les conquérants[*].

ROLLIN, *Histoire ancienne.*

---

[*] Parmi les nombreuses éditions de Virgile, on doit sur-tout distinguer celle que M. Lemaire a publiée dans sa belle *Collection des Classiques latins.* Les traductions françaises de *l'Énéide* de Binet et de M. Mollevaut, sont

VIRGILE.

JUGEMENTS.

I.

En lisant *l'Iliade*, nous nous sentons transportés jusqu'à la plus haute antiquité, jusqu'aux temps où

celles que l'on estime le plus en prose; celles de Delille et de M. Gaston sont les meilleures que nous ayons en vers.

MM. Tissot, Firmin Didot et de Langeac ont traduit les *Bucoliques* avec succès. Quant à la traduction des *Géorgiques* par Delille, elle est selon l'expression de Marmontel un coup de maître dans l'art d'écrire. (*V.* DELILLE.)

M. Dussault a donné dans les *Annales littéraires* le parallèle suivant des traductions de *l'Énéide* par Delille et par M. Gaston.

« Il règne dans l'ouvrage de Delille, tout négligé qu'il est, un talent de versification et de style supérieur à celui de M. Gaston. On perd de vue trop souvent l'original dans la traduction du premier; mais aussi on y retrouve quelquefois cette manière brillante, cette versification si distinguée par la variété des coupes, le jeu des phrases, les artifices de l'harmonie, qui a placé Delille au-dessus de tous les poètes de son temps. L'exactitude de M. Gaston, sa fidélité à suivre les traces de son auteur, les efforts qu'il fait pour se rapprocher de Virgile, en se pénétrant de son esprit; le mérite de son style qui, tout estimable qu'il est, ne s'élève pourtant jamais, sous le rapport de la phrase poétique et de la facture des vers, à un certain degré de perfection, ne peuvent tout au plus que balancer les qualités rares du redoutable concurrent avec lequel il n'a pas craint d'entrer en lice : si l'on comptait les fautes, je suis persuadé que M. Gaston l'emporterait sur son rival ; mais ce n'est point ainsi que l'on juge, et que l'on doit juger : il faut en comptant les fautes, compter aussi les beautés ; il y en a dans la traduction de Delille, et elles sont d'un ordre supérieur à celles auxquelles M. Gaston peut prétendre; elles sont aussi plus nombreuses. Ce n'est pas que ce dernier ne puisse obtenir l'avantage dans la comparaison de quelques endroits, de quelques morceaux pris à part ; mais, en totalité, la supériorité du talent de Delille, dans l'art d'écrire en vers, ne laisse à M. Gaston que le mérite de l'exactitude. Quand on compare les deux traductions à l'original, la distance infinie qui les en sépare semble les rapprocher entre elles, faire disparaître la différence, et les confondre dans un même néant. Quand on les compare l'une à l'autre, on trouve que Delille est meilleur écrivain, et M. Gaston traducteur plus exact. L'un manie mieux la langue poétique, a plus de ressources, plus de souplesse, plus de richesse, plus de les hommes étaient à peine civilisés. En ouvrant Virgile, nous reconnaissons l'élégance et la correction du siècle d'Auguste. Nous ne sommes plus témoins de querelles suscitées entre deux héros pour une esclave, nous ne les voyons plus, en proie à la violence de leurs emportements, s'adresser de grossières injures. Le début du poème est imposant et magnifique, c'est Junon qui prend la résolution de s'opposer à l'établissement d'Énée en Italie; Énée aussitôt nous apparaît avec toute sa flotte au milieu d'une tempête effroyable, décrite avec les plus riches couleurs de la poésie.

Le sujet de *l'Énéide* est extrèmement heureux, et plus, je crois, que celui de *l'Iliade* et de *l'Odyssée*. Rien n'était plus noble, rien ne se rapprochait plus de la dignité de la poésie épique; d'un autre côté, rien n'était plus fait pour intéresser les Romains et flatter leur orgueil que de rapporter l'origine et la fondation de Rome à un héros aussi illustre qu'Énée. Cette idée était par elle-même très brillante, elle donnait au poète la facilité d'élever son plan sur les anciennes traditions historiques de sa patrie, de lier son sujet à celui d'Homère, d'employer le même systeme de merveilleux, de rappeler les exploits des Romains et de décrire la fabu-

---

science et d'art dans la diction; l'autre suit son auteur plus scrupuleusement, cherche plus à en exprimer les temps, les formes, les beautés; l'un se fie plus à son propre talent, l'autre au génie de l'original; l'un a plus de prétentions, l'autre de simplicité. Enfin l'ouvrage de M. Gaston est une traduction quelquefois faible et toujours fidèle, celui de Delille est une paraphrase quelquefois très brillante, plus souvent languissante et terne, et presque toujours inexacte et fautive. » F.

leuse Italie et l'antique territoire de Rome. Les projets d'Énée, toujours traversés par Junon, font naître une foule d'évènements qui occasionent des voyages, des combats, et présentent au poète l'occasion de mêler aux détails de la guerre, ceux des travaux et des plaisirs des peuples pacifiés. Je crois être fondé à dire que, tout considéré, *l'Énéide* de Virgile est le modèle le plus parfait que l'on puisse trouver d'une fable ou d'une action épique. Je ne m'arrête pas à l'opinion de quelques critiques qui regardent ce poème comme une composition allégorique, dans laquelle l'auteur fait constamment allusion au caractère ou au gouvernement d'Auguste, ou qui croient que Virgile n'a voulu que rendre plus agréable aux Romains ce prince qu'il a représenté sous les traits d'Énée. Il est vrai qu'à l'exemple des poètes ses contemporains, il a saisi toutes les occasions de payer à Auguste un tribut d'adulation; mais il ne me paraît pas vraisemblable qu'il ait conçu son plan dans un but politique. Comme poète, il suffisait, pour déterminer son choix, que ce sujet fût grand par lui-même, convînt à la nature de son génie, et lui présentât les moyens de donner l'essor à son talent poétique.

L'unité d'action est parfaitement observée dans *l'Énéide*. Depuis le commencement jusqu'à la fin, le lecteur n'est occupé que d'un seul objet, l'établissement d'Énée en Italie, établissement ordonné par les dieux. Comme l'action dure plusieurs années, le poète en a fort judicieusement mis une portion en récit. Les épisodes se trouvent suffisamment liés au sujet principal, et le nœud ou l'intrigue du poëme est tissu avec beaucoup d'art, d'après le genre de merveilleux adopté par l'antiquité. Junon s'oppose elle-même à l'établissement des Troyens en Italie; son ressentiment suscite à Énée de nombreux obstacles, et amène naturellement l'intervention des êtres célestes. De là cette tempête qui jette le héros sur les bords africains; la passion de Didon, qui s'efforce de le retenir à Carthage; et la résistance de Turnus, qui l'oblige à mettre les armes à la main. Enfin Jupiter consent à ce que le nom troyen soit à jamais oublié pour faire place au nom latin; Junon alors s'appaise, et le héros reste victorieux dans le Latium.

Dans la conduite de ces circonstances principales du poëme, Virgile a montré beaucoup d'art et de jugement; mais l'admiration qu'il mérite ne doit pas nous aveugler sur les fautes qu'il a commises. D'abord on ne trouve presque aucun caractère bien prononcé dans *l'Énéide*. Sous ce rapport, elle pourrait même paraître insipide, si on la comparait à *l'Iliade*, où tout est plein d'âme et de mouvement. Achates, et Cloanthe, et Gyas, et tous les héros troyens qui suivent Énée en Italie sont des figures qu'aucun trait ne distingue les unes des autres, et qui ne se font remarquer ni par leurs sentiments ni par leurs exploits. Énée lui-même n'est pas un héros bien intéressant. On nous le montre, il est vrai, rempli de bravoure et de piété; mais son caractère n'est indiqué par aucun de ces traits qui touchent le cœur. C'est un homme doux et presque impassible. Sa conduite envers Didon au quatrième livre, sur-tout le discours qu'il lui adresse, après qu'elle lui a fait connaître qu'elle n'ignore pas qu'il a résolu de l'abandonner, décèle une sorte de dureté et d'insensibilité qui ne sont pas faites pour le rendre aimable *. Le caractère de Didon est bien supérieur à tous les autres. L'ardeur de sa passion, la violence de son indignation et de son courroux, son emportement, en font un personnage bien plus animé qu'aucun de ceux que Virgile a peints dans son *Énéide*.

Outre ces défauts, l'on pourrait encore, à quelques égards, critiquer la distribution du sujet. Il est vrai qu'il faut considérer *l'Énéide* avec l'indulgence que l'on ne peut refuser à un ouvrage que son auteur n'a pas eu le temps d'achever. L'on assure que les six derniers livres n'ont pas reçu la dernière main du poète, qui, pour cette raison, demanda en mourant que son ouvrage fût livré aux flammes. Mais si cette circonstance doit pallier quelques défauts d'exécution, elle ne peut servir d'excuse aux vices que le sujet semble présenter dans la dernière partie du poème. Les guerres avec les Latins n'ont plus la dignité et l'intérêt des évé-

---

*   Num fletu ingemuit nostro? num lumina flexit?
      Num lacrymas victus dedit? aut miseratus amantem est?

      Auteur de tous mes maux, a-t-il plaint mes alarmes?
      Ai-je pu de ses yeux arracher quelques larmes?
      S'est-il laissé fléchir à mes cris douloureux?
      A-t-il au moins daigné tourner vers moi les yeux?
                              Delille.

nements qui les ont précédées, tels que la ruine de Troie, l'amour de Didon, la descente aux enfers. Le lecteur, ainsi que Voltaire l'a remarqué, est tenté de prendre parti pour Turnus contre le prince troyen. Turnus, jeune héros plein de valeur, épris des charmes de Lavinie, à qui l'unissent déjà les liens du sang, est destiné à l'épouser du consentement de tous les siens; il est favorisé sur-tout par la mère de Lavinie, et la jeune fille elle-même laisse entrevoir qu'elle désire ce mariage. Alors arrive un étranger qui n'a jamais vu Lavinie, et qui cependant, sur la foi d'un oracle, réclame un établissement dans le Latium, livre le pays aux fureurs de la guerre, tue l'amant de la princesse, et cause la mort de sa mère. Un tel plan n'est pas fait pour nous disposer en faveur du héros du poème, et l'auteur en pouvait aisément corriger le vice; il fallait supposer qu'Énée, au lieu de faire le malheur de Lavinie, la délivrait des persécutions d'un rival également odieux à cette princesse et à son pays.

Cependant, malgré ces défauts qu'il fallait remarquer, Virgile a des beautés qui excitèrent à juste titre l'admiration de tous les siècles, et qui, aujourd'hui même, élèvent sa gloire au niveau de celle d'Homère*. La qualité que ce poète possède par excellence, et pour laquelle, je crois, il n'a pas de rivaux, c'est la tendresse. La nature l'avait doué

---

* Virgile, inférieur à Homère par la grandeur et la variété des caractères, par l'invention admirable, l'égale par la beauté de la poésie.

MONTESQUIEU, *Pens. diverses. Des anciens.*

d'une sensibilité exquise; on voit dans les scènes les plus touchantes de son poème qu'il avait éprouvé les affections qu'il décrit, car il sait peindre au cœur par un seul trait. C'est une sorte de mérite qui, dans une épopée, approche du sublime, et donne au poète le pouvoir de rendre son ouvrage intéressant pour toutes les classes de lecteurs.

Le plus beau morceau de ce genre, dans *l'Iliade*, est l'entrevue d'Hector et d'Andromaque. Dans *l'Énéide*, il y en a un très grand nombre. Le second livre est un chef-d'œuvre que rien n'égala jamais, et Virgile semble avoir déployé toute la puissance de son génie dans cette partie de son sujet qui présentait une grande variété de scènes pleines de tendresse et de magnificence. A l'affreux tableau d'une ville livrée pendant la nuit aux flammes et au pillage, se mêlent avec art des incidents touchants et pathétiques. On ne trouve dans aucun poème rien de plus beau que la mort de Priam ; Anchise, Creüse, toute cette famille fugitive d'Énée est remplie de tendresse et d'amour. Le même pathétique existe dans un grand nombre de passages de *l'Énéide*, et ces passages sont ceux que l'on relit avec le plus de plaisir. C'est ainsi qu'on ne s'est point lassé d'admirer le quatrième livre, qui renferme la passion malheureuse et la mort funeste de la reine de Carthage. Le poète y a répandu les beautés les plus sublimes. L'entrevue d'Énée avec Andromaque et Hélène au troisième livre, les épisodes de Pallas et d'Évandre, de Nisus et d'Euryale, de Lausus et de Mézence, sont des exemples frappants du talent de Virgile pour produire de tendres émotions. Bien que nous ayons remarqué quelques inégalités dans *l'Énéide*, quelques passages où l'intérêt languit, cependant on trouve dans toutes les parties du poème des choses admirables; partout elles s'y présentent en grand nombre, même dans les six derniers livres. Les parties les plus travaillées sont les premier, second, quatrième, sixième, septième, huitième et douzième livres.

Virgile, dans les descriptions de batailles, est bien inférieur à Homère pour le feu et la sublimité; mais dans sa descente aux enfers il l'emporte de beaucoup sur le chantre de *l'Odyssée*. A cet égard, l'antiquité ne nous offre rien de comparable au sixième livre de *l'Énéide*; la scène est grande et frappante; les objets ont quelque chose d'imposant et de solennel qui produit sur l'esprit l'impression que doit faire éprouver le spectacle des régions infernales. Il règne dans tout ce tableau une philosophie sublime que le génie platonique de Virgile et les idées plus développées du siècle d'Auguste ont revêtu d'une dignité à laquelle ne pouvait pas atteindre la rudesse du siècle d'Homère. Quant aux beautés poétiques de Virgile, à la douceur et à l'harmonie de ses vers, on les a si bien et si justement appréciées dans tous les temps, qu'il est inutile de nous arrêter à en faire l'éloge.

Si maintenant, sous le rapport de leur mérite en général, nous comparons l'un à l'autre ces deux princes de la poésie épique, Homère et Virgile, il nous semblera incontestable que le premier ne soit doué d'un génie plus grand, l'autre d'un génie plus correct. Homère était le créateur de son art, et l'on trouve chez lui les beautés et les défauts que l'on doit attendre d'un auteur original, comparé à ceux qui sont entrés après lui dans la carrière, c'est-à-dire plus de hardiesse, plus de naturel, plus d'aisance, plus de force, plus de sublimité, mais aussi plus d'irrégularités et de négligences. Virgile eut toujours Homère sous les yeux ; dans beaucoup d'endroits il ne s'est pas contenté de l'imiter, il l'a traduit littéralement. C'est ainsi qu'au premier livre de *l'Énéide*, par exemple, la description de la tempête et le discours d'Énée à ses compagnons sont traduits du cinquième livre de *l'Odyssée* ; c'est ainsi que presque toutes les comparaisons de Virgile ne sont que des copies de celles d'Homère. Le mérite de l'invention appartient donc évidemment au chantre d'Achille ; quant au mérite du jugement, il me semble encore contesté par Homère, bien que la plupart des critiques n'aient pas hésité à l'attribuer à Virgile. L'un nous rappelle toute la vivacité des Grecs, l'autre la grandeur imposante des Romains. L'imagination d'Homère est plus riche, celle de Virgile est plus chaste ; le premier puise sa force dans le pouvoir qu'il a d'enflammer l'imagination, l'autre dans le talent de toucher le cœur. Le style d'Homère est plus simple et plus animé, celui de Virgile plus élégant et plus soutenu ; celui-là s'élève quelquefois à une hauteur sublime qu'après lui personne ne peut atteindre, mais celui-ci ne descend jamais au-dessous de la dignité qui convient à la poésie épique, et c'est un mérite qu'Homère n'a pas toujours. Cependant, pour ne rien ôter à l'admiration que l'on doit à ces deux grands poètes, il est juste d'attribuer les défauts d'Homère bien moins à son génie qu'aux mœurs du siècle où il vivait; mais il est juste aussi de ne pas perdre de vue, pour excuser les endroits faibles de *l'Énéide*, que Virgile laissa son ouvrage imparfait.

BLAIR, *Cours de Rhétorique.*

II.

Les *Géorgiques* de Virgile sont devenues un ouvrage français, et ce poème, le plus parfait qui nous ait été transmis par les anciens*, est aussi un des plus beaux morceaux de la poésie moderne. Il serait superflu de parler de ce qui est connu **, je me bornerai donc à quelques observations sur *l'Énéide*. L'imperfection de ce poème et la perfection des *Géorgiques* sont une preuve de la distance prodigieuse qui reste encore entre le meilleur poème didactique et cette grande création de l'épopée. Ce qui frappe le plus, en passant de la lecture d'Homère

---

* Il m'a toujours semblé qu'en la poésie, Virgile, Lucrèce, Catulle et Horace tiennent de bien loin le premier rang; et signalement Virgile en ses *Géorgiques*, que j'estime le plus accompli ouvrage de la poésie: à comparaison duquel on peut reconnaître aisément qu'il y a des endroits de *l'Énéide*, auxquels l'auteur eut donné encore quelque tour de peigne s'il en eût eu le loisir; et le cinquième livre en *l'Énéide* me semble le plus parfait. MONTAIGNE. *Essais* XI, 10.

Voyez le parallèle de Virgile et de Théocrite par Bernardin-de-Saint-Pierre, t. XXVII du *Répertoire*, art. THÉOCRITE. F.

** Voilà tout ce que le *Lycée* contient sur les *Géorgiques;* c'est là une des plus graves omissions qu'on puisse reprocher à cet ouvrage. H. P.

à celle de Virgile, c'est l'espèce de culte que le poète latin a voué au grec. Quand on ne nous aurait pas appris que Virgile était adorateur d'Homère, au point qu'on l'appelait *l'homérique*, il suffirait de le lire pour en être convaincu. Il le suit pas à pas; mais on sait que faire passer ainsi dans sa langue les beautés d'une langue étrangère a toujours été regardé comme une des conquêtes du génie; et pour juger si cette conquête est aisée, il n'y a qu'à se rappeler ce que disait Virgile : qu'il était moins difficile de prendre à Hercule sa massue que de dérober un vers à Homère. Il en a pris cependant une quantité considérable; et, quand il le traduit, s'il ne l'égale pas toujours, quelquefois il le surpasse*.

* Personne ne reprochera à Virgile d'avoir imité Homère comme il l'a fait; mais des critiques latins lui ont reproché avec plus de raison d'avoir été le plagiaire de ses compatriotes; et l'on n'en peut douter en voyant les nombreuses citations de vers qu'il a empruntés, non seulement d'Ennius, de Pacuvius, d'Accius, de Suévius, mais même de ses contemporains les plus illustres, tels que Lucrèce, Catulle, Varius, Furius. Nous n'avons point les poésies de ces deux derniers; mais Varius nous est connu par l'éloge qu'en fait Horace, qui le regarde comme un des génies les plus propres à traiter l'épopée.

Fortè epos acer,
Ut nemo, Varius ducit.

Virgile ne pouvait donc pas dire comme Molière, quand il s'appropriait quelque chose de bon, pris d'un mauvais écrivain : *Je reprends mon bien où je le trouve*. La plupart de ces larcins de Virgile sont des hémistiches ou des vers entiers d'une beauté remarquable, même ceux qu'il dérobe aux vieux poètes du temps des guerres puniques, et particulièrement à Ennius; mais aussi l'on sait que Virgile ne s'en cachait pas, puisqu'il se vantait *de tirer de l'or du fumier d'Ennius*. Fumier soit : l'on peut croire, par les fragments qui nous restent de lui, qu'il y avait bien du mauvais goût dans son style, et d'autant plus que la langue n'était pas encore épurée; mais la quantité d'expressions heureuses et vraiment poétiques qu'il a fournies à Virgile prouve

Le premier défaut que l'on ait remarqué dans *l'Énéide*, c'est le caractère du héros; et c'est ici que l'on peut voir combien La Motte et consorts se trompaient quand ils reprochaient à Homère les imperfections morales de son héros, et combien Aristote en savait davantage quand il a marqué ces mêmes caractères imparfaits en morale, comme les meilleurs en poésie. Assurément il n'y a pas le plus petit reproche à faire au pieux Énée : il est, d'un bout du poème à l'autre, absolument irrépréhensible; mais aussi, n'étant jamais passionné, il n'é-

que cet Ennius avait un véritable talent, et surtout le sentiment de l'harmonie imitative, et justifie l'espèce de vénération qu'avait pour lui le grand Scipion, connaisseur trop éclairé pour ne goûter dans Ennius que le chantre de ses exploits.

Virgile ne dissimulait pas non plus qu'il avait suivi Théocrite dans ses *Églogues*, et Hésiode dans ses *Géorgiques* : il rend lui-même cet hommage à ses modèles, dans ces mêmes ouvrages où il les a laissés, surtout Hésiode, bien loin derrière lui. Mais, ce qu'on ne sait pas communément, c'est que ce second livre de *l'Énéide*, si universellement admiré, ce grand tableau du sac de Troie, est copié presque mot à mot, *penè ad verbum* (ce sont les expressions de Macrobe), d'un poète grec, nommé Pisandre, qui avait écrit en vers une espèce de recueil d'histoires mythologiques. Macrobe parle de ce nouvel emprunt comme d'un fait connu de tout le monde, et même des enfants; et de ce Pisandre comme d'un poète du premier ordre parmi les Grecs. Il y a tout lieu de le penser, si l'original de la prise de Troie lui appartient; et il est difficile de douter du fait, d'après l'affirmation de Macrobe. En ce cas, la perte des ouvrages de Pisandre doit être comptée parmi tant d'autres qui excitent d'inutiles regrets.

Il est à remarquer que deux poètes, tels que Virgile et Voltaire, se soient également permis de s'enrichir d'un assez grand nombre de beaux vers connus : c'est parce que tous deux étaient très riches de leur propre fond, qu'on leur a pardonné de dépouiller autrui :

Le Parnasse est comme le monde :
On n'y permet qu'aux riches de voler.

chauffe jamais; et la froideur de son caractère se répand sur tout le poëme. Il est presque toujours en larmes ou en prières. Il se laisse très tranquillement aimer par Didon, et la quitte tout aussi tranquillement dès que les dieux l'ont ordonné. Cela est fort religieux, mais point du tout dramatique : et ce même Aristote nous a fait entendre que l'épopée devait être animée des mêmes passions que la tragédie, quand il a dit que la plupart des règles prescrites pour celle-ci étaient aussi essentielles à l'autre. Concluons donc que le grand principe d'Aristote a été pleinement confirmé par l'expérience, puisque les deux héros de l'épopée qui aient paru les mieux choisis et les mieux conçus chez les anciens et chez les modernes, sont deux caractères passionnés et tragiques; l'Achille de *l'Iliade* et le Renaud de *la Jérusalem*. Ce dernier même est en partie modelé sur l'autre, il est aussi brillant, aussi fier, aussi impétueux. Voilà les hommes qu'il nous faut en poésie, aussi ont-ils réussi partout, et le caractère d'Énée n'a pas eu plus de succès au théâtre que dans l'épopée.

On convient assez que la marche des six premiers chants de *l'Énéide* est à peu près ce qu'elle pouvait être, si ce n'est qu'après le grand effet du quatrième livre, qui contient les amours de Didon, la description des jeux, qui remplit le cinquième, quelque belle qu'elle soit en elle-même, est peut-être placée de manière à refroidir un peu le lecteur, qui, après tout, en est bien dédommagé dans le livre suivant, où se trouve la descente d'Énée aux enfers. Mais ce qu'on a généralement condamné, c'est le plan des six derniers livres : c'est là qu'on attend les plus grands effets, en conséquence de ce principe, que tout doit aller en croissant, comme Homère l'a si bien pratiqué dans *l'Iliade*; et c'est là malheureusement que Virgile devient inférieur à lui-même et à son modèle. La fondation d'un état qui doit être le berceau de Rome; une jeune princesse qu'un étranger, annoncé par les oracles, vient disputer au prince qui doit l'épouser; les différents peuples de l'Italie partagés entre les deux rivaux : tout semblait promettre de l'action, du mouvement, des situations et de l'intérêt. Au lieu de tout ce qu'on a droit d'espérer d'un pareil sujet, que trouve-t-on? Un roi Latinus qui n'est pas le maître chez lui, et ne sait pas même avoir une volonté; qui, après avoir très bien reçu les Troyens, laisse la reine Amate et Turnus leur faire la guerre, et prend le parti de se renfermer dans son palais pour ne se mêler de rien; Lavinie, dont il est à peine question, personnage nul et muet, quoique ce soit pour elle que l'on combatte; cette reine Amate, qui, après la défaite des Latins, se pend à une poutre de son palais; enfin Turnus tué par Énée, sans qu'il soit possible de prendre intérêt ni à la victoire de l'un, ni à la mort de l'autre. Voilà le fond des six derniers chants de *l'Enéide*; et il en résulte que, pour l'invention, les caractères et le plan, l'imitateur d'Homère est resté bien loin de lui.

A l'égard de ses batailles, il n'a guère fait qu'abréger et resserrer celles d'Homère, qu'il traduit presque partout. Il a moins de diffusion, mais il a aussi moins de feu. Il a d'ailleurs un désavantage marqué, qui tient à la nature du sujet. La guerre de Troie était un si grand évènement dans l'histoire du monde, dont elle fait encore une des principales époques, que tous ceux qui s'y étaient distingués occupaient une place dans la mémoire des hommes : c'étaient des noms que la renommée avait consacrés, qui étaient dans la bouche de tout le monde, et, pour ainsi dire, familiers à l'imagination. Rien n'est si favorable à un poète que ces noms qui portent leur intérêt avec eux; et une partie de cet intérêt se répand sur les six premiers livres de *l'Énéide*, où se retrouvent des faits et des noms déjà immortalisés par Homère. Mais dès le septième livre, Virgile nous mène dans un monde tout nouveau, et nous montre des personnages absolument ignorés, et avec qui même il n'a pu, dans le plan qu'il a suivi, mettre le lecteur à portée de faire connaissance; et l'on s'aperçoit alors qu'il est bien différent d'avoir à mettre en scène Ajax, Hector, Ulysse et Diomède, ou Messape, Ufens, Tarchon et Mézence. On sait bien que Virgile a voulu flatter à la fois les Romains et Auguste, les uns par la fable de leur origine, l'autre par le double rapport qu'il établit entre Auguste et Énée, tous deux fondateurs et législateurs. Mais il n'en est pas moins vrai qu'Homère, en chantant le siége de Troie, avait pris pour son sujet ce qu'il y avait alors de plus fameux dans le monde, et que Virgile, en voulant célébrer l'origine de Rome, comme il l'annonce dès les premiers vers, s'est obligé à s'enfoncer dans les antiquités de l'Italie, aussi obscures que celles de la Grèce étaient célèbres. On sent tout ce que ce contraste doit lui faire perdre; aussi les héros d'Homère sont ceux de toutes les nations, de tous les théâtres : nous sommes accoutumés à les voir en scène avec les dieux, et ils ne nous semblent pas au-dessous de ce commerce. Les combats de *l'Iliade* nous offrent les plus grands spectacles: Nous croyons voir aux mains l'Europe et l'Asie; mais ceux de *l'Énéide* ne nous paraissent, en comparaison, que des escarmouches entre quelques peuplades ignorées. Virgile a tâché du moins de répandre quelque intérêt sur le jeune Pallas, fils d'Évandre; sur Lausus, fils de Mézence; sur Camille, reine des Volsques; mais cet intérêt passager et rapidement épisodique, jeté sur des personnages qu'on ne voit qu'un moment, ne saurait remplacer cet intérêt général qui doit animer et mouvoir toute la machine de l'épopée.

Tel est le jugement que la postérité, sévèrement équitable, paraît avoir porté sur ce qui manque à *l'Énéide*; mais malgré tous ces défauts, ce qui reste de mérite à Virgile suffit pour justifier le titre de prince des poètes latins, qu'il reçut de son siècle, et l'admiration qu'il a obtenue de tous les autres. Le second, le quatrième et le sixième livres sont trois grands morceaux regardés universellement comme les plus finis, les plus complètement beaux que l'épopée ait produits chez aucune nation. Celui de Didon en particulier appartient entièrement à l'auteur : il n'y en avait point de modèle, et c'est en ce genre un morceau unique dans toute l'antiquité. Ces trois admirables livres, l'épisode de Nisus et Euryale, celui de Cacus, celui des funérailles de Pallas, celui du bouclier d'Énée, sont les chefs-d'œuvre de l'art de peindre et d'intéresser en vers; et ce qui fait en total le caractère de Virgile, c'est la perfection continue du style, qui est telle chez lui, qu'il ne semble pas donné à l'homme d'aller plus loin. Il est à la fois le charme et le désespoir de tous ceux qui aiment et cultivent la poésie.

Ainsi donc, s'il n'a pas égalé Homère pour l'invention, la richesse et l'ensemble, il l'a surpassé par la singulière beauté de quelques parties, et par son excellent goût dans tous les détails*. Ne nous plaignons pas de la nature, qui jamais ne donne tout à un

* L'abbé Trublet a fait un parallèle de Virgile et d'Homère, où il y a quelques idées justes et fines, mais aussi beaucoup de petits aperçus vagues à force de subtilité, et plusieurs assertions fausses; celle-ci, par exemple : « *L'Énéide* vaut mieux que *l'Iliade*... Virgile a surpassé Homère dans le « dessein et dans l'ordonnance. » Ce résultat n'est rien moins que juste. Un poème qui, dans son ensemble, manque d'invention et d'intérêt, et dont les six derniers livres, si inférieurs aux premiers, pèchent contre la règle essentielle de la progression, ne vaut sûrement pas mieux que *l'Iliade*, qui, malgré ses longueurs, est beaucoup mieux ordonnée, puisqu'elle va toujours à son but, et se soutient jusqu'au bout, de manière que l'action devient encore plus attachante à la fin qu'au commencement. Il en résulte qu'Homère, comme je l'ai dit, l'emporte par la totalité, et Virgile par la perfection de quelques parties. Quant à ce que dit l'abbé Trublet : « Virgile a voulu être « poète, et il l'a pu : Homère n'aurait pas pu ne le point être ; » ce sont là de très frivoles antithèses, et ce jugement est dénué de sens. On n'est pas poète comme Virgile, seulement parce qu'*on le veut :* on ne l'est à ce degré que quand la nature l'a voulu. Le bon abbé Trublet songeait un peu trop à son ami La Motte, quand il donnait tant au *vouloir* en poésie. Il est très vrai que La Motte *voulut* être poète : mais il ne parvint qu'à être un très médiocre versificateur, et fit tout ce qu'on peut faire avec de l'esprit.

seul : admirons la plutôt dans l'étonnante variété de ses dons, dans cette inépuisable fécondité qui promet toujours au génie de nouveaux aliments, à la gloire de nouveaux titres, aux hommes de nouvelles jouissances.

La Harpe, *Cours de Littérature*.

III.

Virgile fut le premier, parmi les Romains, qui introduisit trois genres de poésie empruntés de trois fameux poètes grecs, Théocrite, Hésiode et Homère. Théocrite et Homère lui ont toujours disputé la palme, l'un dans le poème pastoral, et l'autre dans le poème épique ; mais il a laissé Hésiode bien loin derrière lui dans le poème géorgique.

Je crois qu'il est à propos de donner ici une idée des quatre livres des *Géorgiques*. Virgile, dans le premier, parle des moissons, du labourage, des instruments nécessaires aux cultivateurs ; de la connaissance de la sphère, des différentes saisons où il faut semer les différents grains, des signes qui annoncent l'orage ou les beaux jours. La variété des tableaux, la rapidité du style, caractérisent ce livre, qui est terminé par un magnifique épisode sur la mort de César.

Dans le second, on trouve plus d'art peut-être et plus de hardiesse que dans tous les autres. Le poète attribue à des arbres toutes les passions et les affections humaines, l'oubli, l'ignorance, le désir, l'étonnement. Le quatrième est riche en métaphores, mais moins hardies que dans celui-ci ; car il est bien plus naturel de prêter les passions de l'homme à des animaux, comme les abeilles, qu'à des êtres inanimés, comme les arbres. On ne peut lire, à la fin du second livre, l'éloge de la vie champêtre, sans être tenté de vivre à la campagne, et sans préférer, contre le sentiment de Virgile luimême, la vie d'un cultivateur, à celle d'un philosophe.

Le troisième paraît le plus travaillé de tous. Il règne une vigueur et une verve admirables dans la description du cheval et des courses de chevaux. La violence de l'amour y est représentée avec des expressions aussi brûlantes que l'amour même. L'hiver de la Scythie y est si bien peint, qu'on frissonne, pour ainsi dire, en le lisant. Dans la description de la peste, il s'est efforcé de surpasser Lucrèce; et il faut avouer que si dans l'un on aperçoit mieux le physicien, dans l'autre on reconnaît bien mieux le poète.

Mais Virgile semble n'avoir rien traité avec autant de complaisance que les abeilles. Il ennoblit toutes les actions de ces petits animaux par des métaphores empruntées des plus importantes occupations des hommes. Il ne peint pas en vers plus forts les batailles d'Énée et de Turnus, que le choc de deux essaims. Si, dans *l'Énéide*, il compare les travaux des Troyens à ceux des abeilles et des fourmis, ici il compare les occupations des abeilles à celles des cyclopes. Enfin, le quatrième livre des *Géorgiques* semble être un prélude de *l'Énéide* : en parlant si magnifiquement d'un insecte, il nous annonçait sur quel ton il était capable de traiter un objet véritablement grand. En un mot, *les Géorgiques* de Virgile ont toute la perfection que peut avoir un ouvrage écrit par le plus grand poète de l'antiquité, dans l'âge où l'imagination est la plus vive, le jugement le plus formé, où toutes les facultés de l'esprit sont dans toute leur vigueur et dans leur entière maturité.

Dans cet éloge, je ne crains pas d'être accusé de prévention par les véritables connaisseurs, ni d'avoir vu les beautés de Virgile avec le microscope des commentateurs et des traducteurs. Voulons-nous prendre de cet ouvrage une juste idée? consultons Virgile lui-même. C'était son ouvrage favori, celui sur lequel il fondait l'espoir de son immortalité. *L'Énéide*, malgré ses défauts, fait, depuis plus de dix-sept cents ans, les délices des amateurs de la poésie : cependant ce poème, admiré des Romains, immortel comme leur gloire dont il est le plus beau trophée, qui avait arraché à Octavie des larmes si célèbres, qui valut à Virgile l'honneur d'être salué au théâtre comme l'empereur lui-même, il voulait le jeter au feu comme indigne de lui, malgré le faible des auteurs pour leur dernier ouvrage, tandis qu'il laissait subsister *les Géorgiques* comme le plus beau monument de sa gloire. On peut dire que s'il s'est trop défié de l'effet de son *Énéide*, il n'a pas trop présumé de celui des *Géorgiques*.

Delille, *Disc. prélim. de la trad. des* Géorgiques.

IV. Virgile et Racine.

Ces deux grands poètes ont tant de ressemblance, qu'ils pourraient tromper jusqu'aux yeux de la muse, comme les jumeaux de *l'Énéide*, qui causaient de douces méprises à leur mère.

Tous deux polissent leurs ouvrage avec le même soin, tous deux sont pleins de goût, tous deux hardis et pourtant naturels dans l'expression, tous deux sublimes dans la peinture de l'amour, et comme s'ils s'étaient suivis pas à pas, Racine a fait entendre dans *Esther* je ne sais quelle suave mélodie, dont Virgile a pareillement rempli sa seconde églogue ; mais toutefois avec la différence qui se trouve entre la voix de la jeune fille et celle de l'adolescent, entre les soupirs de l'innocence et ceux d'une passion criminelle.

Voilà peut-être en quoi Virgile et Racine se ressemblent; voici peut-être en quoi ils diffèrent.

Le second est en général supérieur au premier dans l'invention des caractères : Agamemnon, Achille, Oreste, Mithridate, Acomat, sont fort au-dessus des héros de *l'Énéide*. Énée et Turnus ne sont beaux qu'en deux ou trois moments; Mézence seul est fièrement dessiné.

Cependant, dans les peintures douces et tendres, Virgile retrouve son génie : Évandre, ce vieux roi d'Arcadie, qui vit sous le chaume et que défendent deux chiens de bergers, au même lieu où les Césars, entourés des prétoriens, habiteront un jour leur palais, le jeune Pallas, le beau Lausus, Nisus et Euryale, sont des personnages divins.

Dans les caractères de femmes, Racine reprend la supériorité : Agrippine est plus ambitieuse qu'Amate, Phèdre plus passionnée que Didon.

Nous ne parlons point d'*Athalie*, parce que Racine dans cette pièce ne peut être comparé à personne : c'est l'œuvre le plus parfait du génie inspiré par la religion.

Mais, d'un autre côté, Virgile a pour certains lecteurs un avantage sur Racine : sa voix, si nous osons nous exprimer ainsi, est plus gémissante et sa lyre plus plaintive. Ce n'est pas que l'auteur de *Phèdre* n'eût été capable de trouver cette sorte de mélodie des soupirs ; le rôle d'Andromaque, *Bérénice* tout entière, quelques stances des cantiques imités de l'Écriture, plusieurs strophes des chœurs d'*Esther* et d'*Athalie*, montrent ce qu'il aurait pu faire dans ce genre ; mais il vécut trop à la ville, pas assez dans la solitude. La cour de Louis XIV, en lui donnant la majesté des formes et en épurant son langage, lui fut peut-être nuisible sous d'autres rapports ; elle l'éloigna trop des champs et de la nature. . . . .

Virgile est l'ami du solitaire, le compagnon des heures secrètes de la vie. Racine est peut-être au-dessus du poète latin, parce qu'il a fait *Athalie* ; mais le dernier a quelque chose qui remue plus doucement le cœur. On admire plus l'un, on aime plus l'autre ; le premier a des douleurs trop royales ; le second parle davantage à tous les rangs de la société.

CHATEAUBRIAND, *Génie du Christianisme.*

VIRGILE.

MORCEAUX CHOISIS.

I La Peste.

Là, l'automne, exhalant tous les feux de l'été,
De l'air qu'on respirait souilla la pureté,
Empoisonna les lacs, infecta les herbages,
Fit mourir les troupeaux et les monstres sauvages.
Mais quelle affreuse mort! D'abord des feux brûlants
Couraient de veine en veine, et desséchaient leurs flancs;
Tout-à-coup aux accès de cette fièvre ardente
Se joignait le poison d'une liqueur mordante,
Qui, dans leur sein livide épanchée à grands flots,
Calcinait lentement et dévorait leurs os.
Quelquefois aux autels la victime tremblante
Des prêtres en tombant prévient la main trop lente;
Ou, si d'un coup plus prompt le ministre l'atteint,
D'un sang noir et brûlé le fer à peine est teint :
On n'ose interroger ses fibres corrompues,
Et les fêtes des dieux restent interrompues.
Tout meurt dans le bercail, dans les champs tout périt;
L'agneau tombe en suçant le lait qui le nourrit;
La génisse languit dans un verd pâturage;
Le chien si caressant expire dans la rage;
Et d'une horrible toux les accès violents
Étouffent l'animal qui s'engraisse de glands.

Le coursier, l'œil éteint, et l'oreille baissée,
Distillant lentement une sueur glacée,
Languit, chancelle, tombe, et se débat en vain :
Sa peau rude se sèche, et résiste à la main;
Il néglige les eaux, renonce au pâturage,
Et sent s'évanouir son superbe courage.

Tels sont de ses tourments les préludes affreux.

Mais si le mal accroît ses accès douloureux,
Alors son œil s'enflamme; il gémit; son haleine
De ses flancs palpitants ne s'échappe qu'à peine;
Sa narine à longs flots vomit un sang grossier,
Et sa langue épaissie assiège son gosier.

Un vin pur, épanché dans sa gorge brûlante,
Parut calmer d'abord sa douleur violente;
Mais ses forces bientôt se changeant en fureur,
(Oh! ciel! loin des Romains ces transports pleins d'horreur!)
L'animal frénétique, à son heure dernière,
Tournait contre lui-même une dent meurtrière.

Voyez-vous le taureau, fumant sous l'aiguillon,
D'un sang mêlé d'écume inonder son sillon?
Il meurt: l'autre, affligé de la mort de son frère,
Regagne tristement l'étable solitaire;
Son maître l'accompagne, accablé de regrets,
Et laisse en soupirant ses travaux imparfaits.

Le doux tapis des prés, l'asile d'un bois sombre,
La fraîcheur du matin jointe à celle de l'ombre,
Le crystal d'un ruisseau qui rajeunit les prés
Et roule une eau d'argent sur des sables dorés,
Rien ne peut des troupeaux ranimer la faiblesse;
Leurs flancs sont décharnés; une morne tristesse
De leurs stupides yeux éteint le mouvement,
Et leur front affaissé tombe languissamment.

Hélas! que leur servit de sillonner nos plaines,
De nous donner leur lait, de nous céder leurs laines?
Pourtant nos mets flatteurs, nos perfides boissons,
N'ont jamais dans leur sang fait couler leurs poisons:
Leurs mets, c'est l'herbe tendre et la fraîche verdure;
Leur boisson, l'eau d'un fleuve ou d'une source pure;

Sur un lit de gazon ils trouvent le sommeil,
Et jamais les soucis n'ont hâté leur réveil.

Pour apaiser les dieux, on dit que ces contrées
Préparaient à Junon des offrandes sacrées :
Pour les conduire au temple on chercha des taureaux;
A peine on put trouver deux buffles inégaux.
On vit des malheureux, pour enfouir les graines,
Sillonner de leurs mains et déchirer les plaines,
Et, roidissant leurs bras, humiliant leurs fronts,
Traîner un char pesant jusqu'au sommet des monts.

Le loup même oubliait ses ruses sanguinaires;
Le cerf parmi les chiens errait près des chaumières;
Le timide chevreuil ne songeait plus à fuir,
Et le daim si léger s'étonnait de languir.

La mer ne sauve pas ses monstres du ravage;
Leurs cadavres épars flottent sur le rivage;
Les phoques, désertant ces gouffres infectés,
Dans les fleuves surpris courent épouvantés;
Le serpent cherche en vain le creux de ses murailles;
L'hydre étonnée expire en dressant ses écailles;
L'oiseau même est atteint, et des traits du trépas
Le vol le plus léger ne le garantit pas.

Vainement les bergers changent de pâturage;
L'art vaincu cède au mal ou redouble sa rage :
Tisiphone, sortant du gouffre des enfers,
Épouvante la terre, empoisonne les airs,
Et sur les corps pressés d'une foule mourante
Lève de jour en jour sa tête dévorante.
Des troupeaux expirants les lamentables voix
Font gémir les coteaux, les rivages, les bois;
Ils comblent le bercail, s'entassent dans les plaines :
Dans la terre avec eux on enfouit leurs laines :

En vain l'onde et le feu pénétraient leur toison,
Rien n'en pouvait dompter l'invincible poison;
Et malheur au mortel qui, bravant leurs souillures,
Eût osé revêtir ces dépouilles impures!
Soudain son corps, baigné par d'immondes humeurs,
Se couvrait tout entier de brûlantes tumeurs;
Son corps se desséchait, et ses chairs enflammées
Par d'invisibles feux périssaient consumées.

Géorgiques, liv. III, *trad. de* DELILLE.

II. La mort de Laocoon.

Dans ce même moment, pour mieux nous aveugler,
Un prodige effrayant vient encor nous troubler.
Prêtre du dieu des mers, pour le rendre propice,
Laocoon offrait un pompeux sacrifice.
Quand deux affreux serpents, sortis de Ténédos,
(J'en tremble encor d'horreur!) s'allongent sur les flots;
Par un calme profond, fendant l'onde écumante,
Le cou dressé, levant une crête sanglante,
De leur tête orgueilleuse ils dominent les eaux,
Le reste au loin se traîne en immenses anneaux.
Tous deux nagent de front, tous deux des mers profondes
Sous leurs vastes élans font bouillonner les ondes.
Ils abordent ensemble, ils s'élancent des mers;
Leurs yeux rouges de sang lancent d'affreux éclairs,
Et les rapides dards de leur langue brûlante
S'agitent en sifflant dans leur gueule béante.
Tout fuit épouvanté. Le couple monstrueux
Marche droit au grand prêtre; et leur corps tortueux
D'abord vers ses deux fils en orbe se déploie;
Dans un cercle écaillé saisit sa faible proie,
L'enveloppe, l'étouffe, arrache de son flanc
D'affreux lambeaux suivis de longs ruisseaux de sang.

VIRGILE.

Le père accourt : tous deux à son tour le saisissent,
D'épouvantables nœuds tout entier l'investissent ;
Deux fois par le milieu leurs plis l'ont embrassé,
Par deux fois sur son cou leurs corps s'est enlacé ;
Ils redoublent leurs nœuds ; et leur tête hideuse
Dépasse encor son front de sa crête orgueilleuse.
Lui, dégoûtant de sang, souillé de noirs poisons,
Qui du bandeau sacré profanent les festons,
Roidissant ses deux bras contre ces nœuds terribles,
Exhale sa douleur en hurlements horribles :
Tel, d'un coup incertain par le prêtre frappé,
Mugit un fier taureau, de l'autel échappé,
Qui, du fer suspendu, victime déjà prête,
A la hache trompée a dérobé sa tête.
Enfin dans les replis de ce couple sanglant,
Qui déchire son sein, qui dévore son flanc,
Il expire..... Aussitôt l'un et l'autre reptile
S'éloigne ; et, de Pallas gagnant l'auguste asyle,
Aux pieds de la déesse, et sous son bouclier,
D'un air tranquille et fier va se réfugier*.

Enéide, liv. II, *trad. du même.*

  * Mais de Laocoon dirai-je l'infortune !
    Consacré par le sort, grand prêtre de Neptune,
    A peine il conduisait aux marches de l'autel
    Un taureau dévoué pour ce jour solennel ;
    Du port de Ténédos on vit près du rivage,
    (Je frémis en traçant cette effroyable image !)
    Sur ces paisibles mers, deux serpents monstrueux
    Dérouler lentement leurs anneaux tortueux.
    Leurs crêtes sur les flots se dressent, la mer gronde
    Sous leurs replis nombreux qui sillonnent son onde.
    Ils rassemblent soudain leurs orbes inégaux,
    Glissent et vers l'autel s'élancent hors des eaux ;
    Leurs yeux roulent du sang, et leur gueule béante
    Par de longs sifflements sème au loin l'épouvante.

III. La course à pied et le combat du Ceste.

Le signal est donné : dociles à ses lois,
Tous, comme un tourbillon, sont partis à la fois.
Plus légers que les vents, que l'aile du tonnerre
A leur tête Nisus vole, et rase la terre :
Salius de bien loin suit ce rival heureux :
Euryale lui cède, Hélymus à tous deux :
Après lui Diorès laisse un léger espace ;
Penché sur son épaule, il vole sur sa trace,
Ses pieds touchent ses pieds, ses pas pressent ses pas ;
Et, si l'espace étroit ne le retenait pas,
Bientôt il passerait celui qui le devance,
Ou du moins laisserait la victoire en balance.
Tout couverts de poussière, échauffés, palpitants,
Déjà touchaient au but les jeunes combattants,
Quand Nisus, rencontrant le sang d'un sacrifice,

Tout fuit : Laocoon voit ces monstres unis
De leurs nœuds redoublés entourer ses deux fils,
Percer leur tendre sein d'une double morsure,
Et s'abreuver du sang qui sort de leur blessure ;
Il les voit, il s'élance, et d'un bras égaré,
Pour sauver ses enfants, lève le fer sacré,
Mais autour de son corps l'un et l'autre reptile
Se recourbe deux fois en spirale mobile,
Et sur son front, des dieux profanant les festons,
Leur langue, à flots brûlants, distille ses poisons
Il s'épuise en efforts pour rompre les écailles
Dont l'étreinte comprime et brûle ses entrailles ;
De ses cris impuissants il fatigue le ciel.
Tel mugit le taureau qui, fuyant de l'autel,
Se dérobe sanglant à la hache incertaine,
Lutte contre la mort, et bondit sur l'arène.
Ces horribles serpents, ministres du trépas,
Se cachent à nos yeux sous l'autel de Pallas.
Ibid., *trad.* DE M. GASTON.

(Hélas! pour lui ce sang est loin d'être propice!)
Déjà touchant la palme, et déjà sans rivaux,
Sur le terrain trempé du meurtre des taureaux
Glisse, et, se débattant sur son pied qui chancelle,
Tombe, et roule étendu dans le sang qui ruisselle.
Mais s'il perd la victoire, Euryale vainqueur,
Son Euryale au moins consolera son cœur.
De ce bourbier sanglant il sort, il se relève,
S'oppose à Salius dont la course s'achève.
Dans son élan rapide avec force heurté
Salius à son tour tombe précipité.
Aux soins de l'amitié fier de devoir sa gloire,
Euryale court, vole, et saisit la victoire :
Son succès réunit tous les cœurs, tous les vœux.
Hélymus suit de près ses pas victorieux ;
Et Diorès enfin triomphe le troisième.
Mais Salius réclame ; et son dépit extrême,
Aux premiers rangs du cirque adressant de longs cris,
Revendique l'honneur que la ruse a surpris :
Sa plainte, son malheur, le bon droit sont ses armes.
Euryale a pour lui la grace de ses larmes,
Le vœu public séduit par d'aimables dehors,
Sa naissante vertu, plus belle en un beau corps,
Son silence touchant, et sa douce tristesse.
Diorès le seconde ; il parle, il crie, il presse
Les juges du combat : arrivé le dernier,
Il perd, si Salius est nommé le premier,
Et la troisième palme et la troisième place.
Le prince lui sourit, et, d'un ton plein de grace,
« Vos prix sont assurés ; mais souffrez que mon cœur
« D'un ami malheureux console la douleur. »
Il dit : et Salius reçoit pour récompense
La peau d'un fier lion, dont la dépouille immense

Forme un riche trophée, et s'embellit encor
Et de ses crins touffus, et de ses ongles d'or.
« Ah! si les vaincus même ont un si beau partage,
« Si de vous le malheur obtient un tel hommage,
« Que réservez-vous donc, s'écrie alors Nisus,
« A moi qu'un même sort égale à Salius,
« Et qui, s'il ne l'obtient, mérite la couronne? »
Ainsi Nisus aux cris, aux plaintes s'abandonne,
Et montre en même temps ses vêtements mouillés,
Et de fange et de sang ses bras encor souillés.
Le prince avec bonté console sa tristesse,
Prend un beau bouclier, dépouille de la Grèce,
Au souverain des mers autrefois consacré,
Et que Didymaon lui-même a décoré;
Met aux mains de Nisus cet admirable ouvrage,
Et de sa chute ainsi console au moins l'outrage.

Quand le prince troyen à ces jeunes rivaux
Eut fermé la carrière et payé leurs travaux :
« Maintenant, que celui qui brûle pour la gloire
« Vienne, le ceste en main, disputer la victoire. »
Il dit, et pour flatter les vœux des concurrents,
Leur propose deux prix, deux honneurs différents :
Au vainqueur un taureau dont la corne dorée
De longs festons de laine et de fleurs est parée
D'une éclatante épée et d'un casque brillant
Le vaincu recevra le tribut consolant.
Aussitôt, au milieu d'un doux et long murmure,
Darès paraît tout fier de sa haute stature ;
Darès, qui de Pâris seul balança le nom;
Darès, de qui le bras, sous les murs d'Ilion,
Près du tombeau d'Hector, par un combat célèbre
Honorant ce héros et sa pompe funèbre,
De l'énorme Butès, ce Bébryce orgueilleux,

Qui comptait Amycus au rang de ses aïeux,
Terrassa la fureur, et de sa main puissante
Coucha son front altier sur la poudre sanglante.
Il se lève, il prélude : étendus en avant,
Ses deux bras tour à tour battent l'air et le vent.
Il montre leur vigueur, montre sa taille immense,
Et du prix qu'il attend s'enorgueillit d'avance.
On cherche un adversaire à ce jeune orgueilleux ;
Mais nul n'ose tenter ce combat périlleux ;
Alors, fier, et déjà d'une main assurée
Saisissant le taureau par sa corne dorée,
« Fils d'Anchise, dit-il, si, glacé par l'effroi,
« Nul n'ose à ce combat s'exposer contre moi,
« Pourquoi ces vains délais et cette attente vaine?
« Ce taureau m'appartient, ordonnez qu'on l'emmène. »
Ainsi parle Darès d'un air triomphateur :
Les Troyens font entendre un murmure flatteur,
Et réclament pour lui les honneurs qu'il demande.
Alors le vieil Aceste avec douceur gourmande
Entelle son ami, son digne compagnon,
Assis à ses côté sur un lit de gazon :
« Entelle, lui dit-il, de ton antique gloire :
« N'as-tu donc conservé qu'une oisive mémoire?
« Et d'un cœur patient verras-tu sous tes yeux
« Enlever sans combat un prix si glorieux ?
« Où donc est cet Éryx autrefois notre maître,
« Ce dieu que la Sicile en toi crut voir renaître?
« Où sont ces grands exploits, ces dépouilles, ces prix,
« En pompe suspendus à tes nobles lambris ?
« — La peur, dit le vieillard, gardez-vous de le croire,
« N'amortit point en moi l'ardeur de la victoire :
« Mais l'âge éteint ma force ; et de ce faible corps
« La glace des vieux ans engourdit les ressorts.

« Si j'étais jeune encor, si j'étais à cet âge
« Qui de cet insolent enhardit le courage,
« Sans prétendre à ce prix dont je suis peu flatté,
« J'aurais d'un tel rival rabattu la fierté. »
Il dit, et de ses mains fait tomber sur le sable
De cestes menaçants un couple épouvantable,
Arme affreuse qu'Éryx, en marchant aux combats,
Autrefois enlaçait à ses robustes bras.
Tout le monde en silence en contemple la forme ;
Chacun tremble à l'aspect de cette masse énorme,
Où, du fer et du plomb couvrant le vaste poids,
La peau d'un bœuf entier se redouble sept fois.
Darès même a senti reculer son audace.
Énée avec effort soulève cette masse ;
Il déroule en ses mains, il mesure des yeux,
Et son volume immense, et ses immenses nœuds.
« Darès, reprend Entelle, à cet aspect recule ;
« Et que serait-ce donc si du terrible Hercule
« Il avait vu le ceste et le combat fameux
« Qui de sang autrefois rougit ces mêmes lieux ?
« L'arme que vous voyez, si vaste, si pesante,
« De votre frère Éryx chargea la main vaillante,
« Et des crânes rompus et des os fracassés
« Les vestiges sanglants y sont encor tracés.
« Avec elle il lutta contre le grand Alcide ;
« Par elle j'illustrai ma jeunesse intrépide,
« Avant qu'un si long âge eût blanchi mes cheveux,
« Et que le temps jaloux domptât ces bras nerveux.
« Mais si ce fier Troyen craint ce terrible ceste,
« Si c'est le vœu d'Énée et le désir d'Aceste,
« De cet arme à Darès je fais grace en ce jour :
« A son ceste troyen qu'il renonce à son tour.
« Marchons ; portons tous deux dans ces luttes rivales
« Et des dangers égaux, et des armes égales. »

VIRGILE.

Alors, montrant tout nus et tout prêts aux combats
Son corps, ses reins nerveux, ses redoutables bras,
Et sa large poitrine, où ressort chaque veine,
Seul il avance, et seul semble remplir l'arène.
Puis le héros troyen prend deux cestes égaux ;
Lui-même il les enlace aux bras des deux rivaux
Prêts à lutter d'ardeur, de courage et d'adresse.
Sur ses pieds à l'instant l'un et l'autre se dresse ;
Tous deux, les bras levés, d'un air audacieux,
Se provoquent du geste, et s'attaquent des yeux.
Soudain commence entre eux la lutte meurtrière.
Leur tête loin des coups se rejette en arrière :
L'un, jeune, ardent, léger, frappe et pare à la fois :
Entelle, plus pesant, se défend par son poids ;
Mais ses genoux tremblants le portent avec peine ;
Son vieux flanc est battu de sa pénible haleine.
Mille coups, à la fois hâtés ou suspendus,
Sont reçus ou portés, détournés ou perdus.
Tantôt dans leurs flancs creux les cestes retentissent,
Sur leurs robustes seins tantôt s'appesantissent ;
L'infatigable main erre de tous côtés,
Marque leurs larges fronts de ses coups répétés,
Frappe, en volant, la tempe et l'oreille meurtrie ;
Sous le ceste pesant la dent éclate et crie.
Entelle, courageux avec tranquillité,
Oppose à son rival son immobilité,
Et, par un tour adroit, par un coup-d'œil habile,
Brave, trompe ou prévient sa menace inutile.
Tel qu'un fier assaillant, contre un antique fort
Qui sur le haut des monts brave son vain effort,
Ou contre une cité, théâtre d'un long siège,
Tantôt presse l'assaut, tantôt médite un piège,
Autour de ses remparts, va, vient, et sans succès

Tente dans son enceinte un périlleux accès :
Tel, autour du vieillard défendu par sa masse,
Darès joignant la ruse, et la force, et l'audace,
Tourne, attaque en tous sens, frappe de tous côtés.

 Entelle, résistant aux assauts répétés,
Lève son bras, suspend l'orage qu'il médite ;
Darès prévoit le coup, se détourne, et l'évite.
Entelle, frappant l'air de son effort perdu,
Tombe de tout son poids sur la terre étendu :
Tel, aux sommets glacés que l'aquilon tourmente,
Tombe et roule un vieux pin de l'antique Érymanthe.
Troyens, Siciliens, par mille cris divers
De joie et de regrets, frappent soudain les airs.
Aceste le premier accourt ; et sa tendresse
Dans son vieux compagnon plaint sa propre faiblesse.
Le héros se relève ; et la honte, et l'honneur,
La confiante audace, aiguillonnent son cœur ;
Son courage s'irrite encor par sa colère.
Il s'élance, et poursuit son superbe adversaire ;
Et tantôt tour à tour, et tantôt à la fois,
Les deux cestes ligués l'accablent de leur poids ;
Moins prompte, moins pressée, et moins tumultueuse,
Sur nos toits retentit la grêle impétueuse.
La main suit l'autre main, les coups suivent les coups :
Point de paix, point de trêve à son bouillant courroux ;
Il le chasse d'un bras, de l'autre le ramène,
Et Darès en tournant parcourt toute l'arène.
Empressé de calmer ce combat trop ardent,
Énée avec pitié voit ce jeune imprudent,
L'arrache à son rival, et, plaignant sa disgrace :
« Malheureux ! où t'emporte une indiscrète audace ?
« Pourrais-tu méconnaître une invisible main,
« Et dans les bras d'un homme un pouvoir plus qu'humain ?

« Fléchis devant un dieu, les destins te l'ordonnent. »
De Darès aussitôt les amis l'environnent;
Chacun d'eux à l'envi soutient entre ses bras
Ce malheureux qu'on vient d'arracher au trépas,
Tremblant, abandonnant sa tête chancelante,
Vomissant à grands flots de sa bouche écumante
Des torrents d'un sang noir, et les tristes débris
De ses os, de ses chairs, déchirés et meurtris.
Pour conduire aux vaisseaux la victime échappée,
Ils partaient, oubliant et le casque et l'épée;
On leur remet le prix de ce combat fatal,
Et le taureau doré demeure à son rival.
Tout rayonnant d'orgueil, et de gloire, et de joie,
« Soyez témoins ici, fiers habitants de Troie,
« Dit-il d'un ton superbe, et toi, fils de Vénus,
« Vois, par ce que je suis, ce qu'autrefois je fus
« Dans ma jeune saison, et quel sort ma vieillesse
« Gardait à ce Darès si fier de sa jeunesse. »
Il dit, et se présente en face du taureau
Dont fut récompensé son triomphe nouveau,
Se dresse, et, d'une main ramenée en arrière,
Entre sa double corne atteint sa tête altière,
Brise son large front : du crâne fracassé
Le cerveau tout sanglant rejaillit dispersé;
Et, tel qu'un bœuf sacré sous la hache succombe,
Le taureau, sous le coup, tremble, chancelle et tombe.
« Éryx ! s'écrie alors le vainqueur orgueilleux,
« Reçois cette victime; elle te plaira mieux
« Que ce Troyen sauvé de ma main meurtrière.
« J'ai vaincu, c'en est fait, j'ai rempli ma carrière;
« Je dépose mon ceste, et renonce à mon art. »

Ibid. V, trad. du même.

IV. Adieux d'Évandre à Pallas. Douleur de ce vieillard en apprenant la mort de son fils.

Mais bientôt, consternant la foule épouvantée,
Un bruit s'est répandu dans l'humble Pallantée,
Que vers les murs toscans marche un gros de soldats :
Les mères, qu'effrayait l'approche des combats,
Au pied des saints autels redoublent leurs prières,
Et, plus près du péril, frémissent d'être mères.
Le roi de ses adieux attendrit le héros,
Le presse sur son sein avec de longs sanglots,
Et, pour un fils qu'il aime exprimant ses alarmes,
De ses yeux paternels verse un torrent de larmes.
« Ah! si les dieux, dit-il, me rendaient mon printemps;
« Si j'étais ce guerrier qui dans de meilleurs temps
« Moissonna, sous les murs de Préneste tremblante,
« Des rangs entiers tombés sous sa main triomphante;
« Et, de leurs boucliers embrasant des monceaux,
« Volait de la victoire à des combats nouveaux!
« Si j'étais ce vainqueur, qui dans le noir Tartare
« Plongea cet Hérilus, ce colosse barbare,
« Ce roi, de Féronie enfant prodigieux!
« Trois âmes vainement mouvaient ce corps affreux;
« En vain sa triple vie, en vain sa triple armure
« Demandait à mon bras une triple blessure;
« Trois fois je l'abattis, le désarmai trois fois,
« Et d'un triple trophée illustrai mes exploits.
« Hélas! ce temps n'est plus. Oh! s'il était encore,
« O Pallas! O mon fils! cher objet que j'adore,
« Je ne te verrais point arracher de mes bras;
« C'est moi que tu suivrais au milieu des combats;
« Et ce Mézence affreux, fléau de l'Ausonie,
« N'eût pas vu si long-temps son audace impunie,

« Il n'insulterait pas à ce bras impuissant.
« Et vous, ayez pitié de ce cœur gémissant,
« O dieux! ô justes dieux! écoutez la prière
« D'un malheureux vieillard et d'un malheureux père!
« Si vous aimez Pallas, si vous devez un jour
« Le rendre à mes regrets, le rendre à mon amour,
« Si ce n'est pas en vain que ce cœur vous implore,
« Si je vis pour le voir, pour l'embrasser encore,
« Ah! prolongez mes jours; il n'est point de tourment
« Qui ne cède aux douceurs de cet embrassement.
« Mais si du coup fatal vous menacez sa vie,
« O dieux! qu'avant ce temps la mienne soit ravie,
« Avant qu'un deuil affreux vienne en troubler la fin,
« Tandis que... ô mon cher fils, seul bienfait du destin,
« Dernières voluptés des derniers jours d'Évandre,
« Je puis encor te voir, je puis encore t'entendre,
« Te serrer dans mes bras, te presser sur mon sein,
« Quand l'obscur avenir est encore incertain!
« Attendrai-je en tremblant qu'un avis funéraire
« Vienne du coup fatal assassiner ton père?
« Ah! qu'Évandre plutôt, sans connaître ton sort,
« Meure d'un coup de foudre et non pas de ta mort! »
Ainsi parlait Évandre; ainsi, baigné de larmes,
D'un dernier entretien il prolongeait les charmes :
Mais enfin ses adieux expirent dans les pleurs.
Il succombe, on l'emporte accablé de douleurs.

. . . .
. . . .

Mais déjà dans les murs, sous les toits paternels,
Par de sinistres bruits, avant-coureurs cruels,
L'agile renommée avait pris soin d'apprendre
Et la mort de Pallas et le malheur d'Évandre;
La prompte renommée, hélas! de qui la voix

Naguère se plaisait à conter ses exploits.
On accourt, et, suivant l'usage de ses pères,
L'Arcadien saisit des torches funéraires ;
De loin on voit briller dans les champs d'alentour
Deux longs rangs de flambeaux, tristes rivaux du jour.
Porté par les Troyens l'affreux cercueil arrive.
Tous entrent à la fois dans la cité plaintive.
A ce funèbre aspect, frappant leurs seins meurtris,
Les mères fendent l'air de lamentables cris.
Leur lugubre clameur s'est fait à peine entendre ;
Son âge, ses amis, rien ne retient Évandre ;
Sur le fatal cercueil qui vient de s'arrêter
Le malheureux vieillard court se précipiter,
Se jette sur son fils, entre ses bras le presse,
S'efforce d'exhaler la douleur qui l'oppresse :
Ses sanglots sortent seuls. Enfin, lorsqu'une fois
La douleur eut rendu le passage à la voix :
« O Pallas ! est-ce ainsi que ton cœur téméraire
« Épargna ta jeunesse et les vieux ans d'un père ?
« Ah ! j'ai dû le prévoir, eh ! pouvais-je oublier
« Combien ont de pouvoir sur un jeune guerrier
« Les premières faveurs que promet la victoire,
« Le début du courage, et l'essai de la gloire ?
« O fils trop magnanime et trop tôt moissonné !
« Apprentissage affreux ! prélude infortuné !
« Voilà comme les dieux exaucent la prière,
« D'un malheureux vieillard et d'un malheureux père !
« Toi, qui dans le tombeau précédas ton époux,
« De ton heureux trépas combien je suis jaloux !
« Tu n'as pas de ton fils vu la pompe funeste ;
« Et moi, de mes vieux ans traînant le triste reste,
« J'ai prolongé mes jours pour voir trancher les siens !
« Oh ! que n'ai-je suivi les drapeaux des Troyens !

« Évandre eût péri seul; et ce deuil funéraire
« Aurait au lieu du fils accompagné le père.
« Et vous que j'ai reçus, vous qu'ont serré mes bras,
« O Troyens! ma douleur ne vous accuse pas.
« Hélas! ce coup fatal attendait ma vieillesse.
« Mais si le sort cruel moissonna sa jeunesse,
« Il meurt en combattant pour moi, pour ses amis,
« Il meurt environné d'un monceau d'ennemis :
« Eh! quels plus doux honneurs le malheureux Évandre,
« O mon fils! pouvait-il présenter à ta cendre,
« Que tous ces monuments, ces fruits de tes exploits,
« Que portent en pleurant trois peuples à la fois,
« Ces dards, ces boucliers, garants de ta mémoire,
« Et ce deuil triomphant que conduit la victoire?
« Et toi, Turnus, et toi, son superbe vainqueur,
« Si son trop jeune bras n'eût trahi son grand cœur,
« Ta mort eût elle-même illustré son courage,
« Ton égal en valeur, il fut vaincu par l'âge.
« Mais c'est trop par mes pleurs retarder les combats.
« Allez, braves Troyens, retournez sur vos pas,
« Dites à votre roi que je hais la lumière,
« Qu'il n'est plus sans mon fils de bonheur pour son père.
« C'est à lui qu'en partant mon Pallas fut remis;
« Il doit vengeance au père, il la doit à son fils;
« Tous deux nous l'attendons : voilà le seul service
« Qui puisse du destin corriger l'injustice;
« Voilà le seul moyen de me prouver sa foi.
« Des plaisirs! des grandeurs! il n'en est plus pour moi;
« Mais je veux à Pallas, dans le royaume sombre,
« Apprendre que Turnus est promis à son ombre. »
Ibid. VIII et XI, *trad. du même.*

VOISENON (claude-henri de FUSÉE de), abbé du Jard, membre de l'Académie française, né en 1708, au château de Voisenon, où il mourut en 1775, est auteur de quelques romans et de deux comédies, l'une intitulée les *Mariages assortis*, l'autre la *Coquette fixée*, publiée en 1746, et qui eut quelque succès. On a aussi de lui un grand nombre de *Poésies fugitives*. Ses œuvres ont été recueillies en 1782, 5 vol. in-8°, par madame de Turpin, son amie. On a dit avec raison qu'il y en avait quatre de trop, et qu'un petit volume aurait pu contenir facilement ce qui méritait d'être donné au public.

JUGEMENT.

Je ne parlerais pas de *la Coquette fixée*, seule pièce de l'abbé de Voisenon qui ait réussi dans la nouveauté, mais qui n'a jamais été reprise, si je ne la voyais encore louée dans les recueils historiques et bibliographiques. « Cette pièce, nous dit-on, *a* « *prouvé qu'il savait former un plan, peindre les* « *mœurs et tracer des caractères :* » elle *prouve* qu'il ne savait rien de tout cela. Le nœud de l'intrigue est destitué de toute vraisemblance; c'est une méprise inadmissible, celle d'un peintre qu'un amant introduit chez sa maîtresse pour la peindre furtivement, et qui fait le portrait d'une autre femme logée dans la même maison, comme s'il était possible qu'un amant, en pareil cas, obligé de cacher le peintre, ne l'instruisît pas de manière à ne pouvoir se tromper sur le modèle. C'est ce portrait qui forme tous les incidents de la pièce, tous ces quiproquo entre les maîtresses et les amants; et dans tout cet embarras, il n'y a guère de comique que le rôle du peintre, à qui l'auteur a donné ce ton leste et cavalier que l'on commençait alors à autoriser ou à tolérer dans quelques artistes en faveur de leur talent. C'est le seul rôle, à mon gré, où Voisenon n'ait pas été mauvais comique; et c'est assurément fort peu de chose quand le personnage est fort subalterne. D'ailleurs, le portrait ne produit rien de plaisant, si ce n'est un endroit d'une scène dont le fond ressemble à celle d'Arsinoé et de Celimène dans *le Misanthrope*, et où la prétendue prude, qui se croit en droit de tancer la prétendue coquette sur ce qu'elle s'est fait peindre, trouve dans ses mains son propre portrait, et reçoit la leçon qu'elle venait donner. Voilà tout ce qu'il y a de bon dans cette pièce, encore l'exécution en est-elle extrêmement médiocre. Il n'y a point là de plan, mais sur-tout il n'y a point de caractères; et ce qui est aussi vrai qu'inconcevable, c'est que la comtesse, qui est *la Coquette* de la pièce, ne l'est que dans le titre, ne l'est absolument nulle part, n'en a ni le langage ni la conduite, est au contraire une femme très honnête et très sensible, qui n'est occupée que d'un seul homme, exclusivement d'un seul homme, celui dont elle est aimée et qu'elle aime, et pour qui ses procédés sont d'une générosité très délicate. Il est vraiment inoui que l'abbé de Voisenon ait pris pour coquetterie le refus de dire expressément, *je vous aime*, comme si cela était bien rare, au moins pendant un certain temps, dans les femmes qui aiment le mieux, et qui ont tant de manières de le dire. C'est pourtant là toute la coquetterie de la comtesse, coquetterie dont on parle beaucoup, il est vrai, mais dont on ne voit jamais rien. Quand Molière a peint une coquette, il n'est pas besoin qu'on nous dise qu'elle l'est : elle l'est dans tout ce qu'elle dit, dans tout ce qu'elle fait : elle l'est éminemment. Je suis loin d'en attendre autant de Voisenon; mais aussi comment a-t-il pu croire qu'une simple dénomination fût un caractère? Il nous donne de même sa Cidalise pour une prude, et Cidalise n'est point prude : c'est une femme très raisonnable, qui aime la retraite plus que le monde, et la campagne plus que la ville; qui a pour amant un homme de robe dont les goûts sont analogues aux siens, qu'elle ne trompe en aucune manière, et qu'elle finit par épouser. Tout cela est fort peu comique, je le sais; mais c'est tout ce que l'auteur a fait et ce qu'il ne prétendait pas faire. L'indifférence affectée de Dorante est bien un moyen de comédie quand elle est comiquement tracée; mais ce moyen, le plus usé peut-être de tous, qui remonte jusqu'à *la Princesse d'Élide*, imitée elle-même d'une pièce italienne; ce moyen qu'on a vu partout, et qui de nos jours a fait encore le fond de *la Coquette corrigée* et de *la Feinte par amour;* ce moyen ne peut soutenir l'intrigue d'une pièce que quand la personne aimée oppose au sentiment de l'amour une véritable résistance ; et ce n'est pas le cas ici, puisque la comtesse aime Dorante, et le lui fait assez entendre à tout moment.

Quant au style, il est à la fois incorrect et maniéré, comme dans toutes les productions de l'auteur.

La Harpe, *Cours de Littérature*

VOITURE (vincent), membre de l'Académie française, né à Amiens en 1598, était fils d'un marchand de vin. L'obscurité de sa naissance semblait devoir être un obstacle à sa fortune et sur-tout à la faveur et au degré de considération dont il jouit à la cour ; mais les agréments de son esprit et de son caractère, lui applanirent toutes les difficultés. Accueilli à l'hôtel de Rambouillet, il y brilla par d'heureuses saillies, et devint bientôt le favori des grands. La reine-mère daigna s'intéresser à sa fortune ; et Gaston d'Orléans, frère de Louis XIV, voulut l'avoir en qualité d'introducteur des ambassadeurs et de maître des cérémonies. Il fut envoyé ensuite en Espagne pour quelques affaires, et passa de là en Afrique, pour observer les mœurs de cette partie du monde.

Pendant son séjour à la cour de Madrid, Voiture composa des vers espagnols pleins d'élégance, que tout le monde crut d'abord être de Lopez de Vega. Son talent lui attira beaucoup d'éloges et de grandes marques d'estime. Il ne fut pas moins bien traité à Rome dans deux voyages qu'il y fit.

De retour en France, il fut nommé maître-d'hôtel chez le roi, et obtint plusieurs pensions qui auraient dû lui donner de l'opulence si elles n'eussent point servi d'aliment à ses passions.

Voiture mourut en 1648 à l'âge de cinquante ans. Le commerce des grands l'avait rendu très vain. Porté à la raillerie, il souffrait difficilement celle qu'on lui opposait; mais la gaieté de ses saillies lui faisait volontiers pardonner ce défaut. Ayant un jour offensé un seigneur de la cour par un trait piquant, celui-ci voulut lui faire mettre l'épée à la main. « La partie n'est pas égale, lui dit Voiture; « vous êtes grand, je suis petit; vous êtes brave, « je suis poltron; vous voulez me tuer, hé bien! je « me tiens pour mort. » Il fit rire son ennemi et le désarma.

Voiture a fait des *Lettres* et des *Poésies* qui jouirent long-temps de la faveur publique. Sa réputation littéraire fut une des plus grandes dont un homme de lettres ait joui de son vivant. On a reproché à Boileau d'en avoir été la dupe. « Vous avez « grande raison, je crois, dit Voltaire, dans une de « ses lettres à Vauvenargues, de condamner le sage « Despréaux d'avoir comparé Voiture à Horace*. La « réputation de Voiture a dû tomber, parce qu'il « n'est presque jamais naturel, et que le peu d'a- « gréments qu'il a, sont d'un genre bien petit et « bien frivole. »

Voiture était fort lié avec Balzac, et, comme lui, il composait ses lettres avec des peines incroyables.

---

* Et ne savez-vous pas que sur ce mont sacré,
  Qui ne vole au sommet tombe au plus bas degré,
  Et qu'à moins d'être au rang d'Horace ou de Voiture,
  On rampe dans la fange avec l'abbé de Pure?
              (BOILEAU, *Satire* IX)

On dit qu'une lettre leur coûtait souvent quinze jours de travail. « Voiture et Balzac étaient des pro-« digues, dit Dussault; ils usaient de leurs richesses « sans consulter les convenances, et mettaient des « diamants sur leurs robes de chambre. » Cependant on est convenu que le faux bel esprit n'était point naturel à Voiture; « il n'en prenait le ton, dit « Marmontel, que par contagion, par vanité, par « habitude. Il ne lui manquait qu'une société moins « gâtée du côté du goût, pour faire de lui un excel-« lent écrivain. »

On a recueilli les ouvrages de Voiture à Paris, 1729, en 2 vol. in-12. Sarasin, dans sa *Pompe funèbre de Voiture*, rapporte la plupart des aventures de cet écrivain.

JUGEMENT.

Les *Lettres de Voiture*, autrefois si recherchées, et qui faisaient les délices de la cour et de la ville, ne sont plus lues que par la curiosité, et comme on va voir dans un garde-meuble les modes du temps passé. Cependant il faut convenir qu'il eut une sorte d'esprit qui lui était particulière, et qui devait le distinguer; c'était un enjouement quelquefois délicat et fin, qui contrastait avec l'emphase oratoire de Balzac et la galanterie fade et alambiquée des poètes et des romanciers de son temps; mais chez lui l'affectation gâte tout, et ses succès mêmes servirent à l'égarer. On lui trouvait de l'agrément : il voulut être toujours agréable, et cessa d'être naturel. Il se mit à raffiner sur tout, et à travailler son badinage et sa gaieté; qui dès lors ne furent le plus souvent que de mauvaises équivoques, des quolibets, des pointes énigmatiques, un jargon précieux; enfin il trouva le moyen de tomber dans ce qu'on appelle le *phébus*, en voulant être gai, comme tant d'autres en voulant être sublimes. Il ressemblait à ces plaisants de profession, à ces bouffons de société, qui, se croyant toujours obligés de faire rire, pour deux ou trois traits heureux qu'ils rencontrent, se permettent cent sottises. Tel est Voiture dans ses lettres. A l'égard de sa versification, elle est lâche, diffuse et incorrecte, et souvent prosaïque jusqu'à la platitude. C'est à lui sur-tout qu'on peut appliquer ces vers de Voltaire:

> Il dit avec profusion
> Des riens en rimes redoublées.

La seule pièce de lui qui ait quelque mérite, celle qu'il adressa au grand Condé au sujet d'une maladie qui attaqua ce prince après la campagne de 1643, est en général d'un ton facile et enjoué, mais ne roule que sur deux ou trois idées prolixement délayées dans trois cents vers. Ce défaut serait moins sensible, si l'expression poétique remplissait le vide des pensées; mais elle manquait entièrement à l'auteur, beaucoup plus homme d'esprit que poète. Citons un morceau de cette épître:

> La mort, qui dans le champ de Mars,
> Parmi les cris et les alarmes,

Les feux, les glaives et les dards,
La fureur et le bruit des armes,
Vous parut avoir quelques charmes,
Et vous sembla belle autrefois
A cheval et sous le harnois,
N'a-t-elle pas une autre mine
Lorsqu'à pas lents elle chemine
Vers un malade qui languit?
Et semble-t-elle pas bien *laide*
Quand elle vient tremblante et *fraide*,
Prendre un homme *dedans* son lit?
Lorsque l'on se voit assaillir
Par un secret venin qui tue,
Et que l'on se sent défaillir
Les force, l'esprit et la vue;
Quand on voit que les médecins
Se trompent dans tous leurs desseins;
Et qu'avec un visage blême
On voit quelqu'un qui dit tout bas:
Mourra-t-il? ne mourra-t-il pas?
Ira-t-il jusqu'au quatorzième?
Monseigneur, en ce triste état,
Convenez que le cœur vous bat,
Comme il fait *à tant* que nous sommes,
Et que vous autres demi-dieux,
Quand la mort ferme aussi vos yeux,
Avez peur comme d'autres hommes.
Tout cet appareil des mourants,
Un confesseur qui vous exhorte,
Un ami qui se *déconforte*,
Des valets tristes et pleurants,
Nous font voir la mort plus horrible.
Je crois qu'elle était moins terrible,

> Et marchait avec moins d'effroi,
> Quand vous la vîtes aux montagnes
> De Fribourg, et dans les campagnes
> Ou de Norlingue ou de Rocroi.

Malgré toutes les répétitions, toutes les inutilités, toutes les fautes de ce morceau, le contraste de la mort, qu'on brave dans les batailles, et qu'on craint dans son lit, est une idée assez heureuse; et il y a quelque grace à dire à un héros tel que Condé, que celui qui n'a pas eu peur du canon peut avoir eu peur des médecins. C'est là l'esprit de Voiture; et cet art d'assaisonner la louange du sel de la plaisanterie mérite des éloges.

Voltaire, qui savait si bien se servir de l'esprit d'autrui, parce qu'il en avait prodigieusement, a employé dans une ode ce contraste des deux espèces de mort : et il est assez curieux d'observer la ressemblance des idées, avec la différence de ton qui doit se trouver entre une épître familière et une ode.

> Lorsqu'en des tourbillons de flamme et de fumée,
> Cent tonnerres d'airain, précédés des éclairs,
> De leurs globes *brûlants* écrasent une armée;
> Quand des guerriers *mourants* les sillons sont couverts;
> Tous ceux qu'épargna la foudre,
> Voyant rouler dans la poudre
> Leurs compagnons massacrés,
> Sourds à la pitié timide,
> Marchent d'un pas intrépide
> Sur leurs membres déchirés :
> Ces féroces humains, plus durs, plus inflexibles
> Que l'acier qui les couvre au milieu des combats,

VOITURE.

S'étonnent à la fin de devenir sensibles,
D'éprouver la pitié qu'ils ne connaissaient pas,
  Quand la mort, qu'ils ont bravée
  Dans cette foule *abreuvée**
  Du sang qu'ils ont répandu,
  Vient d'un pas lent et tranquille,
  Seule aux portes d'un asyle
  Où repose la vertu.

Ces trois derniers vers, qui sont beaux, rappellent ceux-ci de Voiture :

  N'a-t-elle pas une autre mine
  Lorsqu'à pas lents elle chemine
  Vers un malade qui languit?

La couleur est différente, mais le tableau est le même. Voiture, dans cette même épître, dit au prince:

  Que d'une force sans seconde
  La mort sait ses traits *élancer*,
  Et qu'un peu de plomb sait casser
  La plus belle tête du monde.

Cette idée a encore été imitée, mais bien embellie par Voltaire, qui dit au roi de Prusse:

Et qu'un plomb dans un tube, entassé par des sots,
Peut casser d'un seul coup la tête d'un héros.

La tête d'un héros, vaut un peu mieux que *la plus belle tête du monde*; et cet hémistiche, *entassé par des sots*, est d'un homme qui savait multiplier les contrastes, et non pas les chevilles.

Les plus jolis vers de Voiture ne se trouvent point

---

* A quoi se rapporte *abreuvée?* Est-ce à la *mort?* Est-ce à la *foule?* C'est une amphibologie condamnable.

dans ses œuvres, ni même dans les recueils qu'on a faits depuis. C'est madame de Motteville qui nous les a conservés dans ses *Mémoires*. La reine Anne, étant à Ruel, aperçut Voiture qui se promenait dans les jardins d'un air rêveur. Elle lui demanda à quoi il pensait ; quelques moments après, il lui porta les stances suivantes. Il faut se souvenir qu'après avoir été persécutée par Richelieu, elle était alors régente, et que, sous le règne précédent, le duc de Buckingam avait eu la hardiesse de se déclarer amoureux d'elle.

>Je pensais, si le cardinal
>(J'entends celui de la Valette)
>Pouvait voir l'éclat sans égal
>Dans lequel maintenant vous êtes!
>J'entends celui de la beauté ;
>Car auprès je n'estime guère,
>Cela soit dit sans vous déplaire,
>Tout l'éclat de la majesté :

>Je pensais que la destinée,
>Après tant d'injustes malheurs,
>Vous a justement couronnée
>De gloire, d'éclat et d'honneurs ;
>Mais que vous étiez plus heureuse
>Lorsque vous étiez autrefois,
>Je ne veux pas dire amoureuse,
>La rime le veut toutefois.

>Je pensais que ce pauvre amour,
>Qui toujours vous prête ses charmes,
>Est banni loin de vôtre cour,
>Sans ses traits, son arc et ses armes ;

VOITURE.

Et ce que je puis profiter
En passant près de vous ma vie,
Si vous pouvez si maltraiter
Ceux qui vous ont si bien servie.

Je pensais (nous autres poètes
Nous pensons extravagamment)
Ce que, dans l'humeur où vous êtes,
Vous feriez, si dans ce moment
Vous avisiez en cette place
Venir le duc de Buckingam,
Et lequel serait en disgrace
De *lui ou* du père Vincent?

(C'était son confesseur.)

La plaisanterie était familière. «La reine, dit madame de Motteville, ne s'en offensa pas, et trouva les vers si jolis, qu'elle les garda long-temps dans son cabinet. » Elle ajoute: « Cet homme avait de l'esprit, et, par l'agrément de sa conversation, il était l'amusement des *belles ruelles* des dames qui font profession de recevoir bonne compagnie. » (*Voyez* les articles AFFECTATION, BALZAC, BENSERADE et BOILEAU.)

La Harpe, *Cours de Littérature.*

MORCEAU CHOISI*.

A mademoiselle de Rambouillet.

Je voudrais que vous m'eussiez pu voir aujourd'hui dans un miroir, en l'état où j'étais. Vous m'eussiez vu dans les plus effroyables montagnes du monde,

---

* Voyez la *Lettre sur la prise de Corbie*, que nous n'avons pu citer ici à cause de sa longueur. F.

au milieu de douze ou quinze hommes les plus horribles que l'on puisse voir, dont le plus innocent en a tué quinze ou vingt autres, qui sont tous noirs comme des diables, et qui ont des cheveux qui leur viennent jusqu'à la moitié du corps, chacun deux ou trois balafres sur le visage, et deux pistolets et deux poignards à la ceinture; ce sont les bandits qui vivent dans les montagnes des confins du Piémont et de Gênes. Vous eussiez eu peur sans doute, Mademoiselle, de me voir entre ces messieurs-là, et vous eussiez cru qu'ils m'allaient couper la gorge. De peur d'en être volé, je m'en étais fait escorter; j'avais écrit, dès le soir, à leur capitaine, de me venir accompagner, et de se trouver en mon chemin; ce qu'il a fait, et j'en ai été quitte pour trois pistoles. Mais sur-tout, je voudrais que vous eussiez vu la mine de mon neveu et de mon valet, qui croyaient que je les avais menés à la boucherie.

Au sortir de leurs mains, je suis passé par des lieux où il y avait garnison espagnole, et là, sans doute, j'ai couru plus de dangers. On m'a interrogé: j'ai dit que j'étais Savoyard; et, pour passer pour cela, j'ai parlé, le plus qu'il m'a été possible, comme M. de Vaugelas * : sur mon mauvais accent, ils m'ont laissé passer. Regardez si je ferai jamais de beaux discours qui me valent tant, et s'il n'eût pas été bien mal à propos qu'en cette occasion, sous ombre que je suis de l'Académie, je me fusse piqué de parler bon français. Au sortir de là, je suis arrivé à

* Né à Chambéry; selon la plus commune opinion, il avait toujours conservé l'accent de son pays natal.

Savone, où j'ai trouvé la mer un peu plus émue qu'il ne fallait pour le petit vaisseau que j'avais pris; et néanmoins je suis, Dieu merci, arrivé ici à bon port.

Voyez, Mademoiselle, combien de périls j'ai couru dans un jour. Enfin, je suis échappé des bandits, des Espagnols, et de la mer.

VOLNEY (CONSTANTIN-FRANÇOIS CHASSEBEUF, comte de), est né à Craon, en Anjou, en 1755. Se sentant de bonne heure du goût pour les voyages, il partit pour la Syrie où il demeura près d'une année caché dans un couvent de maronites, au centre des montagnes du Liban. Il revint en France en 1785. Lorsque la révolution éclata, il fut nommé député du tiers-état de la sénéchaussée d'Anjou aux états-généraux : il se fit bientôt remarquer par l'exaltation de ses principes philosophiques, et sa haine pour l'autorité royale. Il a été considéré comme un des premiers provocateurs de ces soi-disant réformes politiques qui pour atteindre à un meilleur ordre de choses ont commencé par mettre tout à feu et à sang. On lui attribue le pamphlet intitulé *la Sentinelle* qui produisit un effet prodigieux en Bretagne, berceau des premiers troubles révolutionnaires. En septembre 1791, il fit hommage à l'assemblée nationale de l'ouvrage qu'il venait de publier sous ce titre : *Les Ruines ou Méditations sur les révolutions des empires.* Cet ouvrage composé tout-à-fait dans les idées de l'époque fut accueilli avec enthousiasme. On applaudit aux principes anti-religieux de l'écrivain qui faisait publiquement sa profession d'Athéisme. Après la session, Volney accompagna en Corse, M. Pozzo di Borgo; il y connut Bonaparte, avec qui il se lia d'une amitié dont celui-ci lui a souvent donné des preuves. De retour en France, Volney mis en prison pendant la terreur, y resta dix mois, et ne recouvra sa liberté qu'après, le 9 thermidor. En novembre 1794, il fut nommé professeur d'histoire, à l'école normale, mais il n'occupa cet emploi qu'un an et s'embarqua pour les États-Unis, où il fut très bien accueilli par Washington. Il paraissait déterminé à s'y fixer; mais au printemps de 1798, la menace d'une rupture entre ces deux états, le força de quitter l'Amérique. Il revint à Paris, où il coopéra à la révolution du 18 brumaire, et devint en décembre, membre du sénat-conservateur, après avoir été mis sur les rangs pour occuper une place de conseiller d'état et même de consul. Il était déjà à cet époque membre de l'institut. Il fut nommé vice président du sénat, comte de l'empire et commandeur de la Légion-d'Honneur. Volney, jusqu'en 1814, participa à tous les actes du sénat, adhéra le 1er avril à la déchéance de Bonaparte, et fut créé le 4 juin suivant, membre de la Chambre des Pairs. Il est mort à Paris, en 1820. Tout ce que l'on peut accorder à l'éloge de Volney, c'est qu'ainsi que beaucoup d'autres philosophes, il ne portait point au fond du cœur l'impiété effrontée qu'il affiche dans ses ouvrages. L'anecdote suivante en est la preuve : Se trouvant à Baltimore, Volney était allé avec plusieurs personnes faire une promenade sur mer. Bientôt se lève un si violent coup de vent que la barque à tout moment paraissait près d'être engloutie sous les flots. Au milieu de la consternation générale, on avait remarqué Volney, un chapelet à la main, priant avec la plus grande ferveur. Lorsque le calme fut revenu : « à qui vous adres-« siez-vous tout-à-l'heure, lui dit quelqu'un ? On « est philosophe dans son cabinet, répondit Volney « avec confusion; mais on ne l'est plus pendant une « tempête. » Outre *les Ruines*, Volney à publié : *Voyage en Syrie et en Egypte*, 1787, 2 vol. in-8°, *Considérations sur la guerre actuelle des Turcs*, 1788, in-8°; *Simplification des langues orientales*, 1795, in-8°; *Leçons d'histoire prononcées à l'école Normale*, 1799, in-8°; *Tableau du climat et du sol des États-Unis d'Amérique*, 1803, 2 vol. in-8°; *Rapport fait à l'académie celtique sur l'ouvrage russe de M. le professeur Pallas; Vocabulaires comparés des langues de toute la terre*, 1805, in-4°; *Supplément à l'Hérodote de Larcher, ou Chronologie d'Hérodote, conforme à son texte*, 1808, 2 vol. in-8°; *Question de statistique à l'usage des voyageurs*, 1813, in-8°; *Recherches nouvelles sur l'histoire ancienne*, 1814, 1815, 3 vol. in-8°.

L'abbé Martin de Noirlieu, a publié une *Réfutation abrégée du livre des Ruines*, à la suite de ses *Études d'un jeune philosophe chrétien*.

Ph. Taviand.

VOLTAIRE.

VOLTAIRE (MARIE-FRANÇOIS AROUET DE), naquit à Chatenay, près Paris, le 20 février 1694. Son père François Arouet était trésorier de la Cour des comptes et sa mère Marguerite d'Aumort, appartenait à une famille noble du Poitou.

Comme la naissance d'Arouet était honorable, on aurait voulu connaître les motifs qui le déterminèrent à substituer le nom inconnu de Voltaire à son nom de famille. Cette singularité, entre beaucoup d'autres, a pu fournir la matière d'une discussion dans les biographies de quelque étendue; * mais elle doit passer inaperçue dans une courte notice où nous sommes tenus d'accumuler les faits, et de réduire à quelques pages la vie d'un homme à jamais célèbre par ses talents et par l'abus qu'il en a fait.

Le jeune Arouet fut élevé au collège des jésuites. Ses professeurs de rhétorique furent le P. Porée qui vit dans son disciple le germe d'un grand homme, et le P. Le Jay, qui, frappé de la hardiesse de ses idées et de l'indépendance de ses opinions, lui prédisait qu'il serait en France le coryphée du déisme. Ces sortes de prophéties, prodiguées si légèrement dans les écoles et dans les familles, ne justifient pas toujours aussi complètement la pénétration de leurs auteurs; mais elles peuvent

---

La conjecture qui nous paraît la plus probable est celle de M. Paillet-de-Warcy. Voltaire pour se distinguer de son frère qui était plus âgé que lui, signait *Arouet*, *L. J.* pour *Arouet le jeune*. Le mot Voltaire forme exactement l'anagramme de cette signature. C'est après ce changement que le poète écrivait à mademoiselle du Noyer : « j'ai été assez malheureux sous mon premier nom, je veux voir si celui-ci me réussira mieux. »

contribuer à leur propre accomplissement, en ce qu'elles attachent toutes les pensées d'un jeune homme à la destinée qu'on lui a prédite, pour peu que cette destinée flatte ses penchants. Au sortir du collège il retrouva dans la maison paternelle l'abbé de Châteauneuf, son parrain, qui était lié d'amitié avec Ninon de Lenclos. Voltaire encore enfant, mais déjà poète, fut présenté à cette femme célèbre. Elle devina son talent, et lui procura des amis parmi la nombreuse société que sa philosophie épicurienne attirait encore chez elle en dépit de son grand âge; elle lui légua même par testament une somme de deux mille francs pour acheter des livres. Voltaire introduit dans le grand monde par l'abbé de Châteauneuf, fit connaissance avec le duc de Sully, le marquis de La Fare, les abbés Chaulieu, Servien et Courtin, le prince de Conti, le grand prieur de Vendôme, le maréchal de Villars et le chevalier de Bouillon. Il puisa dans leur société ce goût délicat qui distinguait le siècle de Louis XIV, et son talent, déjà très prononcé pour la satire et le sarcasme, osa bientôt prendre l'essor dans quelques cercles frivoles où l'on se jouait des choses les plus graves, sur-tout depuis que madame de Maintenon avait réformé la cour de Versailles.

Arouet père crut ramener son fils à des goûts plus solides et moins dangereux, en priant le marquis de Châteauneuf, ambassadeur en Hollande, de l'admettre auprès de lui en qualité de page. Mais Voltaire ne séjourna pas long-temps à La Haye, la passion qu'il conçut pour une fille de madame du

Noyer, si connue par ses *Lettres Galantes*, et les plaintes que la mère en fit à l'ambassadeur, déterminèrent le marquis de Châteauneuf à renvoyer son jeune protégé dans sa famille. Madame du Noyer, comme on le reconnut plus tard, n'avait fait tant de bruit sur cette affaire, que pour avoir un prétexte de publier avec ses *Lettres Galantes*, celles que le jeune Arouet avait adressées à sa fille, espérant que ce nom déjà connu donnerait beaucoup de prix à son livre. Cette spéculation peu délicate lui réussit jusqu'à un certain point, bien que rien n'annonçât encore dans ces premières lettres la sensibilité de l'auteur de *Zaïre* et de *Tancrède*.

Cependant son père le voyant toujours obstiné à faire des vers et à vivre sans état dans le monde, l'avait exclus de sa maison. Voltaire eut le projet de s'embarquer pour l'Amérique, et finit par entrer chez un procureur. Une situation aussi désespérée intéressa en sa faveur M. de Caumartin, ami de sa famille, qui l'emmena dans sa terre de Saint-Ange, afin de le soustraire à des sociétés trop alarmantes pour la tendresse paternelle. Là vivait un autre Caumartin, vieillard respectable, admirateur de Henri IV et de Sully, et parfaitement instruit de toutes les anecdotes de la cour, qu'il aimait à raconter; ses conversations inspirèrent à Voltaire le désir de faire un poème épique dont Henri IV serait le héros et de composer l'histoire du règne de Louis XIV. Il avait déjà mis la main à ces deux ouvrages et quitté le château de Saint-Ange, lorsque le roi mourut. Il fut accusé d'avoir composé l'une des nombreuses satires qui insultèrent alors à la mémoire de ce grand monarque. La pièce finissait par ce vers :

J'ai vu ces maux, et je n'ai pas vingt ans.

Le duc d'Orléans alors régent du royaume, le laissa mettre à la Bastille. Il ébaucha dans cette prison le poème de la *Ligue*, corrigea la tragédie *d'OEdipe*, commencée long-temps auparavant, et composa une pièce de vers assez gaie sur sa détention. Le régent lui fit bientôt rendre la liberté, et lui accorda une gratification, en lui disant : « Soyez sage à l'avenir et « j'aurai soin de votre fortune. — Monseigneur, lui « répondit Voltaire, je remercie votre altesse royale, « de vouloir continuer à se charger de ma nourri- « ture; mais je la prie de ne plus se charger de mon « logement. » Sa tragédie d'*OEdipe* d'abord refusée au théâtre, parce qu'il n'y avait pas d'intrigue d'amour, fut jouée en 1718, et eut du succès; c'était le premier ouvrage remarquable du jeune poète qui avait débuté dans le monde littéraire par des pièces fugitives, par quelques épîtres dans le goût de Chaulieu, et par une ode religieuse qui avait vainement disputé le prix de l'Académie française. La nouvelle tragédie réconcilia le poète avec son père, qui ne le pressa plus de se faire avocat. Elle confirma l'auteur dans son système anti-religieux qu'on le vit développer long-temps après par l'importance qu'on attacha de part et d'autre à ces deux vers :

Les prêtres ne sont pas ce qu'un vain peuple pense ;
Notre crédulité fait toute leur science.

Les applaudissements du parterre à une sentence

aussi commune, à un blasphème commandé par la nature même du rôle, montrèrent au poète quelle était la pente de son siècle, et Voltaire n'était pas homme à s'arrêter en si beau chemin. Il aimait à se mêler avec les acteurs qui représentaient sa pièce. Il parut un jour sur le théâtre, tenant la queue du grand prêtre, sans doute pour faire sentir le ridicule d'un costume si contraire à l'illusion de la scène. La maréchale de Villars demanda quel était cet étourdi qui voulait faire tomber la pièce; ayant appris que c'était l'auteur lui-même, elle désira le connaître et l'admit dans sa société. Cette nouvelle liaison l'enleva pendant quelque temps à l'étude, et sa raison ne triompha qu'après de longs ennuis, de la passion violente qu'il avait conçue pour la maréchale. Délivré de son amour, il continua *la Henriade*, et fit la tragédie d'*Artémire*. Une actrice formée par lui et devenue à la fois sa maîtresse et son élève, joua le principal rôle. La pièce n'eut aucun succès; mais elle lui procura la permission de revenir à Paris, d'où le régent l'avait exilé, à cause de ses liaisons vraies ou supposées avec les ennemis de ce prince.

En 1722, Voltaire accompagna en Hollande madame de Rupelmonde; il vit à Bruxelles J.-B. Rousseau, le consulta sur son poème de *la Ligue*, et lui lut son *Épître à Uranie*. Rousseau lui récita le *Jugement de Pluton*, allégorie satirique, et une *Ode à la Postérité*. Voltaire lui dit qu'elle n'irait pas à son adresse, et les deux poètes se séparèrent ennemis irréconciliables. La tragédie de *Mariamne* fut jouée en 1724, et eut quarante représentations. C'était le sujet d'*Artémire* sous des noms nouveaux, mais avec une intrigue moins compliquée. C'est vers la même époque que parut *la Henriade*, sous le nom de *la Ligue*. Ce poème fut d'abord imprimé sans l'aveu de l'auteur, sur une copie où se trouvaient plusieurs lacunes. Mais la première édition complète de *la Henriade* fut faite à Londres, où Voltaire se rendit peu de temps après, pour se soustraire à la vengeance de quelques personnages puissants, que son humeur satirique n'avait point assez ménagés. Le poète vit en Angleterre lord Bolingbroke et plusieurs autres écrivains dont les ouvrages et les conversations devaient l'enhardir à *penser librement*. Il y étudia Newton, alors peu connu en France, et la métaphysique de Locke, qui n'avait pas encore remplacé dans nos écoles les hypothèses de Descartes. Des études aussi abstraites ne lui firent pas oublier la poésie. Il composa à Londres, *Brutus, la Mort de César*, et l'*Essai sur la poésie épique*, écrit d'abord en anglais, et mis ensuite en tête de *la Henriade*. Ce dernier poème, imprimé sous les auspices du roi Georges Ier et de la princesse de Galles, procura de grands bénéfices à l'auteur.

De retour en France, en 1728, Voltaire songea à s'assurer une fortune indépendante. Il plaça avantageusement l'argent qu'il avait apporté d'Angleterre. Un intérêt qu'il obtint dans les vivres de l'armée, lui procura près de 800,000 livres; et, sur la fin de sa vie, il eut jusqu'à 130,000 livres de rente dont il jouissait noblement. « J'ai vu, disait-il, tant

« de gens de lettres pauvres et méprisés, que j'ai
« conclu dès long-temps que je ne devais pas en aug-
« menter le nombre. » Cependant ces calculs d'intérêt n'absorbaient point le poète philosophe. Son
Brutus, joué, en 1730, avec un médiocre succès, ne
le rendit pas docile aux conseils de Fontenelle, qui
l'engageait à renoncer au genre dramatique. L'académicien s'y prenait un peu tard pour fermer la
carrière d'un auteur qui avait déjà fait *OEdipe* et
Mariamne, et qui devait bientôt se placer à côté de
Racine, par sa tragédie de *Zaire*. Cette pièce, d'un
genre nouveau, fut jouée en 1772, et le rang qu'elle
a conservé au théâtre depuis près d'un siècle, justifie l'enthousiasme qu'excitèrent les premières représentations. *Adelaïde Duguesclin* fut mal protégée
par la gloire récente de *Zaire*, et l'on sait que le
coussi, coussi, d'un mauvais plaisant, acheva le
destin de la pièce dès sa première apparition. Elle fut
reproduite cependant sous le titre du *duc de Foix*,
et le public lui fit un accueil moins sévère. Cependant Voltaire méritait le zèle et l'attachement
des acteurs, qui devaient ne rien négliger pour la
réussite de ses ouvrages. Après la mort de l'actrice
Lecouvreur, il composa une élégie en son honneur,
ou plutôt en haine du clergé qui lui avait refusé la
sépulture. Il fit, dans une satire intitulée *le Mondain*,
l'apologie du luxe et l'éloge du superflu. Les philosophes, qui commençaient alors à moraliser, fei-
gnirent de trouver les maximes du *Mondain* beaucoup trop relâchées. Ils critiquèrent moins le *Temple du Goût*, poème dans lequel les graces du style

servirent de passeport à plusieurs jugements que l'auteur lui-même a réformés dans d'autres ouvrages. *Les Lettres philosophiques*, ou *Lettres sur les Anglais*, au nombre de vingt-cinq, n'étaient guères qu'un recueil d'observations légères et d'épigrammes sur différents sujets. L'auteur y établissait entre nos prêtres et les quakers, un parallèle qu'il avait eu soin de ne pas rendre favorable aux premiers. L'ouvrage fut condamné par le parlement, et Voltaire cessa pour un temps de se montrer, pour se dispenser d'obéir à l'ordre qui lui fut intimé de quitter Paris. Quelques fragments de *la Pucelle*, récités dans les salons par d'imprudents amis, rendirent sa position encore plus embarrassante. Il se déroba aux recherches de l'autorité; et, après une excursion aux environs de Philisbourg, ville qu'assiégeait alors le maréchal de Berwick, il se retira à Cirey, où la marquise du Châtelet avait une terre près de Vassi en Champagne. « Nous ne cherchions, dit Voltaire, qu'à nous
« instruire dans cette délicieuse retraite, sans nous
« informer de ce qui se passait dans le reste du
« monde. J'enseignai l'anglais à madame du Châte-
« let qui, au bout de trois mois, le sut aussi bien
« que moi. Nous lûmes ensemble Locke, Newton
« et Pope. Je composai à Cirey, *Alzire*, *Mérope*,
« *l'Enfant prodigue*, *Mahomet*. Je travaillai pour
« elle à un essai sur l'histoire générale depuis Char-
« lemagne jusqu'à nos jours : je choisis cette époque
« de Charlemagne, parce que c'est celle où Bos-
« suet s'est arrêté, et que je n'osais toucher à ce qui
« avait été traité par ce grand homme. » Après six

années passées dans cette agréable solitude, où Voltaire avait rédigé aussi ses *Éléments de philosophie* d'après Newton, composé l'*Histoire de Charles XII*, et achevé ses *Discours sur l'homme*, il se rendit à Bruxelles, où il vint à bout de faire terminer un ancien procès qui intéressait la famille du Châtelet. La bibliothèque de cette ville lui fut d'un grand secours pour son *Histoire générale*, plus connue sous le titre d'*Essai sur les mœurs et l'Esprit des nations*. La partie historique n'est qu'un brillant accessoire dans ce long et dangereux manifeste publié contre le christianisme.

Il apprit à Bruxelles, en 1740, la mort de Frédéric-Guillaume, roi de Prusse. « Son fils, dit Voltaire, « qui s'est fait une réputation si singulière, entre-« tenait un commerce assez régulier avec moi depuis « plus de quatre années. Il me traitait d'homme di-« vin : je le traitais de *Salomon*. Les épithètes ne « nous coûtaient rien. » Lorsque ce prince fut monté sur le trône, il appela le poète à sa cour. Mais Voltaire n'eut alors avec lui qu'une entrevue de peu de jours, impatient de retourner à Paris pour y faire jouer sa tragédie de *Mérope*. Cette pièce, la première qui ait fait couler des larmes sur des malheurs étrangers à la passion de l'amour, produisit dans le parterre un enthousiasme sans exemple. Voltaire, caché dans un coin du théâtre, fut obligé de se montrer aux spectateurs : il parut dans la loge de la maréchale de Villars, on cria à la jeune duchesse de Villars d'embrasser l'auteur de *Mérope* ; elle fut obligée, ajoute Condorcet, de céder à l'impérieuse volonté du public, ivre d'admiration et de plaisir. C'est de ce jour que date l'usage de demander l'auteur d'une pièce nouvelle.

La mort du cardinal de Fleury laissait une place vacante à l'Académie. Il est probable que les membres de cette association littéraire ne regardaient pas l'auteur de *Zaïre* et de *Mérope*, comme un collègue trop indigne d'eux, sous le rapport des talents, mais ses opinions philosophiques firent naître des résistances insurmontables, malgré les sollicitations du duc de Richelieu, et de la marquise de Châteauroux, alors favorite de Louis XV. Le crédit de cette dame fit donner à Voltaire une mission diplomatique auprès du roi de Prusse, et le poète vint à bout de décider Frédéric à déclarer une seconde fois la guerre à Marie-Thérèse, ce qui pouvait affaiblir par une diversion utile le parti de la reine de Hongrie avec laquelle la France était en guerre. Ce service, et des recommandations puissantes parmi lesquelles il faut compter la protection de madame d'Étiole (depuis marquise de Pompadour), lui procurèrent les faveurs de la cour. Il composa pour le mariage du dauphin, *la Princesse de Navarre*, qui lui fit obtenir la charge de gentilhomme ordinaire et le titre d'historiographe de France. Comme il connaissait les préventions qui lui avaient d'abord fermé les portes de l'Académie, il écrivit au P. de La Tour que « si l'on trouvait « dans ses ouvrages une seule ligne capable de scan- « daliser seulement un sacristain de paroisse, il « était prêt à la déchirer. » Cet aveu parut aux opposants un triomphe qui devait les désarmer, et Voltaire fut reçu à l'Académie en 1746, à l'âge de cinquante-deux ans. Après un second voyage à Cirey, et un séjour de quelques mois à la cour du roi Stanislas, il vint composer à Sceaux, auprès de la duchesse du Maine, trois nouvelles tragédies, *Sémiramis*, *Oreste*, et *Rome sauvée*.

Il voulut opposer ces trois compositions dramatiques aux tragédies composées sur les mêmes sujets par Crébillon, qui avait alors des prôneurs assez nombreux pour importuner son rival. Mécontent du séjour de la capitale, où ses doctrines lui faisaient moins d'admirateurs que d'ennemis, et lui enlevaient d'un jour à l'autre les bonnes graces du roi, il reprit le chemin de Berlin où Frédéric lui fit un accueil digne de leurs relations précédentes. Ami, précepteur, commensal et chambellan du prince, Voltaire partageait avec Maupertuis, La Mettrie et quelques autres philosophes, le plaisir de penser librement, « et ja-
« mais, dit-il dans ses Mémoires, les superstitions
« des hommes ne furent traitées avec plus de plai-
« santerie et de mépris, que dans nos soupers de
« Postdam. » Bientôt cependant sa manière peu obligeante de corriger les vers de Frédéric, ses démêlés avec Maupertuis dont le crédit était mieux assuré, la satyre qu'il publia contre ce dernier et que Frédéric fit brûler par le bourreau, détruisirent l'enchantement, et le philosophe qui s'était cru dans le palais d'Alcine, reconnut qu'il avait acheté trop cher le plaisir de *souper tous les jours avec deux ou trois impies*. On a de la peine à concevoir, et

Voltaire, lui-même, ne fait pas connaître dans ses Mémoires par quels motifs le *Salomon* du Nord se joua si long-temps de son hôte, avant de lui accorder le droit bien naturel de quitter la Prusse. Voulait-il lui faire expier par cette froide tyrannie, quelques propos indiscrets, ou craignant la vengeance satyrique d'un chambellan disgracié, espérait-il appaiser avec le temps un ressentiment dont il redoutait l'explosion? Quoi qu'il en soit, Voltaire fut obligé de mêler l'artifice aux sollicitations pour recouvrer sa liberté, et lorsqu'il touchait déjà aux frontières des états prussiens, un agent de Frédéric, nommé Freitag, l'arrêta à Francfort, jusqu'à ce qu'il eût rendu les *effets précieux qu'il emportait de Sa Majesté.* Écoutons Voltaire lui-même racontant cette singulière aventure: « Hélas, Messieurs, « je n'emporte rien de ce pays-là, pas même des re-
« grets. *C'être, Monsir*, répondit Freitag, *l'œuvre de* « *poëshie du roi mon gracieux maitre.* — Oh! je lui « rendrai sa prose et ses vers, quoiqu'après tout « j'aie plus d'un droit à cet ouvrage. Malheureuse-
« ment l'exemplaire est à Leipsick avec mes effets. « Freitag me *proposa* de rester à Francfort jusqu'à « l'arrivée du trésor de Leipsick, et il me signa ce « beau billet: *Monsir, sitôt le gros ballot sera ici,* « *et l'œuvre de poëshie rendu à moi, vous pourrez* « *partir où vous paraîtra bon.* Arriva enfin le grand « ballot de *poëshie*. Je remis fidèlement le sacré dé-
« pôt, et je crus pouvoir m'en aller sans manquer « à aucune tête couronnée. Alors on m'arrête moi et « mes gens, on traîne ma nièce chez Smith, con-

« seiller de Frédéric ; ma nièce qui cependant n'avait
« jamais corrigé les vers du roi de Prusse. On nous
« fourra ensuite dans une espèce d'hôtellerie à la
« porte de laquelle furent postés douze soldats. Ma
« nièce eut dans son grenier quatre sentinelles, qui,
« avec la bayonnette au bout du fusil, lui tenaient
« lieu de rideaux et de femmes de chambre. Smith
« s'était emparé de mes effets qui me furent ren-
« dus plus légers de moitié. On ne pouvait payer
« plus chèrement *l'œuvre de poëshie.* » Cette détention, qui dura trois semaines, fut accompagnée au
dire de quelques biographes, de vexations encore
plus cruelles exercées par les agents du roi de
Prusse sur la personne même de Voltaire ; mais
cette particularité pourrait bien n'être qu'une mauvaise plaisanterie imaginée pour rendre plus piquante l'aventure de Francfort. Après avoir mené
si long-temps une vie errante et agitée, Voltaire
sentit le besoin de s'établir dans une retraite indépendante, pour y jouir paisiblement de sa gloire
et de sa fortune. Comme il se rendait aux eaux
d'Aix en Savoie, il passa par Genève. Tronchin lui
déclara que les eaux d'Aix le tueraient, et que le séjour de Genève le ferait vivre. Ne pouvant balancer
entre ces deux partis, il acheta un beau domaine à
une lieue de Genève, qu'il appela les *Délices*, et une
maison encore plus considérable auprès de Lau-
sanne, où il jouissait d'une superbe perspective sur
le lac, la Savoie et les Alpes. « J'ai, disait-il lui-
« même, dans ces deux habitations, ce que les rois
« ne donnent point, le repos et la liberté. J'y mets

« en pratique ce que j'ai dit dans *le Mondain :*

Oh! le bon temps que ce siècle de fer!

« Toutes les commodités de la vie en ameublement,
« en équipages, en bonne chère se trouvent dans
« mes deux maisons; une société douce et de gens
« d'esprit remplit les moments que l'étude et le soin
« de ma santé me laissent ». En 1758, il acheta à
une lieue des Délices, sur le territoire de France,
la terre de Ferney, où il fit bâtir un superbe château. Plusieurs personnages distingués venaient à
Ferney attirés par le désir de connaître cet homme
extraordinaire; d'Alembert lui recommandait fréquemment de nouveaux prosélytes qu'il accueillait
avec bonté, pour en faire autant de propagateurs
de ses doctrines. Cependant il cultivait toujours
avec assiduité la littérature. *L'Orphelin de la Chine*
fut le premier fruit de sa retraite. Sa tragédie de
Tancrède ne fut donnée que long-temps après, et
eut beaucoup de succès malgré l'innovation des
rimes croisées; mais l'auteur profita des avantages
de sa situation, pour publier un très grand nombre
d'ouvrages dont la vogue scandaleuse ne fait pas
honneur au siècle qui les accueillit avec tant d'avidité. *La Pucelle d'Orléans*, qui jusqu'alors ne s'était montrée que par lambeaux dans l'ombre des
cercles philosophiques, parut au grand jour et fut
trouvée une œuvre ingénieuse et plaisante. Le roman de *Candide* ou *l'Optimisme*, la paraphrase du
Cantique des cantiques, et une série de contes non
moins licencieux, insultèrent à la pudeur publique,

tandis que le poëme de *la Loi naturelle* combattait le *Fanatisme*. Il donna en 1757 la première édition de toutes ses œuvres. Sa réconciliation avec le roi de Prusse date de la même époque. C'étaient alors les beaux jours de l'*Encyclopédie*. Voltaire y inséra quelques articles, ajoutés depuis au *Dictionnaire philosophique*, et composa son *Précis du siècle de Louis XV*. Il publia les œuvres de Corneille avec des notes qui annoncent tantôt le sincère admirateur d'un grand génie, tantôt le critique minutieux qui veut rabaisser un rival. Le produit de cette riche édition servit à l'établissement de la petite nièce du grand Corneille, qu'il avait accueillie à Ferney. Ce trait n'est pas le seul qui ait honoré sa vie, tandis que plus d'un écrit déshonorait sa plume. Calas, accusé d'avoir pendu son fils, fut, par la persévérance que mit Voltaire à le défendre, déclaré innocent. Il protégea Sirven dans son procès contre les jésuites, et les paysans de Franche-Comté contre le chapitre dont ils étaient serfs. Au milieu de tant d'occupations, et malgré la correspondance immense qu'il entretenait avec des personnages de tous les rangs depuis les rois jusqu'à d'Alembert, il trouvait assez de loisir pour répondre à ses adversaires. L'abbé Guénée, auteur des *Lettres de quelques Juifs*, etc., le journaliste Fréron, et les jésuites de Trévoux furent ceux qui excitèrent le plus souvent sa colère, et auxquels il rendit à son tour le plus de sarcasmes. Un jour, lassé de combattre pour la philosophie, et tourmenté par la fièvre, il fit venir un confesseur, fit une communion solemnelle et une protestation publique de son respect pour l'Église. Après ce pénible effort, il chercha de nouvelles distractions dans son poème de *la Guerre de Genève*, où en se moquant de tout le monde, il écrase sans pitié Jean-Jacques Rousseau, le Caton des philosophes, à ne le juger que par la moitié raisonnable de ses écrits. Le ministère de Turgot avait été favorable aux nouvelles idées, et Voltaire désirait depuis plusieurs années de revenir à Paris. Il s'y rendit en février 1778, et lorsqu'il vit l'enthousiasme des Parisiens, il s'écria que *son entrée était plus triomphante que celle de Jésus dans Nazareth*. En effet, dit Condorcet qui semble copier ici le panégyrique de Trajan, l'enthousiasme avait passé jusque dans le peuple, on s'arrêtait devant ses fenêtres; on y passait des heures entières, dans l'espérance de le voir un moment; sa voiture forcée d'aller au pas était entourée d'une foule nombreuse qui le *bénissait* et célébrait ses ouvrages. L'Académie française le reçut moins comme un égal que comme le souverain de l'empire des lettres. Lorsqu'il vint au théâtre pour assister à la troisième représentation d'*Irène*, pièce faible, mais où les rides de l'âge laissaient voir encore l'empreinte du génie, son buste fut couronné sur la scène au milieu des cris de joie et des larmes d'attendrissement. Il fut obligé, pour sortir, de percer la foule entassée sur son passage; faible et se soutenant à peine, on se disputait la gloire de le soutenir; chaque marche lui offrait un secours nouveau, et on ne souffrait pas que personne s'arrogeât le droit de le soutenir trop long-temps. On se précipitait à ses pieds, on baisait ses vêtements, on criait : *Vive Voltaire, vive la Henriade, vive la Pucelle*, ce qui dut lui prouver qu'il avait des admirateurs de tous les goûts. Son émotion lui fit dire plus d'une fois : *On veut me faire mourir de plaisir.* Le célèbre Franklin, qui avait été aussi dans une autre hémisphère, l'apôtre de la liberté, était alors à Paris. L'Académie s'assembla extraordinairement pour voir deux grands hommes réunis et pour les montrer l'un à l'autre. Voltaire parut le premier, et fut applaudi comme de coutume; Franklin qui vint ensuite produisit un enthousiasme encore plus énergique. Alors on vit le vieillard de Ferney s'avancer en souriant vers le citoyen de l'Amérique, et l'embrasser avec une cordialité passionnée. Ce coup de théâtre porta l'admiration des spectateurs à son comble, et assura tous les honneurs de la fête à Voltaire, qui du reste adressa quelques mots anglais à Franklin, et donna au petit fils de ce dernier, sa bénédiction, en lui disant : *God and Liberty* (Dieu et la Liberté). Cependant Voltaire ajoutait de nouvelles pages à son *Essai sur les Mœurs et l'Esprit des Nations;* traçait à l'Académie un nouveau plan pour la réforme du dictionnaire, et s'occupait à réfuter les *Mémoires de Saint-Simon.* Le 7 avril, il se fit recevoir maçon à la loge des *Neuf-Sœurs;* tant de fatigues au-dessus de son âge épuisèrent ses forces et lui causèrent un crachement de sang. Il prit de l'opium pour donner à son corps un peu d'énergie; mais s'étant trompé sur la dose, il tomba dans une profonde léthargie, et mourut le 30 mai 1778, à l'âge de quatre-vingt-quatre ans. Pendant les courts intervalles que lui laissait sa dernière maladie, il écrivit à M. de Lally Tolendal pour le féliciter de ce qu'on avait réhabilité la mémoire de son père; il remit à l'abbé Gauthier qui avait reçu sa confession, une profession de foi par laquelle il déclarait qu'il mourait dans la religion catholique. Mais le curé de Saint-Sulpice étant venu de son côté, l'exhorter à reconnaître la divinité de J.-C., on dit que Voltaire lui répondit avec humeur : « Au nom de Dieu, Monsieur, ne me parlez « plus de cet homme-là, et laissez-moi mourir en « repos. » Le clergé de sa paroisse lui ayant refusé la sépulture, son corps fut transporté à l'abbaye de Scellière, en Champagne, et enseveli par les soins de l'abbé Mignot, neveu du défunt. En 1791 ses restes déposés momentanément à l'hôtel de Villette, quai des Théatins, qui fut dès-lors appelé quai Voltaire, furent transférés au Panthéon.

Parmi les nombreux *Éloges* qui furent prononcés en l'honneur de Voltaire, dont la plupart des philosophes portèrent publiquement le deuil, on distingua ceux de la Harpe et du roi de Prusse. Frédéric fit même célébrer pour son ancien ami un service religieux dans l'église catholique de Berlin. Il existe trois *Vies* de Voltaire rédigées avec plus ou moins d'enthousiasme philosophique, par Luchet, Condorcet et Duvernet. M. Lepan en a publié récemment une quatrième dans un esprit plus modéré; et après lui M. Paillet-de-Warcy a écrit l'*Histoire de la*

Vie et des Ouvrages de Voltaire en 2 vol. in-8°, 1824. Cet ouvrage, composé avec une méthode très lumineuse, contient un portrait du célèbre écrivain, que nous allons reproduire en partie dans cette notice.

Voltaire était de moyenne taille, maigre et d'un tempérament sec. Il avait le visage décharné, l'air spirituel et caustique, les yeux étincelants et malins. Dans sa jeunesse, il était d'une figure très piquante, sans être précisément jolie. La perte des dents, les ravages de la petite vérole, et quelques autres maladies changèrent bien ses traits. Il avait une grande attention pour sa santé, et eut toujours soin de cacher par une extrême propreté les désagréments de la vieillesse. Il fut très frileux durant toute sa vie, et une des manies de son enfance était d'avoir toujours si grand feu qu'il le mettait souvent à la cheminée. Voltaire n'avait point de barbe, du moins il en avait si peu qu'il ne se faisait jamais raser. On voyait sur sa cheminée trois ou quatre petites pinces épilatoires avec lesquelles il se jouait et s'arrachait de temps en temps quelques poils en causant avec l'un et l'autre. Tout le feu qu'on trouve dans ses ouvrages, il l'avait dans son action; vif jusqu'à l'étourderie, c'était un homme ardent qui va et qui vient, qui vous éblouit et qui pétille. Le plus souvent il dînait en particulier dans sa chambre; même en Prusse, il ne paraissait qu'au souper du roi. Lorsqu'il se plaisait avec les personnes, sa conversation était vive et saillante; c'était un mélange de bons mots, de réflexions intéressantes, d'applications heureuses, de discussions savantes, sans âpreté, sans pédanterie. Il parlait très distinctement, et perdait bientôt patience, quand il ne trouvait pas cette qualité dans les personnes qui causaient avec lui.

Il ne lisait un livre que lorsque les six premières pages lui promettaient quelque chose. Autrement il passait à la moitié de l'ouvrage; s'il n'était pas plus content, il lisait les dernières pages, et le jetait au feu. S'il lisait un ouvrage entier, ce qui lui arrivait rarement, il faisait des remarques; enfin il écrivait sur les marges de presque tous les livres qu'il lisait. Son impatience à terminer un ouvrage n'avait point de bornes; on mettait souvent sous presse un livre à moitié composé. Sa méthode était de travailler toujours sur les épreuves des feuilles, attendu, disait-il, que l'esprit semble plus éclairé quand les yeux sont satisfaits. Voltaire écrivait lui même lorsqu'il se portait bien, excepté ses lettres qu'il dictait toujours, et il avait pour cette manière de travailler une facilité incroyable. Dans sa vieillesse, il ne mangeait point au milieu de la journée. Il soupait entre neuf et dix heures, peu et lentement, se couchait entre onze heures et minuit, et ne dormait guère que quatre à cinq heures, bien qu'il en passât jusqu'à dix-huit au lit. Pendant la nuit trois bougies restaient allumées à côté de son oreiller. Son lit était couvert de livres; on voyait auprès, une table élégante, sur laquelle se trouvait toujours de l'eau fraîche, du café au lait, des marques de papier blanc, et une écritoire. S'il lui venait une idée, il sonnait son secrétaire qui devait être toujours prêt à écrire ce qu'il avait à dicter. Quand on lui demandait comment il avait pu faire tant d'ouvrages, il répondait : *en ne travaillant pas à Paris.*

La première édition des *OEuvres complètes* augmentées de la *Correspondance* de Voltaire, fut entreprise par Beaumarchais en 1785. Les notes et les avertissements furent rédigés par Condorcet, qui « était, dit La Harpe, beaucoup plus versé dans les « sciences que dans la littérature, et qui ne connais- « sait même pas les variantes les plus curieuses à re- « cueillir. Le commentaire général choquait souvent « le bon goût et les principes de l'art : Voltaire y « était maladroitement exalté aux dépens de Racine. « La religion et la morale étaient aussi maltraitées « dans les notes, que dans les ouvrages de l'auteur; « mais cette analogie était malheureusement dans « l'ordre des choses et du temps, et c'était ce dont « le plus grand nombre se souciait le moins. » En résultat cette édition coûta un million de perte à Beaumarchais, malgré le prodigieux débit qu'elle eut à l'étranger et en France, où la publication en fut vainement interdite par un arrêt du conseil d'état. Elle a été entièrement oubliée, depuis les nouvelles éditions publiées par les libraires Renouard, Lequien et Dalibon. Cette dernière forme 70, vol. in-8°, vélins. Celle que publie le libraire Baudouin, n'est autre que celle de Dalibon, imprimée sur papier fin.

FAVIER.

EXAMEN DES POÈMES DE VOLTAIRE.

SECTION PREMIÈRE. — Idée générale de *la Henriade*.

Louis XIV n'était plus, et la plupart des hommes fameux qui semblaient nés pour sa grandeur et pour son règne, l'avaient précédé dans la tombe. Le commencement d'un nouveau siècle avait été une époque affligeante et instructive de revers, de calamités, d'humiliations, qui, en punissant les fautes du souverain, firent voir en même temps ce qu'il y avait d'élévation et de force dans son âme, et montrèrent au moins supérieur à l'adversité celui qui n'avait pu l'être à la fortune. Mais les dernières années de sa vieillesse furent encore attristées et obscurcies par des discordes intérieures et des querelles scolastiques que les passions alimentaient; et ces mêmes passions, qui s'agitaient autour de lui, égarant encore ses intentions et son zèle, comme au temps de la révocation de l'édit de Nantes, il eut le malheur de nourrir par des rigueurs indiscrètes un feu qu'il ne tenait qu'à lui d'éteindre, s'il eût donné moins d'importance aux intérêts particuliers de ceux qui ne cherchaient que le leur propre, sous le prétexte de la cause de Dieu.

La régence ouvrit un nouveau spectacle, et entraîna les esprits dans un autre excès. Fatigués de controverses, les Français se précipitèrent dans la licence, dont une cour scandaleuse donnait le signal et l'exemple. Le jeu séduisant du système alluma une cupidité effrénée, et la mode et l'intérêt firent naître autant de calculateurs avides qu'on avait vu de disputeurs opiniâtres. Paris, d'un séminaire de controversistes, devint une place d'agioteurs. Des fortunes rapides et monstrueuses se dissipèrent dans les fantaisies et les profusions d'un luxe nouveau; et la légèreté d'humeur et de caractère que montrait ce régent qui bouleversait gaiement le royaume, la dépravation audacieuse de son ministre et de tout ce qui l'approchait, accoutumèrent les esprits à une sorte d'indifférence immorale qui s'étendait sur tous les objets, en même temps que la soif de l'or altérait tous les principes.

Au milieu de cette espèce de vertige et d'ivresse, il restait peu de traces de cette ancienne dignité, de cet enthousiasme d'honneur qui avait exalté la nation dans les beaux jours du règne précédent. Le dernier de ses héros, Villars, en gardait seul le caractère. Sa vieillesse, sa renommée, le souvenir de Denain, où il avait vengé et sauvé la France; l'amour des peuples et de l'armée, et la jalousie des courtisans, cette franchise militaire qu'il avait rapportée des camps jusqu'à la cour, le refus constant d'entrer dans les nouvelles spéculations de finances, les places éminentes qu'on venait d'accorder à son nom et à ses services, mais de manière à ne lui laisser que la considération sans le pouvoir; le crédit même qu'il n'avait pas, et qui ne sied point à un homme d'honneur sous un mauvais gouvernement; tout, jusqu'à l'habillement de ce vieux guerrier, où les modes nouvelles n'avaient rien changé, appelait sur lui les regards et lui attirait la vénération ; et Villars semblait représenter à lui seul le siècle qu'on avait vu passer.

Dans les arts de l'esprit, quelques pertes nombreuses qu'on eût faites, l'âge présent avait hérité de quelques hommes que l'autre lui avait transmis, et que la mort avait épargnés. Massillon soutenait encore l'éloquence, et Rousseau la poésie ; mais au théâtre personne depuis long-temps ne parlait la langue de Racine. Crébillon avait ramené dans *Atrée* les déclamations de Sénèque, et défiguré dans *Électre* la belle simplicité de Sophocle, quoiqu'en même temps il eût tenu d'une main ferme et vigoureuse le poignard de Melpomène dans son *Rhadamiste*, et ramené sur la scène la terreur tragique. Fontenelle, qui, par ses dangereux exemples, comme La Motte par ses paradoxes éblouissants, avait commencé à corrompre le bon goût, rachetait cependant cette faute, en répandant sur les sciences une lumière agréable et nouvelle. Chaulieu conservait au moins dans la négligence de ses poésies le naturel aimable et l'urbanité délicate qui régnait dans le bon temps, et que les connaisseurs goûtent encore aujourd'hui. Les Sully, les La Feuillade, les Bouillon, le Grand-Prieur de Vendôme, Lafare, l'abbé Courtin, tout ce qui composait la société du Temple, maintenait, au milieu des plaisirs et de la gaieté, les principes de la saine littérature, déjà menacés ailleurs par des succès contagieux.

Dans cette société d'élite se trouve porté, presqu'au sortir de l'enfance, un jeune élève de Porée qu'une réputation aussi prématurée que son esprit était précoce, faisait déjà rechercher de la bonne compagnie. Déjà le jeune Arouet, si fameux depuis sous le nom de Voltaire, annonçait à la France cet homme plus extraordinaire peut-être par la réunion d'une foule de talents, qu'aucun de nos plus grands écrivains par la perfection d'un seul. Tout le monde était frappé de la vivacité d'esprit qui brillait dans ses premiers essais ; mais on n'était pas moins alarmé de la hardiesse satirique et irréligieuse qui marquait toutes ses productions, et qui fut le premier présage d'une destinée qu'il a malheureusement trop bien remplie. La société où il vivait, imbue de l'esprit de la régence, excusait dans l'auteur la légèreté de la jeunesse ; et les gens sages trouvaient cette témérité d'un dangereux exemple. C'est ce qui lui attira les disgraces qui devancèrent ses succès, et il n'était connu que par des vers de société, quand il fut emprisonné à dix-neuf ans, pour des vers qu'il n'avait pas faits *. Treize mois d'une

---

* C'étaient les *J'ai vu*, très mauvaise pièce d'un nommé Le Brun : on les crut de Voltaire, parce qu'ils étaient satyriques, et finissaient par ce vers :

J'ai vu ces maux, et je n'ai pas vingt ans.

La platitude du style aurait dû suffire pour prévenir la méprise ; mais comme toute satyre contre l'autorité paraît assez bonne à la malignité, l'autorité elle-même ne s'y rend pas d'ordinaire plus difficile. L'auteur de ce *Cours* fut accusé, il y a vingt-cinq ans, d'une très misérable pièce contre un édit de finances qu'il n'avait pas même vu, non plus que la pièce. Il remontrait au ministre qui lui en parlait, qu'un homme de lettres, qui ne passait pas pour un mauvais écrivain, ne pouvait rien faire de si plat. « Oh ! l'on déguise son style, dit le ministre. En effet, répondit l'homme de lettres, il y a tant à gagner à écrire comme un sot, pour avoir le plaisir de se faire enfermer ! »

détention qui fut ensuite reconnue injuste par le ministère lui-même, et dont une gratification de cent louis était un faible dédommagement, devaient être une leçon pour le gouvernement et pour l'auteur; pour l'un, de l'abus de ces ordres arbitraires qui enlèvent à l'innocence ses moyens de justification; pour l'autre, du danger et de l'imprudence d'affecter pour ce qui mérite le respect, un mépris qui peut vous faire croire capable même de ce que vous n'aurez pas fait. Ni l'un ni l'autre n'en profita. Voltaire, quelques années après, fut enfermé de nouveau à la Bastille pour la faute d'autrui, mais d'une autre espèce*; et, pendant sa première captivité, il avait fait sur cette captivité même une pièce intitulée *la Bastille*, où il y avait autant de gaieté que d'impiété; ce qui fait assez voir que ces deux caractères de son esprit ne pouvaient le quitter nulle part. C'est aussi sous les verroux de la Bastille qu'il fit dans le même temps le second chant de sa *Henriade*, dont il avait déjà le plan dans la tête, et le seul chant où il n'ait jamais rien changé; ce qui prouve la facilité du jet qu'on aperçoit en effet dans ce morceau, mais ce qui explique aussi pourquoi, malgré l'effet sensible du tableau, les connaisseurs y désiraient un peu plus de force.

---

* Il menaçait tout haut de son ressentiment un grand seigneur qui, se croyant insulté parce que Voltaire ne s'était pas laissé insulter, lui avait fait donner des coups de baguette par quatre soldats, dans la cour de l'hôtel de Sully. Le grand seigneur et les soldats auraient dû être juridiquement punis. Toute vengeance particulière est une usurpation du pouvoir legal, et ne doit être permise à qui que ce soit, dans quelque gouvernement que ce soit.

Ce fut en 1718, que parut son coup d'essai dramatique, *Œdipe*; et, à cette même époque, il récitait partout son poème de *la Ligue* [*], déjà fort avancé, et dès-lors fort supérieur à tout ce que l'on connaissait dans ce genre; en sorte qu'à l'âge de vingt-quatre ans il se trouva, suivant l'expression judicieuse des Mémoires de Villars, *le premier des poètes de son temps*, car alors qui que ce soit n'était capable d'écrire de même ou la tragédie ou l'épopée.

L'enthousiasme est naturellement exclusif, et celui que Louis XIV inspira aux Français pendant quarante années les avait tellement accoutumés à n'admirer que lui, qu'ils avaient presqu'oublié Henri IV. Ils s'en souvinrent quand ils furent malheureux; c'est le moment où on se souvient des bons princes. Un respectable vieillard, M. de Caumartin, qui, dans sa jeunesse, sur la fin du règne de Louis XIII, avait entendu les vieillards d'alors célébrer la mémoire du *bon roi*, conservait le souvenir d'une foule d'anecdotes intéressantes, dont le récit l'avait frappé autrefois, et qu'il aimait à raconter. Voltaire, qui se trouvait chez lui au château Saint-Ange, peu de temps avant la mort de Louis-le-Grand, l'écoutait avec cette curiosité avide qui cherche à s'instruire, et cette sensibilité vive qui ne demande qu'à se passionner.

Ces entretiens firent sur lui la plus forte impression, et lui suggérèrent la première idée de

---

[*] C'est sous ce premier titre que parut *la Henriade*.

son poème. Ainsi le château Saint-Ange fut le berceau de *la Henriade*.

La poésie s'était emparée de Voltaire au sortir de l'enfance ; déjà même un seul genre ne suffisait pas pour l'occuper, et il travaillait à son *Œdipe* lorsqu'il s'enflamma pour Henri IV, et voulut en faire le héros d'un poème épique *avant de savoir ce que c'était qu'un poème épique* : c'est lui-même qui nous l'a dit en propres termes. C'en est assez pour nous faire comprendre pourquoi le sien est si faible de plan et de conception ; il l'a remanié depuis, assez pour y ajouter beaucoup d'embellissements ; mais il n'était guère possible de revenir sur l'invention de la fable, ni de réparer la première faute qu'il avait faite en commençant par les vers ce qu'il faut toujours commencer par la méditation. Les vers sont le premier besoin et le premier écueil d'un jeune poète, toujours trop pressé de produire pour sentir la nécessité de réfléchir. De là ces premières ébauches des maîtres, qui sont proprement des études de peintre, comme la *Médée* de Corneille, *la Thébaïde* et l'*Alexandre* de Racine. Voltaire fut plus heureux dans *Œdipe*, parce qu'il fut soutenu par le grand Sophocle ; aussi paya-t-il ensuite son tribut à l'inexpérience dans *Artémire*, dans *Mariamne*, dans *Ériphyle*. Ainsi, loin de lui reprocher si durement, comme ont fait tant de censeurs, l'imperfection avouée du plan de sa *Henriade*, il serait plus juste de lui savoir gré d'y avoir répandu assez de beautés de style et de détail pour faire de ce qui n'est au fond qu'une esquisse, par la médiocre conception du sujet, un ouvrage à peu près classique par l'élégance de la versification; et jusqu'ici le seul titre de l'épopée française.

C'est de tout ce qu'a fait l'auteur, ce qui a été le plus critiqué, et ce qui pouvait l'être le plus aisément : les défauts réels en sont très sensibles. Il ne faut donc pas s'étonner que la malveillance ait été cette fois assez clairvoyante ; mais il ne faut pas croire non plus qu'en apercevant les défauts, elle ne les ait pas exagérés, qu'elle n'en ait pas supposé même, et beaucoup plus qu'il n'y en avait, et qu'elle n'ait pas souvent fermé les yeux sur les beautés. L'animosité des ennemis de l'auteur a toujours été trop violente, trop personnelle, pour n'être pas aveugle ; elle a nié follement le mérite qui a fait et fera vivre ce poème, malgré tout ce qui lui manque ; et c'est ce que nous avons à prouver dans l'examen de *la Henriade* et des critiques qu'on en a faites.

On a dit que l'ordonnance en était défectueuse, et il est vrai qu'elle pèche d'abord contre l'unité d'objet, recommandée dans l'épopée, et qu'elle ne remplit pas, dans le premier chant, la proposition établie par le poète :

Je chante ce héros qui régna sur la France,
Et par droit de conquête et par droit de naissance.

Le sujet est donc Henri IV qui va *conquérir* le royaume qui lui appartient, et que lui disputent ses sujets révoltés. Cependant il n'en est pas question dans les quatre premiers chants : c'est Henri de Valois qui règne, et Bourbon ne combat que pour le faire rentrer dans sa capitale. Il ne joue qu'un rôle secondaire dans un poème dont il est le *héros*; il est aux ordres d'un *maître*, et d'un maître bien peu digne de son rang. C'est une faute grave; c'est traiter l'épopée en historien. L'action devait commencer après la mort de Valois : tout ce qui la précède et cette mort même ne devaient être qu'en récit, et faire partie de celui que fait Henri IV à Élisabeth. Valois est de plus un personnage trop avili pour paraître ailleurs que dans une avant-scène, et pour occuper la première place dans l'action et dans l'intérêt pendant une moitié du poème.

L'auteur a cependant pallié ce défaut jusqu'à un certain point, et les critiques à cet égard lui ont reproché ce qu'ils auraient dû louer. Tous se sont élevés contre ce voyage de Henri IV à Londres, contre son ambassade auprès d'Élisabeth ; ils ont dit que tout autre pouvait en être chargé de même que lui ; que c'était lui faire jouer le rôle d'un agent secret; qu'il ne devait point exposer l'armée et Valois en les quittant, etc. Toutes ces remarques portent à faux. Les assiégés peuvent ignorer un voyage de peu de jours, et Henri peut aller à Londres, comme Énée va chez Évandre.

Cette négociation est trop importante pour le compromettre, et l'entrevue de deux personnages tels que Henri IV et Élisabeth, conviendrait à la dignité de l'épopée, même quand Bourbon serait déjà roi. La négociation a un grand objet, et nul n'y peut réussir mieux que lui. Enfin c'est à lui qu'il appartenait de raconter les malheurs de la France, comme Énée raconte ceux de Troie, et de dire comme lui : *Et quorum pars magna fui* ; et il ne peut les raconter à personne plus dignement qu'à la reine d'Angleterre. Mais ce qu'il y a de plus décisif en faveur du poète, c'est qu'il rend, autant qu'il est possible, ce qu'il avait ôté à son héros, la première place dans notre attention et dans l'ouvrage, en fixant nos yeux sur les évènements que raconte Henri, et qui ne sont autre chose que ses dangers et ses victoires.

On a dit que le dénouement n'était pas bien ménagé ; que saint Louis, qui se présente au Très-Haut pour lui demander que la grace éclaire Bourbon, pourrait aussi bien faire cette prière dans tout autre moment. Cette critique n'est nullement fondée. C'est quand le roi vient de nourrir lui-même ses sujets qu'il combat, et sa capitale qu'il assiège, c'est alors que saint Louis supplie l'Éternel de lever le seul obstacle qui éloigne du trône un prince fait pour en être l'honneur ; et il est très juste que le héros reçoive la récompense de ses vertus dans l'instant où il vient de les signaler par un trait si touchant, et qui doit lui gagner tous les cœurs. Mais on a eu raison d'avancer que la révolution qui s'opère dans Paris après l'abjuration du roi n'est pas assez expliquée, et qu'il ne suffisait pas de dire d'un des principaux personnages du poème, du chef de la Ligue :

A reconnaître un roi Mayenne fut réduit.

En général, il est vrai que les faits importants ne sont pas assez développés, que souvent ils ne sont qu'indiqués avec une précision qui vise à la rapidité, et qui n'est que de la sécheresse. Tout doit courir à l'évènement dans l'épopée : mais tout doit y tenir assez de place pour attacher l'imagination. Ce genre de poésie vit de détails : le poète y doit toujours être peintre, et non pas seulement narrateur; nous ne devons pas seulement y apprendre les faits, nous devons les voir : il faut de plus qu'ils soient liés les uns aux autres par une dépendance sensible, et comme par une chaîne qui embrasse tout l'ouvrage. Cet enchaînement n'est pas observé dans *la Henriade* : l'amour du héros pour Gabrielle, par exemple, commence et finit dans le neuvième chant; c'est une violation de principe. Cet amour n'a aucun rapport, aucune liaison avec tout le reste; on pourrait le retrancher sans toucher à la fable du poème; aussi n'y a-t-il été ajouté qu'après coup. Ce n'est pas ainsi que Virgile s'est servi de Didon, qui tient à l'objet principal de *l'Énéide*; qui fonde long-temps d'avance l'irréconciliable haine de Carthage et de Rome, suivant les desseins de Junon et les décrets de Jupiter; qui forme pendant les quatre premiers chants le plus puissant obstacle aux destins d'Énée, et qu'il retrouve même dans les enfers au sixième chant. Le Tasse, avec plus d'art encore, quoique avec une exécution moins parfaite, a lié son Armide à toute l'action de sa *Jérusalem délivrée*; et c'est un des plus beaux ornements de ce poème, dont l'ordonnance est irréprochable. Toutes ces conceptions sont grandes : celle de *la Henriade* est petite.

La partie dramatique, celle qui consiste à mettre les personnages en action et en scène, n'a pas essuyé moins de reproches, et ils ne sont pas moins mérités. Valois ne paraît que pour être assassiné. Mayenne, le rival de Bourbon, Mayenne annoncé comme un grand homme, est nul : on ne le voit point agir; on ne l'entend point parler, pas même dans les états assemblés pour le faire roi. D'Aumale son frère, qui devait rappeler le Turnus de *l'Énéide*, ne paraît point assez souvent dans les combats, ne fait aucun de ces exploits qui doivent caractériser un guerrier du premier rang. Il est trop perdu dans la foule, hors dans le combat singulier où il perd la vie, et Turenne son vainqueur ne se montre non plus que dans ce seul combat. C'est un art des anciens, et que parmi les modernes le Tasse seul a su imiter, de placer dans le large cadre de l'épopée une foule de figures héroïques, qui toutes se font reconnaître à une physionomie distincte; de les faire mouvoir à nos yeux dans des scènes animées et dans des périls imminents; d'inspirer pour ces divers personnages, ou de l'admiration, ou de l'intérêt, mais de façon que leur éclat serve à faire ressortir davantage la tête principale, celle du héros de l'épopée, et à le faire paraître d'autant plus grand, qu'il s'élève au-dessus de tout ce qui est grand autour de lui. Ainsi dans Homère, Agamemnon, les deux Ajax, Diomède, Ulysse, Idoménée, Patrocle, Sarpédon, Hector, Énée, sont des hommes supérieurs, et Achille l'emporte sur tous. Ainsi, dans les six derniers livres de Virgile, calqués sur *l'Iliade*, Turnus, Mézence, Pallas, Camille, se signalent par des exploits éclatants, et tous le cèdent à Énée. Ainsi, dans le Tasse, Godefroy, Tancrède, Argant, Clorinde, Soliman, sont distingués par différents caractères de valeur et de gloire, et Renaud les efface tous. On voit tous les acteurs de ces trois poèmes exécuter de grandes choses; on les connaît, on vit avec eux, et l'épopée est là ce qu'elle doit être, le champ de l'imagination.

Cette richesse d'invention qui produit l'intérêt, manque certainement à *la Henriade* : les personnages agissent peu, et parlent encore moins. On a été surpris, avec raison, que l'auteur, né avec un génie si dramatique, en ait mis si peu dans son poème; qu'il n'ait pas, à l'exemple des anciens, fait dialoguer ses acteurs, et amené de ces scènes vives et passionnées qui font connaître les personnages par eux-mêmes, et ne laissent au poète que l'unique soin de faire les portraits; qu'il ait porté si loin cet oubli du dialogue, que, même dans les amours de Henri et de Gabrielle, on n'entende ni l'un ni l'autre proférer une parole. Mais alors Voltaire était un peu contempteur des anciens, et il ne s'en est corrigé qu'en mûrissant son jugement; il ne voyait dans Homère que ce qu'il y a de trop en combats et en discours; et, frappé seulement de la profusion d'une richesse réelle et nécessaire, il tomba dans un excès tout autrement dangereux, la disette et la stérilité. En abrégeant trop ses combats, il s'est privé des détails épisodiques qui en varient la description dans le Tasse comme dans les anciens. Aussi les dix chants de *la Henriade* ne sont-ils guère plus longs que les quatre premiers de *l'Iliade* ou de *l'Énéide*; et ce n'est pas là remplir la carrière de l'épopée. Resserré dans des bornes si étroites, il n'a qu'ébauché ce qu'il devait finir.

On se plaint encore que son héros ne soit pas présenté sous tous les aspects qui nous le font aimer dans l'histoire; que sa vie, qu'il exposa si souvent, ne soit qu'une fois en danger, qu'on ne le voie point dans la cabane du laboureur amener de ces scènes d'une simplicité naïve et champêtre, qui coupent la continuité du ton héroïque, et font, dans le Tasse, le charme de l'excellent épisode d'Herminie.

Enfin, la machine du merveilleux, qui doit mouvoir tous les ressorts de l'épopée, est très faiblement construite dans *la Henriade*. Sans doute un sujet moderne n'admettait pas les fables de l'antiquité; mais notre religion est très susceptible d'une espèce de merveilleux que Voltaire lui-même a jugé praticable, puisqu'il a essayé de le mettre en œuvre, et il n'a su qu'une fois en tirer parti. Le fanatisme sortant des enfers sous la figure de Guise massacré à Blois, et venant dans la cellule du moine Clément lui demander vengeance, et lui remettre un glaive pour frapper Henri III, n'est-il pas une belle fiction ? C'est la meilleure de l'ouvrage; et pourquoi n'y en aurait-il pas d'autres de cette espèce? Il se sert de la Discorde, et même trop : c'est un personnage froidement allégorique, qui revient à tout moment. Mais quand on personnifie ces êtres moraux, il faut les lier aux passions humaines, et les tirer de la classe de l'allégorie purement philosophique. Il est de la poésie épique de substituer des images sensibles aux idées spéculatives ; et, sous ce rapport, le ciel, la terre et les enfers sont du domaine de cette poésie, même dans notre religion. L'intervention des substances célestes, celle des héros et des saints qui ne sont plus, les bons et les mauvais anges, ces puissances intellectuelles, ennemies ou protectrices des habitants du monde physique, et cette puissance première dont elles ne sont que les instruments, l'Être éternel qui voit et conduit tout, voilà ce qui doit composer la machine épique. Mais il faut que tout soit pour ainsi dire revêtu de formes palpables : c'est le privilège de la poésie de nous rappeler à ces premiers âges où la divinité communiquait sans cesse avec les mortels, et se rendait visible à leurs yeux. C'est ainsi que l'épopée agit sur nous par ce pouvoir si grand sur tous les hommes, celui du merveilleux qui règne sur leur imagination.

Quelques personnes ont pensé que ces fictions ne pouvaient pas s'accorder avec la gravité d'un sujet historique et récent. Je crois cette opinion outrée ; j'accorderai seulement que la distance des temps et des lieux, la différence de religion, permettraient au poète plus ou moins en ce genre. La conquête du Nouveau-Monde, inconnu pendant une longue suite de siècles, ouvrirait, par exemple, un champ plus étendu et plus libre aux fictions de toute espèce : l'ignorance absolue de ce qui était, étendrait la sphère du possible. J'avouerai aussi que la magie et les enchantements qui nous plaisent dans le Tasse, quand il n'en abuse pas, ne nous plairaient pas plus dans *la Henriade* que Jupiter, Mercure et Alecton ; et j'ajouterai en passant, que Voltaire a péché contre l'analogie du merveilleux, en introduisant en action l'Amour de la fable, avec ses ailes et son carquois, près de saint Louis et de la grace divine. Mais je persiste à croire que le merveilleux dont j'ai parlé, et que Voltaire n'a fait qu'ébaucher, pouvait figurer heureusement dans *la Henriade*, et n'aurait ni blessé la raison ni dérogé au sujet. Tout dépend du choix et de la manière. Les Harpies souillant les tables d'Énée, les vaisseaux troyens changés en nymphes, et les compagnons d'Ulysse en pourceaux, ne choquent pas moins le goût dans les anciens, que les guerriers chrétiens transformés en perroquets par la baguette d'Armide, dans un poème moderne. Pourquoi ? c'est que ces inventions, gratuitement merveilleuses, sans objet et sans moralité, sont aussi sans intérêt ; mais la raison même approuve le merveilleux où elle se reconnaît. Dire qu'il n'en faut point du tout, est d'une philosophie très facile, et qui n'est point dans la règle de la poésie ; mais trouver celui qu'il faut, est d'un talent difficile et rare.

Si *la Henriade* manque de tant de parties essentielles, quel est donc le mérite qui en balance les défauts? Celui qui donne la vie aux ouvrages en vers, la poésie de style ; c'est pourtant celui que les ennemis de l'auteur ne lui ont pas plus accordé qu'aucun autre. Ils ont même été en ce genre au dernier excès de l'injustice; et soit aveuglement, soit mauvaise foi, soit l'un et l'autre ensemble, comme il arrive quand la passion s'érige en juge, ils ont porté l'infidélité jusqu'à l'impudence, les invectives jusqu'à la fureur, le dénigrement jusqu'à l'extravagance. Je parle ici des plus emportés et des plus maladroits, et ce n'étaient pourtant pas des hommes sans connaissance et sans esprit. Batteux, Desfontaines, La Baumelle, quoique fort médiocres, et comme écrivains, et comme critiques, n'étaient pourtant pas de ces auteurs que leur nom seul nous dispense de réfuter. J'ai regret d'être obligé d'y joindre ici un homme qui a beaucoup plus de goût et de littérature que tous les trois; et qui a prouvé, dans ces dernières années [*], qu'il était capable de juger et d'écrire en homme de lettres et de talent. Mais une animosité particulière contre l'auteur de *la Henriade* égara long-temps son jugement et sa plume; et comme il s'est depuis montré digne de dire la vérité, il me pardonnera sans doute de la défendre contre ses anciennes erreurs, dans un ouvrage où mon premier devoir, mon premier intérêt doit être l'instruction générale. Je désire de le combattre sans le blesser; mais mon objet en ce moment étant de tirer des critiques mêmes de *la Henriade* la preuve de ses différents mérites, je ne puis passer sous silence un critique aussi connu et aujourd'hui aussi estimé que M. Clément, qui autrefois avait pris à tâche d'enchérir sur tous les

---

[*] Tout cet article de *la Henriade* est de 1796.

détracteurs de Voltaire, et à qui sa jeunesse peut d'ailleur servir d'excuse, puisqu'il a entièrement changé de ton et de style dans sa maturité.

Section II. — Des beautés poétiques de *la Henriade*, prouvées contre ses détracteurs.

La haine qui, comme toutes les passions, rassemble les extrêmes et les contraires, qui est souvent si maligne et souvent si étourdie, tourna la tête à La Baumelle, au point que, dans son *Commentaire sur la Henriade*, il imagina de rassembler toutes les critiques qu'on avait faites, sans s'apercevoir qu'en se contredisant elles se détruisaient l'une par l'autre, et s'avisa de refaire des morceaux considérables de ce poème, sans avoir la première idée des principes de la versification. Il avait beaucoup à se plaindre des excès très condamnables où Voltaire s'était porté contre lui; mais quand son ennemi l'aurait payé pour consentir à se vouer lui-même au ridicule, jamais La Baumelle n'aurait pu mieux faire. Ses vers sont à mourir de rire, et prouvent, encore plus que son *Commentaire*, qu'un homme d'esprit peut n'avoir pas la plus légère connaissance de la poésie. Celui-là ne pouvait pas s'excuser sur sa jeunesse; il avait plus de cinquante ans quand il donna dans ce travers étrange, et n'avait jamais fait de vers quand il voulut apprendre à Voltaire comment on en faisait de bons. Je me garderai bien d'en rien citer : ce serait abuser du temps et de votre attention, Messieurs; et je n'ai même parlé de sa critique de *la Henriade*, que parce qu'il y a réuni toutes celles qui avaient paru avant la sienne.

Il cite l'abbé Desfontaines, qui nous dit : « Le prin-
« cipal défaut de *la Henriade*, c'est d'être *prosaïque*
« *et négligée dans le style*. Il y a plus de prose
« que de vers, et plus de fautes que de pages. Ce
« poème est sans feu, *sans goût*, sans génie. »

Il cite Fréron, qui nous dit : « Ce poème est l'ou-
« vrage d'un homme de beaucoup d'esprit, inca-
« pable d'aller au génie, qui quelquefois tâche de
« couvrir ce défaut *à force de goût*, et souvent ne
« le consulte pas assez. »

Il cite l'abbé Trublet, qui nous dit : « Je ne sais
« pas comment *la Henriade, avec une poésie et une*
« *versification si parfaite*, a pu réussir à m'en-
« nuyer ».

Et la même contradiction s'offre à tout moment dans les censures de détail.

La critique qui fit le plus de bruit dans son temps, est celle qui parut en 1744[*], sous le titre de *Parallèle du Lutrin et de la Henriade*. Ce titre était tout ce qu'il y avait de piquant dans cette brochure, et suffit alors pour la faire lire. Elle est aussi mal pensée que mal écrite, et l'oubli en avait bientôt fait justice : La Baumelle ne réussit pas à l'en tirer. On y trouve que *le grand est plus aisé à peindre que le plaisant à saisir ; qu'un bon mot assaisonné dans un degré exquis est plus rare qu'un sentiment noble, qu'une belle image.* C'est comme si

---

[*] Elle était de l'abbé Batteux.

l'on disait qu'il est plus difficile d'être Lucien qu'Homère, et que le *Voyage de Chapelle* est d'un talent plus rare que *l'Énéide*. On me dispensera de réfuter ces inepties. Il est triste qu'elles soient d'un professeur qui, dans d'autres écrits, n'a point paru étranger aux bons principes. On est affligé de voir un littérateur instruit, qui s'est assis depuis à l'Académie française, nous débiter gravement qu'il *faut être héros pour peindre les héros*, que *c'est une espèce de génération et de paternité qui produit son semblable*. Cependant Homère n'était pas un Achille, ni Bossuet un Condé. Il est rare de déraisonner en plus mauvais style. Ailleurs, la Discorde *va dire des sottises aux papes*. L'auteur a cru que *sottises* était synonyme d'*injures*: cela est vrai dans la bouche du peuple et sous la plume des mauvais critiques, mais non pas chez ceux qui savent le français. On lit encore dans cette diatribe que « le peuple ouvre
« de grands yeux vis-à-vis du mérite vanté qui n'est
« que de l'ombre; qu'un Amour des environs de
« Paris aurait aussi bien fait cet office qu'un vieux
« Cupidon de Cythère ; que la simplicité, la can-
« deur, la bonne intention de Jacques Clément le
« rendent un personnage intéressant; qu'on lui par-
« donnerait presque, en lisant ce poème, de l'avoir
« débarrassé d'un acteur qui le surchargeait; que
« le plan de *la Henriade* est ridicule; que Henri IV,
« y est presque un sot, etc. » Ces jugements, ces plaisanteries et ce style sont de la même force.

Au reste, l'auteur prouve assez bien que l'exécution du *Lutrin*, proportion gardée de la différence des sujets, est plus fidèlement rapprochée des règles de l'épopée que *la Henriade*; mais il fallait ajouter que les beautés de celles-ci sont d'un ordre bien supérieur, et que, si Voltaire n'a pas été aussi parfait dans un grand sujet que Boileau dans un petit, il n'a pas laissé de montrer dans son ouvrage un génie que n'avait sûrement pas l'auteur du *Lutrin*. On peut penser, sans être injuste envers Despréaux, qu'il n'aurait fait ni le second, ni le septième, ni le neuvième chant de *la Henriade*. On n'aperçoit chez lui rien qui ressemble à ce mélange heureux de pathétique, de philosophie et d'imagination, que les juges impartiaux admireront toujours dans les beaux morceaux de *la Henriade*. La mort de Coligny, le songe où Henri IV est transporté dans les cieux et dans les enfers, l'allégorie du temple de l'Amour, le combat de Turenne et de d'Aumale, la bataille d'Ivry, l'attaque des faubourgs de Paris, le portrait du vieillard de Jersey, le tableau des amours de Henri et de Gabrielle, et beaucoup d'autres détails, sont d'une couleur épique, et d'un ton de poésie qui, ce me semble, était nouveau dans notre langue.

Qu'importe que La Baumelle s'écrie : *Qui, dans cinquante ans, lira ce recueil de vers?* Cette exclamation n'est que risible, elle ne veut rien dire, si ce n'est que, ne pouvant nier à *la Henriade* cinquante ans de succès, on en demande cinquante autres pour avoir raison contre elle. Il y a trop peu de risque à parier pour son opinion à une telle distance.

C'est ainsi que de nos jours un autre fou pariait

contre Racine, et ne lui donnait plus que *cent cinquante ans à vivre*. Il y a aussi trop de modestie à reculer si loin l'effet de ses critiques.

Après tout, chacun fait ce qu'il veut de l'avenir; mais il ne faut pas mentir sur le présent. La Baumelle affirme que *les amis et les admirateurs de Voltaire abandonnent eux-mêmes sa Henriade.* La vérité est que les *amis* du talent et ses *admirateurs* éclairés ne dissimulent point les défauts de ce poème, et qu'ils y reconnaissent en même temps, non pas seulement *de l'esprit*, comme on l'a dit ridiculement, mais du génie, et une sorte de génie qu'aucun poète français n'avait eu avant Voltaire. Ils pensent que, quoique son style n'ait pas la richesse poétique de Virgile, quoique sa tête ait été beaucoup moins épique que tragique, la versification de *la Henriade* en fait un des beaux monuments de la poésie française.

Ce n'est pas qu'il n'y ait, même dans cette partie, à reprendre ou à désirer ; qu'il ne s'y rencontre des vers faibles, des négligences, des répétitions, des réminiscences ; que l'auteur n'abuse quelquefois de l'antithèse; qu'en quelques endroits il ne mette de l'esprit au lieu d'imagination. Mais ces défauts sont clair-semés, et lorsque les beautés prédominent, il faut dire avec Horace: *Ubi plura nitent*, « J'excuse les fautes quand les beautés l'emportent. »

Pour exagérer les unes et anéantir les autres, on a tenté tous les moyens. Un des plus usés, et qui pourtant fait toujours des dupes, c'est de rapprocher un certain nombre de vers qui, chacun à leur place, n'ont rien de répréhensible, et qui réunis les uns près des autres ressemblent à la faiblesse et au prosaïsme. Avec cet artifice on ferait de Racine un mauvais versificateur. C'en est un autre du même genre d'accumuler des vers qui, alignés ainsi dans la critique, offrent des tournures uniformes, mais qui, à la distance où ils sont dans l'ouvrage, n'ont point cet inconvénient. On a été jusqu'à supputer combien de fois le même mot revient dans toute l'étendue du poème. Ces pitoyables ressources sont les puérilités de la haine. Fréron, à qui elles étaient si familières, n'avait pas même l'honneur de l'invention. On avait calculé, du temps de Boileau, combien de fois le mot *affreux* se trouvait répété dans ses écrits. Je ne me souviens pas du total, mais j'ai vu le bordereau. Si l'on eût prouvé que le mot était mal employé, ou répété à peu de distance, on aurait au moins dit quelque chose; mais quand Fréron s'est donné la peine de noter le mot *tranquille* dans *la Henriade*, vingt fois sur quatre mille vers, il y a de quoi s'amuser de cette censure arithmétique. Et quel en est le résultat? c'est que ce mot, examiné à sa place, est presque partout d'un très-bel effet.

Il ne s'agit pas ici
>de ces mots parasites
>Qui malgré nous, dans le style glissés,
>Rentrent toujours, quoique toujours chassés;

comme l'a très heureusement dit Rousseau, et comme nous le verrons à l'article du très mauvais versificateur Crébillon: c'est alors un défaut très réel. Mais quant à cette méthode si commune et si insidieuse que l'on n'emploie guère que contre les bons écrivains qu'on n'oserait citer de suite, et qui consiste à donner pour preuve d'un style faible et prosaïque quelques vers pris fort loin les uns des autres, et rassemblés pour faire illusion aux yeux et au jugement du commun des lecteurs, il est bon d'observer ce que savent tous les bons juges : que dans l'épître, dans le drame, dans l'épopée même, dans toute poésie qui dialogue, qui raconte, qui raisonne, il doit y avoir nécessairement des vers qui ne se distinguent de la prose soutenue que par la mesure, soit qu'ils servent de passage d'un objet à un autre, soit qu'ils expriment des choses qui ne demandent pas à être plus relevées. Il ne suffit donc pas, dans la critique de citer un vers isolé, et de répéter la phrase banale : « s'exprimerait-on autrement en prose ? » il faut prendre le vers où il est, et montrer qu'il a dû être fait autrement.

A peine nous sortions des portes de Trézène.

Un de nos critiques va se récrier : Dirait-on autrement en prose ? Non, sans doute ; mais si l'on eût voulu s'exprimer mieux, on aurait eu tort.

Il suivait tout pensif le chemin de Mycène.

La prose dirait-elle autrement ? Non, encore un coup ; mais il ne fallait pas dire mieux, sous peine de dire mal. Pourquoi ? C'est que Théramène ne doit songer à peindre que ce qui l'a frappé, et ne doit parler à notre imagination, dans son récit, qu'autant que les objets auront ému la sienne. Aussi, quand il s'agira de nous représenter le monstre qu'il croit voir encore, il ira jusqu'à prêter au ciel, à la terre, au rivage, aux flots, l'effroi qu'il a ressenti.

Voltaire commence un portrait fort poétique du calvinisme par un vers qui ne l'est point du tout.

J'ai vu naître autrefois le calvinisme en France.

Calvinisme est du style de l'histoire : il pourrait tout au plus passer dans une épître sérieuse; il est au-dessous de l'épopée, qui demandait là une périphrase.

On découvrait déjà les bords de l'Angleterre.

Cela est aussi trop historique; il convenait à l'épopée de peindre l'effet que produit sur mer, dans l'éloignement, la première vue des objets les plus élevés qui annoncent la terre. Virgile n'y manque pas.

Soudain Potier se lève, et *demande audience.*

Le premier hémistiche a de l'effet, le second tombe. Il ne s'agit pas, dans l'assemblée des états, de *demander audience*; il convenait de peindre sur-le-champ, en coupant le vers, l'attente et le respect qu'inspire Potier qui va parler.

Il y a dans *la Henriade* quelques autres vers qui sont réellement défectueux de la même manière, mais en petit nombre; et la plupart de ceux que les critiques ont mis bout à bout n'ont rien qui prête à la censure : souvent même ce qu'on attaque mérite des louanges.

Mornay, qui précédait le retour de son maître,
Voyait déjà les tours du superbe Paris.
D'un bruit mêlé d'horreur il est soudain surpris.
Il court, il aperçoit dans un désordre extrême
Les soldats de Valois et ceux de Bourbon même :
« Juste Ciel! est-ce ainsi que vous nous attendiez?
« Henri vient nous défendre, il vient, et vous fuyez!
« Vous fuyez, compagnons!

En lisant ces vers, ce qui me frappe d'abord, c'est la vivacité de cette brusque apostrophe, sans aucune formule de transition quelconque :

Juste Ciel! est-ce ainsi que vous nous attendiez?

Ce vers me paraît ce qu'il y a de meilleur à dire. Et ce peu de mots :
Il vient, et vous fuyez!

Et cette énergique répétition :

Vous fuyez, compagnons!

Tout me semble plein de vérité et de force. Jugez de ma surprise quand je trouve ce même vers,

Juste Ciel! est-ce ainsi que vous nous attendiez?

dans un amas de vers prétendus *prosaïques*, et qui la plupart sont comme celui-là. Comment ose-t-on appeler cela de la critique?

Mais on a généralement blâmé, et avec raison, les vers sur les états de Blois :

Peut-être on vous a dit quels furent ces états.
On proposa des lois qu'on n'exécuta pas.
De mille députés l'éloquence stérile
Y fit de nos abus un détail inutile :

Car de tant de conseils l'effet le plus commun,
Est de voir tous nos maux sans en soulager un.

Ces vérités communes, exprimées d'une manière plus commune encore, n'auraient pas assez de force, même pour une histoire, et ne seraient pas assez piquantes pour une satyre. Mais on n'en trouverait pas un second exemple dans toute *la Henriade*, comme on n'en trouverait pas non plus un second de ces autres vers, qui, sans être mauvais en eux-mêmes, sont au-dessous du genre : ceux-ci sur Joyeuse :

Ce fut lui que Paris vit passer tour-à-tour,
Du siècle au fond d'un cloître, et du cloître à la cour.
Vicieux, pénitent, courtisan, solitaire,
Il prit, quitta, reprit la cuirasse et la haire.

Les deux premiers pouvaient passer comme l'énonce d'un fait; les deux derniers, excellents dans une satyre, devaient être rejetés de l'épopée, qui ne se joue pas ainsi dans un choc antithétique de petites idées faites pour produire le ridicule.

C'est toujours à ce qui a fait le succès d'un ouvrage, que s'attaque de préférence la haine que ce succès afflige. On doit donc s'attendre que c'est contre le style de *la Henriade*, que les ennemis de l'auteur seront venus se heurter avec le plus de violence; mais c'est aussi ce qui leur a mieux résisté. On a vu ce qu'il était juste de penser de la nature des défauts : il faut voir combien ils le cèdent aux beautés, et combien ont été injustes ceux qui ont essayé de les détruire. On n'a rien négligé pour en venir à bout. Ici l'on oppose des morceaux de *la Henriade* à d'autres morceaux anciens ou modernes, qui, n'ayant point le même but, ne doivent point produire le même effet, et ne sont point par conséquent des objets de comparaison. Là on compare les vers de Voltaire à ceux de Racine et de Chapelain; et dans le parallèle, on ne donne guère moins d'avantage à Chapelain qu'à Racine. On demande au poète ce qu'il n'a pas dû faire, ou ce qu'il a fait. On incidente sur tout, on défigure tout, on embrouille tout. Je ne suivrai point tous ces critiques dans leur marche oblique et tortueuse; je ne m'attacherai qu'au principal ennemi, M. Clément; et même, s'il a épuisé la censure, je n'épuiserai pas l'apologie. Mais je ne la crois pas inutile, d'abord parce qu'il est assez de mode depuis quelque temps, parmi nos jeunes auteurs, d'affecter pour *la Henriade* un mépris qui ne fait de tort qu'à eux, et dont je voudrais les corriger, ensuite parce que le mérite de ce poème n'est pas indifférent à la gloire des muses françaises.

M. Clément commence par nous citer Addison, pour nous apprendre que le style de l'épopée doit être sublime. Nous n'avions pas besoin de l'autorité d'Addison pour être persuadés de cette vérité; il suffisait d'avoir lu Homère et Virgile. Mais il est à propos de se rappeler ici ce que nous avons vu dans le *Traité de Longin*, que le style sublime, par opposition au style simple et au style tempéré, est celui qui appartient aux grands sujets, et qui consiste dans l'élévation des pensées, la noblesse des sentiments et de l'expression, la force et l'éclat des images, et l'énergie des passions. Or, voici sur ce point ce qu'é-

tablit le critique. « Le sublime en tout genre, soit
« des images et de la grande poésie, soit des pen-
« sées, soit des sentiments, est ce qui manque le
« plus à *la Henriade*. » C'est ce qu'il faut voir. Com-
mençons par la poésie descriptive. Voyons la manière dont l'auteur décrit l'assaut où Henri IV emporte les faubourgs de Paris.

Paris n'était point tel, en ces temps *orageux*,
Qu'il paraît en nos jours aux Français trop *heureux*.
Cent forts qu'avaient bâtis la fureur et la crainte,
Dans un moins vaste espace enfermaient son enceinte.
Ces faubourgs, aujourd'hui si pompeux et si *grands*,
Que la main de la paix tient ouverts en tout *temps*,
D'une immense cité superbes avenues,
Où nos palais dorés se perdent dans les nues,
Étaient de longs hameaux de remparts entourés,
Par un fossé profond de Paris séparés.
Du côté du levant bientôt Bourbon s'avance;
Le voilà qui s'approche, et la mort le devance.
Le fer avec le feu vole de toutes parts,
Des mains des assiégeants, et du haut des remparts.
Ces remparts menaçants, leurs tours et leurs ouvrages
S'écroulent sous les traits de ces brûlants orages.
On voit les bataillons rompus et renversés,
Et loin d'eux dans les champs leurs membres dispersés.
Ce que le fer atteint tombe réduit en poudre,
Et chacun des partis combat avec la foudre.
Jadis avec moins d'art, au milieu des combats,
Les malheureux mortels avançaient leurs trépas;
Avec moins d'appareil ils volaient au carnage,
Et le fer dans leurs mains suffisait à leur rage.
De leurs cruels enfants l'effort industrieux

A dérobé le feu qui brûle dans les cieux.
On entendait gronder ces bombes *effroyables*,
Des troubles de la Flandre enfants *abominables*.
Le salpêtre enfoncé dans ces globes d'airain
Part, s'échauffe, s'embrase, et s'écarte soudain ;
La mort en mille éclats en sort avec furie.

Avec plus d'art encore et plus de barbarie,
Dans des antres profonds on a su renfermer
Des foudres souterrains tout prêts à s'allumer :
Sous un chemin trompeur, où, volant au carnage,
Le soldat valeureux se fie à son courage,
On voit en un instant des abymes ouverts,
De noirs torrents de souffre épandus dans les airs ;
Des bataillons entiers, par ce nouveau tonnerre,
Emportés, déchirés, engloutis sous la terre.
Ce sont là les dangers où Bourbon va s'offrir ;
C'est par-là qu'à son trône il brûle de courir.
Ses guerriers avec lui dédaignent ces tempêtes ;
L'enfer est sous leurs pas, la foudre est sur leurs têtes ;
Mais la gloire à leurs yeux vole à côté du roi :
Ils ne regardent qu'elle, et marchent sans effroi.
. . . .
Ils descendent enfin dans ce chemin terrible,
Qu'un glacis teint de sang rendait inaccessible ;
C'est là que le danger ranime leurs efforts ;
Ils comblent les fossés de fascines, de morts ;
Sur ces morts entassés ils marchent, ils s'avancent,
D'un *cours* précipité sur la brèche ils s'élancent.
Armé d'un fer sanglant, couvert d'un bouclier,
Henri vole à leur tête et monte le premier.
Il monte ; il a déjà de ses mains triomphantes
Arboré de ses lis les enseignes flottantes.
Les ligueurs devant lui demeurent pleins d'effroi.

VOLTAIRE. 395

Ils semblaient respecter leur vainqueur et leur roi ;
Ils cédaient ; mais Mayenne à l'instant les ranime ;
Il leur montre l'exemple, il les rappelle au crime.
Leurs bataillons serrés pressent de toutes parts
Ce roi dont ils n'osaient soutenir les regards.
Sur le mur avec eux la discorde cruelle
Se baigne dans le sang que l'on verse pour elle.
Le soldat, à son gré, sur ce funeste mur,
Combattant de plus près, porte un trépas plus sûr.

Alors on n'entend plus ces foudres de la guerre,
Dont les bouches de bronze épouvantaient la terre :
Un farouche silence, enfant de la fureur,
A ces bruyants éclats succède avec horreur.
D'un bras déterminé, d'un œil brûlant de rage,
Parmi ses ennemis chacun s'ouvre un passage.
On saisit, on reprend, par un contraire effort,
Ce rempart teint de sang, théâtre de la mort.
Dans ses fatales mains la victoire incertaine
Tient encor près des lis l'étendard de Lorraine.
Les assiégeants surpris sont partout renversés,
Cent fois victorieux et cent fois terrassés :
Pareils à l'Océan poussé par les orages,
Qui couvre à chaque instant et qui fuit ses rivages.

Jamais le roi, jamais son illustre rival,
N'avaient été si grands qu'en cet assaut fatal.
Chacun d'eux au milieu du sang et du carnage,
Maître de son esprit, maître de son courage,
Dispose, ordonne, agit, voit tout en même temps,
Et conduit d'un coup d'œil ces affreux mouvements.

Cependant des Anglais la formidable élite,
Par le vaillant Essex a cet assaut conduite,
Marchait sous nos drapeaux pour la première fois,

Et semblait s'étonner de servir sous nos rois.
Ils viennent soutenir l'honneur de leur patrie,
Orgueilleux de combattre et de donner leur vie
Sur ces mêmes remparts et dans ces mêmes lieux
Où la Seine autrefois vit régner leurs aïeux.
Essex monte à la brèche où combattait d'Aumale;
Tous deux jeunes, brillants, pleins d'une ardeur égale;
Tels qu'aux remparts de Troie on peint les demi-dieux.
Leurs amis tout sanglants sont en foule autour d'eux.
Français, Anglais, Lorrains, que la fureur assemble,
Avançaient, combattaient, frappaient, mouraient ensemble.

   Ange qui conduisiez leur fureur et leur bras,
Ange exterminateur, âme de ces combats,
De quel héros enfin prîtes-vous la querelle?
Pour qui pencha des cieux la balance éternelle?
Long-temps Bourbon, Mayenne, Essex et son rival,
Assiégeants, assiégés, font un carnage égal.
Le parti le plus juste eut enfin l'avantage;
Enfin Bourbon l'emporte, il se fait un passage;
Les ligueurs fatigués ne lui résistent plus :
Ils quittent les remparts, ils tombent éperdus.
Comme on voit un torrent du haut des Pyrénées;
Menacer des vallons les nymphes consternées;
Les digues qu'on oppose à ses flots orageux
Soutiennent quelque temps son choc impétueux;
Mais bientôt, renversant sa barrière impuissante,
Il porte au loin le bruit, la mort et l'épouvante;
Déracine en passant ces chênes orgueilleux
Qui bravaient les hivers et qui touchaient les cieux;
Détache les rochers du penchant des montagnes,
Et poursuit les troupeaux fuyants dans les campagnes.
Tel Bourbon descendait à pas précipités,
Du haut des murs fumants qu'il avait emportés.

VOLTAIRE. 397

Tel d'un bras *foudroyant*, *fondant* sur les rebelles,
Il moissonne en *courant* leurs troupes criminelles.
Les Seize avec effroi fuyaient ce bras vengeur,
Egarés, confondus, dispersés par la peur.
Mayenne ordonne enfin que l'on ouvre les portes ;
Il rentre dans Paris, suivi de ses cohortes.
Les vainqueurs furieux, les flambeaux à la main ;
Dans les faubourgs sanglants se répandent soudain.
Du soldat effréné la valeur tourne en rage ;
Il livre tout au fer, aux flammes, au pillage.
Henri ne les voit point ; son vol impétueux
Poursuivait l'ennemi fuyant devant ses yeux.
Sa victoire l'enflamme, et sa valeur l'emporte ;
Il franchit les faubourgs, il s'avance à la porte :
Compagnons, apportez et le fer et les feux :
Venez, volez, montez sur ces murs orgueilleux.

J'ai cité ce morceau dans son entier, pour en faire connaître l'effet total ; ce qui est la première et la plus importante épreuve de toute composition. Cet effet est assez grand pour vous avoir peut-être dérobé quelques imperfections. Mais il faut tenir compte de tout, et qu'on ne puisse pas nous reprocher la moindre complaisance. Il y a quelques répétitions de mots que l'auteur aurait pu éviter, quelques rimes négligées, comme *heureux* et *orageux*, *grands* et *temps* : la rime doit être plus soignée dans le style soutenu ; quelques vers répréhensibles,

Sur ces mêmes remparts, et dans ces mêmes lieux.

Les deux hémistiches de ce vers se ressemblent trop pour le sens et pour la construction.

D'un *cours* précipité sur la brèche ils *s'élancent.*

L'expression est impropre : on ne *s'élance* point *d'un cours.*

Ce que le fer atteint tombe réduit en poudre.

Le premier hémistiche est vague et prosaïque. L'artillerie ne peut *réduire en poudre* que les fortifications, et non pas leurs défenseurs; et ces mots, *ce que le fer atteint,* ne spécifient pas cette différence. *Ces bombes,* etc., *effroyables* et *abominables,* sont ici des rimes parasites. Je n'aime pas non plus que les bombes soient *enfants des troubles de la Flandre,* et dans cet endroit cette circonstance historique importe peu. C'est là, ce me semble, ne faire aucune grace aux fautes; mais il est juste aussi d'observer qu'elles ne sont pas de nature à refroidir le style ni à gâter un beau morceau, et ce sont celles-là seules que la saine critique ne doit pas pardonner. Ici les défectuosités sont légères et en petit nombre, et les beautés sont nombreuses et frappantes. Que dit M. Clément de cette description? Il y trouve *une certaine rapidité qui peut passer pour de la chaleur, et en imposer à des yeux superficiels;* mais comme ses yeux ne sont pas *superficiels, ils aperçoivent aisément toute la pauvreté* de ce morceau. Alors il a recours au même artifice dont il se sert partout. Il oublie qu'il est question de style, et répète ce qu'il a déjà répété vingt fois lorsqu'il s'agissait de l'invention. Il voudrait que cet assaut fût plus détaillé, plus circonstancié, plus rempli de faits; et vous vous souvenez que j'ai bien authentiquement reconnu avec tous les connaisseurs que

Voltaire s'était trompé en croyant cette abondance de détails descriptifs et dramatiques peu faite pour l'épopée française. Ainsi, par exemple, lorsqu'il met en présence Essex et d'Aumale, il convenait de nous montrer leurs exploits; et Homère, Virgile et le Tasse n'y auraient pas manqué. De même quand il dit :

> Jamais le roi, jamais son illustre rival,
> N'avaient été si grands qu'en cet assaut fatal.

il eut mieux valu faire voir cette grandeur en action, et la marquer par des traits particuliers. C'est l'esprit de l'épopée, et je crois que Voltaire a eu tort d'imaginer que le nôtre y fût contraire : les peintures guerrières plairont toujours à l'imagination, et l'on connaît ces mots de madame de Sévigné : *Je ne hais pas ces grands coups d'épée*. Mais nous n'en sommes plus là, et il ne faut pas recourir à la même critique quand on ne considère plus l'ouvrage sous le même point de vue. De quoi s'agit-il à présent? Ce n'est plus de l'invention, mais de la poésie de l'épopée. M. Clément a posé en fait que celle de *la Henriade manquait de sublime en tous genres*. Examinons celui des images : cette description en est-elle dépourvue? Je crois l'y voir de tous côtés. M. Clément à quatre vers près qu'il qualifie d'*admirables*, ne voit dans tout le reste qu'*un article de gazette*. Peut-être en y regardant de bien près, y verrons-nous autre chose.

D'abord, je m'intéresse à ce contraste de ce qu'était Paris alors, et de ce qu'il est aujourd'hui. Ce détail était nécessaire à la connaissance des lieux ; mais l'auteur en a tiré des beautés. Je reconnais tout de suite le poëte quand il me peint

> Ces faubourgs aujourd'hui si pompeux et si grands,
> Que la main de la paix tient ouverts en tout temps,
> D'une immense cité superbes avenues.

Je le reconnais dans ces vers sur les bombes :

> Le salpêtre enfoncé dans ces globes d'airain
> Part, s'échauffe, s'embrase, et s'écarte soudain;
> La mort en mille éclats en sort avec furie.

Le critique appelle cela *une description didactique*. Elle est très vive, très menaçante : tous les effets meurtriers de la bombe y sont rendus avec une progression rapide, qui en est l'imitation fidèle, et le dernier vers sur-tout,

> La mort en mille éclats en sort avec furie,

est ce que j'appelle du *sublime* d'images. M. Clément, qui demande toujours où est la hardiesse des expressions, n'en aperçoit-il pas dans *la mort qui sort en éclats?* Qui l'avait dit? Où pouvait-on le dire ailleurs? Mais cette expression est si juste, elle est si près de la chose même, qu'elle semble toute naturelle; et l'on sait que c'est la perfection des figures. Permis à M. Clément de préférer de beaucoup ces vers de l'ode sur Namur :

> Et les bombes dans les airs,
> Allant chercher le tonnerre,
> Semblent tombant sur la terre,
> Vouloir s'ouvrir les enfers.

Mais, quoique ces vers soient de Boileau, quiconque aura étudié la poésie dans Boileau lui-même sentira que ces vers sont mauvais de tout point. La consonnance des quatre rimes n'est que désagréable et dure, parce qu'elle ne peut avoir aucune intention ; mais ce qu'il y a de pis, c'est qu'aucune des circonstances choisies par le poète ne peint ce que la bombe a de terrible. Qu'importe qu'elle *aille chercher le tonnerre* ou qu'elle *veuille s'ouvrir les enfers* ? M. Clément a beau dire tout seul que *cette peinture est très riche, très hardie, très vraie*, elle est très froide et très vague ; et lui, qui ne veut jamais voir dans Voltaire que le faste des grands mots, ne s'aperçoit-il pas qu'il n'y a pas ici autre chose ? Otez *le tonnerre et les enfers*, il ne reste rien.

Déterminé à préférer les plus mauvais vers de Boileau aux meilleurs de Voltaire, il oppose à la description des mines que nous venons de voir, une autre strophe de la même ode ; car il a pour cette ode une prédilection toute particulière, peut-être parce qu'on est fâché que Boileau l'ait faite.

> Dix mille vaillants Alcides,
> Les bordant de toutes parts,
> D'éclairs au loin homicides
> *Font pétiller* leurs remparts ;
> Et dans son sein infidèle
> Partout la terre y recèle
> Un feu prêt à s'élancer,
> Qui, soudain perçant son gouffre,

> Ouvre un sépulcre de soufre
> A quiconque ose avancer.

Cette strophe est pleine de fautes palpables. *Dix mille Alcides* est une froide hyperbole, qui n'est point faite pour le style noble. Si les défenseurs de Namur sont tous *des Alcides*, que seront donc ceux qui ont pris la ville ? On voit jusqu'où l'exagération peut mener. On a toujours cru louer suffisamment un héros en le nommant *un Alcide*, et voilà que dix mille soldats sont des *Alcides*, et de *vaillants Alcides!* Voltaire s'est servi, dans une épître badine, de la même espèce d'hyperbole, mais bien plus à propos parcequ'il l'a mise en plaisanterie :

> Bellone va réduire en cendres
> Les courtines de Philisbourg,
> Par cinquante mille Alexandres
> Payés à quatre sous par jour.

On voit aisément ce qu'il y a de sel et de gaieté dans ces *Alexandres à quatre sous par jour*. C'est ainsi que les choses n'ont de valeur que suivant la place où elles sont. *Font pétiller* est prosaïque et faible, quoique M. Clément loue cette expression. Il a raison de louer celle *d'éclairs au loin homicides;* c'est tout ce qu'il y a de bon dans cette strophe. Mais on ne conçoit pas pourquoi il s'extasie sur le *sépulcre de soufre*, qui, selon lui vaut mieux tout seul que toute la description de Voltaire. *Il est*, dit-il, *cent fois plus hardi, plus poétique, plus profond; c'est une expression neuve et de génie.* Parlez-moi de la haine pour exalter un écrivain quand il s'agit d'en déchirer un autre! Mais un *sépulcre de soufre* n'est pas plus extraordinaire qu'un *sépulcre de feu*, qu'on a dit cent fois. Il s'en faut bien que cette figure commune puisse excuser, sur-tout dans des vers lyriques, cette chute misérable, *à quiconque ose avancer*, qui gâterait la meilleure strophe. La description des mines dans Voltaire n'est pas aussi parfaite que celle de la bombe; mais elle est fort belle, et les deux derniers vers,

Des bataillons entiers par ce nouveau tonnerre
Emportés, déchirés, engloutis sous la terre,

sont bien d'un autre effet que *le sépulcre de soufre*, et valent mieux que toute la strophe.

Je ne dirai rien de ceux où l'auteur a fait si habilement contraster le silence meurtrier du choc aux armes blanches avec le fracas de l'artillerie. Le critique lui-même les admire : on ne peut rien ajouter à cet hommage. En récompense, il ne voit qu'une *réflexion philosophiquement triviale* dans cet autre contraste si naturellement amené, de notre manière de combattre et de celle des anciens. Ce sont pourtant ces sortes de contrastes qui varient l'uniformité du ton descriptif, et l'auteur y a répandu cet intérêt qui fait le principal mérite des réflexions

Vous avez entendu avec admiration ces vers :

L'enfer est sous leurs pas, la foudre est sur leurs têtes ;
Mais la gloire à leurs yeux vole à côté du roi ;
Ils ne regardent qu'elle, etc.

C'est réunir le sublime des images et celui de la pensée. Le premier vers, tout brillant qu'il est, n'est point une antithèse de mots, n'est point au-delà de la vérité. Il est impossible de peindre plus poétiquement des soldats qui marchent sur un terrain miné, tandis que le canon des remparts tonne sur eux. M. Clément dit que ce vers est *d'un enthousiasme exalté, et que la réflexion qui le suit devient puérile et mesquine à la suite d'un vers emphatique, et recommence à nous glacer de plus belle.* Je ne saurais me résoudre à prouver que ces vers,

> Mais la gloire à leurs yeux vole à côté du roi ;
> Ils ne regardent qu'elle, etc.

ne sont pas une *réflexion*, et encore moins une *réflexion qui glace*. Que dire des autres critiques du même morceau ?

> Henri vole à leur tête et monte le premier.
> Il monte ; il a déjà de ses mains triomphantes
> Arboré de ses lis les enseignes flottantes.

Vous avez sans doute été frappés de la rapidité et de l'énergie de cette répétition :

> . . . . et monte le premier.
> Il monte ; etc.

On voit le héros sur la brèche. Le critique a la discrétion de n'en pas parler ; mais, avec un peu d'adresse, il trouve le moyen de donner un sens ridicule aux vers suivants :

> Les Ligueurs devant lui demeurent pleins d'effroi ;
> Ils semblaient respecter leur vainqueur et leur roi ;
> Ils cédaient ; mais Mayenne à l'instant les ranime ;
> Il leur montre l'exemple, il les rappelle au crime.

Leurs bataillons serrés pressent de toutes parts
Ce roi dont ils n'osaient soutenir les regards.

Il s'écrie : *quel contraste puérile ! ils pressent le roi de toutes parts sans oser le regarder !* Ah ! pour ce coup, où est la bonne foi? S'il y avait, *ils pressent ce roi dont ils n'osent soutenir les regards*, il y aurait contradiction. Mais quand l'un des deux verbes exprime une chose présente, *ils pressent*, et l'autre une chose passée, dont *ils n'osaient*, il est de toute évidence que ces mêmes hommes qu'on vient de nous représenter interdits un moment à l'aspect de leur roi sur la brèche, ensuite ranimés par leur chef, *pressent* actuellement de toutes parts celui *dont* tout à l'heure *ils n'osaient soutenir les regards*. Le sens est d'une telle clarté, que le critique dirait lui-même, si la conscience pouvait parler : Vraiment, je ne m'y suis pas trompé, mais j'aurais bien voulu que les autres s'y trompassent.

C'est ainsi qu'il fait semblant de ne pas concevoir ce vers :

Ils semblaient respecter leur vainqueur et leur roi.

« *N'est-il pas ridicule*, dit-il, que des Ligueurs achar-
« nés contre un roi qu'ils ne veulent pas recon-
« naître, le respectent au moment qu'il leur *ap-
« porte la mort ?* » Il n'ignore pourtant pas qu'il n'est point du tout incroyable que l'aspect d'un roi tel que Henri IV, les armes à la main, et monté le premier sur la brèche, étonne un moment des sujets rebelles. Il y a tant d'exemples d'une impression semblable, produite seulement par la bravoure et l'audace, sans y joindre l'idée de la présence d'un roi ! Ce que

dit Racine de l'effet que produit sur les Romains la présence de Mithridate est bien plus fort :

> A l'aspect de ce front, dont la noble fureur
> Tant de fois dans leurs rangs répandit la terreur,
> Vous les eussiez vus tous, retournant en arrière ;
> Laisser entre eux et nous une large carrière ;
> Et déjà quelques-uns couraient épouvantés
> Jusque dans les vaisseaux qui les ont apportés.

M. Clément n'a pas pu oublier cet exemple, car il le rapporte lui-même quelques pages plus haut, pour l'opposer, je ne sais pas pourquoi, au récit de la mort de Coligny. Il aurait dû dire aussi : N'est-il pas ridicule que l'aspect d'un roi tant de fois vaincu fasse reculer une armée, et une armée de Romains ? Mais ce roi, c'est Mithridate, et l'on sait ce que peut un grand nom sur l'imagination des hommes. M. Clément le sait fort bien, et trouve tout simple dans Racine ce qu'il trouve ridicule dans Voltaire.

Il y a deux comparaisons dans le morceau qui nous occupe : la première est rendue en deux vers, et n'en est que plus belle. Le poète dit des assiégeants, qui tour à tour sont maîtres des remparts et en sont repoussés :

> Pareils à l'Océan poussé par les orages,
> Qui couvre à chaque instant et qui fuit ses rivages.

Le critique passe sous silence cette comparaison : c'est qu'elle joint le sublime d'images à la plus grande justesse d'idées. Peut-on mieux représenter que par le mouvement alternatif des flots, l'espèce de flux et reflux des assiégeants et des assiégés, qui se disputent un terrain qu'ils gagnent et perdent successivement?

Je trouve, un moment après, dans le même chant, une comparaison encore plus rapide, et peut-être encore plus belle. A l'instant où Henri IV, maître des faubourgs, est près d'escalader la place, saint Louis se présente à lui et lui demande s'il veut détruire son propre héritage. Cette fiction très bien placée, termine dignement cette magnifique description que vous avez entendue. Il ne fallait rien moins que cette apparition pour arrêter Henri IV, tout bouillant encore du combat et de la victoire.

.... A ces accents plus forts que le tonnerre,
Le soldat s'épouvante, il embrasse la terre,
Il quitte le pillage: Henri, plein de l'ardeur
Que le combat encore enflammait dans son cœur;
Semblable à l'Océan qui s'appaise et qui gronde:
O fatal habitant de l'invisible monde!
Que viens-tu m'annoncer, etc.

Si M. Clément ne nous avait démontré qu'il n'y a point de *sublime* dans *la Henriade*, j'avouerais que l'opposition si heureuse et si vraie de ces deux mots, qui *s'appaise et qui gronde*, me paraît vraiment *sublime*; et quel goût exquis de n'avoir admis qu'une comparaison si courte, et en même temps si juste, dans un moment où la vivacité du récit ne comportait rien qui l'arrêtât! Un goût non moins sûr lui a dicté cette autre comparaison bien différente, où il s'agissait de rassembler la longue résistance des assiégés, la violence des efforts qu'avait faits le roi pour les vaincre, et enfin l'impétuosité du dernier choc qui les avait renversés. Le rapport de toutes ces circonstances se fait sentir dans la comparaison du torrent et dans les diverses parties de la nombreuse période où elle est détaillée :

>Comme on voit un torrent, du haut des Pyrénées,
>Menacer des vallons les nymphes consternées ;
>Les digues qu'on oppose à ses flots orageux
>Soutiennent quelque temps son choc impétueux ;
>Mais bientôt renversant sa barrière impuissante ;
>Il porte au loin le bruit, la mort et l'épouvante ;
>Déracine en passant ces chênes orgueilleux
>Qui bravaient les hivers et qui touchaient les cieux ;
>Détache les rochers du penchant des montagnes,
>Et poursuit les troupeaux fuyants dans les campagnes.

Ce torrent qui a franchi les obstacles, court dans ces derniers vers aussi rapidement que le vainqueur descend du haut des murs, et poursuit les vaincus. Mais nous sentirons bien mieux le mérite de cette comparaison quand M. Clément nous en aura dit son avis. D'abord il n'y trouve *ni rapidité, ni vigueur, ni harmonie, pas même de l'élégance.* « *Quelle froideur*, dit-il, *dans ces vers.*

>Les digues qu'on oppose à ses flots orageux
>Soutiennent quelque temps son choc impétueux.

« Ce style *flasque et coupé n'a aucune convenance :*
« *je voudrais là un torrent d'harmonie ; je voudrais*
« *des vers enchaînés, et se précipitant les uns sur les*
« *autres* » Observez, je vous prie, qu'il veut *pré-*

cipiter les vers *les uns sur les autres* quand le torrent ne se *précipite* pas encore; qu'il veut faire courir les vers quand le torrent lutte contre les digues. Voltaire qui en savait un peu davantage, a ralenti et coupé à dessein la marche des premiers vers, sans pourtant les rendre *flasques*; il y a marqué l'effort; et quant aux derniers, il leur a donné une marche progressivement accélérée jusqu'à la fin. De plus, il a indiqué tous les rapports principaux : les chênes que le torrent *déracine*, les *rochers* qu'il *détache*, rappellent les chefs, Mayenne et d'Aumale, entraînés dans la déroute générale; et les *troupeaux fuyants dans les campagnes*, c'est la multitude qui fuit épouvantée. Mais ce qui est plus curieux que tout le reste, c'est la manière dont M. Clément veut corriger les vers de Voltaire. Au lieu de cette superbe expression, *déracine en passant*, qui peint si bien la force du torrent, devenue supérieure à tout, il voudrait qu'il y eût *déracine en tombant*, parce qu'*en passant* lui *paraît trop faible* et qu'*en tombant vaut mieux pour l'harmonie*. Les corrections de M. Clément sont beaucoup plus amusantes que ses critiques, et heureusement nous en aurons encore.

Vous aurez sans doute remarqué, Messieurs, cette expression si heureuse, *il moissonne en courant*, etc., qui semble correspondre à celle de la comparaison, *déraciner en passant*, et la rapidité imitative de ces vers, *venez, volez, montez*, etc. où l'auteur a jouté contre un vers fameux de *l'Énéide*[*].

---

[*] Ferte citi ferrum, date tela, et scandite muros, IX, 37.

On voit que je n'ai pas eu besoin de parcourir toute *la Henriade*, et qu'il ne m'a fallu qu'un seul morceau pour y trouver différentes espèces de *sublime*. Cette méthode d'analyser un morceau d'une certaine étendue, pour y chercher la manière d'écrire de l'auteur, est la plus sûre de toutes, parce qu'il est presque impossible qu'un grand écrivain fasse cent vers de suite sans y mettre l'empreinte de son talent. Il faut en conclure que M. Clément ne doute de rien, puisqu'il a risqué cette épreuve et qu'il a transcrit le même morceau, pour prouver que Voltaire était *très médiocrement partagé du talent poétique*. Il devait s'attendre qu'auprès des lecteurs judicieux la citation seule serait une réponse à l'injustice. Aussi cet exemple et celui de ses prédécesseurs ont du moins appris aux critiques, qui ont marché depuis dans la même route, à ne plus se heurter à cet écueil. Quand ils ont pris le parti de nier le talent d'écrire à celui qui le possède, de démentir le public sur un ouvrage estimé, ils se répandent en expressions vagues de censure et de dénigrement; mais ils ne s'exposent plus à citer, je ne dis pas des morceaux entiers, mais seulement dix vers de suite ou vingt lignes de prose; ils ne s'engagent pas davantage dans des détails critiques qui pourraient les compromettre un peu ; ils sont aussi réservés sur cet article que hardis dans les assertions et diffus dans les injures.

Je ne m'étendrai point sur bien d'autres morceaux qui m'offriraient le même résultat, et je me borne aussi à vous rappeler un morceau fameux que j'ai cité ailleurs devant vous, et sur lequel tous les amateurs du vrai beau se sont arrêtés, parce qu'il est d'une poésie originale, et que l'auteur a eu le premier la gloire de développer en vers *sublimes* des vérités physiques, et même mathématiques. Je veux dire celui du septième chant, où la sphère de Copernic, et la révolution du soleil sur son axe, et l'attraction de Newton, sont clairement exprimées et revêtues des plus magnifiques couleurs. M. Clément dit que ce vers qui le termine,

Par delà tous ces cieux le Dieu des cieux réside,

est *un peu sublime*; pour tout le reste, *c'est un attirail algébrique, ce sont des guenilles géométriques, qui donnent à la poésie une figure scolastique et sauvage.* J'avoue, pour moi, que ces *guenilles* me paraissent une richesse.

Quant au sublime dans les mouvements pathétiques, il y en a dans *la Henriade*, mais moins que de tout autre. La raison en a été indiquée d'avance, par le défaut de situations dramatiques où ce *sublime* puisse entrer. Nous le retrouverons cependant en quelques endroits, dans celui de la mort de Coligny, dans celui où Henri IV nourrit sa capitale rebelle, dans celui où il pardonne à ses ennemis vaincus à Ivry. Ces morceaux passeront tout à l'heure sous nos yeux, quoique considérés sous d'autres rapports et en réponse à d'autres critiques.

Pour ce qui est du style sublime dans les pensées

et dans les expressions, il s'en est déjà offert plus d'un exemple dans les précédentes citations : à présent, parmi ceux que je pourrais y joindre, je choisirai de préférence ceux que M. Clément m'a désignés par sa critique. Lorsque le Très-Haut daigne répondre aux doutes de Henri IV sur le sort réservé, dans un autre monde, aux peuples que le christianisme n'a pas éclairés, le ton du poète n'est-il pas proportionné à la grandeur du sujet?

> Tandis que du héros la raison confondue
> Portait sur ce mystère une indiscrète vue,
> Aux pieds du trône même une voix s'entendit:
> Le ciel s'en ébranla, l'univers en frémit.
> Ses accents ressemblaient à ceux de ce tonnerre,
> Quand du mont Sinaï Dieu parlait à la terre.
> Le chœur des immortels se tut pour l'écouter;
> Et chaque astre en son cours alla le répéter.

Je rappellerai encore cette description du même chant, que bien des gens préfèrent à celle de Virgile, avec raison ce me semble, puisque le poète latin ne met à l'entrée des enfers que les maux attachés à la condition humaine, et qui conduisent à la mort, tels que la faim, la douleur, la pauvreté, la vieillesse, au lieu que le poète français y place les vices, fléaux plus honteux, plus terribles, et plus dignes d'être aux portes des enfers.

> Là gît la sombre envie, à l'œil timide et louche,
> Versant sur des lauriers les poisons de sa bouche.
> Le jour blesse ses yeux dans l'ombre étincelants :
> Triste amante des morts, elle hait les vivants.
> Elle aperçoit Henri, se détourne et soupire.

Auprès d'elle est l'Orgueil, qui se plaît et s'admire ;
La Faiblesse, au teint pâle, aux regards abattus,
Tyran qui cède au crime et détruit les vertus ;
L'Ambition sanglante, inquiète, égarée,
De trônes, de tombeaux, d'esclaves entourée ;
La tendre Hypocrisie, aux yeux pleins de douceur :
Le ciel est dans ses yeux, l'enfer est dans son cœur ;
Le Faux-Zèle étalant ses barbares maximes ;
Et l'Intérêt enfin, père de tous les crimes.

Ce dernier vers achève parfaitement cette peinture, où chaque trait réunit l'énergie à la justesse. Le critique prétend que l'auteur a fort affaibli le caractère de l'Envie par ce vers :

Triste amante des morts, elle hait les vivants.

Il soutient que le caractère de l'Envie est de *ménager les vivants* et de *déchirer les morts*. On a cru jusqu'ici le contraire, et les paradoxes de M. Clément sont aussi extraordinaires en morale qu'en littérature.

Il est assez content de ce vers sur l'Hypocrisie :

Le ciel est dans ses yeux, l'enfer est dans son cœur.

Mais il le revendique pour Sarrazin, qui a dit :

L'espagnol est à nous, et ce peuple hypocrite
Donne ses yeux au ciel, et son âme au Cocyte.

Aussi affirme-t-il que Sarrazin *avait bien plus de goût que Voltaire pour la grande poésie.* Il en dit autant du P. Le Moine ; et quand Voltaire dit, en commençant le récit des massacres de la Saint-Barthélemy :

Cependant tout s'apprête, et l'heure est arrivée
Qu'au fatal dénoûment la reine a réservée.

il regrette la *force poétique* de ces deux vers du P. Le Moine sur les Vêpres siciliennes :

Quand du Gibel ardent les noires Euménides
Sonneront de leurs cors ces vêpres homicides.

C'est assurément une belle chose que les *Furies qui sonnent vêpres*, et qui les sonnent avec un *cor*. Mais si l'auteur de *la Henriade* avait fait *sonner* par les *Furies* la grosse cloche du Palais, je crois que M. Clément lui-même se serait un peu moqué de lui.

C'est aussi dans les comparaisons que peut briller le plus la poésie d'expression, et celles de *la Henriade* joignent à l'éclat des couleurs la plus grande exactitude de dessin. C'est une des parties de l'ouvrage où l'auteur a montré à la fois le plus d'imagination et d'esprit. La plupart de ses comparaisons sont aussi justes que neuves : l'idée lui appartient comme l'expression. Quelquefois il les redouble, à l'exemple d'Homère et de Virgile, et il en trouve de nouvelles après eux : c'est une preuve d'invention en ce genre, et une réponse au reproche de stérilité poétique qu'on lui a fait injustement. Veut-il peindre l'impétueuse activité de d'Aumale se signalant par de fréquentes sorties :

.... Sans relâche il fond dans la campagne.
Tantôt dans le silence, et tantôt à grand bruit,

A la clarté des cieux, dans l'ombre de la nuit,
Chez l'ennemi surpris portant par-tout la guerre,
Du sang des assiégeants son bras couvrait la terre.
Tels du fond du Caucase ou du sommet d'Athos,
D'où l'œil découvre au loin, l'air, la terre et les flots,
Les aigles, les vautours aux ailes étendues,
D'un vol précipité fendant les vastes nues,
Vont dans les champs de l'air, enlever les oiseaux,
Dans les bois, sur les prés déchirent les troupeaux,
Et dans les flancs affreux de leurs roches sanglantes
Remportent à grands cris ces dépouilles vivantes.

Ces deux derniers vers sont dignes de Virgile, pour l'harmonie expressive et le choix des épithètes.

Lorsque, dans une de ces sorties, d'Aumale est repoussé et contraint de fuir avec les siens, le poëte, qui proportionne toujours aux circonstances le plus ou moins d'étendue de ses comparaisons, en emploie une de trois vers pour caractériser la fuite de d'Aumale :

D'Aumale est avec eux dans leur fuite entraîné :
Tel que du haut d'un mont de frimas couronné,
Au milieu des glaçons et des neiges fondues,
Tombe et roule un rocher qui menaçait les nues.

Cette inversion imitative, *tombe et roule un rocher*, est d'un très bel effet.

On en peut dire autant de ces vers, où il peint le silence d'une grande assemblée devant Potier :

On murmure, on s'empresse,
On l'entoure, on l'écoute, et le tumulte cesse.
Ainsi dans un vaisseau qu'ont agité les flots,
Quand l'air n'est plus frappé des cris des matelots,

On n'entend que le bruit de la proue écumante,
Qui fend d'un cours heureux la mer obéissante.

Ces deux derniers vers semblent imiter, autant qu'il est possible, le mouvement et le bruit uniforme d'un vaisseau dans une mer calme.

Essex, combattant parmi les Français, fournit au poète une comparaison aussi agréable qu'éclatante :

Essex avec éclat paraît au milieu d'eux :
Tel que dans nos jardins un palmier sourcilleux,
A nos ormes touffus mêlant sa tête altière,
Paraît s'enorgueillir de sa tige étrangère.

La comparaison du cheval n'a pas, comme celles que je viens de citer, l'honneur de la nouveauté; elle est empruntée de Virgile. Elle n'a pas la même richesse d'expression. Eh! qui pourrait l'avoir? Mais quel feu et quelle brillante rapidité dans la marche de ces vers!

Tel qu'échappé du sein d'un riant pâturage,
Au bruit de la trompette animant son courage,
Dans les champs de la Thrace un coursier orgueilleux,
Indocile, inquiet, plein d'un feu belliqueux,
Levant les crins mouvants de sa tête superbe,
Impatient du frein, vole et bondit sur l'herbe;
Tel paraissait Egmont, etc.

Ce morceau est fait de verve : le poète s'élance comme le coursier. Quelques critiques ont blâmé le redoublement des épithètes. Ils ne se sont pas aperçus qu'elles peignaient fidèlement le mouvement continuel et la bouillante inquiétude de l'animal guerrier. On a fait depuis, dans notre langue, de très belles descriptions du cheval, d'après celles des anciens, et on a même lutté assez heureusement contre eux dans les tournures poétiques; mais on n'a pas, ce me semble, égalé les vers de Voltaire pour l'effet et la vérité. M. l'abbé Delille, par exemple, bien digne de soutenir ce parallèle, a dit :

D'une épaisse crinière il fait bondir les flots.

Cette expression est savamment figurée; elle est d'invention : il n'y en a point dans ce vers :

Levant les crins mouvants de sa tête superbe;

mais, si je ne me trompe, *les crins mouvants* et *la tête superbe* montrent davantage le cheval; ce qui prouve que quelquefois l'expression simple est d'un effet plus sensible que les plus belles figures. Qu'on y prenne garde, et l'on verra que les *flots* de la *crinière* qui *bondissent* sont une métaphore très juste, qui compare le mouvement des crins à celui des flots; elle attire toute l'attention : le vers de Voltaire la fixe sur l'air de tête et le caractère du coursier; et chacun d'eux a fait ce qu'il devait faire. Pourquoi? c'est que l'un traduisait la description physique du cheval dans *les Géorgiques*, et l'autre imitait de *l'Énéide* la peinture du coursier qui vole pour la première fois aux combats*.

Mais Voltaire a pris le ton d'Homère lui-même quand il s'agit de rendre le choc de deux armées

---

* Voyez ces diverses descriptions du cheval, dans la note qui termine le deuxième volume de notre *Répertoire*, page 483.   F.

par une comparaison qui rappelle toute la grandeur de l'objet :

> Sur les pas des deux chefs, alors en même temps,
> On voit des deux partis voler les combattants.
> Ainsi, lorsque des monts séparés par Alcide,
> Les aquilons fougueux fondent d'un vol rapide,
> Soudain les flots émus de deux profondes mers
> D'un choc impétueux s'élancent dans les airs,
> La terre au loin gémit, le jour fuit, le ciel gronde,
> Et l'Africain tremblant craint la chute du monde.

Ce dernier vers est *sublime*. Ces sortes d'appositions qui terminent une comparaison par une circonstance plus grande que toutes les autres, sont dans la manière du chantre de *l'Iliade* : et Voltaire a su la prendre ici sans rien emprunter au poète. Cette même manière se retrouve quand il compare les ligueurs qui, à la journée d'Ivry, attaquent de toutes parts Henri IV, à des chiens qui poursuivent un sanglier :

> Tel qu'au fond des forêts, précipitant leurs pas,
> Ces animaux hardis nourris pour les combats,
> Fiers esclaves de l'homme, et nés pour le carnage,
> Pressent un sanglier, en raniment la rage,
> Ignorant le danger, aveugles, furieux,
> Le cor excite au loin leur instinct belliqueux :
> Les antres, les rochers, les monts en retentissent, etc.

On a observé que plusieurs des traits de cette comparaison pourraient convenir aux chevaux comme aux chiens de chasse. Cette remarque est juste, mais elle est bien sévère. Ce défaut très léger ne tient qu'à la difficulté de faire entrer le mot de *chiens* dans la langue épique; car, d'ailleurs, tous les traits de la description convenant à ces derniers, ce ne serait pas un inconvénient qu'ils pussent aussi s'appliquer aux chevaux, dans la comparaison comme dans la réalité, si l'on avait pu, en se servant du mot de *chiens*, prévenir toute méprise dès les premiers vers; ce qui n'empêche pas que cette comparaison ne soit fort belle.

En voici une où il a arraché l'admiration, même à ses détracteurs : il s'agit de d'Aumale, qui, au moment de la déroute d'Ivry, est prêt à se jeter de désespoir dans les bataillons ennemis, et qui suit, quoiqu'à regret l'ordre que lui donne Mayenne, de rallier les vaincus et d'assurer leur retraite :

> D'Aumale, en l'écoutant, pleure et frémit de rage.
> Cet ordre qu'il déteste, il va l'exécuter;
> Semblable au fier lion qu'un Maure a su dompter,
> Qui, docile à son maître, à tout autre terrible,
> A la main qu'il connaît soumet sa tête horrible,
> Le suit d'un air affreux, le flatte en rugissant,
> Et paraît menacer même en obéissant.

Vous voyez ici partout le *sublime* des expressions, qui empruntent leur force de leur opposition combinée avec celle des idées. Cette comparaison est au nombre des plus belles qui existent dans aucune langue, et l'auteur ne la doit qu'à lui, ainsi que cette autre d'un genre tout différent, et qui se sent de ce goût pour les connaissances physiques que Voltaire sut accorder le premier avec les arts de l'imagination. Elle offre d'ailleurs l'occasion de rappeler une description qui était très difficile dans notre langue, et qui est imitée en partie du Tasse; c'est celle du combat de Turenne contre d'Aumale, l'un des morceaux où le poète a fait voir avec quelle facilité il savait tout exprimer en vers:

> Tout ce qu'ont pu jamais la valeur et l'adresse,
> L'ardeur, la fermeté, la force, la souplesse,
> Parut des deux côtés en ce choc éclatant.
> Cent coups étaient portés, et parés à l'instant;
> Tantôt avec fureur l'un d'eux se précipite,
> L'autre d'un pas léger se détourne et l'évite;
> Tantôt plus rapprochés, ils semblent se saisir:
> Leur péril renaissant donne un affreux plaisir.
> On se plaît à les voir s'observer et se craindre,
> Avancer, s'arrêter, se mesurer, s'atteindre.
> Le fer étincelant, avec art détourné,
> Par de feints mouvements trompe l'œil étonné:
> Telle on voit du soleil la lumière éclatante
> Briser ses traits de feu dans l'onde transparente,
> Et, se rompant encor, par des chemins divers
> De ce cristal mouvant repasser dans les airs.

Comme il n'y a personne qui, même en ignorant les principes de la réfraction de la lumière, n'en ait cent fois observé les effets dans l'eau, ne doit-on pas savoir gré à l'auteur d'avoir rendu, par une image si juste et si frappante, le jeu de l'escrime, qui, dans un clin d'œil, dérobe et fait reparaître le fer aux yeux du spectateur? Exprimer avec une clarté si élégante des objets que jusque-là la poésie n'avait pas osé toucher *, ce n'est pas, comme on l'a

---

* La Harpe entend sans doute la poésie française, car cette comparaison est empruntée à Virgile, *Énéid.* VIII, 22.   H. P.

si faussement prétendu, la sacrifier à la philosophie ; c'est enrichir et étendre le domaine de l'une et de l'autre par une alliance dont elles doivent remercier le talent.

Si la comparaison d'Aréthuse n'est pas si neuve, si l'on en trouve l'idée dans une strophe de Malherbe, il suffit de citer les deux auteurs pour montrer combien l'un est supérieur à l'autre ; et dans ce cas, l'emprunt est plus glorieux que la propriété. Malherbe avait dit :

>Tel que d'un effort difficile,
>Un fleuve au travers de la mer,
>Sans que son goût devienne amer,
>Passe d'Élide en la Sicile :
>Ses flots, par moyens inconnus,
>En leur douceur entretenus,
>Aucun mélange ne reçoivent,
>Et, dans Syracuse arrivant,
>Sont trouvés de ceux qui les boivent
>Aussi peu salés que devant.

Qu'importe d'avoir été instruit de cette merveille de la nature pour en tirer de si détestables vers? Tout le monde a pu le savoir comme Malherbe ; mais le mérite de l'application appartient à celui qui a dit avec tant de grace et d'élégance, en parlant de la vertu de Mornay, incorruptible dans la corruption des cours :

Belle Aréthuse, ainsi ton onde fortunée
Roule au sein furieux d'Amphitrite étonnée,

Un cristal toujours pur et des flots toujours clairs,
Que jamais ne corrompt l'amertume des mers*.

Après avoir montré combien *la Henriade* offre de beautés de style, et dont l'auteur n'est redevable qu'à lui-même, il faut encore considérer la versification en général; et à mesure que je repousserai les reproches injustes qu'elle a essuyés, les vers mêmes qu'on a critiqués seront encore la meilleure réponse aux censeurs; sur quoi l'on peut observer que ce procédé, que je suis constamment, ne peut jamais avoir lieu que lorsqu'il s'agit d'un bon écrivain : avec tout autre, il serait impraticable.

Voltaire quelquefois prodigue l'antithèse, et l'on s'est hâté d'affirmer qu'il la prodiguait partout indifféremment, et qu'elle était le principal ornement, le principal caractère de son style. Cela n'est pas, et j'en puis donner une preuve bien sensible : c'est que, dans les morceaux étendus que j'ai eu occasion de citer, vous n'en avez aperçu que l'usage, et nullement l'abus. En effet, ce n'est guère que dans les portraits où la pensée domine, qu'il lui arrive d'abuser de cette figure, belle en elle-même, mais facile, et qui, par conséquent, n'est louable que lorsqu'elle est employée avec choix et avec réserve, et qu'elle frappe l'esprit par des résultats lumineux et des contrastes importants. Il y a beaucoup d'occasions où le sujet la présente naturellement, et alors elle n'a rien de répréhensible; en un mot, il en est de cette figure à peu près comme de toutes les au-

---

* L'idée de la comparaison est moderne, mais les détails en sont empruntés à Virgile, *Buc.* X, 4. H. P.

tres : tout dépend de l'emploi et de la mesure. Dès qu'on y aperçoit la recherche ou l'excès, elle est vicieuse : si elle tient à la nature même des objets, elle est estimable, à moins que l'auteur ne s'y arrête trop long-temps. Je ne saurais trop répéter qu'en fait de goût il faut sur-tout se méfier de la trop grande généralité des principes : elle est le plus souvent le charlatanisme de la mauvaise doctrine, ou le masque imposant de l'ignorance. Hors un petit nombre de règles générales convenues dans tous les temps, applicables partout, et fondées sur le bon sens, qui est la base de tous les arts d'imitation, tout le reste est un composé d'idées mixtes et de nuances délicates, qu'il est très aisé et très commun de confondre ; et la saine critique, qui consiste à les distinguer, n'en peut venir à bout que par une analyse exacte. Omettez une seule circonstance, et vous pourrez, avec un axiome mal appliqué, condamner ce qu'il y a de meilleur, ou approuver ce qu'il y a de plus mauvais : c'est là toute la science des faux critiques. Ils partent toujours d'un exposé qui n'est que partiel, et par conséquent trompeur ; ils dissertent ensuite à perte de vue, et le lecteur inattentif, qui n'a pas aperçu la première fraude ou la première omission, est tout prêt à croire qu'ils ont raison, parce qu'en effet leurs conséquences seraient justes, si leur exposé était vrai. De là vient aussi qu'ils ont toujours à la bouche des généralités vagues qui leur servent, ou à inculper, ou à louer à tort et à travers, et qu'ils ne redoutent rien tant que la méthode analytique, parce qu'il leur est impossible d'y résister. Elle ramène la lumière, et ils ne savent combattre que dans les ténèbres, semblables aux fantômes qui ne font jamais peur que la nuit, et qui disparaissent aux approches du jour.

M. Clément, qui a entassé des volumes de critiques sur *la Henriade*, s'écriera peut-être qu'on ne peut pas lui reprocher d'avoir évité l'analyse. Mais comme elle consiste à exposer les objets sous toutes les faces, on lui répondra que c'est précisément ce qu'il a évité avec le plus grand soin, et même que sa prolixité et sa diffusion ne sont jamais qu'un moyen de plus pour faire prendre le change au lecteur. Presque toujours il prouve très longuement ce que personne ne conteste, et c'est pour faire oublier ce dont il s'agit; en sorte qu'on pourrait lui répondre : Je vous accorde tout ce que vous venez de dire, excepté ce qu'il fallait prouver. Il s'épuise, par exemple, contre l'abus de l'antithèse, et personne ne justifie cet abus; mais après avoir dit que c'est le *vice général* de *la Henriade, et qu'il y règne depuis le commencement jusqu'à la fin*, il fallait prendre quelques morceaux d'une certaine étendue, et faire voir qu'il y revient trop souvent, et mal à propos. Mais que fait-il? Il cite une trentaine de vers épars dans tout le poème, ce qui, par conséquent, ne prouve nullement l'accumulation; et, de plus, ces antithèses, à la place où elles sont, n'ont rien de ce qui peut en faire un défaut, et souvent même sont une beauté. Ensuite il rapporte trois ou quatre endroits où elles sont en effet multipliées mais c'est principalement dans des portraits, et personne n'ignore que c'est là que les plus grands écrivains l'ont placée de préférence. Elle étincelle dans les portraits tracés par Salluste, Tacite, Patercule, Tite-Live lui-même : et ces portraits sont admirés. C'est que l'antithèse est une figure de pensée, et ce sont les écrivains penseurs qui en ont fait l'usage le plus heureux. Ceux qui avaient plus d'esprit que de talent et de goût, l'ont portée jusqu'à l'abus, comme Pline et Sénèque. Je sais bien que le style des meilleurs prosateurs n'est pas le modèle de celui de l'épopée; aussi je conviens qu'en plusieurs endroits Voltaire a trop fait briller l'antithèse; mais d'abord ces endroits se réduisent à un petit nombre : partout ailleurs elle est placée de manière à ne blesser aucune convenance. Ensuite, il ne fallait pas dire que l'antithèse est la *ressource des esprits dénués de vigueur.* Les historiens que je viens de citer n'en manquaient pas, je crois ; et s'il s'agit des poètes, Corneille, l'un des esprits les plus vigoureux qui aient existé, Corneille, que M. Clément oppose continuellement à Voltaire, qu'il lui met à tout moment sous les yeux, comme le plus grand modèle de poésie en tous genres, qu'enfin il élève au-dessus de tout, peut-être parce que Voltaire ne lui a pas tout accordé, Corneille est rempli d'antithèses, et beaucoup plus que Voltaire dans ses tragédies. Quand ces antithèses sont belles, elles prouvent dans Corneille la force de la pensée, et non la *faiblesse ;* et quand elles ne sont que la répétition d'une tournure facile, elles ne prouvent que le défaut de travail et de goût. En général, la nature morale offre à la réflexion une foule de contrastes: la perfection, qui veut choisir, s'empare des plus frappants, de ceux qui tiennent de plus près au sujet: une composition moins sévère en admet ou en recherche une quantité d'indifférents, ou même de frivoles, qui donnent au style une tournure uniforme et fatigante. Voilà ce qui est vrai en théorie: venons aux preuves de détail.

> De tous ses favoris Mornay seul l'accompagne;
> Mornay, son confident, mais jamais son flatteur,
> Trop vertueux soutien du parti de l'erreur,
> Qui, signalant toujours son zèle et sa prudence,
> Servit également son Église et la France.

Jusqu'ici le piquant de l'antithèse n'est point trop ressenti; il se cache sous une construction simple et ferme.

> Censeur des courtisans, mais à la cour aimé;
> Fier ennemi de Rome, et de Rome estimé.

Ces deux derniers vers, en renouvelant la même figure, en amènent l'abus: ici l'opposition est trop affectée, et l'antithèse joue trop sur les mêmes mots. Les deux vers ont l'air d'être symétrisés l'un sur l'autre: c'est un défaut dans toute composition grave, et sur-tout dans l'épopée, parce qu'un travail trop petit ne s'accorde pas avec de grands objets.

La même affectation se remarque dans ces vers:

> Ces ministres, ces grands qui tonnent sur nos têtes,
> Qui vivent à la cour, au milieu des tempêtes,

Oppresseurs, opprimés, fiers, humbles tour à tour,
Tantôt l'horreur du peuple, et tantôt *leur amour*.

C'est amasser des antithèses communes sur un lieu commun. Je les vois aussi trop répétées dans les vers qui terminent le troisième chant.

Si Mayenne est dompté, Rome sera soumise.

Le poète ajoute :

Vous seul pouvez régler sa haine ou ses faveurs :
Inflexible aux *vaincus*, *complaisante* aux *vainqueurs*,
Prête à vous *condamner*, facile à vous *absoudre*,
C'est à vous d'*allumer* ou d'*éteindre* sa foudre.

Le premier vers disait tout; et les quatre autres, roulant sur la même figure, reproduisent la même idée; ce qui convient pas plus à un rhéteur qu'à une reine.

Voilà à peu près les seuls endroits ou ce défaut soit sensible. Ailleurs on peut reprendre quelques antithèses de peu d'effet, qui ressemblent plus à la négligence qu'à l'affectation. Mais c'est se moquer de nous que de chercher le style antithétique dans des vers tels que ceux-ci :

Quoi! vous servez Valois, dit la reine surprise.
. . . .
Quoi ! de ses ennemis devenu protecteur,
Henri vient me prier pour son persécuteur !
Des rives du couchant aux portes de l'aurore,
De vos longs différends l'univers parle encore,
Et je vous vois armer en faveur de Valois,
Ce bras, ce même bras qu'il a craint tant de fois!

Il n'y a pas là la moindre trace de figure ni de recherche : c'est le simple énoncé d'un fait ; il était même impossible qu'Élisabeth parlât autrement. Je ne vois pas non plus de prétexte pour attaquer ces vers sur le fanatisme :

> Enfant dénaturé de la religion,
> Armé pour la défendre, il cherche à la détruire,
> Et, reçu dans son sein, l'embrasse et la déchire.

L'expression du premier vers est fort belle ; le dernier offre une très belle image. Il n'y a d'antithèse que dans le second, et l'idée est forte et vraie ; car il est très sûr que si quelque chose avait pu détruire la religion, c'eût été le fanatisme, qui la faisait méconnaître en prenant son nom, et qui a fourni tant de prétextes à la calomnie pour confondre la religion avec le fanatisme.

> Rome qui sans soldats porte en tous lieux la guerre,

est moins une antithèse qu'une expression énergique et simple. J'en dis autant de ces vers :

> J'apprends que mon beau-frère, à la ligue soumis,
> S'unissait, pour me perdre, avec ses ennemis ;
> De soldats malgré lui, couvrait déjà la terre,
> Et par timidité me déclarait la guerre.

Me déclarait la guerre par timidité n'est point une antithèse. Si M. Clément croit voir cette figure dans toute façon quelconque d'exprimer une opposition d'idées, il se trompe beaucoup. Il y a mille manières d'énoncer ce contraste, qui sont d'un style à la fois simple et vigoureux, et celle-ci est du nombre. La figure de l'antithèse exige que les tournures se correspondent en opposant les idées, comme dans ces vers :

> Esclaves de la ligue, ou compagnons d'un roi,
> Allez gémir sous elle, ou triomphez sous moi.

comme dans celui-ci sur Richelieu et Mazarin :

> Tous deux haïs du peuple, et tous deux admirés.

dans ceux-ci encore :

> Sully, Nangis, Crillon, ces ennemis du crime,
> Que la ligue déteste, et que la ligue estime.

En mettant ces vers à la suite les uns des autres, il est facile de crier à l'antithèse ; mais tels qu'ils sont, ils rendent avec précision des idées justes et essentielles, et, mêlés dans une longue suite de vers qui ne leur ressemblent en rien, ils sont à l'abri du reproche.

On a beaucoup déclamé contre différents portraits répandus dans *la Henriade*, et l'on croit avoir tout dit quand on a fait observer qu'il n'y en a point dans Homère ni dans Virgile. Mais on aurait dû faire réflexion qu'il y a quelque différence entre des sujets où les faits sont en grande partie fabuleux, et ceux où il n'y a presque rien qui ne soit fondé sur la vérité historique, excepté ce qui tient à la machine du merveilleux. Un sujet aussi récent et aussi connu que celui de *la Henriade* demandait certainement, à plusieurs égards, un style plus pensé que l'épopée ancienne, et plus rapproché de la vérité de l'histoire. On n'a pas reproché les portraits à Lucain, qui traitait un sujet aussi voisin de son siècle que la ligue l'est du nôtre; c'est même une des beautés de son poème. Pourquoi donc les interdire à l'auteur de *la Henriade?* pourquoi nous contester le plaisir que nous font ces peintures morales des grands personnages de notre histoire? Il n'appartient qu'au pédantisme d'approuver ou de rejeter une chose, parce qu'elle est ou qu'elle n'est pas dans les anciens. Ce qui est beau dans Homère et dans Virgile n'est pas beau parce qu'ils l'ont fait, mais parce qu'il est conforme aux idées que nous avons de la nature des choses et des principes de l'art. — Mais il faut peindre les personnages en action. — Fort bien: jusque-là le principe est très-vrai. — Il ne faut jamais les caractériser par des traits généraux. — Pourquoi donc? Je n'en crois pas un mot. — Parce qu'il faut laisser ce soin aux historiens. — Pourquoi donc? Je ne le crois pas davantage. Est-ce qu'il est absolument défendu au poète d'avoir aucun rapport avec l'historien? L'histoire décrit, et même très magnifiquement, dans les grands écrivains; le poète décrit aussi, mais avec les différences de la prose à la poésie. L'histoire peint des caractères: l'épopée, la tragédie, les peindront aussi, mais de la manière qui leur est propre. Pour moi, je ne me plaindrai jamais qu'un poète épique m'offre un caractère tracé comme celui-ci:

On vit paraître Guise, et le peuple inconstant
Tourna bientôt ses yeux vers cet astre éclatant.
Sa valeur, ses exploits, la gloire de son père,
Sa grace, sa beauté, cet heureux don de plaire,
Qui mieux que la vertu sait régner sur les cœurs,

VOLTAIRE. 431

Attiraient tous les yeux par des charmes vainqueurs.
Nul ne sut mieux que lui le grand art de séduire;
Nul sur ses passions n'eut jamais plus d'empire,
Et ne sut mieux cacher sous des dehors trompeurs
Des plus vastes desseins les sombres profondeurs.
Altier, impérieux, mais souple et populaire,
Des peuples en public il plaignait la misère,
Détestait des impôts le fardeau rigoureux.
Le pauvre allait le voir, et revenait heureux.
Il savait prévenir la timide indigence :
Ses bienfaits dans Paris annonçaient sa présence.
Il se faisait aimer des grands qu'il haïssait,
Terrible et sans retour alors qu'il offensait;
Téméraire en ses vœux, sage en ses artifices,
Brillant par ses vertus, et même par ses vices,
Connaissant le péril et ne redoutant rien,
Heureux guerrier, grand prince et mauvais citoyen.

Aux yeux de M. Clément, ce dernier vers, qui réunit en si peu de mots tant d'idées d'une égale justesse, n'est que du *clinquant*. Pour moi, je croyais que le clinquant consistait dans une fausse parure qui couvrait la pauvreté des pensées. Il demande ce que c'est que *le grand art de séduire; si l'art de séduire est plus grand que l'art de plaire.* Mais oui, en vérité. Avec l'art de plaire, on réussit dans la société; avec l'art de séduire, on réussit dans de grands desseins : l'un ne fait qu'un homme aimable, l'autre est nécessaire à un chef de parti.

Un des inconvénients de ces généralités de principes dont j'ai parlé ci-dessus, c'est de jeter dans des conséquences absurdes le raisonneur qui ne les a pas prévues. Ainsi l'ennemi de Voltaire, croyant le rabaisser d'autant plus qu'il disait plus de mal de l'antithèse, s'est hâté d'établir que l'usage fréquent de cette figure était la marque infaillible de la médiocrité, et que par cette raison tous nos grands poètes l'avaient dédaignée. Il a oublié que nul d'entre eux, comme je l'ai dit plus haut, ne l'a plus fréquemment employée que le grand Corneille; et, pour le prouver, je ne me servirai pas de la méthode trompeuse de M. Clément; je n'irai pas chercher des vers épars de loin en loin. Je prendrai, dans une des meilleures pièces du père du théâtre, un seul et même morceau : vous y verrez les antithèses accumulées; ensuite je m'en rapporterai aux lecteurs qui pourront répéter eux-mêmes, en cent autres endroits, l'observation que j'aurai faite sur un seul. Prenons le premier monologue de *Cinna* :

> Quand vous me présentez cette sanglante image,
> La *cause* de ma *haine* et l'*effet* de sa *rage*...
> Te *demander* du *sang*, c'est *exposer* le *tien*...
> L'issue en est *douteuse*, et le péril *certain*...
> Te perdre en me *vengeant*, ce n'est pas me *venger*...
> Amour, *sers* mon devoir, et ne le *combats* plus...
> Lui *céder* c'est ta *gloire* et le *vaincre* ta *honte*...
> Plus tu lui *donneras*, plus il te va *donner*,
> Et ne *triomphera* que pour te *couronner*.

Voilà neuf vers d'antithèses dans un seul monologue; et, dans beaucoup d'autres scènes de la même pièce, vous n'en trouverez pas moins dans la même proportion. Si nous raisonnions comme M. Clément, il faudrait donc conclure que Corneille est un poète médiocre? Voilà où conduit la prétention de faire des lois pour justifier des injures. Si le même critique trouvait chez Voltaire, dans une scène passionnée, des antithèses telles que celle-ci :

Ah! quelle cruauté, qui *tout en un jour tue*
Le père par le fer, la fille par la vue.

que ne dirait-il pas! Notre langue lui fournirait-elle assez d'expressions méprisantes pour nous persuader qu'un vrai poète, un homme qui aurait le véritable enthousiasme de la situation qu'il peint, serait incapable d'un pareil jeu d'esprit? Mais ceux qui ne chercheront qu'à étudier le caractère des écrivains et la nature des choses, observeront que les antithèses, qui ne sont que de l'esprit quand la passion devrait parler (comme celle de ces deux vers, aussi mauvais par la recherche que par la dureté), sont dans Corneille un reste du mauvais goût qu'il avait le premier contribué à détruire; qu'ailleurs, s'il emploie trop souvent les formes du raisonnement et l'opposition des pensées, ce n'est pas une preuve de *faiblesse*, c'est la marche d'un esprit naturellement porté à combiner des idées; et cela est si vrai, que parmi ses plus grandes beautés il en est beaucoup qui tiennent à cette tournure d'esprit. L'antithèse, qui quelquefois refroidit et dessèche son style, lui a fourni d'ailleurs une foule de traits des plus forts. L'énergie de ce vers fameux,

Et monté sur le faîte, il aspire à descendre,

tient principalement à cette opposition du désir de descendre à l'ambition de monter. La force de son dialogue en répliques alternées de vers en vers, ou même d'hémistiche en hémistiche, tient aussi à la force et à l'éclat des pensées qui se croisent rapidement. Voyez le dialogue de Pauline et de Polyeucte.

PAULINE.

Quittez cette chimère, et m'aimez,

POLYEUCTE.

Je vous aime
Beaucoup moins que mon Dieu, mais bien plus que moi-même

PAULINE.

Au nom de cet amour, ne m'abandonnez pas.

POLYEUCTE.

Au nom de cet amour, daignez suivre mes pas.

PAULINE.

C'est peu de me quitter, tu veux donc me séduire?

POLYEUCTE.

C'est peu d'aller au ciel, je veux vous y conduire.

PAULINE.

Imaginations!

POLYEUCTE.

Célestes vérités!

PAULINE.

Étrange aveuglement!

POLYEUCTE.

Éternelles clartés!...

PAULINE.

Va, cruel, va mourir: tu ne m'aimas jamais.

POLYEUCTE.

Vivez heureuse au monde, et me laissez en paix.
. . . .
Où le conduisez-vous?...— A la mort... — A la gloire.

M. Clément admire comme nous ce dialogue; mais s'il était de Voltaire, y verrait-il autre chose que des antithèses?

A l'égard de *la Henriade*, si elles y sont quelquefois trop près les unes des autres, c'est un luxe de style, un abus de la facilité, effet de la jeunesse de l'auteur, qui, dans ses tragédies, a été beaucoup plus réservé sur cette figure : non pas que je veuille dire qu'il le soit autant que Racine; mais il sera temps d'examiner cette différence quand il sera question du théâtre.

Un autre reproche qu'on fait à Voltaire, c'est de ne pas couper la narration par des mouvements de l'âme, qui l'animent et la varient. Pour nous en convaincre, il eût fallu, ce me semble, transcrire un récit, et marquer les endroits où l'on pouvait désirer ces sortes de mouvements; mais le critique se contente d'indiquer un vers ou deux, où lui-même il reconnaît ce mérite, et de se plaindre qu'ailleurs il y en ait trop peu. Pour moi, qui ne me suis point aperçu de ce défaut, je me contenterai d'observer que le récit de Henri IV, au second et au troisième chant, et le discours prophétique de saint Louis dans le septième, sont semés partout de traits de ce genre, qui doivent être beaucoup plus fréquents dans la bouche d'un acteur intéressé que dans celle du poète, qui ne doit se montrer que rarement et à propos.

Si l'on en croit M. Clément, qui outre tous les principes, le poète ne doit jamais prendre la parole, parce que c'est une muse qui chante.

C'est de sa part une étrange contradiction ; car lui-même il admire ce vers :

C'était ainsi, Biron, que tu devais mourir !

et assurément c'est le poète qui parle ici. Mais dans le fait il n'est point du tout vrai que la muse qui inspire le poète défende à son âme toute espèce de mouvement, non plus qu'à son esprit toute espèce de réflexion. Aussi l'auteur de *la Henriade* n'est pas plus dépourvu de l'un que de l'autre, et en fait un usage très bien entendu. Virgile, ainsi que lui, a mis beaucoup de ces sortes de mouvements dans le récit d'Énée à Didon, et dans les morceaux prophétiques ; ailleurs il en est très sobre. Je me borne à en rappeler un de *la Henriade*, qui paraît très bien placé ; et pour le reste, il suffit de renvoyer à la lecture de l'ouvrage.

Aux approches de la bataille d'Ivry, lorsque l'arrivée des deux armées répand l'alarme et la consternation dans tous les cantons voisins, le poète commence par décrire en beaux vers ces malheureux effets de la guerre, et sur-tout de la guerre civile :

Près des bords de l'Iton et des rives de l'Eure,
Est un champ fortuné, l'amour de la nature.
La guerre avait long-temps respecté les trésors
Dont Flore et les Zéphirs embellissaient ces bords.
Au milieu des horreurs des discordes civiles,
Les bergers de ces lieux coulaient des jours tranquilles :
Protégés par le ciel et par leur pauvreté,
Ils semblaient des soldats braver l'avidité,
Et sous leurs toits de chaume, à l'abri des alarmes,

N'entendaient point le bruit des tambours et des armes.
Les deux camps ennemis arrivent en ces lieux :
La désolation partout marche avec eux.
De l'Eure et de l'Iton les ondes s'alarmèrent ;
Les bergers pleins d'effroi dans les bois se cachèrent ;
Et leurs tristes moitiés, compagnes de leurs pas,
Emportent leurs enfants gémissants dans leurs bras.
Habitants malheureux de ces bords pleins de charmes,
Du moins à votre roi n'imputez point vos larmes.
S'il cherche les combats, c'est pour donner la paix.
Peuples, sa main sur vous répandra ses bienfaits ;
Il veut finir vos maux, il vous plaint, il vous aime.
Et dans ce jour affreux il combat pour vous-même.

Il me semble que l'on doit louer dans ce morceau, d'abord l'art heureux d'entremêler les peintures gracieuses aux images tristes et effrayantes, ensuite ce mouvement où il y a autant d'adresse que d'intérêt, et par lequel le poète, forcé d'écrire les calamités qu'entraîne la guerre, a soin d'en justifier son héros, et d'en rejeter la cause sur les ennemis domestiques dont il fallait délivrer la France.

Mais un des points sur lesquels la critique s'étend le plus, et ce qu'on a le plus répété de nos jours, c'est que Voltaire ne figure pas assez sa diction ; que son expression n'est pas assez poétique. Si l'on s'était contenté de dire qu'elle l'est communément moins que celle de Racine, notre plus parfait versificateur ; qu'il se permet trop souvent des vers ou des hémistiches de remplissage, et des tournures qui se rapprochent de la prose, on se trouverait d'accord avec la justice sévère des bons juges :

il faudrait ensuite convenir avec eux des beautés d'une autre espèce, par lesquelles il compense peut-être le désavantage qu'il peut avoir en cette partie. Mais la haine sait-elle s'arrêter dans un point juste? elle va, sur cet article, jusqu'à la plus folle exagération. On nous affirme que Voltaire n'a pas le talent des grands poètes, qui ont une expression à eux et des épithètes neuves; que *ses vers sont habillés de tous les lambeaux des autres poètes;* qu'*il n'a que le coloris de la prose;* qu'*enfin il n'y a pas dans tout son poème une seule épithète qui soit nouvelle ou qui lui appartienne.* M. Clément s'est bien douté que ces assertions paraîtraient un peu fortes; aussi son interlocuteur se récrie : « Oh! vous en « dites trop pour être cru. » Mais il réplique fièrement : « Je vous le prouverai d'une manière con-« vaincante. » Vous êtes déjà bien *convaincus*, Messieurs, du contraire; car vous avez lu *la Henriade*, et les divers endroits que j'en ai cités suffiraient seuls pour réfuter cet excès d'injustice. La manière dont le censeur les attaque, et que j'ai mise sous vos yeux, vous a de plus fait connaître la nature de ses *preuves convaincantes.* Vous avez vu comme il raisonnait quand il voulait détruire le mérite poétique des morceaux qu'il citait, et comme il ne disait pas un mot de beaucoup d'autres que l'on peut citer; comme il réussissait à mettre de mauvais vers de Boileau au-dessus des beaux vers de Voltaire. Ce sont là ses moyens de *conviction;* mais pourtant il n'est pas possible d'omettre ceux qui suivent immédiatement les assertions qu'il promet de prouver.

Il venait de rapporter un morceau de *la Henriade*,
où il veut bien trouver *une certaine force*. Le voici :

>Je ne vous peindrai point le tumulte et les cris,
>Le sang de tous côtés ruisselant dans Paris,
>Le fils assassiné sur le corps de son père,
>Le frère avec la sœur, la fille avec la mère,
>Les époux expirants sous leurs toits embrasés,
>Les enfants au berceau sur la pierre écrasés ;
>Des fureurs des humains c'est ce qu'on doit attendre.
>Mais ce que l'avenir aura peine à comprendre,
>Ce que vous-même encore à peine vous croirez,
>Ces monstres furieux, de carnage altérés,
>Excités par la voix des prêtres sanguinaires,
>Invoquaient le Seigneur en égorgeant leurs frères,
>Et, le bras tout souillé du sang des innocents,
>Osaient offrir à Dieu cet exécrable encens.

Il oppose à ce tableau quatre vers d'une assez mauvaise satire de Despréaux sur *l'Équivoque*, où il *décrit rapidement ces mêmes massacres des hérétiques, mais non pas*, ajoute le critique, *avec des couleurs usées et communes.*

>Cent mille *faux-zélés, le fer en main courants,*
>Allèrent attaquer leurs amis, leurs parents,
>*Et sans distinction dans tout sein hérétique,*
>Pleins de joie, enfoncer un poignard catholique.

Selon lui, *ces quatre vers caractérisent beaucoup mieux une guerre civile de religion que tout le récit de Voltaire...* « Est-ce un poète ordinaire qui aurait
« trouvé cette excellente épithète, *un poignard ca-*
« *tholique ?.... Montrez-moi dans le récit de Voltaire*
« *une seule épithète comme celle de Boileau ; mon-*

« trez-m'en une dans toute la *Henriade* ; montrez-
« m'en une dans tous ses ouvrages. »

Je dirai tout à l'heure ce qui a rendu de nos jours cette folie contagieuse, et comment ce qui nous paraît si étrange est devenu la doctrine à la mode, prêchée aujourd'hui de toutes parts. Mais, avant tout, plaignons Boileau d'avoir un panégyrique un peu maladroit, et félicitons Voltaire d'avoir un détracteur qui veut bien se rendre ridicule. Le beau service qu'il rend à un homme qui a fait tant de beaux vers, d'aller en déterrer chez lui quatre des plus mauvais, et dont les fautes de toute espèce sautent aux yeux ! *Cent mille faux zélés* est à peine de la prose noble. *Le fer en main courants* forme une chute de vers et une inversion également désagréables, sans parler de la faute de français, *courants*, quand le participe ne doit pas être décliné. *Allèrent attaquer leurs amis* est de la plus grande faiblesse; *sans distinction* ne peut guère entrer dans la poésie soutenue ; *dans tout sein hérétique* est affreux à l'oreille. Le dernier vers est le meilleur, ou plutôt le seul bon : mais peut-on s'extasier sur une métonymie aussi commune que le *poignard catholique ?* Qui jamais s'est avisé de citer ce vers comme un des beaux traits d'un auteur qui a mille fois employé cette même figure bien plus heureusement? Si du moins on eût cité ce vers :

Lui peint de Charenton l'hérétique douleur.
(Ép. III.*)*

c'est là que l'épithète, la figure et l'inversion forment un vers élégant et nombreux. Mais Voltaire en a une foule de ce même mérite : je me garderai bien de les opposer à ceux que le critique a choisis dans des pièces peu dignes de Boileau : ce serait faire injure à deux grands poètes. Je m'occuperai plus utilement à examiner ce qu'il faut penser de cette importance exclusive que l'on a voulu attacher depuis quelques années à l'usage fréquent des figures hardies.

J'ai fait voir ailleurs, quand j'ai parlé de ceux de nos poètes qui essayèrent les premiers la poésie héroïque, que l'abus du style figuré fut le premier écueil où ils échouèrent, et que l'ambition de transporter dans notre langue les hardiesses métaphoriques des langues anciennes fut la grande erreur de Ronsard, de Du Bartas et de leurs nombreux imitateurs, et l'une des principales causes qui retardèrent les progrès du langage et du goût. Malherbe se garantit beaucoup plus que les autres de cette contagion, et donna, dans quelques morceaux, le premier modèle de la véritable élégance poétique, qui n'admet que des figures justes, naturelles et bien placées. Corneille alla beaucoup plus loin, et Despréaux et Racine achevèrent de nous apprendre, 1° que chaque langue a son génie qu'il faut bien connaître avant d'écrire, et que, pour l'enrichir des tournures et des tropes d'un autre idiome, il faut bien distinguer ce que la nature de nos constructions, l'analogie, la clarté, l'oreille, peuvent approuver ou rejeter ; 2° que la poésie ne consiste point dans la recherche continuelle des figures hardies et des tournures extraordinaires, mais que la perfection du style consiste d'abord dans la propriété des termes et dans leur rapport exact avec les idées, dans l'harmonie variée des phrases, dans le choix, la clarté et la précision des tournures; et qu'à l'égard des figures de mots, des tropes, qui sont les ornements de la diction, il faut les proportionner avec le plus grand soin à la nature du sujet, les distribuer avec sobriété, les assujétir à tous les genres de convenances, les subordonner toujours à l'effet général, de manière qu'en remplaçant l'expression propre, elles n'aient ni moins de justesse ni moins de clarté, et qu'elles aient plus de force, plus d'éclat et plus d'effet; enfin, que les figures les plus audacieuses doivent montrer la chose même, et jamais l'effort et la prétention du poète; que plus elles sont susceptibles de plaire par leur hardiesse, plus il faut se garder de les multiplier, parce qu'il est impossible d'être hardi à tout moment, sans cesser d'être raisonnable et naturel; que plus elles nous frappent par leur éclat, plus il en faut ménager l'emploi, parce que l'éclat continuel produit l'éblouissement, et que la répétition, même de ce qu'il y a de plus brillant, produit la fatigue et l'ennui.

Tous ces principes, qui résultent de la lecture réfléchie de Racine et de Boileau, ils les avaient puisés dans l'excellent goût qui leur était naturel, et dans l'étude des bons critiques et des bons modèles de l'antiquité. Aussi leurs ouvrages firent une révolution complète : le plaisir qu'on eut à les lire fit apercevoir qu'ils avaient raison de se moquer des figures de Brébeuf et de Saint-Amand, et que si l'abus du style figuré peut se trouver avec le talent, il en gâte les productions, bien loin d'en prouver la supériorité, qu'au contraire l'usage bien réglé de ces mêmes figures prouvait, non pas un aveugle instinct de poésie, si facile et si commun, sur-tout quand il y a déjà beaucoup de poètes, mais un sentiment vrai de l'excellence de cet art, caractère décidé du talent supérieur.

Ouvrez en effet Racine et Boileau, vous lirez cent, deux cents vers de suite qui sont de la plus heureuse élégance, de la plus parfaite harmonie, sans qu'on y rencontre une seule figure d'une hardiesse remarquable, une seule de ces expressions qu'on nomme fort bien expressions *trouvées*, parce que, dans les occasions où elles sont appelées par le sujet, la nécessité ou l'enthousiasme a, pour ainsi dire, illuminé le poète, lui a appris à oser beaucoup sans rien blesser d'essentiel, et lui a fait comme un présent de l'expression qu'il lui fallait. Ils en ont sans doute de celles-là, et en assez grand nombre pour être comme autant de points lumineux dans leurs ouvrages, mais toujours assez naturelles pour qu'ils n'aient pas l'air de les avoir cherchées.

Voltaire, né avec du goût et nourri à leur école, regarda l'élégance continue comme le premier mérite du style, sur-tout en poésie. Il savait que tout ce qui tient à l'expression est encore plus essentiel au poète qu'au prosateur, puisque la poésie est un art d'agrément, et que le poète, indispensablement obligé de plaire à l'oreille, ne peut y parvenir que par le choix des termes et leur arrangement nombreux. Ce mérite est susceptible de différents degrés; il s'allie plus ou moins avec d'autres qualités : le style a plus ou moins de force, d'élévation, de grace, de variété, selon le caractère des auteurs et des sujets; mais la première condition, c'est l'élégance qui résulte de la propriété des mots et de l'harmonie des vers : sans elle, dans une langue formée, il n'y a point de style.

C'est sur ce principe que la saine critique a toujours jugé les poètes, et il est si incontestable, qu'on n'a guère osé l'attaquer directement; mais il est si gênant pour la multitude des hommes médiocres, et si décisif pour le très petit nombre des vrais talents, qu'il a bien fallu l'éluder pour y substituer une théorie nouvelle, dont tout le monde pût s'accommoder; et c'est ce qui est arrivé de nos jours. En effet, d'après la doctrine du dernier siècle, pour juger d'abord si un homme sait écrire en vers, il n'y avait qu'une manière qui était bien simple. Qu'on en lise cent vers de suite, et l'on s'apercevra sur-le-champ si l'auteur a l'expression juste de son idée, s'il la renferme dans la phrase poétique, de façon que la contrainte du vers ne lui ôte rien de nécessaire, n'y ajoute rien de superflu, et que l'oreille et l'esprit soient satisfaits. A-t-il rempli ces conditions, c'est à coup sûr un homme qui sait écrire; car ce qu'il a fait dans cent vers, il le fera dans mille. Si, au contraire, son expression est souvent impropre, ou vague, ou recherchée, ou fausse; s'il la prend à tout moment chez autrui pour la placer mal chez lui; si ses constructions blessent le bon sens et l'oreille, si les chevilles viennent remplir la mesure, c'en est assez : celui qui écrit ainsi cent vers ne sait pas écrire. Vous verrez, Messieurs, cette méthode constamment suivie dans l'examen que je ferai des poètes de ce siècle, et vous verrez aussi qu'elle ne trompe jamais, et que le résultat sera d'accord avec la place qu'ils occupent. Mais quand on a voulu éviter ces résultats, quel parti ont pris les détracteurs et les panégyristes, dont la mauvaise foi était intéressée à établir l'erreur? S'il s'agissait d'un bon écrivain, l'on disait que c'étaient des vers bien faits, qu'ils étaient *tous également bons*, qu'il n'y avait rien de *frappant*, rien d'*extraordinaire*, rien de *trouvé*; et, dans le fait, cela voulait dire qu'il n'y avait rien de bizarre ni de recherché. Était-il question d'un mauvais poète, on prenait çà et là quelques vers, les uns réellement beaux, les autres qui n'avaient qu'une ridicule prétention à l'être, et l'on prononçait que c'était là ce qui *séparait un écrivain de la foule des versificateurs;* qu'il suffisait de ces traits là pour faire un poète : on n'examinait pas s'il était possible de lire l'ouvrage. Qu'importe? deux ou trois métaphores heureuses sur cent plus ou moins extravagantes, suffisaient pour caractériser le talent poétique : tout le reste n'était rien. Nous verrons dans la suite le mal réel qu'a produit cette doctrine absurde ; combien elle a égaré de jeunes auteurs qui, pour être loués de cette manière, se sont efforcés d'être beaucoup plus mauvais qu'ils n'auraient été, et ont renoncé au bon sens dans leurs écrits pour avoir du *génie* dans les journaux. Je reviens maintenant à Voltaire, contre qui cette poétique, aussi neuve qu'étrange, a servi d'arme à ceux qu'importunait sa supériorité.

Ces dogmes insensés ont tellement prévalu dans bien des têtes, que j'ai vu des hommes de beaucoup d'esprit faire peu de cas de lui comme poète, parce qu'ils ne trouvaient pas sa poésie assez hardiment figurée. Je leur répondrai d'abord qu'il a, comme tous les grands poètes, un grand nombre de figures très heureuses; qu'ensuite, s'il est moins riche en cette partie que Racine, qui a, en effet, donné à notre langue la plus grande quantité de tournures neuves et d'expressions heureusement métaphoriques, il n'est pas juste de composer l'essence entière du talent poétique de ce qui n'en est qu'une qualité; que cette qualité, comme toutes les autres, est susceptible de balance et de compensation. Ce n'est donc pas une raison pour le déprécier, comme font aussi aujourd'hui beaucoup de jeunes rimeurs, ni de le traiter de *poète médiocre*, comme a fait l'auteur des *Lettres sur la Henriade*. Je m'en tiens à présent à ce seul ouvrage : les avantages de Voltaire dans le style dramatique viendront ailleurs; mais, pour ce qui regarde l'épopée, il est de l'exacte équité d'examiner si ce qui lui manque dans cette partie de l'art, qui consiste à figurer la diction, n'est pas compensé par d'autres qualités qu'il possède éminemment. Ainsi l'on doit d'abord reconnaître en lui ce qui constitue avant tout, comme cela est convenu, le bon versificateur, la clarté, l'élégance et le nombre : ce mérite existe quand les fautes sont rares et les imperfections légères. Ensuite, si le tissu de son style est moins plein, moins savant, moins fini que celui de Racine; il faut avouer en revanche qu'aucun poète peut-être n'a un aussi grand nombre de vers détachés d'une beauté remarquable; de ces vers où une belle idée est rendue avec une précision élégante et noble; de ces vers qui frappent ou par une simplicité énergique, ou par des contrastes aussi justes que brillants, ou par une facilité gracieuse. Son style a tour à tour de la rapidité ou de la mollesse, de la force ou de la douceur, souvent de l'éclat, toujours de la facilité et de l'intérêt. On peut comparer ces qualités à d'autres, se décider suivant son goût; et motiver plus ou moins sa préférence; mais celui qui les a, doit, sans contredit, être compté parmi les grands poètes; et Voltaire serait du nombre, au moins par le style, n'eût-il fait que *la Henriade*.

J'ose demander à tous les bons esprits s'ils ne lui savent pas gré d'avoir tracé ce tableau de l'Angleterre :

De leurs troupeaux féconds leurs plaines sont couvertes;
Les guérets de leurs blés, les mers de leurs vaisseaux :
Ils sont craints sur la terre, ils sont rois sur les eaux.
Leur flotte impérieuse, asservissant Neptune,
Des bouts de l'univers appelle la fortune.
Londres, jadis barbare, est le centre des arts,
Le magasin du monde, et le temple de Mars.
Aux murs de Westminster on voit paraître ensemble
Trois pouvoirs étonnés du nœud qui les rassemble,

Les députés du peuple, et les grands et le roi,
Divisés d'intérêt, réunis par la loi,
Tous trois membres sacrés de ce corps invincible,
Dangereux à lui-même, à ses voisins terrible.
Heureux lorsque le peuple, instruit dans son devoir,
Respecte autant qu'il doit le souverain pouvoir!
Plus heureux lorsqu'un roi, doux, juste et politique,
Respecte autant qu'il doit la liberté publique!

Peut-on réunir dans des vers très bien faits un plus grand nombre de choses très bien pensées? Voltaire fait dire à La Motte, dans *le Temple du Goût*:

Mes vers sont durs, d'accord, mais forts de chose.

Mais quand la plénitude des idées ne produit pas la sécheresse, n'est-elle pas dans les vers un mérite de plus? Permis sans doute à qui voudra de préférer des pensées communes, relevées par l'invention des figures : ce mérite est aussi d'un poète; mais des morceaux tels que celui que je viens de citer sont d'un homme qui sait aussi bien penser que bien écrire, et il serait plaisant que ce fût en poésie un titre de réprobation : c'en était un de gloire, et même bien brillant, dans un jeune poète qui montrait un esprit de cette trempe lorsqu'il n'avait pas encore trente ans.

On le retrouve dans ces vers qui peignent à grands traits le caractère de Médicis, à qui l'on porte la tête de Coligny :

Médicis la reçut avec indifférence,
Sans paraître jouir du fruit de sa vengeance,
Sans remords, sans plaisir, maîtressse de ses sens,
Et comme accoutumée à de pareils présents.

Depuis Corneille et depuis l'auteur de *Britannicus*, quel poète avait su s'approprier ainsi les crayons de Tacite? Ce grand Corneille, penseur aussi profond que versificateur vigoureux, aurait-il désavoué ces vers sur les barricades et sur la mort de Guise :

> Guise, tranquille et fier au milieu de l'orage,
> Précipitait du peuple ou retenait la rage,
> De la sédition gouvernait les ressorts,
> Et faisait à son gré mouvoir ce vaste corps.
> Tout le peuple au palais courait avec furie :
> Si Guise eût dit un mot, Valois était sans vie.
> Mais lorsque d'un coup d'œil il pouvait l'accabler,
> Il parut satisfait de l'avoir fait trembler ;
> Et des mutins lui-même arrêtant la poursuite,
> Lui laissa par pitié le pouvoir de la fuite.
> Enfin Guise attenta, quel que fût son projet,
> Trop peu pour un tyran, mais trop pour un sujet.
> Quiconque a pu forcer son monarque à le craindre,
> A tout à redouter s'il ne veut tout enfreindre.
> Guise, en ses grands desseins dès ce jour affermi,
> Vit qu'il n'était plus temps d'offenser à demi :
> Et qu'élevé si haut, mais sur un précipice,
> S'il ne montait au trône, il marchait au supplice.

Et plus bas en parlant de Valois :

> Son rival chaque jour, soigneux de lui déplaire,
> Dédaigneux ennemi, méprisait sa colère.
> Ne soupçonnant pas même en ce prince irrité,
> Pour un assassinat assez de fermeté.
> Son destin l'aveuglait, son heure était venue :
> Le roi le fit lui-même immoler à sa vue.
> De cent coups de poignards indignement percé,
> Son orgueil en mourant ne fut point abaissé ;

Et ce front, que Valois craignait encore peut-être,
Tout pâle et tout sanglant, semblait braver son maître.
C'est ainsi que mourut ce sujet tout puissant,
De vices, de vertus assemblage éclatant.
Le roi, dont il ravit l'autorité suprême,
Le souffrit lâchement, et s'en vengea de même.

Il y a peu de figures dans ces vers; mais j'ose dire que cette tournure simple et mâle est souvent la manière des grands maîtres, celle des morceaux les plus forts de Corneille et de Racine, qui ne croyaient pas, comme nos petits docteurs d'aujourd'hui, que rien ne fût bon sans les figures, et qui se gardaient bien d'y avoir recours quand la pensée toute nue avait plus de force que toutes les figures n'en pouvaient avoir.

Il ne reste rien à ajouter pour l'éloge de ces deux morceaux, si ce n'est que M. Clément ne voit dans le premier qu'*une déclamation*, et dans les quatre derniers vers du second, *une queue sentencieuse et froide.*

A l'égard des figures, l'auteur de *la Henriade* sait d'ailleurs, dans l'occasion, en trouver de très belles. La puissance de Rome a-t-elle été exprimée par une métaphore plus énergique que celle-ci?

L'univers fléchissait sous son aigle terrible.

Je ne veux pas revenir sur tous les exemples que j'ai déjà mis sous vos yeux quand j'ai parlé du sublime des images. Je m'arrête à un seul morceau, l'un des plus parfaits dans le style descriptif: c'est celui de la famine.

Les mutins qu'épargnait cette main vengeresse
Prenaient d'un roi clément la vertu pour faiblesse,
Et, fiers de sa bonté, oubliant sa valeur,
Ils défiaient leur maître, ils bravaient leur vainqueur;
Ils osaient insulter à sa vengeance oisive.
Mais lorsque enfin les eaux de la Seine captive
Cessèrent d'apporter dans ce vaste séjour
L'ordinaire tribut des moissons d'alentour;
Quand on vit dans Paris la Faim pâle et cruelle
Montrant déjà la Mort qui marchait après elle,
Alors on entendit des hurlements affreux;
Ce superbe Paris fut plein de malheureux,
De qui la main tremblante et la voix affaiblie
Demandaient vainement le soutien de leur vie.
Bientôt le riche même, après de vains efforts,
Éprouva la famine au milieu des trésors.
Ce n'étaient plus ces jeux, ces festins et ces fêtes,
Où de myrte et de rose ils couronnaient leurs têtes,
Où parmi des plaisirs, toujours trop peu goûtés,
Les vins les plus parfaits, les mets les plus vantés,
Sous des lambris dorés qu'habite la Mollesse
De leur goût dédaigneux irritaient la paresse.
On vit avec effroi tous ces voluptueux,
Pâles, défigurés, et la mort dans les yeux,
Périssant de misère au sein de l'opulence,
Détester de leurs biens l'inutile abondance.
Le vieillard, dont la faim va terminer les jours,
Voit son fils au berceau qui périt sans secours.
Ici meurt dans la rage une famille entière;
Plus loin, des malheureux, couchés sur la poussière,
Se disputaient encore, à leurs derniers moments,
Les restes odieux des plus vils aliments.
Ces spectres affamés, outrageant la nature,

Vont au sein des tombeaux chercher leur nourriture.
Des morts épouvantés les ossements poudreux
Ainsi qu'un pur froment sont préparés par eux.
Que n'osent point tenter les extrêmes misères?
On les vit se nourrir des cendres de leurs pères.
Ce détestable mets avança leur trépas,
Et ce repas pour eux fut le dernier repas.

Autant que je puis m'y connaître, Voltaire me paraît ici comparable à Racine lui-même, pour le choix des expressions et les figures du style. J'admire ce contraste de la satiété qui naît de l'extrême abondance, avec les horreurs de l'extrême besoin; contraste qui, pour M. Clément, *égaie trop ce tableau*, mais qui pour tout lecteur sensé produit la variété des couleurs, et en augmente l'effet. J'admire l'art qui règne dans la coupe des phrases et dans les constructions, tantôt périodiquement prolongées, tantôt séparées d'une rime à l'autre; ces tournures métonymiques consacrées à la poésie seule, et que la prose n'oserait hasarder : *insulter à sa vengeance oisive; irritaient la paresse de leur goût;* ces images si vives :

La Faim pâle et cruelle,
Montrant déjà la Mort qui marchait après elle;

ces épithètes si bien placées, ce *superbe Paris* qui est *plein de malheureux*, vers qui n'en est pas moins beau dans sa simplicité, pour avoir paru froid et sec à M. Clément; ces *morts épouvantés*, ces *spectres affamés*, ces *ossements poudreux préparés* comme *un pur froment*; jusqu'aux phrases incidentes qui sont travaillées avec soin, ces *plaisirs toujours trop peu goûtés :* réflexions jetées en passant, comme une lueur sombre, sur le sort de l'humanité, qui joint le dégoût des biens à l'imprévoyance des maux..... Je n'irai pas plus loin ; qu'on relise encore ce morceau, et l'on verra qu'il s'en faut bien que j'aie tout dit. M. Clément ne s'est occupé qu'à le refaire à sa manière ; mais comme il n'est pas nécessaire, pour prouver que les vers de Voltaire sont bons, de faire voir que ceux de M. Clément ne le sont pas ; comme, bien loin de vouloir abuser des avantages qu'il me donne, je voudrais même n'avoir pas à en user, vous me permettrez de ne rien dire des vers qu'il substitue à ceux de *la Henriade.*

On nous a dit que Voltaire n'a point d'*épithète neuve,* point d'*épithète qui lui appartienne.* Si l'on entend par *épithète neuve* celle qui n'a jamais été employée, cette assertion n'a aucun sens ; car il faudrait, pour la prouver, savoir par cœur tous les poètes français depuis Villon ; et je ne crois pas que M. Clément puisse se vanter de cet effort de mémoire. Mais je crois qu'on peut appeler *épithète neuve* celle dont aucun auteur connu n'a fait auparavant le même usage. Il y en a beaucoup de cette espèce dans *la Henriade,* comme dans tous les bons ouvrages en vers, et j'ajouterai que ce qui fait principalement le mérite et la nouveauté de l'épithète, ce n'est pas qu'on ne l'ait jamais vue ailleurs, c'est qu'elle n'ait point été ailleurs si bien placée, et qu'elle le soit de manière qu'elle paraisse appartenir particulièrement à l'objet, et qu'aucune autre ne puisse le caractériser aussi bien. Sous ce point de vue, qui est le seul raisonnable, je demande ce qu'il faut penser de ces deux vers, qui font partie de la description du palais du Destin :

Sur un autel de fer, un livre inexplicable
Contient de l'avenir l'histoire irrévocable.

Je demande si ces deux épithètes ne sont pas du plus grand sens. La seconde appartient tellement à la place où elle est, que partout ailleurs elle serait ridicule. Pourquoi fait-elle ici un si bel effet? Il faut l'apprendre aux critiques. Dire que le passé est *irrévocable*, rien n'est si commun; mais on ne dirait d'aucune *histoire* quelconque qu'elle est *irrévocable*, parce que l'idée serait niaise, et que l'expression ne serait nullement exacte; car une *histoire* n'est ni *révocable*, ni *irrévocable*. Il faut donc, pour que la phrase ait un sens, que cette *histoire* soit celle de l'avenir, dictée par celui de qui seul l'avenir dépend. Alors voilà déjà une figure, une métaphore par laquelle on applique à l'avenir ce qui naturellement ne peut convenir qu'au passé, puisqu'on ne peut faire l'*histoire* que du passé. La beauté de cette figure consiste à représenter l'avenir tracé dans le livre du Destin, comme aussi sûr que s'il eût déjà été réalisé; et l'épithète d'*irrévocable*, jointe à l'expression métaphorique d'*histoire*, contient une autre figure, la métonymie, puisque cette *histoire* n'est *irrévocable* qu'autant qu'elle est l'*irrévocable* volonté du Très-Haut; en sorte que, si l'on voulait traduire cette poésie en prose simple, il faudrait dire que ce livre contient la prévision de l'avenir, aussi sûre que le serait l'*histoire* du passé, et aussi *irrévocable* que la volonté divine. Voilà ce qu'exprime en deux mots, par une double figure, et pourtant avec la plus grande clarté, cet homme à qui l'on refuse l'art de figurer sa diction. Maintenant qu'on nous dise si cette *histoire irrévocable* de l'avenir n'offre pas une *épithète neuve*, et s'il serait même possible de la trouver autre part.

On me dispensera de m'étendre davantage sur les citations du même genre : il faut s'en rapporter à quiconque est en état de lire *la Henriade* dans le même esprit. J'ajouterai seulement, comme une observation qui n'est pas indifférente, que l'épithète la plus commune peut devenir très belle par la manière dont elle est placée ; et c'est encore une des choses qui tiennent au sentiment de la poésie. Je le démontrerai par un seul exemple tiré de l'épisode de d'Ailly :

> Ce jour, sa jeune épouse, en accusant le Ciel,
> En détestant la ligue et ce combat mortel,
> Arma son tendre amant, et, d'une main tremblante,
> Attacha tristement sa cuirasse pesante.

A l'exception d'une consonnance d'hémistiches, défaut trop commun dans Voltaire, et rare dans Racine et Boileau, d'ailleurs le rhythme de chaque vers semble commandé par la situation. De quoi s'agissait-il ? De peindre une femme sensible et alarmée, le cœur plein de toutes les terreurs que peut inspirer le péril d'un époux qu'elle aime, et portant les soins et les empressements de l'amour jusque dans les apprêts d'un combat qui la fait frémir. C'est elle-même qui veut armer ce jeune guerrier que la gloire lui arrache et va exposer à la mort. On conçoit que cette triste occupation fut souvent interrompue par des larmes, et que d'ailleurs le poids de l'armure dut fatiguer plus d'une fois des mains faibles et tremblantes. C'était là ce qu'il fallait rendre, non seulement par les mots, mais par le rhythme. Le poète commence par suspendre deux fois la phrase par des phrases incidentes :

> Ce jour, sa jeune épouse, — en accusant le ciel,
> — En détestant la ligue et ce combat mortel.

Ces suspensions redoublées peignent les efforts interrompus de cette épouse désolée. Au troisième vers, la phrase tombe tout de suite au premier hémistiche :

> Arma son tendre amant....

On la voit encore arrêtée avec le vers, et le poète reprend la phrase, de façon que l'effort devient encore plus marqué et plus pénible par l'arrangement des mots qui se traînent les uns après les autres :

> Et, d'une main tremblante,
> Attacha tristement sa cuirasse pesante.

L'épithète de *pesante* n'a rien par elle-même que de fort commun; la place où elle est la rend admirable. Le vers tombe avec le mot *pesante*, et l'on croit voir aussi la cuirasse près de tomber des mains qui la portent. Il y a eu de nos jours un critique assez inepte pour imprimer, dans *l'Année littéraire*, que c'était là *des vers d'écolier*, et que *pesante* n'était mis que pour la rime. Aux yeux de quiconque se connaît en poésie, les vers et l'épithète sont d'un maître. Mais donnez-les à juger à nos aristarques des journaux : *Il n'y a rien là*, diront-ils, *de neuf ni de frappant;* et cela prouvera seulement qu'ils n'en savent pas assez pour en être *frappés*, et qu'ils ne trouvent *neuf* que ce qui est extravagant ou barbare. Il faut les plaindre, et admirer encore les deux vers qui achèvent cette peinture digne de Virgile :

Et couvrit, en pleurant, d'un casque précieux
Ce front si plein de grace et si cher à ses yeux.

C'est à ceux qui connaissent l'amour à nous dire si ce n'est pas lui qui a conduit la main du poète quand il traçait ce tableau ; c'est à eux de nous dire comment les images naturelles et vraies réveillent, sans effort et sans recherche, une foule d'idées intéressantes; et c'est là ce qui fonde principalement ce qu'on appelle l'intérêt du style, et ce qui fait lire et relire les bons ouvrages en prose comme en vers.

Pour dernier exemple de cet art où Voltaire n'a jamais été étranger, de peindre par l'expression et les épithètes, et de relever des termes communs en sachant les placer, je citerai le tableau contrasté des deux armées qui combattent à Coutras, et je le choisis encore parce que M. Clément le trouve *froid, sans mouvement, sans force et sans expression.*

> Les courtisans en foule, attachés à son sort,
> Du sein des voluptés s'avançaient à la mort.
> Des chiffres amoureux, gages de leurs tendresses,
> Traçaient sur leurs habits les noms de leurs maîtresses.
> Leurs armes éclataient du feu des diamants,
> De leurs bras énervés frivoles ornements.
> Ardents, tumultueux, privés d'expérience,
> Ils portaient au combat leur superbe imprudence.
> Orgueilleux de leur pompe, et fiers d'un camp nombreux,
> Sans ordre ils s'avançaient d'un pas impétueux.
> D'un éclat différent mon camp frappait leur vue :
> Mon armée, en silence à leurs yeux étendue,
> N'offrait de tous côtés que farouches soldats,
> Endurcis aux travaux, vieillis dans les combats,
> Accoutumés au sang et couverts de blessures ;
> Leur fer et leurs mousquets composaient leurs parures.
> Comme eux vêtu sans pompe, armé de fer comme eux,
> Je conduisais aux coups leurs escadrons poudreux.

N'est-on pas également satisfait des deux tableaux et de leur contraste?

> De leurs bras énervés frivoles ornements....
> Ils portaient au combat leur superbe imprudence....

Ne sont-ce pas là des épithètes très heureuses? *Mousquets* ne semblait pas trop fait pour le style noble* : il est ici très bien placé, parce que l'extrême simplicité des termes répond à celle des objets, et renforce le contraste que le poète veut faire

---

* Boileau l'avait déjà employé dans son *Passage du Rhin* (*Epît* IV.):

> Laissez-là ces *mousquets* trop pesants pour vos bras.

H. P.

sentir. Quand il a parlé des *diamants* qui couvraient des guerriers fastueux, courtisans de Valois et de Joyeuse, il a proportionné à leur luxe le luxe de la poésie. Quand il veut représenter la pauvreté guerrière des soldats de Henri IV, il appauvrit à dessein sa diction, ou plutôt il sait la parer de sa simplicité même, comme ils sont *parés* de *leur fer* et de *leurs mousquets*. *Le fer et le mousquet*, voilà ce qu'il fallait opposer à l'or, aux *chiffres* et aux *diamants*; et remarquez pourtant que *le fer* qui précède *les mousquets* les ennoblit suffisamment, et que le dernier hémistiche, *composaient leurs parures*, les relève encore par un nouveau contraste. C'est ainsi que les expressions se soutiennent les unes par les autres quand la combinaison est juste. *Escadrons poudreux* est une expression assez vulgaire : elle cesse de l'être ici ; elle a une intention marquée; elle oppose *les escadrons poudreux* de l'indigent Navarrois aux escadrons dorés de Joyeuse. Ainsi tout a son mérite quand tout est à sa place ; je ne saurais trop le répéter. Ce n'est pas dans cet esprit que la poésie et l'éloquence sont jugées dans cette quantité d'écrits périodiques, où tant de gens vont chercher leurs opinions ; mais aussi, comme je le prouverai en son lieu, c'est là ce qui a achevé de tout perdre.

Vous avez dû observer qu'à chaque pas que je faisais dans la réfutation des critiques, je rencontrais sur ma route des beautés à indiquer ou à développer, de faux principes à écarter, et des vérités à établir; et ce plan, que je n'ai voulu suivre qu'une fois, m'a paru applicable sur-tout à un ouvrage aussi important que *la Henriade*, le seul poème épique que nous ayons, et qu'on aurait voulu ôter à son auteur et à la France.

Je n'ai pas relevé la centième partie des erreurs plus ou moins grossières, des infidélités plus ou moins odieuses, des artifices plus ou moins méprisables dont on s'est servi pour rabaisser cet ouvrage. Je me suis arrêté sur les articles les plus essentiels à la poésie épique; et c'est dans le dernier celui qui regarde la versification, que l'on a prodigué les plus vétilleuses chicanes et les plus puériles supercheries.

Mais une manœuvre très insidieuse, et contre laquelle on ne saurait trop prévenir les jeunes gens et les lecteurs trop peu attentifs ou trop crédules, c'est de citer un morceau de Voltaire où ne se trouve pas tel ou tel genre de beauté, et de le rapprocher de tel ou tel morceau d'un autre auteur où on la fait remarquer. Avec un peu de réflexion, on sentira que cette méthode ne prouve rien du tout, car on pourrait l'employer tout aussi aisément dans un sens contraire. Par exemple, on nous étalera, à propos de l'inversion, un certain nombre de vers de Racine où elle se trouve, et ensuite des vers de Voltaire où elle n'est pas. Il est clair que, si on voulait attaquer Racine avec une mauvaise foi tout aussi inconséquente, on obtiendrait le même résultat. Il n'y aurait qu'à prendre ceux de ses vers qui sont sans inversion (et il y en a, comme il doit y en avoir, une grande quantité), et mettre en opposition ceux où Voltaire en a fait usage. N'aurait-on pas fait là une belle démonstration? Et pourtant il est très vrai que le commun des lecteurs est si sévère pour le talent, et en même temps si indulgent pour la critique, que la plupart sont tout prêts à se laisser prendre à ces trompeuses apparences. S'agit-il de l'ellipse, M. Clément se récriera sur des vers de Racine où elle donne de la vivacité au style, et affirmera hardiment que Voltaire ne sait point se servir de cette figure. Je ne songeais point à prouver le contraire quand j'ai examiné différents endroits de *la Henriade* sous d'autres rapports; et, sans aller plus loin, j'en vois deux où l'ellipse est d'un très bel effet.

     Henri, plein de l'ardeur
Que le combat encore enflammait dans son cœur,
Semblable à l'Océan qui s'appaise et qui gronde :
 « O fatal habitant de l'invisible monde!
 « Que viens-tu m'annoncer dans ce séjour d'horreur? »
Alors il entendit, etc.

La tournure elliptique consiste ici dans le retranchement de ces mots, *lui dit* ou *dit-il;* et il est aisé de sentir combien cette suppression rend le discours plus rapide. Vingt vers plus haut, le poète passe de même de la narration au style direct, en supprimant les formules de liaison :

Il franchit les faubourgs, il s'avance à la porte :
 « Compagnons, apportez et le fer et les feux;
 « Venez, volez, montez sur ces murs orgueilleux. »

La critique n'a eu autre chose à faire que de n'en

pas parler, et pour le réfuter on n'a que la peine de transcrire.

Au reste, cette sorte d'ellipse doit être ménagée pour les occasions où il convient de passer brusquement du récit au discours; ailleurs elle donnerait au style un air étrange, et le ferait paraître décousu. L'inversion même, qui est un des moyens de distinguer notre poésie de la prose, exige aussi du choix et de la réserve. On sait combien nos anciens poètes avaient rendu notre versification barbare, en y accumulant mal à propos les inversions grecques et latines : Racine et Boileau en ont enseigné la juste mesure. Les inversions, même naturelles à notre poésie, la rendraient dure, pénible et rebutante, si elles étaient trop près les unes des autres; et c'est ce qui est arrivé dans plus d'un ouvrage de nos jours. L'inversion n'est jamais plus louable que lorsqu'elle fait partie des tournures qui ne sauraient subsister sans elle, et qui ne sont permises qu'à la poésie, comme dans ce vers de *la Henriade* :

Un bruit mêlé d'horreur
Bientôt de ce silence augmente la terreur.

Il y a ici une ellipse très hardie : on ne dirait jamais dans la prose la plus élevée, *la terreur du silence, pour la terreur produite par le silence.* Ces deux mots, ainsi rapprochés, auraient quelque chose de trop discordant; et même en vers, si l'on eût dit :

Bientôt vient augmenter la terreur du silence,

on en serait blessé; mais l'inversion vient ici au secours de la poésie, et en mettant :

Bientôt de ce silence augmente la terreur,

ces deux mots ainsi séparés n'ont plus rien de choquant, et produisent leur effet, parce que la hardiesse de l'expression ne nuit en rien à la clarté du sens. Il y a une foule d'exemples semblables dans nos bons poètes; mais un seul suffit pour apprendre à les distinguer.

On pourrait croire que celui qui a tant reproché à Voltaire d'être avare de figures, lui a du moins su gré de celle-ci. Point du tout : il se récrie sur *l'emphase et le galimatias*, et ne donne ce vers que pour un modèle de *style ampoulé*. Telle est la marche constante des critiques passionnés. Quand vous êtes élégant et sage, c'est *froideur*; quand vous êtes heureusement hardi, c'est *emphase*. C'est ainsi qu'on est sûr d'avoir toujours raison, mais pour soi seul.

Comment croire, par exemple, un homme qui vous dit que Voltaire n'a d'autre mérite que de n'être pas plat comme Scudery et Desmarets, et de n'être pas dur comme Chapelain; mais qu'il *n'est pas plus grand poète pour le fond des choses et des idées*, et que s'il faut s'en rapporter à Boileau, qui a dit :

Il n'est point de degrés du médiocre au pire,

l'auteur de *la Henriade* est par conséquent au niveau des derniers rimailleurs? Que penser d'un critique qui nous dit ici que Voltaire *n'est pas assez grand écrivain pour hasarder rien contre les règles du langage;* et ailleurs, *que, pour fuir la médiocrité, il faut beaucoup de correction ?* N'est-il pas évident qu'il ne se soucie nullement de se contredire, pourvu qu'il ait un double prétexte d'injurier? Que répondre à un censeur qui parle de poésie, et qui défie Voltaire de rien opposer d'un des plus beaux morceaux de sa *Henriade* à ces vers de Chapelain :

> *De son être incréé tout est la créature*,
> Le père de la vie et la source du bien.
> . . . .
> Seul *par soi-même en soi dure éternellement.*

Que servira de lui dire que le second de ces vers est fort commun, que le premier est aussi plat que barbare, puisque jamais on n'a pu dire *la créature de son être*, et que *tout est la créature* est de la prose aussi dure que plate ? que le troisième n'est pas barbare, il est vrai, mais que

> Seul *par soi-même en soi dure éternellement*,

est encore plus plat et plus dur, s'il est possible, que ce qui précède? Le moindre écolier sait tout cela *.

Quiconque a lu des vers sait que cette expression

---

* La Harpe a quelque raison contre ces vers ainsi isolés, mais il a grand tort contre le morceau entier, qui est réellement très beau. On peut le lire t. VII, p. 120 de notre *Répertoire*. Le dernier vers y est autrement rapporté que dans la citation de La Harpe:

> Seul, ne pouvant changer, dure éternellement.

H. PATIN.

pour prix, se prend également, dans la poésie et dans l'éloquence, en bonne et en mauvaise part, et qu'on dit, *la mort est le prix de ses forfaits*, comme on dit, *la reconnaissance est le prix des bienfaits*. Cela empêche-t-il M. Clément d'insulter Voltaire à propos de ces deux vers :

Semblable à ce héros, confident de Dieu même,
Qui nourrit les Hébreux pour prix de leur blasphème.

Dans ce langage des orateurs et des poètes, ces deux vers ne signifient autre chose, si ce n'est que Moïse ne punit les Hébreux de *leur blasphème* qu'en les nourrissant. Selon le critique, *cette idée est presque folle*. Assurément on n'en peut pas dire autant de cette observation; le *presque* serait de trop.

S'il lui plaît de décider que ces deux vers de *la Henriade sont du style médiocre,*

Il est comme un rocher qui, menaçant les airs,
Rompt la course des vents et repousse les mers,

peut-on se flatter de lui faire entendre que ces deux vers sont très beaux, que le dernier hémistiche est du style sublime, et que c'est une très grande idée que d'opposer la résistance d'un rocher à la masse des mers ? S'il est assez maladroit pour prendre dans Corneille des vers très inférieurs à ceux-là, comme il en a pris dans Malherbe et dans Despréaux, aura-t-il assez de discernement pour en apercevoir les fautes ?

Et comme un *grand* rocher par l'orage insulté,
Des flots *audacieux* méprise la *fierté*,

Et sans craindre le bruit qui gronde sur sa tête,
Voit *briser* à ses pieds l'effort de la tempête.

Par l'orage insulté pourrait être ailleurs une figure bien placée : elle ne l'est pas ici, parce qu'elle offre une idée trop faible. *Un grand rocher*, cette épithète n'est ici qu'une cheville. *La fierté des flots audacieux* : autant de figures impropres. Ce ne sont pas les flots qui sont *audacieux et fiers* en se brisant contre un rocher; c'est au rocher même que conviendraient beaucoup mieux les idées d'*audace* et de *fierté*. Qu'on lise la même comparaison dans Virgile, et l'on verra s'il confond ainsi ce qui appartient à chaque objet. Le bruit qui *gronde sur la tête d'un rocher* est un accessoire qui n'ajoute rien au tableau. Qu'est-ce que le *bruit* peut faire à un *rocher ?* Le dernier vers est le meilleur; mais il y a une faute de langue qui ne produit aucune beauté : *voit briser*; il faut absolument *voit se briser*.

M. Clément, toujours, aussi malheureux quand il veut louer les grands poètes que quand il veut les dénigrer, nous cite avec éloge ces deux autres vers de Corneille, où il dit que Moïse

Sur le mont *de* Sina reçut la sainte loi
A travers les carreaux, *la terreur et l'effroi*.

Si Voltaire les eût faits, le critique en saurait assez pour voir que, dans cet hémistiche, *sur le mont de Sina*, la particule *de* est une véritable *cheville* mise pour faire le vers, et que cet autre, *la terreur et l'effroi*, pèche contre la règle la plus commune du discours, qui doit toujours aller en croissant. Mais quant à ceux-ci de *la Henriade* :

> Ainsi quand le vengeur des peuples d'Israël
> Eut sur le mont Sina consulté l'Éternel,
> Les Hébreux à ses pieds, couchés dans la poussière,
> Ne purent de ses yeux soutenir la lumière.

s'il ne trouve que de la sècheresse où tout autre verra un tableau noble et imposant, c'est que ces vers sont de Voltaire.

Section III. — *Des critiques relatives à l'ordonnance, aux caractères, aux épisodes et à la morale de la Henriade.*

La nécessité de réunir dans un seul article tout ce qui peut concerner notre épopée, renfermée tout entière dans *la Henriade*, et d'opposer des notions saines aux fausses doctrines qu'a fait débiter sur ce genre de poésie l'acharnement à déprécier notre unique poème, est un motif et une excuse pour m'arrêter un peu plus long-temps que je n'aurais voulu sur cet ouvrage, qui, pour avoir été exalté autrefois au delà de son mérite, a été mis ensuite fort au-dessous. Le premier excès était excusable; il tenait au plaisir nouveau de voir notre littérature vengée, par un jeune poète, du reproche de stérilité dans un genre éminent : le second n'a aucune excuse; il joignait l'injustice à l'ingratitude, et tendait à appauvrir la gloire nationale pour dépouiller Voltaire de la sienne.

On a voulu trouver de la contradiction entre l'esprit général du poème et celui du sujet. On a prétendu que, le sujet étant la conversion de Henri IV à la religion catholique, et par conséquent le triomphe de cette religion, l'auteur avait été contre son but en y insérant des morceaux satiriques contre l'ambition des papes et contre la cour de Rome. Le faux de cette observation saute aux yeux; il est évident que l'on a confondu dans la critique deux choses très différentes, et même très opposées, que l'auteur a très bien su distinguer dans son poème. La cour de Rome n'est point l'Église, et la politique ultramontaine n'est point la religion. Le pape, successeur des apôtres et chef de l'Église, et le pape, souverain temporel, sont deux hommes tout différents. Dieu n'a jamais permis que la foi s'altérât dans la chaire de saint Pierre : il ne pouvait pas aller contre ses promesses ; mais il n'a jamais dit que tous les successeurs de saint Pierre seraient des saints, et il a permis qu'un de ses apôtres fût un traître. Voltaire a donc très bien fait de séparer ces deux choses, et ce devait être l'esprit de son sujet. Il a peint la Religion et l'Église sous les traits les plus respectables, et nous a représenté la Discorde et la Politique prenant les vêtements sacrés de *leur auguste ennemie*, la Religion, pour prêcher aux peuples la révolte et le fanatisme ; et la vérité de l'histoire est transparente sous le voile de cette allégorie. Assurément ce n'était pas dans l'Évangile, qui ne prêche que la soumission *aux puissances établies de Dieu*, que Sixte-Quint avait appris à déclarer l'héritier du trône de France, *race bâtarde et détestable de Bourbon*. C'était l'allié mercenaire de Philippe II qui parlait ainsi, et non pas le chef spirituel et le père des Chrétiens. Non-seulement il n'y a point là-dessus de reproche à faire à l'auteur; mais, quoique son sujet lui fît une loi indispensable de marquer d'un bout à l'autre de son poème la séparation réelle et sensible de l'esprit de la religion, toujours le même et toujours pur, et de l'esprit qui était alors celui d'un souverain ambitieux et perfide, et d'un très indigne pontife, on doit cependant lui savoir gré d'avoir employé tous les moyens de son art et tous les crayons de la poésie pour caractériser l'inaltérable pureté de la vraie religion et le respect qui lui est dû; et il serait à souhaiter qu'il eût trouvé dans son âme ces sentiments et ce respect dont il a été redevable cette fois aux convenances de son sujet.

On nous cite une lettre de J. B. Rousseau, écrite dans le temps de ses querelles avec Voltaire, où il dit qu'il avait averti *l'auteur de* la Henriade *qu'un poème épique ne doit pas être traité comme une satyre, et que c'est le style de* Virgile *qu'on doit s'y proposer pour modèle, et non pas celui de Juvénal.* Le principe est très vrai, et il ne s'agit, pour le bien appliquer, que d'en fixer le sens et l'étendue. Rousseau a-t-il voulu dire que l'expression énergique du blâme et de l'indignation ne doit pas entrer dans l'épopée ? Cette prohibition serait trop déraisonnable, et l'on sait que Boileau admirait quatre vers des plus beaux de *Bajazet* comme excellents dans le genre satyrique; et assurément la tragédie est aussi loin que l'épopée, de la satyre proprement dite. Rousseau a donc voulu dire seulement que le ton propre et particulier à la satyre ne devait pas être celui de l'épopée. C'est une vérité triviale qui ne pourrait avoir de sens qu'autant que l'on prouverait que le style de *la Henriade* est souvent celui de la satyre; et nous avons vu que ce reproche ne peut tomber que sur sept ou huit vers; ce qui n'a rien de commun avec le ton habituel d'un ouvrage. Traitera-t-on de satyre ce que dit Voltaire de la corruption de la cour de Rome, en opposition avec le témoignage éclatant qu'il rend aux vertus des premiers siècles de l'Église? Lui fera-t-on un crime d'avoir déploré ce temps malheureux où le meurtre, l'inceste et l'adultère souillèrent le trône pontifical? Il le devait à la vérité et à son sujet, et il fallait faire voir que les attentats de Sixte-Quint n'étaient pas plus respectables que ceux des Jules II et de Borgia, et n'appartenaient pas plus à la religion. Je ne vois à reprendre dans ce morceau que deux vers :

Et Rome, qu'opprimait leur empire odieux,
Sous ces tyrans sacrés *regretta ses faux dieux.*

La pensée est outrée et fausse. On sait que le peuple de Rome moderne, tout en détestant les crimes des mauvais papes, fut toujours extrêmement attaché au culte orthodoxe. Cette hyperbole est donc en effet dans le goût de Juvénal; mais c'est la seule, et tout le reste du morceau est irréprochable.

Les critiques qui ont cité Rousseau le regardent sans doute comme une autorité, et ils ont raison, si l'on ne considère que ses titres en poésie, et que l'on mette de côté ses passions. Eh bien! veulent-ils que nous nous en rapportions à lui sur *la Hen-*

riade? Voici ce qu'il en dit dans une lettre datée de Bruxelles, en 1722, un an avant que *la Henriade* parût sous son premier titre, celui de *la Ligue :* cette lettre est dans *le Recueil* des lettres de Rousseau, qui est entre les mains de tout le monde. « M. de Vol-
« taire a passé ici onze jours, pendant lesquels nous
« ne nous sommes guère quittés. J'ai été charmé de
« voir un jeune homme d'une si grande espérance :
« il a eu la bonté de me confier son poème pendant
« cinq ou six jours. Je puis vous assurer qu'il fera
« un très grand honneur à l'auteur. Notre nation
« avait besoin d'un ouvrage comme celui-là. *L'éco-*
« *nomie en est admirable, et les vers parfaitement*
« *beaux.* A quelques endroits près, sur lesquels
« il est entré dans ma pensée, *je n'y ai rien trouvé*
« *qui puisse être critiqué raisonnablement.* »

Eh bien! s'il faut s'en tenir ici à l'autorité invoquée par les censeurs eux-mêmes, où en sont-ils?

Quàm temerè in nosmet legem sancimus iniquam !
(Horat. *Sat.* I, 3.)

Quoi! vous citez pour vous la loi qui vous condamne!

Y a-t-il quelque moyen d'échapper à un témoignage si formel et si flatteur? Ce n'est ni complaisance ni politesse : cela ne s'adresse ni à Voltaire ni à aucun de ses amis; ce n'est point une lettre ostensible. Rousseau écrit dans le secret de l'intimité; il écrit ce qu'il pense ; et dans ces mêmes lettres, qui n'ont été imprimées qu'après sa mort, il s'énonce très librement sur notre littérature, et n'épargne personne. M. Clément nous dira-t-il que

Rousseau ne se connaît pas en poésie? Il l'atteste à tout moment, et ne l'appelle jamais que le *grand Rousseau*. Et Fréron, qui l'appelle *le seul poète de notre siècle*, n'a pas manqué non plus de le citer, pour nous prouver que *la Henriade n'est qu'une satyre contre les papes*. Vous imaginez bien que ni lui ni aucun des censeurs de ce poème n'a jamais dit un mot du passage que je viens de rapporter : ils s'en sont bien gardés, et n'ont pas parlé davantage de celui où, à propos d'*Œdipe*, *le Français de vingt-quatre ans* est mis, à beaucoup d'égards, *au-dessus du Grec de quatre-vingts*. Mais ils ont fait revenir par-tout les lettres écrites dans un temps où l'inimitié publique et avouée devait décréditer le jugement, lorsque ce même Rousseau, qui avait regardé Voltaire *comme un homme né pour être la gloire de la France* (ce sont ses termes), disait à Brossette : « Quant à ce qu'il vous plaît de mettre
« M. de Voltaire et moi sur le même trône, je vous
« avoue que je me sens quelque peine à descendre
« si bas. » Voilà les passions de l'homme, voilà le cas qu'il faut faire de ses jugements ; et je ne veux qualifier ni les palinodies de Rousseau, ni l'affectation de répéter ses censures, ni le profond silence gardé sur les éloges qui les avaient précédées.

Pour moi, qui ne juge sur la parole de personne, et qui me borne à fonder des résultats raisonnés sur une renommée de soixante ans, sur les principes de l'art et les suffrages des connaisseurs désintéressés, je m'empresse de tirer d'embarras les détracteurs, qui doivent être en ce moment, il faut l'avouer, sur des charbons ardents, et par leur propre faute. Je ne prendrai à la lettre ni l'un ni l'autre de ces deux avis de Rousseau, qui tous deux sont des extrêmes. Je crois le premier plus près de la vérité, que lorsqu'il ne voyait plus dans Voltaire que

> Tout le Phébus qu'on reproche à Brébeuf,
> Enguenillé des rimes du Pont-Neuf.

Mais aussi, quand il trouve dans *la Henriade l'économie admirable et les vers parfaitement beaux*, il y a, je crois, à retrancher dans ces deux éloges, sur-tout dans le premier; quoique l'exagération me paraisse très excusable, si l'on songe au plaisir que devait faire à un poète un talent dans sa naissance, tel que celui de Voltaire, et d'autant plus qu'il le soumettait alors aux anciens titres de Rousseau et aux lumières de sa vieillesse. Le temps qui mûrit tout a constaté que le plan de *la Henriade* n'est rien moins qu'*admirable*, et que la versification même, quoique brillante de beautés de toute espèce, n'est point *parfaite*. Voltaire, en d'autres genres, s'est souvent approché de la perfection, y a même atteint assez souvent pour balancer la perfection habituelle de Racine; mais c'est principalement dans ses belles tragédies, et au théâtre encore plus qu'à la lecture.

Mais, si l'ordonnance de ce poème n'a rien d'*admirable*, puisque la conception n'est point assez épique, elle n'a rien de contraire à la raison. On va juger de celle des censeurs par ce passage des *Lettres sur la Henriade*, qui n'est d'ailleurs qu'une répétition de la critique de Batteux.

« Si Henri IV pouvait être haï, il le serait par
« l'inconséquence *affreuse* de sa conduite. Il sait
« qu'il ne sera reconnu roi de France qu'après avoir
« abjuré le culte réprouvé. Il n'en fait nulle mention,
« et continue de verser le sang de ses sujets, quoi-
« que ce soit *en pure perte*, et qu'il soit instruit de
« la part du Ciel que tous ses meurtres, tous ses
« combats n'y feront rien, s'il ne change de religion.
« Vous voyez clairement que voilà Henri IV devenu
« inhumain et odieux par inconséquence, ou plutôt
« par celle de l'auteur, et par une invention dé-
« placée..... Dès le commencement de son poème il
« répand *un nuage affreux* sur toute la conduite de
« son héros. Je m'intéresse beaucoup plus pour les
« ligueurs, pour la ville affamée, qui ne fait que
« suivre les intentions du Ciel, et qui aurait été
« condamnée selon les décrets divins, si elle eût
« ouvert ses portes avant que le roi fût rentré dans
« l'Église. »

Plus cette déclamation est violente, plus elle retombe sur celui qui se la permet, si l'auteur du poème n'a besoin pour y répondre, que de rappeler ses vers, et des vers décisifs, pris dans les morceaux mêmes que l'on veut tourner contre lui, et qui contiennent l'explication la plus claire et la plus plausible du dessein de l'ouvrage, dès qu'on les cite dans leur entier. Le critique, qui les a tronqués, les a eus nécessairement sous les yeux, et demeure sans excuse, au point de ne pouvoir même alléguer l'erreur quand l'infidélité est évidente.

Il s'appuie d'abord sur ces deux vers que dit le

solitaire de Jersey à Henri IV dans le premier chant :

Mais si la vérité n'éclaire vos esprits,
N'espérez point entrer dans les murs de Paris;

ensuite sur les reproches que saint Louis lui fait au septième chant, en lui rappelant la foi de ses aïeux :

Leur culte était le mien : pourquoi l'as-tu quitté?

Et il s'écrie enfin : « Pourquoi saint Louis prend-il tant de peine pour un hérétique endurci, qui, après cette vision miraculeuse, n'en massacre ses sujets qu'avec plus d'ardeur, consume son peuple par toutes les horreurs de la famine, après avoir reçu *cinq ou six avis* frappants, qu'il n'entrera dans Paris que converti? Maintenant, que la grace descende, cela touche faiblement les esprits prévenus par *l'étourderie cruelle* du héros qui verse tant de sang précieux par opiniâtreté ou par inconséquence..... Si ce n'est pas là avoir rendu son héros odieux, et *par conséquent très peu intéressant*, je ne m'y connais pas. »

J'ai transcrit ces morceaux pour donner une idée du genre de censure qui règne dans des volumes entiers, et qu'on ne peut imaginer possible, à moins de l'avoir sous les yeux. Je suis persuadé qu'aujourd'hui, avec un peu de réflexion, l'auteur se le reprocherait; qu'il sentirait combien il y a de bienséances violées seulement dans ces derniers mots, *je ne m'y connais pas*, qui semble offrir en sa faveur l'alternative la plus décisive qu'il soit possible entre ces deux suppositions, que Voltaire ait commis la faute la plus grossière, ou que M. Clément *ne s'y connaisse pas*. Je ne crois pas que cette formule ait jamais été employée en pareil cas, même par les écrivains dont le nom seul était reconnu pour une autorité. Je n'insisterai point làdessus : si je m'en rapporte aux réflexions du critique et du lecteur, celui-ci verra de lui-même la réponse à cette foule d'invectives dans le discours du solitaire de Jersey. Le voici :

> Les œuvres des humains sont fragiles comme eux.
> Dieu dissipe à son gré leurs desseins factieux :
> Lui seul est toujours stable, et tandis que la terre
> Voit de sectes sans nombre une implacable guerre,
> La vérité repose aux pieds de l'Éternel.
> Rarement elle éclaire un orgueilleux mortel :
> Qui la cherche du cœur un jour peut la connaître.
> Vous serez éclairé, puisque vous voulez l'être.
> Ce dieu vous a choisi : sa main dans les combats
> Au trône de Valois va conduire vos pas.
> Déjà sa voix terrible ordonne à la victoire
> De préparer pour vous les chemins de la gloire ;
> Mais si la vérité n'éclaire vos esprits,
> N'espérez point entrer dans les murs de Paris.

Il est impossible de concilier plus complètement l'esprit de la religion et celui de l'épopée : dans celle-ci, suivant les règles de l'art, le but et le dénouement de l'ouvrage doivent être annoncés dans les décrets de la Providence, comme chez Homère et Virgile dans les décrets de Jupiter ; dans celle-là, suivant la doctrine du christianisme, les moments marqués par la grace sont indépendants des hommes et ne dépendent que de Dieu seul. C'est ce que le poète a cru devoir encore rappeler plus d'une fois, comme dans ces vers du septième chant, que saint Louis prononce dans le ciel :

> C'est de là que la grace
> Fait sentir aux humains sa faveur efficace ;
> C'est de ces lieux sacrés qu'un jour son trait vainqueur
> Doit partir, doit brûler, doit embraser ton cœur.
> Tu ne peux différer, ni hâter, ni connaître
> Ces moments précieux dont Dieu seul est le maître.

Ce même saint Louis lui avait dit, dans le chant précédent :

> Dans Paris, ô mon fils! tu rentreras vainqueur
> Pour prix de ta clémence, et non de ta valeur.

Enfin le solitaire de Jersey s'était expliqué d'une manière encore plus positive dans ces vers qui terminent son entretien avec Henri :

> Enfin, quand vous aurez, par un effort suprême,
> Triomphé des ligueurs et sur-tout de vous-même,
> Lorsqu'en un siège horrible, et célèbre à jamais,
> Tout un peuple étonné vivra de vos bienfaits,
> Ces temps de vos états finiront les misères ;
> Vous lèverez les yeux vers le Dieu de vos pères, etc.

Ainsi l'on voit, comme l'on voit le jour à midi, que la conduite de Henri, cette *inconséquence affreuse*, ces *nuages affreux*, cette *étourderie cruelle*, ces *massacres de gaieté de cœur*, etc., qui doivent le rendre suivant le critique, *odieux*, *inhumain*, *plus haïssable* que les ligueurs, ne sont autre chose, dans le poème, que les décrets de la Providence formellement énoncés et répétés ; que, bien loin de *verser du sang en pure perte*, c'est *la main de Dieu qui le conduit dans les combats* : c'est *sa voix toute-puissante qui*

       ordonne à la victoire
 De préparer pour lui les chemins de la gloire ;

qui lui dit qu'il triomphera.

 Pour prix de sa clémence, et non de sa valeur ;

et pour être *clément*, il faut être victorieux, et pour vaincre il faut combattre. J'ajouterai que les idées de justice naturelle s'accordent parfaitement avec cette marche de la Providence; qu'il était très juste que des rebelles si coupables et si obstinés fussent punis, comme il arrive toujours, par leur propre faute; que Bourbon n'était que malgré lui, comme sa conduite le prouve, l'instrument de la vengeance divine sur ce peuple fanatique, conduit par des tyrans sacrilèges et hypocrites; et qu'il est beau et *intéressant* que la *clémence* du roi, qui nourrit des révoltés, désarme cette vengeance céleste, et attire enfin sur lui-même la grace qui doit l'éclairer.

J'ajouterai surabondamment que, dans les vraisemblances humaines, qu'il n'est pas permis de heurter dans un poème quand la Providence ne les contredit pas par un miracle (ce qui est rare, et ce qu'elle ne fait pas ici), il serait ridicule d'imaginer qu'il eût suffi d'abord à Henri IV de se convertir pour régner. L'histoire tout entière de la ligue atteste à quiconque l'a lue que l'absolution du pape n'eût jamais eu lieu, si Henri n'avait été vainqueur, et qu'elle eût été insuffisante sans l'épée qui le fit vaincre dans les plaines d'Ivry.

A Dieu ne plaise que je veuille m'armer, contre le critique, des conséquences accablantes qui dérivent immédiatement de ces paroles que je n'ai pu transcrire sans me faire violence : que les *ligueurs suivaient les intentions du Ciel; qu'ils auraient été condamnés selon les décrets divins, s'ils eussent ouvert leurs portes.* Il s'ensuivrait que Dieu légitime et autorise le crime quand sa providence en permet l'exécution à la liberté de l'homme. Je suis trop sûr que cette absurdité monstrueuse, étrangère à quiconque n'est pas incapable de raisonnement, n'a jamais été un instant dans l'intention du critique; mais je voudrais qu'il considérât qu'elle est pourtant bien formelle et bien entière sous sa plume. Il a d'ailleurs plus de connaissance qu'il n'en faut pour n'avoir pas ignoré que la réfutation de sa censure, sur le dernier article que je viens de discuter, était dans *la Henriade* elle-même. Je voudrais qu'il comprît bien, ne fût-ce que par ce dernier exemple, jusqu'où peut mener, même en morale, une animosité personnelle, même en matière littéraire, et combien il est triste d'avoir tort ainsi, puisque je suis réellement confus d'avoir ainsi raison.

Pour ce qui concerne les caractères, il en est deux sur lesquels on a passé condamnation, Mayenne, et d'Aumale. Mais les détracteurs condamnent tout indistinctement, et même le caractère qui est généralement le mieux tracé, celui du héros. On vient de voir sous quels faux rapports on a voulu le rendre odieux. Le même censeur lui fait un crime d'avoir *coupé les vivres* à une ville qu'il assiégeait. Assurément ce reproche est nouveau : il n'y a point de général qui n'en fasse autant; mais il n'y a que notre Henri IV qui ait nourri ses ennemis affamés. Il est partout dans *la Henriade* ce qu'il était en effet, loyal autant que brave, ami sensible, bon maître, vainqueur généreux. On ne peut douter que son nom, son caractère, ne soit une des choses qui ont le plus contribué au succès du poème; et c'est un bonheur et un mérite dans l'auteur d'avoir choisi un héros dont la grandeur est aimable. Si, en assiégeant Paris, il eût négligé de s'emparer des passages de la Seine, ne l'eût-on pas taxé, avec raison, d'une imprudence impardonnable? D'après les règles ordinaires de la guerre, ne devait-il pas croire que la ville se rendrait dès qu'elle n'aurait plus de subsistances? n'était-ce pas le seul moyen de ménager à la fois le sang de ses soldats et celui de ses ennemis, et de sauver Paris des calamités d'une place prise d'assaut? Pouvait-il prévoir que la rage du fanatisme irait au point qu'on aimerait mieux mourir de faim dans Paris que d'en ouvrir les portes à son roi? C'est ce qui ne pouvait arriver que par un effet rare et terrible de la justice divine; mais, dès qu'il le sut, quelle fut sa conduite, et quel tableau l'histoire fournit au poète!

Jusqu'aux tentes du roi mille bruits en coururent :
Son cœur en fut touché, ses entrailles s'émurent.
Sur ce peuple infidèle il répandit des pleurs :

« O Dieu ! s'écria-t-il, Dieu qui lis dans les cœurs,
« Qui vois ce que je puis, qui connais ce que j'ose,
« Des ligueurs et de moi tu sépares la cause.
« Je puis lever vers toi mes innocentes mains.
« Tu le sais, je tendais les bras à ces mutins ;
« Tu ne m'imputes point leurs malheurs et leurs crimes.
« Que Mayenne à son gré s'immole ces victimes ;
« Qu'il impute, s'il veut, des désastres si grands
« A la nécessité, l'excuse des tyrans :
« De mes sujets séduits qu'il comble la misère ;
« Il en est l'ennemi, j'en dois être le père ;
« Je le suis : c'est à moi de nourrir mes enfants,
« Et d'arracher mon peuple à ces loups dévorants.
« Dût-il de mes bienfaits s'armer contre moi-même,
« Dussé-je en le sauvant perdre mon diadème,
« Qu'il vive, je le veux, il n'importe à quel prix.
« Sauvons-le malgré lui de ses vrais ennemis ;
« Et si trop de pitié me coûte mon empire,
« Que du moins sur ma tombe un jour on puisse lire ;
« Henri, de ses sujets ennemi généreux,
« Aima mieux les sauver que de régner sur eux. »
Il dit, et dans l'instant il veut que son armée
S'approche sans éclat de la ville affamée,
Qu'on porte aux citoyens des paroles de paix,
Et qu'au lieu de vengeance, on parle de bienfaits.
A cet ordre divin ses troupes obéissent ;
Les murs en un moment de peuple se remplissent.
On voit sur les remparts avancer à pas lents
Ces corps inanimés, livides et tremblants,
Tels qu'on feignait jadis que des royaumes sombres
Les mages à leur gré faisaient sortir les ombres,
Quand leur voix, du Cocyte arrêtant les torrents,
Appelait les enfers et les mânes errants.

Quel est de ces mourants l'étonnement extrême !
Leur cruel ennemi vient les nourrir lui-même,
Tourmentés, déchirés par leurs fiers défenseurs,
Ils trouvent la pitié dans leurs persécuteurs.
Tous ces évènements leur semblaient incroyables :
Ils voyaient devant eux ces piques formidables,
Ces traits, ces instruments des cruautés du sort,
Ces lances qui toujours avaient porté la mort,
Secondant de Henri la généreuse envie,
Au bout d'un fer sanglant leur apporter la vie.
« Sont-ce là, disaient-ils, ces monstres si cruels ?
« Est-ce là ce tyran si terrible aux mortels,
« Cet ennemi de Dieu, qu'on peint si plein de rage ?
« Hélas ! du Dieu vivant c'est la brillante image ;
« C'est un roi bienfaisant, le modèle des rois :
« Nous ne méritons pas de vivre sous ses lois.
« Il triomphe, il pardonne ; il chérit qui l'offense :
« Puisse tout notre sang cimenter sa puissance !
« Trop dignes du trépas dont il nous a sauvés,
« Consacrons-lui ces jours qu'il nous a conservés. »

On ne lit point sans attendrissement de semblables morceaux, où éclate le talent de l'auteur pour le pathétique, talent qui l'a rendu si grand au théâtre. On reconnaît ici le peintre d'Alvarès et de Zopire, et ce sublime de sentiment qu'on retrouve encore dans le discours de Coligny :

« Compagnons, leur dit-il, achevez votre ouvrage,
« Et de mon sang glacé souillez ces cheveux blancs
« Que le sort des combats respecta quarante ans.
« Frappez, ne craignez rien ; Coligny vous pardonne.
« Ma vie est peu de chose, et je vous l'abandonne.

« J'eusse aimé mieux la perdre en combattant pour vous.»
Ces tigres à ses mots tombent à ses genoux, etc.

Ces tigres étaient apparemment plus faciles à émouvoir que les détracteurs de *la Henriade*. Savez-vous ce qu'ils ont vu dans ce morceau, cité partout depuis soixante ans, parmi les modèles de ce genre de sublime? *Une pusillanimité qui déshonore le caractère de Coligny, une disconvenance intolérable, d'appeler* compagnons *ses assassins*, de leur dire qu'il *eût voulu mourir pour eux*, etc. C'est bien assez de transcrire ces critiques : on n'exigera pas que je les réfute toujours.

On peut croire que Sully, celui que la postérité désignera toujours sous le nom de l'ami de Henri IV, eût figuré dans *la Henriade* plus avantageusement que Mornay. L'auteur, qui d'abord l'avait cru comme nous, substitua Mornay à Sully, par un ressentiment particulier contre les Sully, dont il crut avoir à se plaindre, quoiqu'ils eussent été au nombre des premiers protecteurs de sa jeunesse. Ce ressentiment était fort mal entendu, et cette rancune était petite : ce n'est pas la première fois qu'on a sacrifié des avantages réels aux travers de la mauvaise humeur. Mais, quoique Sully eût mieux valu que Mornay pour l'intérêt, il n'est pas moins vrai que celui-ci marque beaucoup dans l'ouvrage par l'originalité du trait, et qu'il joue un fort beau rôle au neuvième chant, où il représente l'amitié courageuse qui ose parler à la faiblesse d'un roi, et la sagesse qui enseigne à mépriser l'amour. M. Clément prétend qu'un philosophe est déplacé dans l'épopée : sans doute il n'en doit pas être le héros, non plus que d'une tragédie. Mais, quand la tragédie admet un Burrhus et s'en glorifie, je ne vois pas pourquoi l'épopée rejetterait Mornay; et dans la foule des personnages plus ou moins passionnés qui animent l'épopée, un sage, qui n'a d'autre passion que la vérité et la vertu, peut offrir un contraste qui ne déplaît pas. Ce vers, qui peint si bien le calme d'une âme forte au milieu des dangers,

> Il pare, en lui parlant, plus d'un coup qu'on lui porte,

est un coup de pinceau très remarquable; et il ne faut pas prendre à la lettre ces deux autres vers, dont la critique a voulu abuser comme de tout le reste:

> Et son rare courage, ennemi des combats,
> Sait affronter la mort et ne la donne pas.

On s'écrie que c'est la *peinture d'un fou*; cependant c'est ce que fait tous les jours dans les batailles un officier supérieur, qui très certainement *affronte la mort* en se portant d'un lieu à un autre, et ne songe point du tout à *la donner*, parce qu'il a autre chose à faire, à moins qu'il ne se trouve dans le cas d'une défense indispensable; et c'est ce que signifient ces vers, que je suis honteux d'avoir à expliquer.

La Baumelle fait ici une critique fort opposée à celle de M. Clément; il prétend que le *confident éclipse le héros*. On pourrait souvent, comme vous le voyez, renvoyer les censeurs l'un à l'autre, et leur laisser le soin de s'accorder, s'ils le peuvent.

Voltaire, d'ailleurs, a pris soin de conserver à chacun sa place; il dit de Mornay :

> Il reçoit de Henri tous ces ordres rapides,
> De l'âme d'un héros mouvements intrépides,
> Qui changent le combat, qui fixent le destin.

Mais alors La Baumelle se retourne d'un autre côté, et ces vers ne lui montrent plus qu'un *aide de camp.* Vous concevez que ce n'est pas avec ces gens-là qu'on peut jamais avoir raison; aussi n'est-ce pas pour eux qu'on écrit.

M. Clément reproche à Mornay, comme *une flatterie dégoûtante d'un vil courtisan*, ces deux vers qu'il dit à son maître, à l'instant où il vient de sacrifier son amour à son devoir :

> L'amour à votre gloire ajoute un nouveau lustre :
> Qui l'ignore est heureux, qui le dompte est illustre.

Il n'y a là rien que de vrai : l'amour est sans doute une faiblesse dangereuse et condamnable; mais, plus on a tort de s'y être laissé aller, plus il est louable de le surmonter, et certainement la difficulté de vaincre rend la victoire plus *illustre*. La sévérité de M. Clément me paraît aussi outrée en morale qu'en poésie. Il sera toujours *très heureux* et très honorable de ne pas commettre de fautes, mais il sera toujours beau de les réparer; et Dieu lui-même, qui connaît mieux que nous la fragilité humaine, ne se montre pas moins favorable au repentir qu'à l'innocence.

On a toujours reconnu dans le discours de Potier aux états de Paris, le caractère que l'histoire donne à ce digne magistrat; et son discours est un des endroits du poème où l'auteur a mis le plus de ce talent oratoire qui ne doit être nullement étranger à la poésie épique et dramatique. M. Clément ne voit dans cette éloquente harangue que celle d'*un déclamateur*; d'*un fanatique, d'un furieux qui a le transport au cerveau*. Je ne puis que vous inviter à la relire, car je ne saurais vous relire ici toute *la Henriade*.

La résolution de ne trouver que des fautes dans *la Henriade*, et de n'y voir jamais l'épopée, a fait tomber M. Clément dans une méprise bien étrange pour un homme aussi instruit que lui. Ses *Lettres* sont en forme de dialogue, et il s'est ménagé un interlocuteur qui n'est là que pour lui donner gain de cause en tout, et lui fournir seulement le texte de ces censures. « Je ne sais (lui dit-il une fois en « propres termes) si vous avez raison, mais je ne « vois rien à vous répondre. » Cela signifie seulement que M. Clément *ne voit rien à répondre* à M. Clément : on pouvait être moins naïf et un peu plus adroit. Cependant l'interlocuteur lui objecte quelque part nombre de morceaux que tout le monde a jugés vraiment épiques; et ce sont ceux que nous avons ou cités ou indiqués. Le critique ne le nie pas, mais il répond : « Ne voyez-vous « pas que dès à présent votre exposé même est une « critique sanglante de *la Henriade?* » Si j'avais eu l'honneur d'être l'interlocuteur de M. Clément, je lui aurais répondu : Non, en vérité, je ne le vois pas, et je crois même que je ne le verrai jamais.

Mais voici comment il m'aurait dessillé les yeux. « Presque tous ces tableaux que vous vantez sont « *des hors-d'œuvre* sous lesquels l'action principale « est étouffée. Le siège de Paris, qui est le sujet de « *la Henriade*, fournit tout au plus la valeur de « deux chants. »

Le docile interlocuteur ne trouve rien à répliquer à ce terrible argument. Il me semble qu'à sa place j'aurais dit à M. Clément : Vous n'y pensez pas, mon maître; vous vous jetez là dans un précipice dont vous ne vous tirerez jamais. *Ne voyez-vous pas dès à présent* que ce que vous venez d'établir est *une critique sanglante* d'Homère, de Virgile, du Tasse, que vous-même reconnaissez pour des modèles? Si tout ce qui n'est pas *l'action principale est un hors-d'œuvre qui l'étouffe*, que dirons-nous d'Homère? Son sujet est clairement exposé : « Muse divine, « chante la colère funeste du fils de Pélée, source « de tant de maux pour les Grecs, et qui fit tomber « dans les enfers avant le temps les âmes de tant de « guerriers devenus la pâture des oiseaux dévorants ! « Ainsi s'accomplissait le décret de Jupiter, depuis « que la discorde eut éclaté entre Agamemnon, le « roi des rois, et Achille, le fils des dieux. » Assurément le sommeil de Jupiter sur le mont Ida, la ceinture de Vénus, les adieux d'Hector et d'Andromaque, et les querelles des dieux dans l'Olympe, et tant d'autres fictions, tiennent beaucoup plus de place que la colère d'Achille : ce sont donc *des hors-d'œuvre qui étouffent l'action principale?* Mais que dirons-nous de *l'Énéide?* Le sujet est l'établissement des Troyens en Italie ; cependant le poète n'arrive à ce qui est proprement du sujet qu'au septième chant: il y a donc six chants entiers de *hors-d'œuvre*, car vous ne direz pas que le sac de Troie, les amours d'Énée et de Didon, le voyage d'Énée en Sicile, les jeux funèbres en l'honneur d'Anchise, et la descente aux enfers; que tous ces objets dont chacun tient un livre entier, sont nécessaires à l'établissement des Troyens en Italie. Le sujet du Tasse est la délivrance du Saint-Sépulcre et la prise de Jérusalem :

> Che'l gran sepolcro libero di Cristo;

il n'occupe pas un tiers de l'ouvrage. Les amours de Renaud et d'Armide, les aventures de Clorinde, de Tancrède, d'Herminie, la Forêt enchantée, tant d'autres événements, sont donc aussi des *hors-d'œuvre ?* Je n'ai pas la prétention de vous instruire ; mais n'auriez-vous pas imaginé, avec un peu de malice, et pour voir ce que j'en dirais, d'appeler hors-d'œuvre ce que tout le monde est convenu d'appeler *épisode ?* et tout le monde aussi n'est-il pas convenu que les épisodes sont de l'essence de l'épopée ? J'en excepte La Baumelle, qui nous dit hardiment que les *épisodes sont à l'épopée ce que la duplicité d'intrigue est à la tragédie ;* mais vous savez vous-même combien il était ignorant dans ces matières ; et c'est ici une des plus grandes sottises qu'il ait débitées. Ce n'est pas moi qui dois vous apprendre que si les épisodes sont toujours un défaut plus ou moins grand dans un drame, ils font partie intégrante de l'épopée, pourvu qu'ils soient liés à l'action, et vous ne disconvenez pas qu'ils ne le soient d'ordinaire dans *la Henriade*. Rien n'est plus facile à saisir que cette différence essentielle entre le poème épique et la tragédie : celle-ci n'occupe que quelques heures; l'autre peut occuper une année, et même davantage. Il en résulte que si l'unité de sujet est nécessaire dans tous les deux, ce n'est pas de la même manière. Le drame marche rapidement vers son but, et se passe sous mes yeux; je ne veux donc pas qu'il s'en écarte, ni que rien l'arrête ou le retarde. Le poète épique me mène avec lui dans une longue carrière, et je l'y suis avec plaisir, pourvu que les sentiers divers qu'il me fait parcourir se réunissent toujours vers la grande route, et aboutissent au terme; et pourvu sur-tout qu'il sache m'amuser sur le chemin.

Il n'était pas digne non plus de M. Clément, de recourir au moyen usé et ignoble de la parodie, plate caricature qui ne prouve rien contre le tableau. Nous avons une *Henriade travestie*, dont l'auteur, ainsi que son modèle Scarron, n'a voulu que s'égayer, et faire voir qu'on pouvait rire de tout, même de ce qu'on admire. Il y a du moins quelques traits de gaieté bouffonne dans ces sortes de turlupinades, toujours ennuyeuses d'ailleurs au bout de quelques pages. On sait combien *l'Énéide travestie* est peu lue depuis la chute du burlesque, qui date du temps de Boileau; et pourtant on rit quelquefois des saillies de Scarron; dont on a retenu quelques-unes, telles que celle-ci sur le vers,

Quondàm etiam victis redit in præcordia virtus.

Bien souvent le courage rentre
Au pauvre vaincu dans le ventre;
Et le vainqueur, par le vaincu,
En a bien souvent dans le cu.

Et cette autre sur l'Élysée :

J'aperçus l'ombre d'un cocher,
Qui, tenant l'ombre d'une brosse,
En frottait l'ombre d'un carosse.

Il y a une sorte d'imagination dans ces folies, qui peuvent divertir un moment; mais qui est-ce qui rira du plan de *la Henriade*, ainsi parodié : « Je chante « un héros qui fait un petit voyage sur mer, qui « vient livrer un petit assaut à Paris, qui fait un « long rêve, qui va en bonne fortune, et revient « bravement prendre Paris par famine ? » Si quelqu'un parodiait ainsi le plan de *l'Iliade* et de *l'Énéide*, ce qui serait tout aussi aisé, qu'en dirait M. Clément?

On a vu que l'épisode des amours de Gabrielle et du roi n'était pas ce qu'il devait être ; qu'il n'avait ni assez de liaison avec l'ensemble du poème, ni assez d'effet dans le cours de l'action. M. Clément, qui veut toujours traiter les choses *à sa manière* (ce sont ses termes quand il répète des critiques déjà faites), ne voit dans tout ce neuvième chant « qu'un « amour de garnison, une idylle amoureuse, com- « posée de tous les lieux communs entassés dans les « églogues modernes; un amour fade, chargé de « pretintailles italiennes, dérobées à la magie d'Ar- « mide. » Cette *manière* est celle de la mauvaise satyre, et non pas de la bonne critique. On ne conçoit pas trop comment *un amour* de *garnison* est en même-temps *une idylle amoureuse* : c'est la première fois peut-être qu'on a mis ensemble *la garnison* et *l'idylle*. Il n'est pas plus aisé de retrouver des *pretintailles italiennes* dans cette belle allégorie du Temple de l'Amour, ni d'autre *magie* dans tout ce neuvième chant, que celle d'un style enchanteur. La citation d'un seul morceau suffira pour faire voir que cet éloge n'est pas trop fort.

Il fait plus : à l'amour tout miracle est possible :
Il enchante ces lieux par un charme invincible.
Des myrtes enlacés, que d'un prodigue sein
La terre obéissante a fait naître soudain,
Dans les lieux d'alentour étendent leur feuillage.
A peine a-t-on passé sous leur fatal ombrage,
Par des liens secrets on se sent arrêté :
On s'y plaît, on s'y trouble, on ne peut les quitter.
On voit fuir sous cet ombre une onde enchanteresse:
Les amants fortunés, pleins d'une douce ivresse,
Y boivent à longs traits l'oubli de leur devoir
L'amour dans tous ces lieux fait sentir son pouvoir.
Tout y paraît changé, tous les cœurs y soupirent;
Tous sont empoisonnés du charme qu'ils respirent.
Tout y parle d'amour : les oiseaux dans les champs
Redoublent leurs baisers, leurs caresses, leurs chants.
Le moissonneur ardent, qui court avant l'aurore
Couper les blonds épis que l'été fait éclore,
S'arrête, s'inquiète, et pousse des soupirs;
Son cœur est étonné de ses nouveaux désirs.
Il demeure enchanté dans ces belles retraites,
Et laisse en soupirant ses moissons imparfaites.

Près de lui la bergère oubliant ses troupeaux,
De sa tremblante main sent tomber ses fuseaux.
Contre un pouvoir si grand qu'eût pu faire d'Estrée?
Par un charme indomptable elle était attirée;
Elle avait à combattre en ce funeste jour,
Sa jeunesse, son cœur, un héros et l'amour.

Il est vrai que le fond de cette fiction et quelques traits de ce tableau sont du Tasse; mais ce n'est point là de cette *magie* qu'on lui reproche, c'est de l'imagination et du style épique; et ce serait une chose rare, qu'une *idylle* de cette force. Je n'en connais point qui puisse offrir des peintures telles que celle-ci:

Les folâtres plaisirs, dans le sein du repos,
Les amours enfantins, désarmaient ce héros.
L'un tenait sa cuirasse encor de sang trempée!
L'autre avait détaché sa redoutable épée,
Et riait en tenant dans ses débiles mains
Ce fer, l'appui du trône et l'effroi des humains.

Cette touche est de l'Albane, et ce mélange du gracieux et du terrible est de Virgile.

Il me reste à justifier la philosophie morale répandue dans *la Henriade*, et que l'hypercritique M. Clément a encore plus maltraitée, s'il est possible, que tout le reste. Il part d'abord d'un arrêt de réprobation générale, qui ne tend à rien moins qu'à bannir de l'épopée toute idée morale, toute maxime, toute réflexion. S'il fait grace ici à un très petit nombre de vers de cette nature, ce n'est pas parce que tout le monde les a retenus comme exprimant avec une élégante précision des vérités frappantes, telles que celles-ci :

C'est un poids bien pesant qu'un nom trop tôt fameux.
Tel brille au second rang, qui s'éclipse au premier.

Non; c'est seulement parce qu'il ne saurait nier qu'on en rencontre de semblables dans Homère et dans Virgile. C'est un vice général de sa critique, de donner beaucoup plus à l'autorité qu'à la raison, et de voir la raison dans l'autorité; au lieu que l'autorité, en matière de goût, doit seulement venir à l'appui de la raison, comme l'expérience en physique et en morale à l'appui des principes. Il consent donc à faire grace à trois vers de *la Henriade*; mais d'ailleurs il s'épuise en invectives contre tous les endroits quelconques où le poète s'avise de penser. Jamais la pensée n'eut un plus implacable ennemi; vingt paragraphes ne lui suffisent pas pour exhaler toute sa colère : il a recours aux comparaisons les plus injurieuses; et pour tout dire, en un mot, les maximes de *la Henriade* lui paraissent au niveau *des proverbes de Sancho Pança*.

Il y a sans doute dans *la Henriade* un fond de philosophie morale, développé dans différents morceaux assez étendus, et il est sûr encore qu'on ne trouve rien de semblable dans Homère et dans Virgile. Le critique en conclut que ces morceaux, fussent-ils d'ailleurs beaux en eux-mêmes (et il convient qu'ils le sont quelquefois), sont essentiellement contraires à l'esprit de l'épopée. Je ne crois pas la conséquence juste. Homère et Virgile ont certainement bien connu cet esprit ; mais faut-il en conclure qu'un poëme, écrit tant de siècles après eux, doive leur ressembler en tout, et ne se composer que des mêmes éléments? La différence des temps, de la religion et des mœurs, n'en doit-elle amener aucune dans les compositions poétiques? On l'admet au théâtre : pourquoi pas dans l'épopée ? Nos bons tragiques ont beaucoup profité des Grecs : les ont-ils suivis en tout, et n'y ont-ils rien ajouté ? C'est particulièrement contre le fanatisme qu'est dirigée la morale de *la Henriade*, et son sujet ne lui en faisait-il pas une loi? La ligue, dont il veut inspirer une juste horreur, ne fut-elle pas l'ouvrage du fanatisme? Et si ce monstre avait armé la France contre le meilleur des rois, le poëte ne devait-il pas combattre et faire haïr le premier ennemi de son héros? Il y a donc ici conséquence entre l'objet du poëme et l'exécution ; et si ce mobile de discorde et de guerre n'avait rien produit dans les siècles anciens de semblable à la ligue, un poëme moderne, qui traite de la ligue, devait-il être modelé en tout sur l'ancienne épopée?

Voilà donc d'abord le poëte fondé en raison pour le dessein général : quant aux détails, son devoir était de les faire rentrer dans l'esprit de l'épopée, et même de toute poésie, c'est-à-dire de mettre le plus souvent la morale en tableaux, en mouvements, en fictions. C'est aussi ce qu'a fait Voltaire, si ce n'est que les fictions (comme nous l'avons dit), cette partie qui appartient à l'invention, n'occupent pas chez lui assez de place. Mais quand il évoque des enfers le Fanatisme pour armer le bras de Jacques Clément, a-t-il tort de nous offrir ce résumé rapide des crimes et des maux qu'il a produits ?

..... Le Fanatisme est son horrible nom.
Enfant dénaturé de la religion,
Armé pour la défendre, il cherche à la détruire,
Et, reçu dans son sein, l'embrasse et le déchire.
C'est lui qui dans Raba, sur les bords de l'Arnon,
Guidait les descendants du malheureux Ammon,
Quand à Moloch leur dieu, des mères gémissantes
Offraient de leurs enfants les entrailles fumantes.
France, dans tes forêts il habita long-temps;
A l'affreux Teutatès il offrit ton encens.
Tu n'as point oublié ces sacrés homicides
Qu'à tes indignes dieux présentaient tes druides.
Du haut du Capitole, il criait aux païens
Frappez, exterminez, déchirez les chrétiens.
Mais lorsqu'au fils de Dieu Rome enfin fut soumise,
Du Capitole en cendre il passa dans l'Église,
Et dans les cœurs chrétiens inspirant ses fureurs,
De martyrs qu'ils étaient les fit persécuteurs.
Dans Londre il a formé la secte turbulente
Qui sur un roi trop faible a mis sa main sanglante.
Dans Madrid, dans Lisbonne il allume ces feux,
Ces bûchers solennels, où des Juifs malheureux
Sont tous les ans en pompe envoyés par des prêtres,
Pour n'avoir point quitté la foi de leurs ancêtres.

On me dira peut-être qu'il ne s'agit point là de *réflexions et de maximes*, et qu'il n'y a dans ces vers qu'un exposé rapide de faits, rassemblés fort à propos pour caractériser le Fanatisme que le poète va mettre en action. Je le sais; mais ce n'est pas ma faute si le critique cite ce même morceau *comme une bordée de réflexions historiques, critiques et philosophiques, et de vers sentencieux*. On ne l'aurait pas cru, si je n'avais pas mis sous vos yeux, et les vers, et la censure.

Il en dit autant de cet endroit du sixième chant, où l'on propose, dans les états de la ligue, d'établir en France l'inquisition :

L'un, des faveurs de Rome esclave ambitieux,
S'adresse au légat seul, et devant lui déclare
Qu'il est temps que les lis rampent sous la tiare;
Qu'on érige à Paris ce sanglant tribunal,
Ce monument affreux du pouvoir monacal,
Que l'Espagne a reçu, mais qu'elle-même abhorre;
Qui venge les autels, et qui les déshonore;
Qui, tout couvert de sang, de flammes entouré,
Égorge les mortels avec un fer sacré :
Comme si nous vivions dans ces temps déplorables
Où la terre adorait des dieux impitoyables,
Que des prêtres menteurs, encor plus inhumain,
Se vantaient d'apaiser par le sang des humains.

Il n'y a encore là que le récit d'un fait et un beau mouvement d'indignation. Mais le critique prétend que le poète épique, que l'on suppose inspiré, *dément cette inspiration quand il parle d'après lui*, comme si *l'inspiration* supposait que le poète ne doit jamais que raconter et décrire, comme si le poète était ici inspiré par une muse de la Fable, lui qui en commençant n'a invoqué que la vérité, et par conséquent n'a point d'autre muse, et comme si la vérité défendait de penser. Il y a plus : la muse de l'ode, Polymnie, *inspire* assurément Pindare et Horace : tous deux sont riches en images et pleins de pensées morales et philosophiques.

Celles de *la Henriade* ne paraissent à M. Clément que *des déclamations*; elles le seraient, si elles s'éloignaient du sujet, si elles étaient exprimées avec emphase. Il les trouve *froides* : elles le seraient, si elles ralentissaient le récit, ou n'y jetaient aucun intérêt : il y en a deux ou trois exemples. En parlant de la pureté primitive de la vie monastique, qui se corrompt par l'ambition et la cupidité, Voltaire dit :

Ainsi chez les humains, par un abus fatal,
Le bien le plus parfait est la source du mal.

D'abord cette maxime est beaucoup trop commune dans ce qu'elle a de vrai, et n'est pas d'ailleurs exactement exprimée. Ce n'est pas ce qui est *bien* en soi qui *est la source du mal*, c'est la perversité humaine qui détourne les effets du bien vers *le mal*, comme la sagesse divine sait tirer le bien du mal même. Mais en général, on doit avouer que, dans *la Henriade*, les sentences sont rapidement jetées dans le récit, ou fondues dans l'intérêt. Ainsi lorsqu'il dit, à propos de Mornay, qui vient arracher son roi des bras de Gabrielle :

Rarement de sa faute on aime le témoin.
Tout autre eût de Mornay mal reconnu le soin.
« Cher ami, dit le roi ne crains point ma colère, etc. »

il est évident que cette courte réflexion du poète

fait ressortir ce qu'il y a de beau dans l'action, et n'arrête pas le récit. Ainsi, quand la Politique vient à bout de séduire ces vieux docteurs qui avaient conservé jusque-là

Une mâle vigueur,
Toujours impénétrable aux flèches de l'erreur,

le poète s'écrie :

Qu'il est peu de vertus qui résistent sans cesse !

Cette réflexion, tournée en sentiment, nuit-elle à l'intérêt? Il y en a une ailleurs d'une telle beauté, que M. Clément lui-même en paraît frappé ; c'est lorsque Biron est sur le point de périr à la journée d'Ivry pour s'être trop exposé :

C'était ainsi, Biron, que tu devais mourir !

Et comme si le courage d'être juste une fois avait porté bonheur au critique, il observe très judicieusement qu'il fallait s'arrêter à ce vers, et ne pas ajouter les deux suivants, qui ne servent qu'à l'affaiblir :

Un trépas si fameux, une chute si belle,
Rendaient de ta vertu la mémoire immortelle.

Il est sûr qu'après ce mouvement si beau et si vrai, qu'après un vers qui dit tout, il convenait de laisser la réflexion au lecteur. Si M. Clément eût toujours censuré ainsi, il eût été digne de louer plus souvent.

Si du moins il ne tenait compte que de ce qui est véritablement maxime, il y aurait moyen de s'entendre dans l'examen de chaque citation ; mais il est bien singulier qu'un homme qui ne peut souffrir la morale veuille la retrouver où elle n'est pas. Si le poète nous dit :

> Valois, plein d'espérance, et fort d'un tel appui,
> Donne au soldat l'exemple, et le reçoit de lui.
> Il soutient les travaux, il brave les alarmes :
> La peine a ses plaisirs, le péril a ses charmes, etc.

il est clair que ce dernier vers se lie à tout ce qui précède, dans une acception particulière et nullement générale : c'est purement une ellipse, et tout le monde sous-entend, *pour eux la peine a ses plaisirs*, etc. Cela n'empêche pas le critique de compter ce vers parmi *les maximes*. C'est encore une *maxime*, que ces vers adressés à Henri IV pleurant la mort de Valois :

> Il fut votre ennemi ; mais les cœurs nés sensibles
> Sont aisément émus dans ces moments horribles.

C'en est une aussi, que ces vers sur Gabrielle :

> Elle entrait dans cet âge, hélas ! trop redoutable,
> Qui rend des passions le joug inévitable.

Au nom du bon sens, qu'y a-t-il dans tout cela de *sentencieux*? Depuis quand toute liaison d'une vérité générale avec un fait particulier est-elle une *sentence*? Il y en a une, je l'avoue, dans ce vers qui termine si bien la touchante apostrophe aux magistrats envoyés à la potence par les Seize :

> Vous n'êtes point flétris par ce honteux trépas ;
> Mânes trop généreux, vous n'en rougissez pas.
> Vos noms toujours fameux vivront dans la mémoire ;
> Et qui meurt pour son roi meurt toujours avec gloire.

Déclamation que tout cela, suivant le critique : *maxime aussi fausse qu'ampoulée ; car il y a une infinité de millions d'hommes qui sont morts pour leur roi sans aucune espèce de gloire.* N'y a-t-il pas encore une petite supercherie à ne pas apercevoir que *mourir avec gloire* ne veut dire ici que *mourir avec honneur*; et quoique le nom de tous les soldats *morts pour leur roi* ne soit pas dans la gazette, n'est-il pas reçu de dire qu'ils sont morts *au lit d'honneur, au champ d'honneur?* M. Clément préfère de beaucoup ce vers de Corneille dans *Andromède :*

Le peuple est trop heureux quand il meurt pour ses rois.

Nous sommes *trop heureux*, nous, qu'il nous fournisse lui-même une occasion de faire voir *la déclamation* où elle est, quand il la voit, lui, où elle n'est pas. On appelle *déclamation* tout ce qui est au-delà de la vérité, et ce vers en est un exemple. L'auteur a outré sa pensée, et l'a rendue fausse par ces mots, *trop heureux*, qui approchent du ridicule à force d'exagération ; car on sent bien que s'il est *heureux*, en un sens, de *mourir pour ses rois*, il l'est beaucoup plus de vivre et de vaincre pour eux. *Ne quid nimis.*

Je finirai par un autre exemple qui peut rendre sensible la différence qu'on doit observer entre les idées morales de la poésie didactique, et celles qui conviennent à la tragédie ou à l'épopée. Dans celles-ci, il est de règle qu'elles offrent toujours un rapport manifeste et prochain à l'objet dont il s'agit, sans quoi elles ne sont plus qu'un lieu commun déplacé. Rien n'est plus connu que ces vers de *la Henriade*:

Amitié, don du ciel, etc.

Il faut voir comme ils sont encadrés. Il s'agit de l'amitié de Henri IV pour Biron.

> Il l'aimait non en roi, non en maître sévère,
> Qui souffre qu'on aspire à l'honneur de lui plaire,
> Et de qui le cœur dur et l'inflexible orgueil
> Croit le sang d'un sujet trop payé d'un coup d'œil.
> Henri de l'amitié sentit les nobles flammes :
> Amitié, don du ciel, plaisir des grandes âmes,
> Amitié que les rois, ces illustres ingrats,
> Sont assez malheureux pour ne connaître pas !

M. Clément convient que les quatre premiers vers sont d'une véritable beauté; mais il ne voit dans les autres qu'*une exaltation qui dépare les vers précédents, un transport au cerveau*. Je les crois très louables de toute manière, d'abord par cette expression neuve *ces illustres ingrats*, beaucoup plus heureuse que *le perfide généreux* de Corneille, qui est au moins bien hasardé; ensuite parce que l'idée est tournée en sentiment; et enfin, parce que, portant tout entière sur les rois qui ne connaissent point l'amitié, elle fait refléter l'intérêt sur Henri, qui la connaissait si bien. Mais supposons que l'auteur eût mis là ces deux autres vers non moins admirés, où il s'agit encore de l'amitié, mais dans un ouvrage didactique, dans un discours en vers : qu'il eût dit :

Amitié; don du ciel, plaisir des grandes âmes,

Sans toi, tout homme est seul; il peut, par ton appui,
Multiplier son être et vivre dans autrui.

Assurément ces deux vers sont fort beaux en eux-mêmes, là où ils sont : transportés dans cet endroit de *la Henriade*, ils en détruisaient tout l'effet; ils gâtaient tout, ils glaçaient tout : on ne voyait plus le héros, ni l'amitié d'un roi pour son sujet, ni le chantre de Henri IV; il ne restait qu'un lieu commun de morale et de rhétorique.

Concluons que, quand la maxime n'est ni appelée de loin, ni détachée du sujet, ni froidement raisonnée, ni prolixement déduite, loin de faire languir le style, elle en est une variété et un ornement.

Si Voltaire, en nous donnant sa *Henriade*, n'a point élevé la France au niveau de la Grèce, ni de l'Italie ancienne et moderne, la France a été bien plus loin de rien produire jusqu'ici qui, dans ce genre, approchât de Voltaire. Les mauvais poèmes du dernier siècle, graces à Boileau, nous sont connus du moins par le ridicule que ses vers ont attaché à leur nom; mais ceux de ce siècle n'ont pas fait plus de bruit à leur mort qu'à leur naissance, et personne ne les a troublés dans la tranquille possession de l'oubli. Il n'y a nulle raison pour les en tirer; et vous engager dans cette route, ce serait vous faire voyager dans un désert. Mais nous avons eu des poèmes en d'autres genres, bien inférieurs, il est vrai, à l'épopée, dont plusieurs néanmoins n'ont pas laissé de faire beaucoup d'honneur à notre littérature; et il est juste de s'y arrêter avant de passer à la tragédie *.

* Si un plan sage, une narration vive et pressée, de beaux vers, une diction élégante, un goût pur, un style correct, sont les seules qualités nécessaires à l'épopée, la *Henriade* est un poème achevé; mais cela ne suffit pas : il faut encore une action héroïque et surnaturelle. Eh! comment Voltaire eût-il fait un usage heureux du *merveilleux* du christianisme, lui dont les efforts tendaient sans cesse à détruire ce merveilleux? Telle est néanmoins la puissance des idées religieuses, que l'auteur de *la Henriade* doit au culte même qu'il a persécuté les morceaux les plus frappants de son poème épique, comme il lui doit les plus belles scènes de ses tragédies.

Une philosophie modérée, une morale froide et sérieuse conviennent à la muse de l'histoire ; mais cet esprit de sévérité, transporté à l'épopée, est peut-être un contre-sens. Ainsi, lorsque Voltaire s'écrie, dans l'invocation de son poème :

Descends du haut des cieux, auguste *Vérité!*

Il est tombé, ce nous semble, dans une méprise. La poésie épique

Se soutient par la Fable, et vit de fiction.

Le Tasse qui traitait un sujet chrétien, a fait ces vers charmants, d'après Platon et Lucrèce :

Sai, che la torre in mondo, ove piu versi
Di sue dolcezze il luzinghier Parnasso, etc.

« Là il n'y a point de poésie où il n'y a point de menterie, » dit Plutarque.

Est-ce que cette France à demi barbare n'était plus assez couverte de forêts, pour qu'on n'y rencontrât pas quelques-uns de ces châteaux du vieux temps, avec des machicoulis, des souterrains, des tours verdies par le lierre, et pleines d'histoires merveilleuses? Ne pouvait-on trouver quelque temple gothique dans une vallée, au milieu des bois? Les montagnes de la Navarre n'avaient-elles point encore quelque druide, qui, sous le chêne, au bord du torrent, au murmure de la tempête, chantait les souvenirs des Gaules, et pleurait sur la tombe des héros? Je m'assure qu'il y avait quelque chevalier du règne de François Ier, qui regrettait dans son manoir les tournois de la vieille cour, et ces temps où la France s'en allait en guerre contre les mécréants et les infidèles. Que de choses à tirer de cette révolution des Bataves, voisine, et, pour ainsi dire, sœur de la ligue! Les Hollandais s'établissaient aux Indes, et Philippe recueillait les premiers trésors du Pérou? Coligny même avait envoyé une colonie dans la Caroline; le chevalier de Gourgues

Le Poème de Fontenoi. — Le Poème de la Loi naturelle. —La Pucelle —La Guerre de Genève.

Le *Poème de Fontenoi*, le seul du genre héroïque dont on se souvienne, sur-tout à cause du nom de Voltaire, est peu digne de l'auteur de *la Henriade*.

offrait à l'auteur de *la Henriade* l'épisode le plus touchant : Une épopée doit renfermer l'univers.

L'Europe, par le plus heureux des contrastes, présentait au poète le peuple pasteur en Suisse, le peuple commerçant en Angleterre, et le peuple des arts en Italie : la France se trouvait à son tour à l'époque la plus favorable pour la poésie épique ; époque qu'il faut toujours choisir, comme Voltaire l'avait fait, à la fin d'un âge, et à la naissance d'un autre âge, entre les anciennes mœurs et les mœurs nouvelles. La barbarie expirait, l'aurore du siècle de Louis commençait à poindre ; Malherbe était venu, et ce héros, à la fois barde et chevalier, pouvait conduire les Français au combat en chantant des hymnes à la victoire.

On convient que les *Caractères* dans *la Henriade* ne sont que des *portraits*, et l'on a peut-être trop vanté cet art de peindre, dont Rome en décadence a donné les premiers modèles. Le *portrait* n'est point épique ; il ne fournit que des beautés sans action et sans mouvement.

Quelques personnes doutent aussi que la *vraisemblance des mœurs* soit poussée assez loin dans *la Henriade*. Les héros de ce poème débitent de beaux vers qui servent à développer les principes philosophiques de Voltaire ; mais représentent-ils bien les guerriers tels qu'ils étaient au XVIe siècle ? Si les discours des ligueurs respirent l'esprit du temps, ne pourrait-on pas se permettre de penser que c'étaient les actions des personnages, encore plus que leurs paroles, qui devaient déceler cet esprit ? Du moins le chantre d'Achille n'a pas mis *l'Iliade* en harangues.

Quant au *merveilleux*, il est, sauf erreur, à peu près nul dans *la Henriade*. Si l'on ne connaissait le malheureux système qui glaçait le génie poétique de Voltaire, on ne comprendrait pas comment il a préféré des divinités allégoriques au merveilleux du christianisme. Il n'a répandu quelque chaleur dans ses inventions, qu'aux endroits mêmes où il cesse d'être philosophe, pour devenir chrétien : aussi-tôt qu'il a touché à la religion, source de toute poésie, la source a abondamment coulé.

Le serment des Seize dans le souterrain, l'apparition du fantôme de Guise qui vient armer Clément d'un poignard, sont des machines fort épi

Il n'y a nulle imagination, et la versification en est généralement médiocre et négligée. Il fut comques, et puisées dans les superstitions mêmes d'un siècle ignorant et malheureux.

Le poète ne s'est-il pas encore un peu trompé, lorsqu'il a transporté la philosophie dans le ciel? Son *Éternel* est sans doute un dieu fort équitable, qui juge avec impartialité le bonze et le derviche, le juif et le mahométan; mais était-ce bien cela qu'on attendait de sa muse. Ne lui demandait-on pas de la *poésie*, un *ciel chrétien*, des cantiques, Jéhovah, enfin le *mens divinior*, la religion?

Voltaire a donc brisé lui-même la corde la plus harmonieuse de sa lyre, en refusant de chanter cette milice sacrée, cette armée des martyrs et des anges, dont ses talents auraient pu tirer un parti admirable. Il eût trouvé, parmi nos saintes, des puissances aussi grandes que celles des déesses antiques, et des noms aussi doux que ceux des Graces. Quel dommage qu'il n'ait rien voulu dire de ces bergères transformées par leurs vertus en bienfaisantes divinités; de ces Géneviève qui, du haut du ciel, protègent, avec une houlette, l'empire de Clovis et de Charlemagne! Il nous semble qu'il y a quelque enchantement pour les Muses, à voir le peuple le plus spirituel et le plus brave consacré par la religion à la fille de la simplicité et de la paix. De qui la Gaule tiendrait-elle ses troubadours, son esprit naïf et son penchant aux graces, si ce n'était du chant pastoral, de l'innocence et de la beauté de sa patronne?

Des critiques judicieux ont observé qu'il y a deux hommes dans Voltaire: l'un plein de goût, de savoir, de raison; l'autre qui pèche par les défauts contraires à ces qualités. On peut douter que l'auteur de *la Henriade* ait eu autant de génie que Racine; mais il avait peut-être un esprit plus varié, et une imagination plus flexible. Malheureusement la mesure de ce que nous pouvons, n'est pas toujours la mesure de ce que nous faisons. Si Voltaire eût été animé par la religion comme l'auteur d'*Athalie*, s'il eût étudié comme lui les Pères de l'antiquité; s'il n'eût pas voulu embrasser tous les genres et tous les sujets, sa poésie fût devenue plus nerveuse et sa prose eût acquis une décence et une gravité qui lui manquent trop souvent.

Il est bien à plaindre d'avoir eu ce double génie qui force à la fois à l'admirer et à le haïr. Il édifie et renverse; il donne les exemples et les préceptes les plus contraires; il élève aux nues le siècle de Louis XIV, et attaque ensuite en détail la réputation des grands hommes de ce siècle; tour à tour il encense et dénigre l'antiquité: il poursuit à travers soixante-dix volumes, posé avec une précipitation dont il s'est toujours ressenti, malgré les nombreux changements que l'auteur y fit dans sept éditions consécutives, enlevées en peu de temps. C'était la nouvelle du jour : la France était ivre de cette journée et de Louis XV; Voltaire était pour un moment le poète de la cour; et ce moment, celui de sa fortune, ne fut en rien celui de son génie. C'est pour la cour qu'il fit alors *la Princesse de Navarre* et *le Temple de la Gloire*;

ce qu'il appelle *l'infâme*, et les morceaux les plus beaux de ses écrits sont inspirés par la *religion*. Tandis que son imagination vous ravit, il fait luire une fausse raison qui détruit le merveilleux, rapetisse l'âme, et borne la vue. Excepté dans quelques-uns de ses chefs-d'œuvre, il n'aperçoit que le côté ridicule des choses et des temps, et montre, sous un jour hideusement gai, l'homme à l'homme. Il charme et fatigue par sa mobilité; il vous enchante et vous dégoûte; on ne sait quelle est la forme qui lui est propre : il serait insensé s'il n'était si sage, et méchant si sa vie n'était remplie de traits de bienfaisance. Au milieu de ses impiétés, on peut remarquer qu'il haïssait les sophistes. Il aimait naturellement les beaux-arts, les lettres et la grandeur; et il n'est pas rare de le surprendre dans une sorte d'admiration pour la cour de Rome. Son amour-propre lui fit jouer toute sa vie un rôle pour lequel il n'était point fait, et auquel il était fort supérieur. Il n'avait rien, en effet, de commun avec Diderot, Raynal et d'Alembert. L'élégance de ses mœurs, ses belles manières, son goût pour la société, et sur-tout son humanité, l'auraient vraisemblablement rendu un des plus grands ennemis du règne révolutionnaire. Il est très décidé en faveur de l'ordre social, sans s'apercevoir qu'il le sape par les fondements en attaquant l'ordre religieux. Ce qu'on peut dire sur lui de plus raisonnable, c'est que son incrédulité l'a empêché d'atteindre à la hauteur où l'appelait la nature, et que ses ouvrages, excepté ses *Poésies fugitives*, sont demeurés au-dessous de son véritable talent : exemple qui doit à jamais effrayer quiconque suit la carrière des lettres. Voltaire n'a flotté parmi tant d'erreurs, tant d'inégalités de style et de jugement, que parce qu'il a manqué du grand contre-poids de la religion. Il a prouvé que des mœurs graves et une pensée pieuse, sont encore plus nécessaires dans le commerce des muses, qu'un beau génie.

CHATEAUBRIAND, *Génie du Christianisme.*

et c'est à propos de l'une de ces deux pièces, dont il apprécia bientôt la valeur, qu'il fit ces vers, rapportés depuis dans ses *Mémoires :*

>   Mon Henri Quatre et ma Zaïre,
>   Et mon américaine Alzire,
> Ne m'ont valu jamais un seul regard du roi.
> J'avais mille ennemis avec très peu de gloire;
> Les honneurs et les biens pleuvent enfin sur moi
>   Pour une farce de la foire.

Il avait en effet obtenu la place d'historiographe et celle de gentilhomme ordinaire : mais sa fortune de cour ne dura guère plus long-temps que les pièces qui la lui avaient procurée. Celle dont il fut redevable au marquis d'Argenson, ministre de la guerre, l'un de ses protecteurs, et à l'amitié de Pâris-Duvernay, qui avait alors un grand crédit, fut plus solide et plus durable : c'était un intérêt dans l'entreprise des vivres de l'armée, qui lui valut huit cent mille francs, et fut une des sources de son opulence.

Il jeta son poème sur le papier aux premières nouvelles de la victoire, et ne cessa, pendant huit jours, d'y changer et d'y ajouter quelque chose, suivant les avis qu'il recevait de l'armée, ou les reproches et les demandes qu'occasionait l'envie d'être nommé dans l'ouvrage. Cette manière de faire un poème, comme on pourrait tout au plus faire un chapitre d'histoire, était un piège pour le talent, sans être une excuse pour l'auteur. Il voulut enfin justifier par l'empressement du patriotisme cette *folle vitesse* * que réprouve Boileau, et qui réduisit à une ébauche très faible et très défectueuse, à quelques vers près, ce qui pouvait fournir un véritable poème. Il y eut encore plus de critiques que d'éditions, et cette fois les unes avaient raison contre les autres, et ce n'en est pas le seul exemple. Les critiques en vers étaient assez plates; et pourtant la malignité, toujours si contente de trouver en défaut l'homme supérieur, donna beaucoup de vogue à la *Requête du curé de Fontenoi*, facétie du poète Roy, où il n'y avait de plaisant que ces quatre vers :

> On m'a fait encor d'autres torts :
> Un fameux monsieur de Voltaire
> A donné l'extrait mortuaire
> De tous les seigneurs qui sont morts.

Et cela était assez vrai. On rappela le Passage du Rhin de Despréaux, et il était encore vrai que ce morceau, qui n'est qu'un épisode d'une de ses épîtres, est fort au-dessus du *Poème de Fontenoi*, et pour l'invention et pour le style.

> Au pied du mont Adule, entre mille roseaux,
> Le Rhin tranquille et fier du progrès de ses eaux,
> Appuyé d'une main sur son urne penchante,
> Dormait au bruit flatteur de son onde naissante, etc.

Ces vers parfaits, ces vers admirables par la richesse de l'expression, par le choix des épithètes et par la cadence, ces vers dignes de Virgile, valent

---

* Travaillez à loisir quelqu'ordre qui vous presse,
Et ne vous piquez point d'une folle vitesse.

(BOILEAU, *Art poet.*)

mieux pour un connaisseur, que trois ou quatre cents vers d'une facilité quelquefois brillante, et le plus souvent fautive; et de plus, tout le reste de l'épisode répond à ce début.

En général, la prodigieuse facilité de Voltaire a été et devait être un écueil pour lui dans les genres de poésie noble, où il ne pouvait être ni soutenu ni excusé par le grand pathétique comme dans la tragédie, et qui n'ayant pas cette ressource si féconde et si puissante chez lui, exigent par eux-mêmes le travail particulier du vers; telles sont entre autres l'épopée et l'ode. Il a conduit sa *Henriade* à un assez haut degré de poésie de style, parce qu'il la retravailla long-temps, et cependant il y a laissé encore beaucoup à désirer. Mais ses odes, qui ne sont pas une œuvre de longue haleine non plus que son *Poème de Fontenoi*, et qu'il n'a pas soignées davantage, sont encore plus médiocres.

Je ne citerai rien de ce poème, parce qu'on n'en a presque rien retenu, si ce n'est un vers qu'on est fâché d'y voir, et qui prouve que dans l'auteur le philosophe pouvait quelquefois céder au courtisan :

L'Anglais est abattu,
Et la *férocité* le cède à la vertu.

Il ne sert de rien de dire dans une note que ce *reproche ne tombe que sur les soldats, et non pas sur les officiers :* ce vers blesse toutes les bienséances. Il sied toujours mal aux vainqueurs d'injurier les vaincus, et il ne sied pas à un philosophe d'ignorer que le soldat anglais n'est pas plus *féroce* que le soldat français : tout dépend, en ce genre, chez toutes les nations civilisées, des circonstances et des chefs. Comment Voltaire, qui a tant reproché à La Baumelle, et non sans fondement, d'insulter les nations par des généralités injurieuses, s'est-il permis cette grossière injure contre un peuple que partout ailleurs il vante, et quelquefois trop? Versailles lui en sut peu de gré, et la postérité le lui reprochera.

Il réussit mieux dans le *Poème de la Loi naturelle*, non qu'il ait approché en rien de l'étendue du plan, de la hauteur des idées, des développements vastes, et de la diction énergique et rapide qui distingue l'*Essai sur l'Homme*, que lui-même appelait un ouvrage divin. Ce n'est pas en ce genre que Voltaire pouvait lutter contre le génie : il n'eut jamais de grandes conceptions que dans la tragédie; et s'il a su habiller la philosophie en vers, ce fut toujours une philosophie assez commune quand elle était vraie, et dont tout le mérite était dans l'intérêt des couleurs. *La Loi naturelle* n'est pas même proprement un poème : ce sont quatre épîtres morales, dont la marche est assez vague, et où l'auteur s'est même permis le mélange du familier. Il n'a pas de peine à prouver l'existence d'une loi naturelle contre des objections aussi connues que les réponses qu'on y a faites mille fois; mais il ne s'est pas aperçu non plus qu'on affaiblissait le respect pour cette loi en laissant apercevoir le mépris pour la loi révélée, qui en est le complément et la sanction. Il n'a pas songé davantage que des satyres triviales contre les capucins ne sont pas des arguments philosophiques, et sont même souvent, dans des écrits sérieux, une bigarrure de mauvais goût. Au reste, il ne s'agit ici que du mérite poétique, et celui de son ouvrage consiste dans cet art qui lui était familier, d'animer le raisonnement par l'imagination, et de répandre sur des idées abstraites les teintes douces du sentiment, comme dans ce morceau, le meilleur de tous sans contredit, mais qui n'est pas le seul qu'on puisse citer :

> Dans nos jours passagers de peine, de misères,
> Enfants d'un même Dieu, vivons du moins en frères,
> Aidons-nous l'un et l'autre à porter nos fardeaux *.
> Nous marchons tous courbés sous le poids de nos maux;
> Mille ennemis cruels assiégent notre vie,
> Toujours par nous maudite, et toujours si chérie.
> Quelquefois dans nos jours consacrés aux douleurs,
> Par la main du plaisir nous essuyons nos pleurs.
> Mais le plaisir s'envole, et passe comme une ombre :
> Nos chagrins, nos regrets, nos pertes sont sans nombre.
> Notre cœur égaré, sans guide et sans appui,
> Est brûlé de désirs ou glacé par l'ennui.
> Nul de nous n'a vécu sans connaître les larmes.
> De la société les secourables charmes
> Consolent nos douleurs au moins quelques instants,
> Remède encor trop faible à des maux si constants.
> Ah ! n'empoisonnons pas la douceur qui nous reste.
> Je crois voir des forçats, dans un cachot funeste,

---

* Voltaire ne se doutait peut-être pas qu'il traduisait ici saint Paul mot à mot : *Alter alterius onera portate, et sic adimplebitis legem Christi* : « Portez les fardeaux les uns des autres, et c'est ainsi que vous accomplirez « la loi de Jésus-Christ. »

Se pouvant secourir, l'un sur l'autre acharnés,
Combattre avec les fers dont ils sont enchaînés.

Cette heureuse comparaison est de Pope, et ce n'est pas le seul emprunt que l'auteur ait fait à cet illustre Anglais. Celui-ci a des beautés de tous les genres, et qui sont à lui, mais il a moins de cet intérêt de style, particulier à Voltaire dans tous les sujets, et qui a tant contribué à le faire relire.

La Loi naturelle, adressée d'abord au roi de Prusse, et faite à Berlin, fut dédiée, dans une édition subséquente, à la sœur de ce prince, la margrave de Bareith, chez qui Voltaire passa quelque temps après ses brouilleries avec Frédéric. Nous avons même le nouvel exorde qu'il fit alors pour cette princesse, et qu'il rejeta depuis dans des variantes, lorsque, réconcilié avec le roi, il rétablit la première version. Mais ce que très peu de gens connaissent, et ce qui offre une anecdote fort singulière, ce sont les vers que le ressentiment lui dictait alors contre ce Frédéric qu'il avait tant exalté. Jamais ils n'ont été imprimés; mais il est bien extraordinaire qu'il les adressât à la sœur du monarque, qu'il peignait comme on va le voir:

Julien s'égarant dans la religion,
Infidèle à la foi, fidèle à la raison,
Ne s'écarta jamais de la loi naturelle.
« Frédéric aujourd'hui l'a pris pour son modèle;
« Vainqueur des préjugés, savant, ingénieux,
« Environné des arts éclairés par ses yeux,
« Assemblage éclatant de qualités contraires,
« Écrasant les mortels, et les nommant ses frères,

« Misanthrope et farouche, avec un air humain,
« Souvent impétueux, et quelquefois trop fin,
« Modeste avec orgueil, colère avec faiblesse,
« Pétri de passions, et cherchant la sagesse,
« Dangereux politique et dangereux censeur,
« Mon patron, mon disciple et mon persécuteur.
« C'est en vain qu'il se fait une secrète étude
« De se cacher sa faute et son ingratitude;
« Dans la bouche d'un autre il hait la vérité,
« Elle parle à son cœur en secret révolté;
« Elle parle; il écoute, il voit son injustice;
« Sa raison malgré lui rougit de son caprice. »
On insiste, on me dit, etc.

Pour interpoler ce passage, l'auteur n'eut besoin que de supprimer ce vers, l'un des quatre du portrait de Julien, qui se trouve dans toutes les éditions :

Scandale de l'Église, et des rois le modèle *.

Ce qu'il y a de plus remarquable dans ce portrait d'un roi *philosophe*, tracé par un poète *philosophe*, c'est que la plupart des traits les plus caractéristiques conviennent parfaitement, comme l'expérience l'a prouvé, à ces sophistes qui représentent tous ensemble ce qu'ils appellent la *philosophie du dix-huitième siècle*.

* Il faut croire que l'auteur retranchait au moins de *ce modèle* la persécution contre les chrétiens, puisqu'il se déclare ennemi de toute persécution : l'histoire en a retranché beaucoup davantage, et l'on ne comprend pas trop comment le philosophe Voltaire aimait tant le superstitieux Julien, si ce n'est peut-être parce que Julien détestait le christianisme. Mais Voltaire détestait aussi les Juifs ; et il dit quelque part : « Il ne faut pourtant pas les « brûler. »

Modeste avec orgueil, colère avec faiblesse.....
. . . .
Pétri de passion, et cherchant la sagesse...
. . . .
Misanthrope et farouche, avec un air humain.....
. . . .
Écrasant les mortels, et les nommant ses frères.....
. . . .

Les voilà bien, et il n'y aura pas moyen de démentir l'histoire, qui n'aura que trop de preuves contre eux.

Comme je ne prétends ici m'astreindre à aucun ordre, en traitant de ces poëmes de tous genres, je passerai tout de suite, pour achever ce qui concerne ceux de Voltaire, à celui qui a malheureusement fait le plus de bruit, et dont le titre seul rappelle un scandale si déshonorant pour notre siècle*, qu'il n'y a point d'homme véritablement honnête qui ne rougisse en prononçant le nom de cet ouvrage, je ne dis pas seulement par respect pour la morale et la religion, mais même pour cette décence qui est une des lois sociales reçues chez tous les peuples policés. La vogue inouïe dont il a joui depuis sa naissance clandestine jusqu'à sa publicité avouée sera un témoignage contre nous dans la dernière postérité, et déposera à jamais de la profonde dépravation d'un peuple qui a reçu ce livre

---

* L'auteur est ici d'autant plus obligé de parler avec cette juste sévérité d'un ouvrage si outrageant pour les mœurs, qu'il avait eu la coupable indulgence de chercher à l'excuser dans l'*Éloge de Voltaire*, et dans un temps où avec de l'esprit et de jolis vers, on faisait tout oublier. Il ne peut donc s'élever trop contre un scandale qu'il a eu le malheur de partager.

avec avidité, et de l'inexcusable connivence du gouvernement qui l'a toléré. On aura peine à croire que le débit en ait été permis publiquement, permis partout; et il est hors de doute que dans le dernier siècle la plus rigoureuse animadversion aurait été exercée contre l'ouvrage, que l'indignation universelle eût suffi même pour en faire justice, et que l'auteur, quel qu'eût été son talent et son nom, n'aurait trouvé d'asyle nulle part dans l'Europe entière. Il fallait toute la corruption qui, à dater de la régence, a toujours été croissant parmi nous, pour que l'autorité ne s'aperçût pas qu'un ouvrage de ce genre, tel qu'on n'en connaissait point de semblable avant nos jours, était un attentat public contre tout ce qu'il y a de sacré parmi les hommes. L'autorité et tous ses agents quelconques ne pouvaient pas en témoigner trop d'horreur, s'ils en avaient compris les conséquences. On n'aurait pas osé en parler devant un homme en place, ni devant une femme honnête, si toute pudeur n'eût pas été perdue au moment où la classe qui donnait le ton accoutuma la foule imitatrice à prendre pour supériorité d'esprit une funeste légèreté de pensées, de paroles et de mœurs, qui avait, aux yeux des sots, l'air d'être au-dessus de tout, parce qu'elle n'avait la mesure de rien. Tel était déjà l'esprit du monde et des sociétés qu'on nommait particulièrement le monde, si bien dépeint dans *le Méchant*, qui est de 1747; et ce fut dix ans après que parut *la Pucelle*.

Jamais l'impudence du vice et du blasphème n'avait été portée à ce point; et quoique le vice y fût souvent de la plus dégoûtante crapule, et le blasphème inepte ou grossier, tel était déjà l'attrait de l'impiété hardie et de la débauche effrontée, que ce même écrivain, pour qui l'on s'était montré si sévère jusque dans ses chefs-d'œuvre, parut ne trouver presque plus que des approbateurs, et avoir fait de ses lecteurs autant de complices. Il n'y a point de livre qui ait été plus répandu, plus généralement lu, plus souvent cité. Toute la jeunesse le sut par cœur, et en fit sa *philosophie*; les vers de *la Pucelle* devinrent le catéchisme de cet âge qui prend si volontiers pour loi l'absence de tout frein; et si l'on réfléchit à tout le mal qu'a fait et dû faire ce poème, on avouera qu'un gouvernement tombe dans la plus étrange inconséquence lorsqu'il interdit la vente des poisons, et qu'il autorise ou tolère le débit de pareils livres.

Il serait ridicule de se rejeter ici sur la licence qu'on a paru excuser jusqu'à un certain point dans de petites pièces détachées, telles que les *Épigrammes* de Rousseau, qui pourtant n'ont jamais trouvé grace aux yeux de quiconque avait des principes, ni même aux yeux de l'auteur, qui en a demandé pardon. Il y a l'infini entre une saillie de quelques vers et vingt chants d'ordures, d'immoralité et d'irréligion, et je ne puis que plaindre ceux qui taxeraient mon jugement de rigorisme. Il serait d'ailleurs impraticable de l'appuyer ici d'aucune preuve de détail; mais n'est-ce pas la plus forte de toutes, que l'impossibilité absolue, je ne dis pas de citer, mais d'indiquer ou de rappeler, de quelque manière que ce soit, rien de ce qui fait frémir à toutes les pages l'honnêteté, la pudeur, la morale et la religion, au point que la décence publique serait trop blessée de la seule indication, du seul souvenir des idées obscènes ou sacrilèges qu'il faudrait réveiller dans les esprits?

Considérée seulement sous les rapports de l'art, *la Pucelle* est encore une espèce de monstre en épopée comme en morale. Je passe même sur le premier dénouement du poème, quoiqu'il soit bien certainement de l'auteur, qui lutta vingt ans contre l'opinion de tous ses amis réunis, pour le conjurer, du moins au nom du bon goût, de rejeter ces fantaisies bizarres et sales qu'il croyait piquantes, et de ne pas aller au delà de l'Arétin, s'il voulait approcher de l'Arioste. Il ne tiendrait qu'à moi de rapporter les propres paroles de la défense qu'il leur opposait, si elles n'étaient à peu près de la même nature que ce dénouement. Il céda enfin, surtout à l'espérance, dont on le flatta, qu'en terminant l'ouvrage d'une manière au moins humaine, et non pas bestiale, supprimant ou atténuant les morceaux les plus renforcés en impiété, ou les plus injurieux aux puissances, il obtiendrait une entière tolérance pour le débit de l'ouvrage. C'est en effet ce qu'il fit et ce qu'il obtint; et il prit alors le parti de rejeter tout ce dernier chant dans les falsifications du poème, comprises parmi les variantes. Véritablement un nommé Maubert, qui donna la première édition subreptice, y avait inséré nombre de morceaux de sa façon, mais d'une telle platitude, qu'il était impossible à tout homme un peu instruit de ne pas apercevoir la supposition. Aussi peut-on assurer que ces morceaux n'ont rien de dangereux: il est plus aisé de contrefaire l'impiété que le talent; et quoique ce dernier fût ici le plus facile de tous, cependant, il est si marqué dans la versification de *la Pucelle*, qu'il n'y avait pas moyen de prendre Maubert pour Voltaire; et si Voltaire eût écrit comme Maubert, il n'aurait pas fait grand mal*.

Ce changement dans la fin de son poëme en nécessita d'autres dans le cours de l'ouvrage, et fut pour lui une occasion de le revoir en entier. Il sacrifia aussi l'épisode de Corisandre, qui était à peu près dans le même goût, si ce n'est qu'un muletier

---

* Non-seulement il est notoire que cet ancien chant de l'Ane était entièrement de lui, mais je puis affirmer, d'après une copie originale que j'ai vue entre les mains, que l'auteur, par différentes raisons de convenance, a rangé parmi les falsifications beaucoup de morceaux qui lui appartenaient en propre, notamment celui qui regardait la marquise de Pompadour, et qui commence par ce vers :

　　　Telle plutôt cette heureuse grisette, etc.

et qui finit par ceux-ci :

　　　Sa vive allure est un vrai port de reine,
　　　Ses yeux fripons s'arment de majesté,
　　　Sa voix a pris le ton de souveraine,
　　　Et sur son rang son esprit s'est monté.

Il était aussi impossible que Maubert ou La Baumelle, autre falsificateur, eût fait ces vers, qu'il l'était que Voltaire eût fait ceux de Maubert ou de La Baumelle. Ce n'est pas que le portrait fût aussi vrai qu'il est piquant; je ne parle ici que de l'excellente tournure des vers; car d'ailleurs la favorite dont il est ici question n'eut jamais rien qui ressemblât à une *reine*, et garda toujours à la cour le maintien et le ton d'une petite *bourgeoise*, *élevée à la* en était le héros. Il substitua quelques épisodes nouveaux, toujours fort libres, mais moins licencieux, tels que celui d'Arondel et de Rosamore, et celui de Dorothée, tuée par Tirconel, qui se trouve être son père. Ces pièces de rapport n'étaient pas difficiles à placer dans une machine où rien ne se tient; car il n'y a aucun plan, aucune marche, aucune liaison dans la fable, et sur-tout pas le moindre germe d'intérêt. Il n'a su ni piquer le lecteur par la curiosité, comme l'Arioste, ni l'émouvoir par des situations, ni l'attacher par des caractères. Le poète italien, en donnant l'essor à son imagination folâtre, n'a point négligé les occasions de parler au cœur dans ses beaux épisodes; il ne repousse point le pathétique quand il se présente, et ne gâte point par une gaieté déplacée ce qui est fait pour être touchant. Dans toutes ces parties, Voltaire est à mille lieues de lui; c'est la plus grande pénurie d'invention opposée à la plus grande ri-

---

grivoise, comme le disait fort bien le comte de Maurepas dans ses couplets si connus.

Ces autres vers,

> . . . . Louis le quatorzième,
> Aïeul d'un roi qu'on méprise et qu'on aime,

étaient aussi de Voltaire. Ceux où Thibouville et Villars sont peints comme

> Imitateurs du premier des Césars,

sont de lui. Ceux où il attribue le même cynisme, en vers cyniques, à

> Cet auteur-roi, si dur et si bizarre,

sont de lui : et les deux seigneurs français étaient de tout temps ses *amis*, et la marquise lui avait rendu les plus grands services, et il n'en était encore avec Frédéric qu'au ton de la cajolerie et de l'admiration!

chesse ; et c'est bien ici que l'esprit de la satyre a tué l'esprit épique; car le poëme héroï-comique est aussi un genre d'épopée, et *le Lutrin* en a été la preuve parmi nous. Mais l'auteur de *la Pucelle* n'a eu qu'un objet; il y a tout rapporté et tout sacrifié : c'est contre la religion qu'il dressa toute la machine de son poëme. Préoccupé de ce seul dessein, il a commencé par oublier même ce qu'il devait à son opinion propre et à l'honneur de son pays, il a livré au ridicule et à l'outrage la mémoire d'une héroïne qu'il appelait dans sa *Henriade*,

Une illustre amazone,
Vengeresse des lis et le soutien du trône,

et dont il ne parle dans son *Histoire générale*, qu'avec estime et respect. Il s'indigne, et avec le monde entier, contre la basse cruauté de ses bourreaux; mais si le bûcher de la courageuse Jeanne d'Arc a déshonoré un gouvernement ennemi qui l'éleva, que dire d'un écrivain français qui, au lieu d'y jeter des fleurs et de l'arroser de larmes, l'a couvert de fange et d'ordure * ?

Tous ses épisodes (et il n'y a guère autre chose dans son poëme) rentrent dans le même dessein. S'il conduit son lecteur dans l'enfer, c'est pour y

---

* Le poëte allemand Schiller, dans une pièce de vers, placée je crois en tête de sa *Pucelle d'Orléans*, s'est élevé éloquemment contre cette profanation, que plusieurs écrivains français ont depuis cherché à expier par des productions de mérite et de succès divers. On doit citer particulièrement la *Jeanne d'Arc à Rouen* de feu M. d'Avrigny, qui est restée au répertoire du théâtre Français. L'un des jeunes poëtes les plus distingués de notre époque, M. Soumet, a aussi composé une *Jeanne d'Arc*, jouée avec le plus brillant succès, et il nous promet sur le même sujet un poëme épique. H. PATIN.

placer tous les saints du paradis; s'il fait chanter des hymnes dans le ciel, c'est pour y faire la parodie la plus mensongère de l'Ancien Testament. Il y oppose, il est vrai, l'éloge de l'Évangile (dont il s'est moqué mille fois), apparemment pour faire un contraste, sans s'embarrasser de la contradiction. S'il trace les amours d'Agnès et de Monrose, c'est pour donner à celui-ci un aumônier pour rival, et pour établir en principe que

Tout aumônier est plus hardi qu'un page.

S'il fait entrer Chandos dans une chapelle, c'est pour mettre la débauche jusque sur l'autel, ce que personne, que je sache, n'avait encore osé. S'il livre Dorothée à l'inquisition, c'est pour représenter un archevêque incestueux, calomniateur et assassin. S'il donne un confesseur à Charles VII, c'est pour montrer une autre espèce d'infamie. Toutes ces fictions sont sans contredit très irréligieuses et très immorales; mais où en est le mérite d'invention? Ce n'est sûrement pas celui de l'Arioste.

Que sera-ce si nous descendons à celles où il semble avoir pris à tâche d'épuiser le cynisme, aux aventures de son Grisbourdon, de son muletier, de son Chandos, de son Hermaphrodix, dont il a toujours regretté le premier nom? Il y a dans l'Arioste une historiette fort indécente, celle de Joconde; mais du moins elle est ingénieuse et amusante; et c'est la seule de cette espèce. Mais où est le mérite, où est l'agrément, où est l'imagination que l'on puisse louer dans tout ce que je viens de rappeler, et dans vingt autres endroits semblables? Où est même cette sorte de vraisemblance qui doit se trouver dans toute fiction, quand l'auteur fait courir Jeanne à travers champs, montée sur un muletier qui marche à quatre pattes? Faut-il s'étonner si le style même est alors analogue au fond des choses, si l'on rencontre nombre des vers tels que ceux-ci qu'on peut au moins citer, parce qu'ils ne sont pas orduriers?

> Jeanne qu'anime une *chrétienne rage*,
> En s'éveillant lui détache un soufflet,
> A poing fermé, sur son vilain visage.

Que ceux qui se rappellent la scène, et toutes celles dont le fond est le même, nous disent s'il y a là quelque chose qui rachète au moins par le goût ce qui peut être contraire aux mœurs; si c'est là de la galanterie, ou de la volupté, ou de la gaieté, j'entends celle des gens bien élevés. Il faut trancher le mot : si ce ne sont pas là des scènes de cabaret ou de corps de garde, qu'on me dise ce que c'est. Il y a, je le sais, deux ou trois tableaux de l'Albane : il y en a cent de l'Arétin ou de Callot.

Mais où est donc la séduction de cet ouvrage? Il faut l'avouer, en gémissant de l'abus du talent : elle est généralement dans le style qui étincelle d'esprit, dans une foule de vers heureux et piquants, dans une verve satyrique, impie et libertine, aussi étonnante que déplorable, et qui est à la portée et au goût de bien plus de lecteurs que celle d'Homère, de Virgile, et même de l'Arioste, quoique celle-ci soit bien d'un autre mérite, pour les connaisseurs et les gens de goût, que celle de Voltaire. Avec l'esprit qu'il avait (et jamais personne n'en a eu davantage), quand on va jusqu'à se permettre tout, on doit prendre un prodigieux ascendant sur la multitude, et c'est un bien grand malheur pour elle et pour l'écrivain. Aussi est-ce avec son génie qu'il a fait tout ce qui est pour la postérité et pour les bons juges : car le génie ne saurait se dégrader tout-à-fait, et il y a un point où la supériorité ne saurait descendre; mais l'esprit se plie à tout, et c'est avec de l'esprit que Voltaire s'est emparé de la multitude. Les amateurs ont des tableaux de Raphaël et du Titien : tous les libertins ont des Clingstet.

S'il eût vraiment songé à rivaliser avec l'Arioste, s'il n'eût pas mis ses petites passions avant tout, aurait-il oublié tous les principes de l'art au point d'insérer dans son poème un chant tout entier qui n'a pas le plus léger rapport au sujet, celui où il compose une chaîne de galériens, où figurent Fréron, La Baumelle, Gauchat, Caveyrac, et tous ceux dont il voulait se venger à tort et à travers ? Concevez combien tout doit être forcé, même dans les détails, pour transporter au temps de Charles VII une satyre personnelle contre des auteurs de nos jours! Jamais il n'y eut de plus informe, de plus grossière et de plus inepte caricature que cet étrange hors-d'œuvre, que l'on pourrait retrancher de l'ouvrage sans qu'il fût possible que le lecteur s'en aperçût. Mais lui-même regardait-il sa *Pucelle* autrement que comme un cadre où il pouvait faire entrer tout ce qui lui passait par la tête? et on l'a lue comme il l'avait faite.

Enfin il ne se pouvait pas que le style même, malgré la quantité de morceaux saillants et de vers bien faits, ne se ressentît quelquefois des vices du plan et du sujet. Quelquefois la plaisanterie y est froide par elle-même; plus souvent elle est fausse, en ce que l'auteur parle au lieu du personnage; et si ce dernier défaut, que l'auteur a eu partout, n'a pas nui beaucoup à l'effet de ses satires et de ses comédies, c'est que ce défaut ne frappe que les bons juges, et que le grand nombre ne voit que le trait. Quand il dit d'un homme dont on vient d'abattre la main dans une bataille,

> Poton depuis ne sut jamais écrire,

on sent que le burlesque de Scarron n'a jamais rien eu de plus froid que cette bouffonerie, et ce n'est pas la seule. Mais lorsque l'envie de railler à tout propos les choses saintes lui fait mettre dans la bouche de Dorothée, à l'instant où elle tremble pour les jours de son amant, ces deux vers :

> Et j'ai trahi La Trimouille et l'Amour,
> *Pour assister à deux messes par jour;*

cette facétie fera rire le vulgaire : il n'y a que l'homme de sens qui comprendra que Chandos pouvait plaisanter de cette façon, et non pas Dorothée, qui est habituellement dévote, et alors au désespoir. Il n'est pas moins faux de faire dire à saint Denis :

> Je suis Denis, *et saint de mon métier.*

Cette faute revient à tout moment. En général, l'auteur est aussi éloigné de la plaisanterie douce et folâtre, et de la franche gaieté de l'Arioste, que de l'heureuse abondance de ses créations. La plaisanterie dans *la Pucelle* a plus de sel que de grace, et cela tient au caractère général et au dessein de l'auteur. L'Arioste voulait rire et faire rire, et n'en voulait à rien ni à personne; et Voltaire en veut toujours aux chrétiens, à la Bible, aux prêtres, aux moines, à ses critiques, aux savants, aux anciens, à tout et à tous.

Je ne dirai qu'un mot de *la Guerre de Genève*, qui n'est qu'une des taches de sa vieillesse; misérable production, aussi mal conçue que mal écrite, et où son talent poétique parut même l'abandonner. Cette satyre ajoutée à tant d'autres, n'affligea que ses amis. Il était triste et honteux de voir Voltaire s'égayer de si mauvaise grace sur les troubles d'une ville qui lui avait long-temps donné l'hospitalité, compromettre le nom de plusieurs amis qu'il comptait dans les deux partis, se moquer de Tronchin, qu'il avait préconisé si long-temps comme *le premier médecin de l'Europe*, et comme *l'Esculape qui lui avait rendu la santé*, et ce qu'il y a de pis, vomir contre Rousseau, alors fugitif et proscrit, les plus brutales invectives, et lui reprocher, heureusement en très mauvais vers, ses maladies, sa pauvreté et ses malheurs. Ce déchaînement atroce contre Rousseau remplit la moitié de l'ouvrage; et pour cette fois il n'y a pas même d'esprit. La fureur a tout ôté au satirique, jusqu'au sens commun : leçon frappante, qui nous avertit de ne violer jamais l'alliance naturelle de la morale et du talent, alliance si utile et si honorable pour tous les deux et qu'on n'oublie pas sans nuire à l'un autant qu'à l'autre.

Il n'y a guère dans les trois chants de ce prétendu poème, qu'un endroit où l'on reconnaisse la plume de Voltaire, et cet art des rapprochements, qui est un des moyens de sa composition. Il s'agit du papier imprimé :

> Tout ce fatras fut du chanvre en son temps;
> Linge il devint par l'art des tisserands;
> Puis en lambeaux des pilons le pressèrent;
> Il fut papier. Cent cerveaux à l'envers
> De visions à l'envi le chargèrent;
> Puis on le brûle, il vole dans les airs.
> Il est fumée aussi bien que la gloire.
> De nos travaux voilà quelle est l'histoire :
> Tout est fumée, et tout nous fait sentir
> Ce grand néant qui doit nous engloutir.

Ces vers sont excellents : la rapidité de cette transition inattendue,

> Il est fumée aussi bien que la gloire,

est admirable. Sans doute il faut entendre par ce *grand néant* celui de la mort; car quoique Voltaire ne crût pas à la résurrection des corps, il croyait assez à l'immortalité de l'âme, autant du moins qu'il pouvait croire à quelque chose.

La Harpe, *Cours de Littérature.*

FIN DU VINGT-HUITIÈME VOLUME.

Contraste insuffisant

NF Z 43-120-14

www.ingramcontent.com/pod-product-compliance
Lightning Source LLC
Chambersburg PA
CBHW071938240426
43669CB00048B/1818